『经典与传播研究丛书』之五

当媒介学遇上老学

谢清果 等 著

国家社科基金重大项目『铸牢中华民族共同体意识的传播策略研究』（编号：22&ZD313）阶段性成果

九州出版社 | 全国百佳图书出版单位
JIUZHOUPRESS

图书在版编目（CIP）数据

当媒介学遇上老学 / 谢清果等著. -- 北京 ：九州
出版社，2023.1
ISBN 978-7-5225-1642-4

Ⅰ．①当… Ⅱ．①谢… Ⅲ．①传播媒介－应用－道家
－研究 Ⅳ．①B223.05

中国国家版本馆CIP数据核字(2023)第025563号

当媒介学遇上老学

作　　者	谢清果 等著	
责任编辑	郝军启	
出版发行	九州出版社	
地　　址	北京市西城区阜外大街甲 35 号 (100037)	
发行电话	(010)68992190/3/5/6	
网　　址	www.jiuzhoupress.com	
印　　刷	北京九州迅驰传媒文化有限公司	
开　　本	720 毫米 ×1020 毫米　16 开	
印　　张	28	
字　　数	580 千字	
版　　次	2023 年 6 月第 1 版	
印　　次	2023 年 6 月第 1 次印刷	
书　　号	ISBN 978-7-5225-1642-4	
定　　价	78.00 元	

书名题字：邱仲潘（厦门大学学报自然版副主编）

序

老子传播智慧的再探索

谢清果博士从事老学研究已近三十载，多年来他辛勤耕耘，先后发表过《架构"交流的无奈"通向"人际的和谐"桥梁——论老子人际沟通的逆向思维》《老子的组织传播思想纲领初探》《内向传播的视阈下老子的自我观探析》《老子思想中的媒介拟态环境批判意识及其治理之道》等10多篇具有相当创新品质的老子传播思想研究方面的论文，还先后出版过《紫气东来——太上道祖圣传》《老子大道思想指要》《先秦两汉道家科技思想研究》《生命道教指要》《和老子学传播——老子的沟通智慧》《和老子学养生——老子的健康传播智慧》《和老子学管理——老子的组织传播智慧》《大道上的老子——道德经》与大众传播学》《生活中的老子——〈道德经〉与人际沟通》《和老子一起思考》等多部专著，2009年还与我合作《中国道家之精神》（复旦大学出版社，2009）。可以说，他已在老学、道家道教研究领域打下了良好的基础。现在，他已然将老学与传播学紧密结合起来，形成了自己的研究特色。尤其是收录本书中的新作《媒介哲学视角下的老子之"门"新论》便是他研究越发成熟的标志。

本书作者提出从传播学的视角解读《老子》。初看起来，老子及其《道德经》似乎与传播学这一近一个世纪才发展起来的新兴学科没有什么关系，不过，传播学作为成熟学科是现代的事，但传播活动则自从有人类就存在。况且，司马迁曾在《史记》中为老子立传曰："老子者……周守藏室之史也。"可知，老子是史官，管理当时国家典籍，其中当有不少是三皇五帝时期的文献。如此看来，老子首先就是一位远古知识的继承与发扬者，也可以说是一位举足轻重的传播者。即便在老子晚年成为一位"隐君子"的时候，他的学说依然在战国时期成为诸子百家争鸣的重要思想资源，可以说诸子百家的思想中无不浸染着老子的思想光辉。

老子及其著作与传播的关联，我们可以从以下三方面着手：

一、老子自身的传播实践

（一）史官对先圣思想的传播

当代学术界一般把《老子》作为道家出现的标志；但古代学者却把道家出现的历史推得比较久远，如班固在《汉书·艺文志》中罗列的三十七家道家言就包括了《老子》以前的许多文献。他在著录《伊尹》五十一篇后注曰"汤相"；于《太公》二百三十七篇后注曰"吕望为周师"；于《辛甲》二十九篇后注曰"纣臣，七十五谏而去，周封之"；于《鬻子》二十二篇后注曰"名熊，为周师，文王以下问焉"。按照班固的著录和解释，则道家学派可以远溯至殷商汤王时期。还有一种看法，也就是道门自己的看法，这种看法认为，道家起始于黄帝，经过老子及其后学的大力弘扬而流传四方。

通览《老子》，我们不难发现，老子对古典文籍常常信手拈来，旁征博引，增加其论述的深刻性。比如书中常有"用兵有言""圣人云""建言有之""古之所谓"等表述。加之，其作为史官，记言记事，整理文献，使许多历史上和当时上层社会的思想和事件得以流传，其传播之功不容忽视。

（二）著书授徒的文献与教育传播

现今流传的《老子》虽然存在一些其弟子或后学增益的句子，但其总体上是老子一人所著，其文体与思想是连贯的。《史记》记载其著书乃是应尹喜的恳请所作的，其作品也正是因尹喜将之传播而成为中国文化之经典。至少，这是道家学派对经典溯源的一种认定。其实，老子是否还有其他作品存世，还可以探讨，例如郭店楚简中的《恒先》《太一生水》也可能是老子的作品，至少是与老子思想一脉相承的作品。老子虽然没有像孔子一样公开办学，但向他求学者也不在少数。根据《庄子》一书所载[1]，老子的再传弟子庚桑楚在其老师的推荐下向老子求教。还有杨朱、孔子等人。就孔子本人，根据《史记·孔子世家》《礼记·曾子问》《孔子家语》《庄子·天地》《庄子·天道》《庄子·田子方》《庄子·天运》《庄子·知北游》《吕氏春秋·当染》等记载，多次向老子问礼、问道。老子作为当时的学者型官员，向其求教者自然不止孔子一人。甚至，老子在秦国仙逝时，有许多学生邻里、朋友前来吊丧，而且神情十分悲伤，可见其思想与情感已深入他们的内心，侍师如侍亲。

---

[1] 虽然《庄子》一书所载事件不能等同于事实，但至少可以肯定老子有过授徒经历，是历史文献所认同的。

二、老子对传播活动的基本看法

就老子所著的《道德经》而言，老子将其对社会、人生、宇宙的基本看法融入其中。从传播学来看，对人际传播、组织传播、语言传播现象都有过深刻论述。语言传播上，他强调"贵言""希言""信言"，力求做到"善言"，乃至"不言"，注意不言之"美言"；组织传播上，他以"正善治"为组织治理取向，"以正治国，以奇用兵，以无事取天下"为组织管理的纲领，注重在组织管理过程中的信息控制等；在人际传播上，他强调"处下""不争"等，处处闪烁着传播的智慧光芒。详细内容读者诸君可参阅《和老子学传播——老子的沟通智慧》《和老子学管理——老子的组织传播智慧》二书。

三、老子及其著作在后世的传播及其影响

老子本人在聪慧的孔子看来，已然有"犹龙"之叹，故而后世视之为圣人，道教奉之为太上老君，其著作也列入玄学之一。《老子》在面世后不久的战国时期，已经成为当时社会的重要经典，道家的庄子、列子等人都大力提倡，而且法家的韩非子也亲为之解说。稍后医家的《黄帝内经》、杂家的《淮南子》《吕氏春秋》也无不推崇《老子》。更有甚者，项羽的妾死后还将《老子》带入坟墓，还有马王堆汉墓出土的两本帛书《老子》，足见他们生前对其珍爱有加。

神秘的事物往往更具有超强的吸引力。以至2500多年来，探究老子及其作品的论著汗牛充栋，形成了蔚为壮观的老学。他的智慧启迪了儒家，尤其是孔子和朱熹；启迪了佛教，尤其是禅宗；启迪了外国哲学家、文学家、科学家等，如黑格尔、海德格尔、托尔斯泰、汤川秀树等。

我写过《老子道德经通解》一书，还在四川大学创办主持老子研究院，也经常开老子的管理智慧等方面的讲座，就是因为我十分认同《老子》中蕴藏着的普世价值。

我曾为《和老子学传播》所作的序中写道："'老子'这个名字确实已经超越他作为中国古代一位圣人的意义，成为中国博大精深传统文化的一张名片。要想理解中国，认知孔子只是其中的一小方面，而老子以及道家所开创的文明忧患意识对于促进人类的自我反思，全面反省人与自然、人与社会以及人自我身心关系，在灵魂深处兴起一场没有硝烟的文化变革，致力于搭建起沟通人文文化与科学文化的桥梁，开启东西方文明对话与融合的大门，为了人类的共同福祉，我们需要充分挖掘道家的生存智慧，为和谐社会与和谐世界的构建提供宝贵的思想资源。"

老子崇尚的自然无为、虚静守柔、大公无私、不争谦下、法天贵真、尊道贵德等品格，不仅影响了古代英明帝王的施政理念和贤将良臣安民保国的行政思想，而

且在中国传统文化中孕育出不同于儒家玄远的超世情怀。这种超越情怀是以自然为本位，否定了人类中心主义，希望世人能够抱一守朴，以无为之和来观照自我的身心康健、社会的安宁、世界的和平以及生态平衡。老子以天地境界实现对道德世界、功利境界和自然境界的超越，恢复人类婴儿般的纯朴天真之心境，克服物欲横流对人类自身持续发展的制约，生成以"和"为本的新型自然秩序、社会秩序、世界秩序，并养成审美生成的现世关怀。

　　总之，从中国文化和中国社会发展史来看，老子及其著作已然成为一座不朽的思想丰碑。而今谢清果博士致力于将传播学理论和研究方法引入老学研究，这正是老子思想生命力展现的又一例证。我期望他能建构起"老子传播学"这一独特的研究领域，从而开拓老学的新局面。

詹石窗

书于童蒙斋

2022 年 4 月 6 日

目　录

第二篇 老子的语言传播智慧

第四篇　老子传播思想的理论阐扬与时代省思

第五篇 老子人际传播思想研究

绪论　在交流的视域中理解老子的传播智慧

正如克罗齐所言"任何的思想史都是当代史"，人们必须依靠他们所处的时代去汲取传统经典的智慧，实现传统文化的当代转型。这本是学者基本的使命。老学研究如何发出时代新枝，这也是时代的命题，其实，也是文化软实力的应有之义。当代可谓传媒时代，媒介在人们交流中的地位与作用是空前的。因此，把握住这样的时代特点来理解、诠释《道德经》，是老子及其思想走进当代的重要路径，也是验证老子智慧的普世性价值和超越时代价值的方法。因此，当我们以传播学的视角概论式地探讨老子《道德经》中蕴藏着的丰富传播思想，便有了《和老子学传播——老子的沟通智慧》；接着我们从健康传播的视角重新诠释了老子的养生智慧，即《和老子学养生——老子的健康传播智慧》一书，从组织传播的视角系统地探索剖析了老子的管理学智慧，形成了《和老子学管理——老子的组织传播智慧》一书。本书继续关注老子的传播思想，不仅引入媒介学的思考，而且也从人际传播的视域，关注交流何以无奈，甚至何以失败这一人类共同面临的问题。我们以彼得斯的《交流的无奈——人类传播思想史》（现新译为《对空言说》）为参照系，思考《道德经》提出的"道可道，非常道；名可名，非常名""民至老死，不相往来""不言之教，无为之益"等具有老子思想特色的命题。我们的研究表明，老子是以批判性反思的视角启迪世人思考人类对"道"（注：从人际交流而言，"道"为一定程度上人类和谐共存之路）的理解与复归，从而实现"相忘于江湖"的生存境界。也正是在这个意义上，老子对人类的交流，尤其是通过语言等媒介的交流，进行了深入细致的思考，并且在此基础上，保持人作为"四大"之一的理性自觉，而不沉沦于人类所创造的一切所谓文明成果之中。下面，我们从展开老子内在的媒介技术批判思想出发，以期开启我们走向和谐人际的自觉。

如果把大众传播的成功看成跨越媒介的灵魂触摸到另外一个人的身体的话，那么，人际传播的成功就可以说成跨越媒介的身体触摸到另外一个人的灵魂。无论是大众传播，还是人际传播，都无法摆脱媒介进行，即使是渴望像透明的天使一般进行灵魂沟通的"传心术"，在对其进行定义的时候，也只能说它是通过另一个有机体，可以部分地激发出精神的记忆库，就如同"招魂术"需要灵媒这样一个有机体一样。

古往今来，对于传播媒介的研究者甚多，即使是生活在意识世界里的耶稣，他也在圣经里说"speaking into the air"。何道宽先生将这句话意译为"交流的无奈"，正是这句话，表达出一个很重要的观点：任何交流都离不开媒介，即耶稣所提到的air。古希腊的苏格拉底，在《斐德罗篇》中对于以斐德罗为受众的吕西阿斯的讲稿充满了恐惧和担忧，在那个书写作为一种新技术被看作新的传播媒介的时代，苏格拉底醉心于口语修辞所带来的思想的自由，他认为书写的文字，使我们充当了它的奴役，陷入技术的困境而无法解放。黑格尔的主体性的世界观，让我们对媒介又有了新的认识，媒介也成了这个世界的主体，而不是为我所用的客体对象，这种主体性的观念所带来的可能是媒介的无法驾驭。而在当今这样一个媒介功能日益强大的世界里，麦克卢汉的媒介决定论又大行其道，这是一种极端化的媒介观念，但也是这个世界的真实反映。可以看出，这些学者们所探讨的媒介总是与技术的进步有关系，也就是说，在很大程度上媒介可以等同于技术，所以，在西方世界，对于媒介的观点主要可以分为两大派，也就是技术反对论和技术决定论。那么，在东方的观念中，对于作为一种技术的媒介看法又是怎样的呢？为此，我们以《道德经》为研究对象，试探老子的媒介技术观。

在《道德经》这部书中，从传播学的角度来看，老子其实构架了一个他理想中的"小国寡民"组织，这是一个与任何形式的乌托邦都不同的组织形态，在这个组织当中，没有听觉，没有视觉，没有味觉，没有触觉，没有对话，没有爱，因为爱是一种欲望，而老子反对任何形式的欲望，甚至连最极端的沟通方式——战争都不存在，没有战争，也就意味着，矛盾的不复存在。在这个组织中，繁衍后代似乎也不存在，人们都是处于一种"死而不亡"的状态，也就是灵魂相同的境界，因为没有了各种感觉，因此，没有肉体的灵魂的存在，也就不是一件匪夷所思和恐怖的事情了。这种王国与图灵所幻想的民主的交往模式如此相似！这种状态，用老子的话来描述就是：为无为，事无事，味无味；视之不足见，听之不足闻；多言数穷，不如守中；见素抱朴；甲兵不用；老死不相往来的大音希声、大象无形的寡民小国。从当代人的角度看这样的一个组织，会发现这个组织是如此安静，沉重。面对这样一种构想，我们不禁会发问："这个组织内的成员依靠什么进行联结成一个社会组织？这个组织内的成员依靠什么进行沟通？或者说，他们需要沟通吗？"在回答这些问题之前，不能忽视这个组织中的一个重要人物——"圣人"，他是整部《道德经》中的主角，在《道德经》中，这个圣人的形象是一个思想性的存在，他在思想上很鲜活，他"没有性别，见素抱朴，尊德重道，没有欲望，不发动战争，在他所在的国的民的心中，他并不存在。"这样一个不存在的圣人，或者称为"王"，当然也就不需要通过媒介来传播自己的思想，进而统治民众了。因此，在这个组织当中，也就没有媒介的存在了。没有媒介的社会存在，在我们这些已经被媒介化了的"容器人"的观念里，那是一种无法想象的景象。没有媒介的存在，人与人之间的相遇，不再是"肉墙"与"肉墙"的接触，而是灵魂与灵魂的透明接触，没有听觉，没有了视觉，没有了味觉，没有了嗅觉，不需要说话，你在我面前，不再是物质的存在，不再是走向死亡的肉身，而是死而不亡的灵魂。这是老子在那个时代为我们构建的理想天堂，圣人可以被看成西方的基督，民可以被看成天使，即使在一个细小的针尖上，也能有无数的天使在跳舞，因为他们是透明的，没有重量的，超越时空的灵魂。

　　如果仅仅分析老子为我们构建的这个乌托邦，我们就会陷入一种令人发疯的境地，但是，正是这种疯狂的状态，才残酷地反映着真实的世界。老子整部《道德经》五千言的一个共同的特点就是"正言若反"（《道德经》第七十八章），也就是老子所说的"反者，道之动"（《道德经》第四十章）。所以，即使不了解老子所生活的时代，从老子"正言若反"的观点中，从老子构建的这个乌托邦的反面中，也能看出那个时代的特征，社会上充满着各种各样的声音，信息的繁杂令人迷茫，战乱不断，统治者穷兵黩武，人们为了满足自身的欲望不惜一切代价……面对这样的情形，老子并没有责备统治者，而是把这一切的罪过，归到了媒介的身上，他说："五色令人目盲，五音令人耳聋，五味令人口爽，驰骋畋猎令人心发狂，难得之货令人行妨。"（《道德经》第十二章）他在《道德经》第三十五章中说："执大象，天下往；往而不害，安平泰。乐与饵，过客止。故道之出口，淡兮！其无味。视之不足见，听之不足闻，用之不足既。"这一章可以看成老子为我们讲了一个他的小故事。他自认为秉持着有关大道的思想，因此，就以之来游说天下，希望天下能够因此而太平，但是，沿途中的音乐和美食，这些凭感觉器官所感知到的各种物质的东西，总是诱惑着他，使他停下来，不能再继续完成自己的理想。他从这些诱人的物质之中，经过反思，得出了对于道的理解，也就是，道，不是某种具体物质，它不能凭感官接收到，凡是凭眼睛接收的信息，都不足以为道，凡是凭耳朵接收的信息，都不足以为道，因为这些信息，一旦能够被肉体感觉到，那么它就是一种有了生命的物质，而有生命所代表的就是"出生，入死"（《道德经》第五十章），也就是总有一天会被用尽。因此，老子就认为，自己所倡导的道要想长久地存在下去，就必须像水一样淡而无味，但又是生活的必需品。"道"也就是"说"，"说"是一种传播，交流，回望一下历史，所谓的能够起死回生的方式，有哪一个能够离得开传播，无论是古埃及的招魂术，还是当今保留死者声音的留声机，保留死者形象的照相机，以及当下保存行动者信息的 DV 机。信息在发出之前就已经死了，唯有传播使它活着存在。由此可见，老子在构想一个乌托邦式的混沌寂静的世界的时候，并不排斥交流的存在，而是把交流作为一个公共设施放在了这个乌托邦里。没有肉体的思想在空中飘荡，飘荡的思想因为没有了肉体，而无法完成自我投射，没有自我投射的世界，没有偏见，没有歧视，也没有仁爱，这些没有感觉的思想之间，自由地交流、结合，没有误解，没有矛盾。这种没有肉体包裹的灵魂之间，也就不需要媒介的存在，作为联系他们的纽带。因此，是不是可以说，老子的传播思想，是一种没有媒介的传播思想？是一种没有误解、没有矛盾的天使一般纯粹的灵魂之交呢？老子在《道德经》中不断地表现出他自己对于媒介技术的担忧和恐惧。他在第三十一章中说："夫兵者，不祥之器也。物或恶之……故兵者，不祥之器，非君子之器……"制造兵器，在老子生活的时代，对老子来说，应该算是一种新技术吧，这种新技术，从传播的角度来说，就是在战争中用来交流的媒介，老子厌恶这种技术，正如他厌恶交流的媒介一般。老子在第二十七章中说道："善行者无辙迹"，这句话的字面理解就是，善于行走的人不会留下任何痕迹。我们不禁会问："为什么不留下任何痕迹的人就是善于行走的人呢？"对于这个问题，可以这样理解：老子的意思可能是说，不让后来者知道我在这里走过，我走过，只要我知道就行了，不需要别人知道，不需要为别人铺设好道路，不需要以我的形迹作为媒介，来告诉别人这条路该怎么走。这与鲁迅所说的"世界上并没有路，走的人多了便有了路"，是不一样的观点，这条路的存在本身就是一种媒介，一种不尊重人的创造性的经验主义的论调，而老子给我们展现出来的，是一个荒芜的、没有道路的世界，每个人都不必遵循别人的经验，而是按照自然的状态生活着。在老子看来，这些像路、像痕迹一样的媒介，是一种不善的表现，是一种生命的累赘。所以老子才说："我独异于人"（《道德经》第二十一章），"不敢为天下先"（《道德经》第六十七章）。而对于像语言这样的媒介，老子认为，并不是非有不可。老子在第七十三章中提道："天之道……不言而善应。"在第六十五章中，老子认为："古之善为道者，非以明民，将以愚民……"这是一种十分奇特的传播观点。对传播的一种理解就是消除信息的不确定性，我们交流并不是为了什么心灵的沟通，而是在解释，在向对方解释自己的内心，有的时候，这种解释仅仅是一种内心的独白。老子认为，从古至今那些善于说的人，都是一些通过话语不让民众更加明道，反而是越来越糊涂的人，也就是使民陷入自己的圈套里面。这就是老子对语言这种媒介的批判，它只能是被一些人利用来鼓吹自我，实现自我利益的工具，而并非实现真正的交流的媒介，因此，他反对语言的存在，"多言数穷，不如守中"（《道德经》第五章）。面对交流中所出现的障碍问题，老子在第十一章中说："三十辐，共一毂，当其无，有车之用；埏埴以为器，当其无，有器之用；凿户牖以为室，当其无，有室之用。"无是什么？无不是一个时间的概念，而是一个空间的概念，有了障碍的存在，无才是无。在生活中，我们每个人遇到的另外一个人都是一个障碍，都是一堵肉做的墙。有了这个障碍的存在，我们才知道我们的存在，在交流中，天使般无障碍的交流的前提是天使透明的存在，我们交流中出现的各种障碍，让我们认识到自己还在与人交流，还要不断地进行解说，在这些障碍所形成的空间中进行解释性的交流，这就是人际传播，其实就是一个不断地解释以消除误解的过程，即使是熟人擦肩而过时所传递的信息，不管是打招呼还是不打招呼，都是在向对方解释我对你的态度。因此，障碍在交流中是必要的，不可避免的。但是，为何老子要描绘那样一个没有任何交流障碍的乌托邦呢？我想，他可能只是想以这个乌托邦的不可实现来展现现实的生存状态，在现实中，我们要听，要看，要闻，要品，随时随地地需要进行语言的交流。他的这个乌托邦只是时时地在提醒世人：媒介的存在，可能会产生各种传播的障碍，媒介的发展，可能只是会使误解更加深重。利用媒介的人际交流，需要交流双方的宽容和善，才能超越媒介所造成的信息的失真和误解，达到灵魂的接触。

老子所描绘的这样一个理想的王国，以及无媒介的传播观与图灵在 20 世纪 50 年代所做的关于"猜谜游戏"的实验中所反映的思想如此相似：图灵让在两个完全隔绝的房间里的人进行打字，然后令第三者仅凭这些字来判别双方的性别身份。在这个实验当中，图灵的企图就是，没有直接身体的在场，没有可以凭感官接收的信息的存在，仅凭借智能的机器，是否能够实现交流。通过这个实验，我们可以看出，在图灵的思想中，性别完全是一个话语类别，而不是肢体类别。他的目的就是发现当身体作为一种媒介被推出，而被智能所代替以后，到底会留下怎样的痕迹？在这个试验中，被媒介所代替的个体，没有其本身的吸引力，没有我们对于物体的了解，没有爱欲的存在。图灵认为，这个实验就是意在验证人神可以不同体，精神可以脱离身体而存在。通过这个实验，图灵幻想建立一个民主的社交模式，在这个模式中，身体、四肢与感情、精神之间没有必然的相关性，人们完全可以进行心灵的沟通，但是，仅凭性与爱这一点来说，图灵的幻想就是不现实的。当爱的思想来临的时候，交流的双方的身体，就已经以实在的或者臆想的形式存在并结合在一起了。所以，这个实验与其证明了灵魂之交的存在，不如说是证明了灵魂之交的不存在，一切的交流都须有物质的形式作为传播的落脚点。图灵很喜欢密闭的空间，正如他自己所幻想的理想状态一样，就是自己一个人待在一个房间里，随之用理性的观点和外界交流。这难道不是和老子在《道德经》中第四十七章中所说的一样："不出户，知天下；不窥牖，见天道；其出弥远，其知弥少。是以圣人不行而知，不见而名，不为而成。"不出户而知天下，只依靠道与外界进行交流。但是，这样的理想，在这个精神与身体不对等的世界中，似乎是不可能实现的。因为这种理想的思想根据是莱布尼茨所谓的"不可识别物的相等性"。

罗兰·巴特在《恋人絮语》中说，电话线所负担的意义不在于连接，而在于距离，因为这声音好像是从另一个面具后面传来的。其次，在这声音里，对方始终处于即将动身的状态，他离去了，他的声音加上她的寂寞，该谁说话呢？我们一起陷入沉默，充满着两个虚空。电话里的声音每时每刻都在说"我就要离你而去了"。媒介的发展、技术的进步，并没有使交流更加顺畅，战争依旧，矛盾依旧，每天，都有恋人在分手，每天，都有婚姻在破碎。因为媒介并不是一个客观的存在，它在运输时，也为信息加入了自身的意义，因此，交流是无奈的，老子所秉持的理想就是无媒介的传播，是灵魂之间没有投射的直接接触。但是，在人类社会里，这似乎不可能实现，但对于我们审视现实却有着非凡的意义。因为悲剧是将有价值的东西撕毁给人看的。

（本章执笔：谢清果　杨芳）

第一篇　老学与媒介学的相遇

第一章　众妙之门：老子之门的媒介哲学探析

"门"作为生活世界中的一种独特的媒介，成为人们社会交往的隐喻。《道德经》中五章提到"门"，洋溢着媒介哲学的深层意蕴。其中，既阐释了作为万物本源的道为"众妙之门""玄牝之门"，提出了"门道"隐喻；又剖析了人类如何复归生活世界的操作方式——"塞其兑，闭其门"，也就是说，人类不仅要管束自己身体的感官之门，而且要约束自己心灵的欲望之门（可以统称为"天门"），人类才能安然地悠游于各种关系之中。总之，只要深刻地理解与把握好"门"的媒介意义，人才能处理好与道、与人、与万物的一切关系，从而畅快地游走于门内门外。

第一节　作为媒介的社会交往之"门"

在中国社科院新闻所进行的新闻学与传播学传播名词审定成果中，学者们是这样界定媒介的：

"媒介"在一般使用中，是使双方（人或事物）发生关系的各种中介，在传播领域中，一般与英文的 medium 相对应，指传播内容，或者说信息（广义上的）的物质载体。包括体语、服饰等实物媒介，击鼓、语言、军号、广播等声波媒介，烽火、信号灯、电影电视等光波媒介，包括书信、电话机、传真机、喇叭筒、情况简报等人际、群体、组织传播媒介，书、报、刊、收音机、电视机等大众传播媒介。[①]

显然，当代社会媒介已然嵌入了我们的生活，成为沟通生活世界的中介。生活已然媒介化了，或者说媒介已然生活化了。"门"可以说自始至终是我们生活的"媒

---

① 谢金文，邹霞：《媒介、媒体、传媒及其关联概念》，《新闻与传播研究》，2017年第3期，第119页。

介"。

一、门：人类社会交往的基本隐喻

门沟通着内外、你我。门内是我的，私人，而门外是社会的，公共的。所以说，门无疑是一种日用而不知的媒介，甚至"门"的经久作用，已然成为人们生活的隐喻，我们常说"有没有门"，就是有没有路径或方法，达到某种目的，甚至上升到"门道"的理论高度来概括，处理事情总有一些显在或潜在的规则与方法。还有一个现象，"门"在传统生活实践中，也逐渐地符号化、抽象化，即一些门并不依托于房子，甚至也无门板，只有一个可供出入的门框。而我们说它是门，是因为这个建筑物上写着"龙门""棂星门""贞节门""孝子门""功名门""功德门""人瑞门"等等，成为公共建筑，寄托世人的社会价值追求与良好生活愿望。更有甚者，东汉至魏晋南北朝出现的九品中正制，亦称"门阀制度"，因为当时的社会官吏选任制是"上品无寒门，下品无世族"，豪门贵族把控了上流社会，此时"门"成为阻隔社会阶级流动的社会制度。① 门以其开放与包容的姿态，被人们延伸为一种心门，乃至国门，更有上升到哲学层面，表现为变化之门，如《易传·系辞上》曰"阖户谓之坤，辟户谓之乾，一阖一辟谓之变，往来不穷谓之通"，把乾坤引领的易道变化以求通畅，以门户的开合为喻。因此，笔者尝试从媒介哲学的角度来管窥作为生活媒介的"门"。正如黄旦先生发挥克莱默尔思想所做的分析那样："'我们与世界的关系以及我们所有的能动性和经验'，就是由媒介所开启、给予，也是由媒介所限定的。因此，媒介并非只是简单地传递信息，它还发展出一种作用力，'这种作用力决定了我们思维、感知、经验、记忆和交往的模式'。"② "门"这种再平常不过的媒介，他是怎样开放着我们的思维，建构着我们的生活之网，又是怎样拘禁了我们的思想与胸怀，让人们被这张自己建设的意义之网上而无法超越。

二、门：一种社会关系的生产装置

媒介为何？媒介何为？媒介与人的关系是什么？人能用媒介做什么？其实，媒介一旦产生往往就具有了不能完全为人所掌握的方面，一种媒介自然就规定了运用它的（可能）方式，这在一定程度上是不以人的意志为转移的。媒介的存在，正是人存在的确证。因为人的本质是能够创造和使用工具，媒介正是人的工具，或者说所有的工具都可以在一定条件下成为媒介。"媒者，通合二姓之者也，犹结构、沟通、合会之意；介者，有居间、分隔、辨析、介绍、联系、辅助等意思。'媒'、'介'合

---

① 沈旧娅：《中国门文化特性的系统研究》，江南大学博士学位论文，2008 年，第 70—72 页。
② 黄旦：《作为媒介的史料》，《安徽大学学报》，2019 年第 1 期。

一之'媒介'一词，基本意义是使两者发生联系、作用的因素，既包含有传递信息之手段的意思，又内蕴表现思想的方法或工具之意。若从哲学思辨的意义上去厘析其义，则媒介本身是一种矛盾的统一体。它既使两者分隔又使两者联通。"①德布雷却从哲学层面上解释了"中介 (mediation)"，认为是"处于中间介入两者之间的、使两者发生关系的第三者，如果没有这个中介，这种关系就不会存在"②。进而言之，"任何一种媒介，都有其特定的意图、体制制度、运作方式和性质功能，它们互为纠结又互为区分"，"不同的媒介由于特性（物质、制度、操作和呈现）不一，开拓出区别不同'现实'的可能性，创造出各自的'传媒性'感知"③。"门"也是这样的一种媒介，它可与桥等不同的媒介区别开来。因为门与桥造就了各自的感知方式，"在分离与统一的关系中桥梁倾向于后者，桥墩两头间距可见可测，同时间距已被桥梁逾越；与此相反，门以其较为明显的方式表明，分离和统一只是同一行为的两个方面"④。我们对"媒介"的含义以及具体形象的媒介的认知其实也是一个时代或一个人，一个团体感觉世界方式和能力的体现，同一媒介在不同人或不同的时代却有着十分不一样的意义与价值。我们如果看待媒介，媒介就向我们展示什么样的世界。对此，克莱默尔的理解很独特，在他看来任何一种媒介都存在"作为器具的媒介"与"作为装置的媒介"这两个侧面，而世人可能更多看到了作为手段工具的意义上的媒介，却忽略了媒介其实也是一种生产机制，它的出现与其他媒介或者说与人都重构了关系，共同进入于意义生产的场域之中⑤。因此，在当下，我们关注的重点不是我们用媒介做什么，而是媒介使我们做什么，因此，我们研究媒介时，就应当关心生活世界中的媒介，以及媒介是如何呈现，即如何嵌入我们的生活。正如孙玮所说，"我们还要解释它在何时何地何以成为媒介，这个媒介通过连接，创造了怎样的前所未有的传播形态及社会关系。"⑥门作为一种媒介形态已然形塑着我们的社会关系，甚至内化为我们生活世界的隐喻，使我们不知不觉中被"门"所区隔或者联系。有时门是一条路，有时门是一堵墙。也可以说，对这个人或群体是通路，而对别的人或群体可能是死路。在门的开与合之间，演绎出人的世界的复杂与多变。

---

① 胡潇：《媒介认识论》，北京：人民出版社，2012 年版，前言第 5 页。
② [法] 雷吉斯·德布雷：《媒介学引论》，刘文玲译，北京：中国传媒大学出版社，2014 年版，第 122 页。
③ 黄旦：《作为媒介的史料》，《安徽大学学报》，2019 年第 1 期。
④ 齐美尔：《桥与门——齐美尔随笔》，涯鸿、宇声等译，上海：上海三联书店，1991 年，第 3 页。
⑤ [德] 西皮尔·克莱默尔：《作为轨迹和作为装置的传媒》，选自 [德] 西皮尔·克莱默尔：《传媒、计算机、实在性——真实性表象和新传媒》，孙和平译，北京：中国社会科学出版社，2008 年版。
⑥ 孙玮：《城市传播的研究进路与理论创新》，《现代传播》2018 年第 12 期。

第二节 塞其兑，闭其门：老子之"门"从实至虚的操作意象

《道德经》中有五章共五次提到"门"。深入分析，不难发现，"门"是理解《道德经》的密钥，因为如上文所述，"门"已然是理解和处理一切关系的隐喻。老子《道德经》中对"门"的论述可以大体分两个层面，一是抽象的层面，如第一章与第六章，"众妙之门"与"玄牝之门"都认为道作为宇宙万物的本体具有创生能力，这一能力体现为"有无相生""无中生有"。以"门"来隐喻道与万物的关系，道的本体是虚无实有的实在性，而万物是源于道而实有的现实性。换言之，出于道为物，入于道为物之亡（即无）。二是具象的层面，即第十、五十二、五十六章。此节先谈出现相同句子的两章：

> 天下有始，以为天下母。既得其母，以知其子；既知其子，复守其母，没身不殆。塞其兑，闭其门，终身不勤。开其兑，济其事，终身不救。见小曰明，守柔曰强。用其光，复归其明，无遗身殃，是为习常。（第五十二章）

> 知者不言，言者不知。塞其兑，闭其门，挫其锐；解其分，和其光，同其尘，是谓玄同。故不可得而亲，不可得而疏；不可得而利，不可得而害；不可得而贵，不可得而贱，故为天下贵。（第五十六章）

一、作为身体感官媒介的"门"

河上公注第五十二章"塞其兑，闭其门"："兑，目也。（使）目不妄视。门，口也。使口不妄言。"[1]河上公直接以"门"喻"口"，来点明两个方面：其一，直接层面是，祸从口出，《金人铭》早有"勿多言，多言多败"之训。因此，人要"希言守中""行不言之教"，以防止"虚言"，努力做到"善言无瑕谪"。其二，口往往是欲望的门径。老子早指出"知者不言，言者不知"，河上公注曰："知者贵行不贵言也。驷不及舌，多言多患。"[2]智慧的人不轻易说，随意说的人是不明智的。这是因为在老子看来"道之出口（言），淡乎其无味"，言的境界当以道为依归，即"无味"，因为道是"无名""无味""无形"。因此，有道之言则如流水一般了无痕迹。"闭门"之教，旨在教导世人，口不轻开，一方面"病从口入"，吃如不加以节制，也是会带来疾病乃至杀身之祸。另一方面，则是"祸从口出"，口是是非之源，不可不慎。河上公注第五十六章的""塞其兑，闭其门"时说："塞闭之者，欲绝其源。"[3]老子的塞闭

---

① 《老子道德经河上公章句》，王卡点校：北京：中华书局，1993年版，第199页。
② 同上，第216页。
③ 同上，第216页。

之教，正是看到了人与外在的交往，一切孔窍似乎都如同生活中的门户一样，虽然是生命之所需，但是如此控制不好，门户没有注意关闭，而可能招贼，带来损害。王弼则从哲学层面，分析了门兑的意涵："兑，事欲之所由生。门，事欲之所由从也。"[①] 相较于河上公，王弼的解释则更进一步，从发生论与认识论的角度深刻地洞察了人类的社会交往的两个层面。一个是感知觉层面，一个是理性洞察层面。前者是"门"，可以视为眼耳鼻舌身等人体一切与外界可以相交的路径。比如目，老子早说："五色令人目盲"，就生理而言，纷乱的色彩让人生理也因此产生认识障碍。耳与嘴，也是如此，"乐与饵，过客止"，音乐与美食也会让英雄志短。而且"五音令人耳聋，五味令人口爽"。身体更是如此，"驰骋畋猎"之举，则"令人心发狂"。不过，老子不仅看到了人的感官对身心的危害，而且更注意到感官所以发挥功能，乃在于人自身的欲望，即心。当代学者王中江则直接将"兑"理解为耳目等感官。而将"门"理解为"心，心思"。虽然这样解释未必是老子的本义，但却是最方便的传播法门。[②]

二、兑：欣悦的心门

"兑"在《易经》中为"悦"之意。《周易正义》："兑，说（悦）也。"《彖传》解释说："兑，说也。刚中而柔外，说以利贞，是以顺乎天而应乎人。说以先民，民忘其劳；说以犯难，民忘其死；说之大，民劝矣哉！"[③]《周易》显然从整体阐释了"悦"对于建功立业的重要意义。因为兑卦本是两个兑相叠加而成的。因此《象传》曰："丽泽，兑；君子以朋友讲习。"意思是说，两泽并连交相浸润，象征欣悦；映射到人身上，如同君子因此悦于良朋益友讲解道理研习学业。可见，"兑"意象上注重交往、彼此相悦，是人际交流的佳境。从初九"和兑，吉"，用平和的心态与人交往是吉祥的。良好的动机成功了一半。紧接着九二"孚兑，吉，悔亡"，用诚信来欣悦待人，是吉祥的，而且也是断绝悔恨滋生的根本方法。而六三则说"来兑，凶"，就是在彼此交往的过程中，如果只是为喜悦而来，则可能失望而去。因为"君子之交淡如水，小人之交甘若饴"，要注意避免人心的异化。为此，良好的交往双方应当有"商兑"之举，九四："商兑未宁，介疾有喜。"要对彼此的欣悦保有适度的心态，不能忘乎所以，以免乐极生悲。如此就可以隔绝一些他者的谄媚而带来的对关系的破坏。九五说："孚于剥，有厉。"如果一方在人际交往中被他者所惑，欣悦于他者（小人），那就有危险。可见《易经》确实时时有忧患意识，即便在欣悦的时候也可保持高度警惕。胡炳文解曰："说之感人，最为可惧，感之以剥之也。况为君者，易狃于

---

①　（魏）王弼：《王弼集校释》，楼宇烈校释，北京：中华书局，1980 年版，第 139 页。

②　王中江解读：《老子》，北京：国家图书馆出版社，2017 年版，第 204 页。

③　黄寿祺、张善文：《周易译注》，上海：上海古籍出版社，2018 年，第 627 页。

所说？故虽圣人，且畏巧言令色，况凡为君子者乎？"（《周易本义通释》）上六："引兑。"这时候直接点明后果，就是被小人引诱，当然也可以使自己坏了心性，去引诱他人从而走上不当的道路。所以《象传》评价说"未光"，就是欣悦之道不能发扬光大，反而走向反面。因此，总的来说，"兑"指的是"心"，而"心"是"事欲"萌生的地方。心与物之间如果没有好的配合，我就会为外物所拘。因此，老子指出"虚其心，实其腹；弱其志，强其骨"，腹与骨都是内在的，而心与志，则是外向，虽然心在人之中，但是却有着向外的冲动。老子倡导"恒使民无知无欲，使夫智者不敢为"，这是釜底抽薪之法。不敢为，便是心与志的节制，而最理想的状态是自我（民），养生"无知无欲"纯朴之境。这里的无知无欲，并不是认识论意义上的，而是境界论意义上的，即无知是"明白四达"而达到的"无知"，即没有智者的胡作非为之念，或自是自见自矜自伐自贵；无欲，是"辅万物之自然而不敢为"，有辅助之念，而无"取天下而为之"之欲，即"生而不有，为而不恃，长而不宰"，此正所谓有"百姓之心为心"而却保有无身的作用。

三、在塞与闭之中，守护性命之门

兑与门在老子语境中应当是相通。而且"兑"的出现似乎比门的存在更为古老。因为"兑"通"阅"与"穴"。司马彪说："门户孔穴，风善从之。"段玉裁明确指出："道德经'塞其兑，闭其门'，兑即阅之省。"古人类先是居处洞穴，后来才逐渐地营建了房屋，才真正有了现代意义上的"门"。至少在老子的文本中兑已经与门相通。因为第五十二章后文接着说"开其兑，济其事"，正如李霖所分析的："以事对门者，闭其门，则事之不入可知矣；济其事，则门之不闭可知矣。"（《道德真经取善集》）这一点还可以从郭店楚简《老子》中得到证实。楚简乙本原文是"闭其门，塞其兑"。而甲本（相当于第五十六章的内容）是"闭其兑，塞其门"。同样的句子，却有不一样的表达，即塞门与闭门。因此，兑是人类原古居住的记忆。当然，兑在《易经》中象征物是泽。泽并非大江大河，却往往是原始人类取食之源，乃至维护洞穴所需要的建筑材料，包括制造陶器所用。

就"塞其兑，闭其门"而言，首先从现象而言，兑与门，正是人身上的孔窍，如鼻孔、嘴、睛以及生殖器等。这些孔窍诚然如老子所教导的那样，不可过于勤劳使用，即"终身不勤"，反之，则"终身不救"，以此让人意识到自身的孔窍是养护生命的直接入手处，也保持自身的孔窍。从媒介学而言，它们都是媒介，眼睛是视觉的媒介，而耳朵是听觉的媒介，嘴巴更是交流的媒介。但他们的共同点是组成了人体的媒介，即身体是个整全的交往媒介，是不折不扣的融合媒介。按麦克卢汉来说是部落化的媒介，是人对自己的完全占有，是媒介没有偏向，实现平衡的良好状态。从第五十二章整章来看，字面上，直接宣导的是人应当塞兑闭门，而且要做知小守柔，如此才能不给身体留下灾殃，称之为因袭常道（自然之道）。这才能"没身不殆"。老子直言人如何保身全生。不过，深入分析，不难知道，老子开章指出"天下有始，以为天下母。既得其母，以知其子；既知其子，复守其母"，用形象隐喻的方式指出道与物的关系问题，而道本身如同门一样，也是个媒介，因为第六章有言："谷神不死，是谓玄牝，玄牝之门，是谓天地根。绵绵若存，用之不勤。"老子以雌性的生殖器为喻，即"玄牝之门""天地根"，男根与女阴的隐喻，展示了道创生万物的原动力，即谷神不死。而道创生万物的过程却是绵绵而不勤（不尽）。如果说万物皆媒的话，那么道则是万物之母，是一切媒介的总根源。老子启发人们，一切的媒介都有偏向，都有对人产生危害的可能，一切有形，一切有名，都有局限。只有回到，或者说运用这种终极的媒介，人类的性灵才能得到根本的安顿。因此，他提出要"知子守母"的原则。第三十二章，老子也提出："始制有名，名亦既有，夫亦将知止。知止可以不殆。"知子守母的精神要领正是"知止"。老子并不反对使用名，使用媒介，但是他同时也指出一切有名皆为双刃剑，唯有大道才是至真至善至美。因此，他果断地提出了人类处于天地间的生存原则"惟道是从"。人类本是有形的存在，而且一切有形均有生坏。人类要做的只能是"辅万物之自然而不敢为"，这就是人类"从"道的意识，敬畏自然的意识，也正是人懂得"道法自然"的根本原则。唯有自然，才是永恒。吕惠卿注曰："塞其兑，闭其门，终身不勤，此则守其母之谓也。心动于内，而吾纵焉，是之谓有兑，有兑则心出而交物，我则塞其兑而不能，不通则心不出矣。物引于外，而吾纳焉，是谓之有门，有门则物入而扰心，我则闭其门而不纳，不纳而物不入矣。内不出，外不入，虽万物之变芸芸于前，各归其根而不知矣，夫何勤之有哉！"[1]

第三节　玄之又玄，众妙之门：老子之门的媒介哲学意蕴

如上文所言，老子所谓的兑与门已然具有了抽象意义，或言形而上学意义，更是直接从工夫论的角度，指出了，人类的行为当注意塞兑闭门，慎用一切身体的媒介。通览《道德经》，我们不难理解老子确实在探讨道与物的关系问题，或者说是人与道的关系问题，因为人也是物之一。而道本身也是物物之物。从这个意义上讲，老子从根本上也是在探讨"物"的生成流变的问题。而物的世界自然是交往的世界，万物皆联，自从"道生一，一生二，二生三，三生万物"，无有终止。《道德经》第

---

① （宋）吕惠卿：《老子吕惠卿注》，张钰翰点校，上海：华东师范大学出版社，2015年，第57—58页。

一章有言：

> 道可道，非常道；名可名，非常名。无名天地之始，有名万物之母。故常无欲，以观其妙；常有欲，以观其徼。此两者同出而异名，同谓之玄，玄之又玄，众妙之门。（第一章）

《道德经》首章之神妙，千百年来传颂不衰，尤其是首句。不过，如果细细品味，或许末句才是"玄之又玄，众妙之门"，才是彰显老子之道奇怪诡谲的奥妙所在。通行本的"玄之又玄"之"玄"是形容词，是幽暗深远的样子。因此是形容道体无穷，而孕育万有。最后一句虽然没有直言"道"，但却以"道"的替身——"门"来显现。正因为有道才有"门"，即有万物从道而生的"门"。因此，此建构出来的信仰装置的"门"就成了无形无名的"道"与万有发生关联的媒介。德国哲学家谢林甚至直接把"道"译成"门（Porte）"，进而把道的学说理解为"进入存有的大门的学说"。他的表述如下："关于非存有（Nichtseyenden），关于单纯存有可能性的学说，通过这种东西，一切有限的存有便进入现实的存有。"[1] 如此，道本身就成为旋转门，内在的"无"转化为外在的"有"。温海明先生在参加 2018 年第十届海峡两岸国学论坛提交的《〈道德经〉哲学之"道—门"》一文中富有哲理地阐述了道与门的关系：

> 道由人走路的每一个点组成，而每个点其实都是一扇新门；就像人说话，每一个字，每一个意群，都可以成为一个转折点——一扇转向新道路的门，是这扇门，不断打开心的道路。这其实就是人跟世界打交道的基本方式，这种方式本乎天道自然，超越名相——这是最根本的、人跟世界相通的"门"，也是开"门"之后延伸出去的道路，从来就没有必要去言说。所以，"道"当然不是什么名字，不是"有"，也不是"无"，道就是"道"，像"门"一样开开合合的"道"，人通过"道"与世界发生关联，"道"不仅像人与世界交接的开关，"道"就是开关，就是人进入世界的开始。"道"既是旅途，也是终末——人生下来就要做事、走路，从一扇门走向另一扇门，永远在"道"上。所以，无论古代中国还是西方，言说和走路都是开"门"，于是都用一个意思的字来表达，那就是——道与 logos，二者天然同构，异名同质，有着哲理深沉的相通性。

---

[1]　F. W. J. Schilling: *Ausgewahlte Schriften*（《谢林选集》），Band 6（第 6 卷），Frankfurt am Main, Suhrkamp 出版社，第 575（563）页。转引自赖贤宗：《道家诠释学》，北京：北京大学出版社，2010 年，第 100 页。

如此，我们可以说，"门"是"道"的隐喻，"隐喻的本质就是通过另一种事物来理解和体验当前的事物"①。正如迈克雷迪的"管道隐喻"，老子只不过用了"门道隐喻"。雷迪指出人类对语言的认知是通过"思想（或者"意义"）是物体""语言表达是容器""交流是发送"这几个复杂的隐喻。说到底是"说话者把思想（物体）放进语言（容器），并（顺着管道）传送给听者，而听者会从语言（容器）中提取思想（物体）。②而"道"则是"门"的灵魂。因为"道"定义了"门"之为"门"的玄妙，因为从这扇门到另一扇门，背后都有"道"作为动因。老子的"门道隐喻"的奇妙在于门通过开关的方式来彰显着一切的可能性。门以直观的方式直逼到我们的眼前，如同心灵的投射。因为心的灵犀就在于一点通，在于心门的打开。而打开的刹那，我们可以称之为悟"道"了。因此，我们如果将管道理解为容器，那么门道则是开关。共同的是，两者都充当了人类思想的媒介。如果说管道隐喻表达的是"语言表达是意义的容器"，那么，"门道隐喻"传达的是"语言表达是意义的获取开关"，因为"得意而忘言"。

我们回头看"玄之又玄"的表达。池田知久认为此表达是道家系统为到达那个终极的目标而采取的反复的思想活动，即首先从现状出发对现状做出否定，而向根源做出第一步回溯（"玄之"）；接着，又对已抵达的高境界也加以否定，向着根源回溯（"又玄"），通过反复进行的彻底的否定活动，向着终极（"众妙之门"）不断超越，最终到达真正的根源性的"道"。③其实，这个玄之又玄的意象正是门的反复开与关，门之关代表一次领悟，一次超越，而门的关则表明每次的领悟本身又会成为下一次的障碍，因此需要再超越，永无尽头。其实，并没有终极的门，因为开与关的门永不停息。这是由道本身"独立不改，周行不殆"所决定的。这也决定了人类永远在一扇通向另一扇门的路上。而这条道却是如此的"随之不见其后，迎之不见其首"。

值得关注的是北大汉简《老子》的最后一句是"玄之又玄之，众妙之门"。如此，"玄"就成为动词，类似于"损之又损之"（汉简本）。这里的玄与损相通，此含义被后世的重玄学发展为"有无双遣"，既不执于有，也不执于无，是一种超媒介的取向。一切有形的媒介均有局限，这种局限正如麦克卢汉所说的"媒介即讯息"，一种媒介开启了一个面向的信息，而同时也屏蔽了更多信息。麦氏解释说："所谓媒介即讯息只不过说，任何媒介（即人的任何延伸）对个人和社会的任何影响，都是

---

① ［美］乔治·莱考夫，马克·约翰逊：《我们赖以生存的隐喻》，杭州：浙江大学出版社，2015年版，第3页。

② ［美］乔治·莱考夫，马克·约翰逊：《我们赖以生存的隐喻》，杭州：浙江大学出版社，2015年版，第7—8页。

③ 引自曹峰：《老子永远不老——〈老子〉研究新解》，中国人民大学出版社，2018年版，第11—12页。

由于新的尺度产生的；我们的任何一种延伸（或曰任何一种新的技术），都要在我们的事务中引进一种新的尺度。"任何媒介或技术的'讯息'，是由它引入的人间事物的尺度变化、速度变化和模式变化。"① 媒介给人带来便利，带来理解世界新的角度，但同时也使人类日益成为媒介的奴隶，而且也在一定程度上局限了人类的心灵与视野，或者说，媒介给人类带来了无穷无尽的知识，然而却极少增加人类的智慧，相反，人变得越来越焦虑，越急躁，越不自由，越不自然，也越不自我。麦克卢汉甚至说"它表现了人在新技术形态中受到的肢解和延伸，以及由此而进入的催眠状态和自恋情绪"②。作为人的延伸的媒介或技术，一方面解放了人，另一方面也使人在娱乐中至死不知。新的媒介滋生了新的产业和新的处理人类交往的方式，似乎在推动人类文明的进步，但同时也增强了人类自我放逐乃至自我毁灭的能力。麦氏清醒地认识到这一点："对媒介影响潜意识的温顺的接受，使媒介成为因禁其使用者的无墙的监狱。……因为每一种媒介同时又是一件强大的武器，它可以用来打垮别的媒介，也可以用来打垮别的群体，结果就使当代成为内战频仍的时代。"③ 使用媒介如同打开潘多拉的盒子，一切的邪恶因此而出现，对此老子的警示是"天下皆知美之为美，斯恶已；皆知善之为善，斯不善已"（第二章）。天下人都知道媒介的便利（姑且称之为"美"），知道媒介增进人类的交往，增强了人类利用与改善自然和社会的能力（姑且称之为"善"），然后，媒介所滋生的恶（丑，不善）却始终如影随形。如同直播拉近了人类的距离，提升了人类分享快乐的时空，然后一切的恶与不善也同时出现，如直播色情与犯罪等。如同当下5G领导权的全球争夺，人类在提升交往速度与层次的同时，由于人类族群的天然划分以及国别利益的囿限，国家作为利益的代表就自然地卷入了纷争，时下的中美贸易摩擦便是缩影。麦氏言"媒介的塑造力正是媒介自身"，因为"一切媒介均是感官的延伸"④。媒介说到底是为人的存在，媒介的具身性与反身性是天然的，乃至整个世界都是属人的世界，当且仅当一切被置于人的意识中时，才会产生意义。而媒介正是意义分享的通路。无媒介不意义，同样，无意义不媒介。只不过，有时媒介如同空气一样，我们很自然地与之相处，或者说，如同我们自己的皮肤一样自然。因为皮肤自然地区隔了我与你、我与他的界限，它是天然的媒介。麦克卢汉是理解通过人的感官的平衡来做回人类自己，并且对任何

① ［加拿大］麦克卢汉：《理解媒介：论人的延伸》，何道宽译，南京：译林出版社，2011年版，第18页。

② ［加拿大］麦克卢汉：《理解媒介：论人的延伸》，何道宽译，南京：译林出版社，2011年版，第22页。

③ ［加拿大］麦克卢汉：《理解媒介：论人的延伸》，何道宽译，南京：译林出版社，2011年版，第32—33页。

④ 同上，第33页。

的失衡抱有谨慎的态度。麦氏自己也接触过《道德经》。他援引《道德经》第二十四章"企者不立，跨者不行……自见者不明，自是者不彰"来说明老子"有许多例子说明紧随过热的媒介（即过度延伸的人或文化）以后接踵而至的突变和逆转"①。相比较麦氏的略微流露的悲观情绪，保罗·莱文森却相对乐观得多。他在《人类历程回放：媒介进化论》的中文版序中点明了自己的观点："媒介是如何朝着与人类沟通模式愈来愈契合而非相反的方向演变的。"他认为人类的一切进步都基于人的沟通需求。"我们之所以想要与外界保持联系，是基于智力与想象力。事实上，随时随地与我们想要的信息保持联系是一种深刻的人类需求，而在媒介进化的'人性化趋势'中，人类的这种需求便被一点点地满足了。"②或许从长远而言，人类必定是追求更好更理性地栖息在这个地球上，然后人本身是未定形的，人类本身容易陷于盲目自信与认识偏见，除非人人都成为真人、圣人。老子为人类走出纷争的困境指出一条基本的道路，那就是"为无为"，避免人类中心主义，而走上唯道主义的道路。而道的本质特征是"反者道之动，弱者道之用"，以反思反省来克服人类的弱点，而以柔弱不争挫去人类戾气，从而在冲气为和中走向共生。尼尔·波兹曼在麦克卢汉"媒介即讯息"的基础上提出"媒介即隐喻"，他认为："信息是关于这个世界的明确具体的说明，但是我们的媒介，包括那些使会话得以实现的符号，却没有这个功能。它们更像是一种隐喻，用一种隐蔽但有力的暗示来定义现实世界。这种媒介—隐喻的关系帮我们将这个世界进行分类、排序、构建、放大、缩小和着色，并且证明一切存在的理由。"③媒介的隐喻功能揭示人类认识世界的本质是在关系中实现的。而媒介正是促使关系建立成为可能的中介物。从建构主义的视角看，媒介建构着或者解构着一种关系，因为建构一种关系的同时也会解构另一种关系。如同手机使关系紧密的同时，而同时却也使原来的首属群体，尤其是亲人与朋友或许因此而疏远了。因此，波兹曼继续提出"媒介即认识论"的观点，"一种重要的新媒介会改变话语的结构"④，因为"任何认识论都是某个媒介发展阶段的认识论。真理，和时间一样，是人通过他自己发明的交流技术同自己进行对话的产物"⑤。认识是基于媒介的认识，因为媒介"带领"人们去领略它自身所能传达的信息、图像和关系。甚至，媒介成为人的生存方式，人类创造并使用媒介来解放自己，丰富自己，却也可能局限了自己。例如电

---

① ［加拿大］麦克卢汉：《理解媒介：论人的延伸》，何道宽译，南京：译林出版社，2011 年版，第54 页。

② 保罗·莱文森：《人类历程回放：媒介进化论》，重庆：西南师范大学出版社，2017 年版，中文版序第 2 页。

③ ［美］尼尔·波兹曼：《娱乐至死》，章妮译，北京：中信出版社，2015 年，第 11 页。

④ 同上，第 30 页。

⑤ 同上，第 28 页。

视削弱了人们的理性话语，却能够激发情感；而印刷术确立了现代的标准意识，即毁灭了集体感与统一感。总之，媒介环境学派对媒介的理解与老子的媒介哲学思想有共通之处，那就是通过"损之又损"的方式，人类才能够驾驭好媒介，使身体这一根本与始源的媒介能够成为人的精神家园，即"载营魄抱一，能无离乎？"（第十章）如果说形魄是媒介的形式，那么精神则是媒介的内容。只有内容与形式的统一，人才能成为完整的人，人体自身就能发挥出完美的媒介功能。所以从这个意义上讲，老子是位人本主义的媒介理论家。

第四节　天门开阖，能为雌乎：老子之门的媒介批判意识

老子思想以崇无为特质，虽然他也强调"有无相生"，有无"异名同谓"，但是由于世人拘于有，所以老子更强调了"无"的一方面。而这个"无"的意识充溢着批判与反省思维。面对世人束于名缰利锁，成败荣辱之境，老子提出："立天子，置三公，虽有拱璧以先驷马，不如坐进此道。"（第六十二章）无论如何富贵，都不如坐而论道。老子道论的超越品格在于以复归于虚无的道为指向，超越俗世的束缚，做真实的自我。正是在这个意义上，他对生活中一切有形的存在，包括人们赖以交往的媒介，都做了哲学的思考，进行批判性反思。

一、在"天门"中安顿自我

载营魄抱一，能无离乎？专气致柔，能婴儿乎？涤除玄览，能无疵乎？爱国治民，能无知乎？天门开阖，能无雌乎？明白四达，能无为乎？生之、畜之，生而不有，为而不恃，长而不宰，是谓玄德。（第10章）

此章提出了"天门"的概念，何为天门呢？王弼注此句："天门，谓天下之所由从也。开阖，治乱之际也。或开或阖，经通于天下，故曰'天门开阖'也。雌应不唱（倡），因而不为。言天门开阖能为雌乎？则物自宾而处自安矣。"①据李零考证"阖"指门户，不是开合的合，我以为然。结合后文"为雌"之训，前文当专指启开一事。因为如果阖是闭合之意的话，那就是说启开与闭合均"为雌"，显然闭合为雌是不言自明的，如同第十三章解释"宠辱若惊"时，就只解释"宠为下"而不用去解释"辱为下"这一常识了。也就是说即便开阖指开合，根据古人的用词习惯，也

---

① （魏）王弼：《王弼集校释》，楼宇烈校释，北京：中华书局，1980年版，第23页。

只是强调一个方面，而不是两方面并重。即，本句"开阖"侧重在"开"之意。整句之意是开天门须守雌。这就如同"知其雄，守其雌"的意思一致，开天门为雄动，此时更需要有雌静来持守，方不至于危。李零老师也曾指出，虽然后世有理解天门为天宫之门（与地户相对的门）、两眉间的天庭、心或鼻孔，但是应当是与《庄子》中提到的两处"天门"意思一致。①一处是《庄子·天运》："怨、恩、取、与、谏、教、生、杀八者，正之器也，唯循大变无所湮者为能用之。故曰：正者，正也。其心不以为然者，天门弗开矣。"②这里天门指"灵府"，喻指天机之门。道家相信人类的心灵有能通达天机的本能，不过，唯有心正之时，方能打开这个心灵之门，而悟天机之妙。或者说心门与天机之门因而对开，从而沟通通畅。这是时人对人类沟通理想的美好想象与终极追求。庄子上文正是准确地指出了人类有怨恨、恩惠、索取、施与、劝谏、教化、生养、杀戮等八种情境，而这些都会扰乱人类的心志，只有那些能够遵循自然天理变化而为物欲所湮没的人才能做到，即自如地运用自己的心灵以达与天地合德，合吉凶。可见，天门不是不开，而是开必有道，如果不能充分掌握天道规律而妄动者，凶。可见，为了做个人类交流的施动者，这个传播主体的心态要何其强大！《庄子·庚桑楚》："有乎生，有乎死，有乎出，有乎入，入出而无见其形，是谓天门。天门者，无有也，万物出乎无有。有不能以有为有，必出乎无有，而无有一无有。圣人藏乎是。"③这里庄子学派以"天门"来形容万物生死出入的终极依归，老子所言"出生入死"，其实也暗含着"道—门"之意。庄子学派真是直言此"天门"是抽象的，即"无有"，并不是现实中存在的，而只是一种建构着的关系的存在，用于解释事物的生灭现象。圣人之为圣人，就是能够洞察这里面的一切变化，而且能够顺势而为，如此身藏心安，没身不殆。

二、玄牝之门：生命传播的意义表征

《道德经》有言："谷神不死，是谓玄牝，玄牝之门，是谓天地根。绵绵若存，用之不勤。"（第六章）牝，《说文》："畜母也。"老子以雌性母体来形容神妙的大道。肖天石说："谷，虚空之体，虚而能容，虚而能应，无有而无所不受者也。神，可感而知，有信可征，灵妙而不可或测者也。谷喻道体，神喻道用，体能涵用，用不二体，亘万古而长存，不变不坏，司天地生化机权之道，故曰谷神不死。"④道作为生养万物的存在，如同玄妙的母体。而母体最大的特征，便是有"玄牝之门"，即雌性的

①　李零：《人往低处走——〈老子〉天下第一》，北京：生活·读书·新知三联书店，第 52 页。
②　方勇：《庄子》，北京：商务印书馆，2018 年，第 254—255 页。
③　方勇：《庄子》，北京：商务印书馆，2018 年，第 424 页。
④　肖天石：《道德经圣解》，北京：华夏出版社，2007 年版，第 100 页。

生殖器，就是阴门。李零很直接地表述说："'玄牝之门'，道是宇宙生殖器，道生天地万物，得有一个出口，就像妇女生孩子，要自产门（即阴门、阴户）出，这个出口，就叫'玄牝之门'。"[①] 老子此章以生活化的母亲生小孩的阴门这一神圣的生命源头，来喻指创生万物的大道，可谓形象生动。可见，此处的"门"已然泛化为一切能够具有开合功能的事物都可以类比为门。正如塔尔德所提出的"模仿率"，在他看来，模仿是人类的生物特征，是先天的，进而演变为一种基本的社会现象，乃至创新也是模仿。其实，人自身的社会化过程与社会生活实践确实充斥着大量的模仿行为，换言之，模仿是人类的基本交往方式之一，无论是人际交往，还是经由大众传媒的交流，都是如此。老子的《道德经》之所以具有经久不衰的魅力，正是因为他擅长用隐喻这种模仿方式来呈现抽象的道论。比如用山谷来形象隐喻，道的谦下品格，故有"上德若谷"（第四十一章）；用"却走马以粪"来说明"天下有道"（第四十六章）的理想场景，等等。

　　从生命传播的视角看，老子用"玄牝之门"这一隐喻确实有很强的代入感，因为每个人都是源于母亲的生殖之门。生命源于传播，两性的交往与身体接触，而且生命之绚烂也是因传播与交流而绽放。生命源于门，又不断地经过一道道"门"，走向未知却充满希望的未来。身体本身是我们感知世界的基本媒介。如同梅洛·庞蒂所言："我们重新学会了感知我们的身体，我们在客观的和与身体相去甚远的知识中重新发现了另一种我们关于身体的知识，因为身体始终和我们在一起，因为我们就是身体。应该以同样的方式唤起向我们呈现的世界的体验，因为我们通过我们的身体在世界上存在，因为我们用我们的身体感知世界。但是，当我们以这种方式重新与身体和世界建立联系时，我们将重新发现我们自己，因为如果我们用我们的身体感知，那么身体就是一个自然的我和知觉的主体。"[②] 身体的在场以及面对面的传播对哈贝马斯来说，是最能够促进人类"交往理性"的形成。人类的悲剧在于因生命存在而奋斗，却有时又因奋斗而忘记了为何出发，导致身败名裂，或殉于名，殉于利，不一而足。老子的《道德经》正在此意义上强调要"贵身"，要"爱身"。他在第四十四章中深刻地指出："名与身孰亲？身与货孰多？得与亡孰病？是故甚爱必大费，多藏必厚亡。知足不辱，知止不殆，可以长久。"名誉与身体哪个更亲切？身体与财货哪个更贵重？得到与失去哪个更有害？道理很简单，大家似乎都明白生命属于每个人只有一次，而身外的名誉与财富，千金散尽还复来，因此得到身外之物或失去身外之物并没有什么，是需要因人因时因事而异。只不过，通行的原则是过分的爱

---

① 李零：《人往低处走——〈老子〉天下第一》，北京：生活·读书·新知三联书店，第41页。

② 梅洛·庞蒂：《知觉现象学》，姜志辉译，北京：商务印书馆，2001年，第256页。

欲必将带来巨大的耗费，过多的积藏必将加速败亡。此为历史的教训。因此，只有保持"知足"的心态，才不会陷入侮辱之境遇，"知止"方可远祸，这样，就能够长久地生存于天地之间。生命传播的要义在于"生命传播不仅关注心灵、自我、社会等的相互关系，更希望关切的是对交感、交流、交往形式的反思与理解以及交流、交往的权力结构对生命会产生怎样的影响"①。老子正是关心生命传播中的权力结构对人交往的影响，因此，强调统治阶级或者处于优势地位的一些组织与个人都应当保有谦下的品格，要处下不争。此种品格正是从母亲的如水柔弱与慈爱所孕育的。"玄牝之门"隐喻展现的生命律动，以及似有若无的绵绵延续的生命之链，正是人类创造力无穷无尽的总根源。"生命传播强调媒介叙事的认知与能力已成为情感、态度、观念、思想差异性的重要来源，媒介自身提供了认识事物的别样视角，不仅帮助理解媒介内容和媒介形式，也帮助理解媒介间相互影响对社会制度、社会建制以及社会关系带来怎样的改变。"②身体本身就是媒介，身体是生命的现实展演的舞台，人类社会的一切传播实践，都事关生命与身体。同时，人类传播活动的媒介也都是为人而存在的媒介，然而为人的媒介也可能成为人与人交流的障碍。就拿门来说，本只是一个起到保卫功能的房屋构件，但在人类的发展中却异化为隔绝人的关系，成为彰显身份的象征。而这一切都根源于权力关系。因此，老子特别强调那些住在宫殿中的侯王，帝王们能够超越这样，以生命共同体的情怀来体现能力越大，责任越大，而不是相反。不要关上一扇扇彼此交流的大门。《道德经》第二十六章就曾指出："虽有荣观，燕处超然，奈何万乘之主，而以身轻天下？轻则失本，躁则失君。"统治者拥有豪华的宫殿，本应当以超然的姿态来悠闲自处。怎奈统治者往往贪得无厌，妄图取天下为自己一人，从而给自身和社会带来灾祸。老子以史官的智慧指出，这样做会动摇国本，失去理智，埋下祸端。因此，那个代表着权力象征的门，已然是一种勾连人的情感、观念和行动的媒介。而唯一珍惜和保有如母性般的媒介意识，媒介才是为人的媒介，而不会成为反人的工具。这样的社会才会是"甘其食，美其服，安其居，乐其俗"（第八十章）。这个居所、房屋便是个体生命安顿的空间，这个空间只有"安"了，这个社会才能安。所以古人常讲的"路不拾遗，夜不闭户"作为太平盛世的表征，其直接意象便是这个"门"。因此，从这个意义上讲，让人闭所当闭，开其当开，让门自然成为一个人类交往的媒介，才是"邻国相望，鸡犬之声相闻，民至老死不相往来"（第八十章）的"小国寡民"理想社会的场景。正是这个"门"的"闻"的远古听觉交往意义得以彰显，以至于人民从生到死都没有产生冲突

---

① 师曾志：《生命传播及其可能》，载师曾志等编著：《生命传播：自我、赋权与智慧》，北京：北京大学出版社，2018年版，第9页。

② 同上，第21页。

（即往来，而不是来往。来往是正常的交流，而往来则是特指矛盾）。如此看来，真是一门一户总关情，都成为社会交往的真实写照。

（本章执笔：谢清果）

第二章　上善若水：《道德经》水道隐喻的镜像媒介功能分析

　　在《道德经》以水喻道的本体隐喻中，借由水之像，无形无相的道得以呈现出其"虚像"；而在道视域下的水，也得以从物质实体中抽离出来，拥有了诸多拟人化的品格隐喻，隐含着以道观水的认知基模。以道观水与以水喻道共同构成了彼此映射的两组镜像，发挥着相互阐释的媒介功能。水与道镜像一般的本体隐喻彰显了从无形到有形、从无界到有界的特性，这正是媒介容器隐喻的特征。道法自然所彰显的中国传统的隐喻思维为数字技术背景下媒介哲学的建构带来了概念的灵光，而这正是西方崇尚理性主义的哲学所缺乏的东西。在方法论上，直观的、隐喻的研究方法带来媒介概念重建的启示；在本体论上，"媒介道说"的隐喻，展现了道文化给媒介哲学阐释带来的丰富想象力，或许能够为世界媒介理论的发展提供隐喻的智慧。

　　水与人类文明相伴而生，水喻被视为中国哲学的根隐喻，更成为中西对比研究的一个热门领域，对中西"水"的词义对比、认知异同对比、概念隐喻对比等研究已然非常翔实。在媒介研究中，中西对"水"的认知分野更是被彼得斯视为中西"两个文明之间的轴心差异"①。"海洋和航海被视为催生人类起源的媒介"②，海洋和河流的地理差异造就了中西截然不同的自然观。华夏自大禹治水始，河流治理、水利灌溉与水运交通就已成为国家事务，治水与政权相绑定；而西方哲学自诞生之始，就展开了对水的追问。不过，作为西方文明源头的海洋城邦——希腊，其最初对水的思索并非出自海洋，而同样源自对河流的考察——柏拉图、亚里士多德等人都是基

---

　　① ［美］约翰·杜海姆·彼得斯：《奇云：媒介即存有》，邓建国译，上海：复旦大学出版社，"中文版前言"，2020年，第3页。

　　② ［美］约翰·杜海姆·彼得斯：《奇云：媒介即存有》，邓建国译，上海：复旦大学出版社，"中文版前言"，2020年，第2页。

于尼罗河的物质实体，围绕水与文明展开思考，进而揭开了西方哲学本体论演进的帷幕。

近年来，在数字媒介平台的背景下，媒介越发呈现为一种抽象的基础设施环境。学界对媒介的关注也从媒介内容转向技术偏向的物质形式。正如现象学哲学从物自体转向研究内容得以呈现的背景一般，媒介研究也展开了本体论意义上的媒介哲学追问。彼得斯在《奇云》中论述其海洋媒介时，发现中西对"水"的认知存在显著差别，这种认知影响了中西对媒介理解的差异。《道德经》的水道隐喻不仅给海德格尔带来了技术批判的启发，更直接启发了彼得斯关于"媒介是容器和环境"①的比喻。《道德经》的水道隐喻能够带来的媒介启示远远不止这些。在媒介成为呈现内容的抽象平台的当下，"物之为物的直接依据消失了"②，平台媒介如何影响着文明发展的偏向，人类又该怎么看待媒介与时空之间的关系？这恰恰是今天互联网平台下媒介哲学必须建构的原因。

故而，本研究以《道德经》文本为语料，通过认知语言学分析的路径，从本体论及认识论意义上去剖析《道德经》文本中由水及道的、镜像一般的映射机制，以剖析水与道在隐喻构建过程中所发挥的镜像一般的媒介功能，以期在此基础上，探讨《道德经》的水道隐喻能够为理解当下媒介的特性及其功能带来哪些启示。

第一节　以水喻道：上善若水的本体隐喻

对水与文明的哲思折射着人类文明的共性。在轴心文明时代，泰勒斯与老子这两位同时期的东西方哲学家都借助了对水的经验观察来解释世界的本原问题。泰勒斯"由于看到万物都由潮湿的东西来滋养，……并以它来维持其生存（事物所由之生成的东西，就是万物的本原）"③，于是直接将水视为万物本原，提出"万物源于水"的哲学命题；同样发现"水善利万物"（《道德经》第八章）的老子并没有将水直接归结为万物的本原，而是在对水进行了一套人格化的比喻后，抛出了"上善若水"的道喻。中西对水的经验认知呈现出高度的相似性，但西方哲学从一开始就显现出理性主义的倾向，认为："自然是非人格的本原。……秩序和原因可以通过经验观察和理性思辨被发现。"④ 相比于泰勒斯的思辨性，老子则赋予了水以诸多人格化的特征，

---

①　[美]约翰·杜海姆·彼得斯：《奇云：媒介即存有》，邓建国译，上海：复旦大学出版社，2020年，第2页。

②　[美]丽莎·吉特尔曼：《纸知识：关于文档的媒介历史》，王昀译，上海：复旦大学出版社，2020年，第193页。

③　[古希腊]亚里士多德：《形而上学》，苗力田译，北京：中国人民大学出版社，2003年，第8页。

④　赵敦华：《西方哲学简史》，北京：北京大学出版社，2021年，第4页。

以水喻道，充分彰显了中国哲学"名言隽语、比喻论证"①的隐喻特色。在《道德经》以水喻道的隐喻背后，暗藏着中国传统思维的玄机，这也是挖掘《道德经》思想宝库的理论进路。

上善若水作为《道德经》的核心隐喻，用显在的水来表征隐性的道，水成为理解和把握道的一个镜像。镜像原本是一个物理学概念，即平面镜成像。其特点在于利用光的反射定律在平面镜中呈现物体的"虚像"，引申到信息科学中，镜像成为一种文件形式，即数据的副本。《道德经》以水喻道，形而下的水是呈现形而上的道的一面镜子，借由水之像，无形无相的道得以呈现出其"虚像"，即发挥了一种镜像式的媒介功能。在此过程中，彰显了镜像的两个基本特征：一是从反射原理而言，通过反射镜面成像，展现物体的形象；二是从成像机制而言，镜中像是虚像，不存在物质实体。

这种把具体事物投射到抽象物的隐喻被莱考夫定义为本体隐喻。从《道德经》文本出发，借由认知语言学分析路径，从本体论意义上去剖析水在喻道过程中所建构的关于"道"的本体隐喻，既是理解其镜像式媒介功能的前提，同时也能从其由无形走向有形、由无界走向有界的隐喻特性中得到启示。

在《道德经》原文中，"水"字只出现了三次：

> 上善若水。水善利万物而不争，处众人之所恶，故几于道。居善地，心善渊，与善仁，言善信，正善治，事善能，动善时。夫唯不争，故无尤。
>
> ——第八章
>
> 天下莫柔弱于水，而攻坚强者莫之能胜，其无以易之。弱之胜强，柔之胜刚，天下莫不知，莫能行。是以圣人云，受国之垢，是谓社稷主；受国不祥，是为天下王。正言若反。
>
> ——第七十八章

对水的直接描述虽只有两章，但这短短两章就已概括了水喻的核心内涵。人类借由对物质世界的基本经验，用以解释抽象对象，并将之具体化、有形化、实体化的过程，就是本体隐喻的建构过程。"上善若水"一词提纲挈领地展现了《道德经》以水喻道的隐喻核心内涵——水作为道的具象表征，具有"善利万物而不争""处众人之所恶""几于道""柔弱""攻坚强者莫之能胜"等物理品质，映射出"道""不争""弱之胜强""柔之胜刚"的具体形象，"水"也成为拥有一切美好的圣人之德的

---

①　冯友兰：《中国哲学简史》，北京：北京大学出版社，1996 年，第 11 页。

象征物。将无形的事物有形化，并赋予抽象的事物以具体实在的特征，这正是本体隐喻的核心所在。

隐喻不单单是一种传统修辞手段，更蕴含着一整套隐喻的认知观。作为认知"道"的源域，《道德经》对"水"的认知显现出了系统性。除了对"水"的直接描述外，在《道德经》文本中，水的本体更为多样。通过对《道德经》全文的细致梳理发现，水道隐喻的源域更多以"渊""江海""雨""溪"的形象出现。对《道德经》原文中"水"意象的文本分析如下表所示：①

表 1:《道德经》"水"意象的文本分析

意象		原文	章	水的特质
水		上善若水。	第 8 章	喻道
		水善利万物而不争，处众人之所恶，故几于道。	第 8 章	处下、不争
		天下莫柔弱于水，而攻坚强者莫之能胜，其无以易之。	第 78 章	柔弱
渊		道冲而用之或不盈，渊兮似万物之宗。	第 4 章	虚而不满
		柔弱胜刚强。鱼不可脱于渊，国之利器不可以示人。	第 36 章	柔弱
江海		澹兮其若海，飂兮若无止。	第 20 章	虚静
		譬道之在天下，犹川谷之于江海。	第 32 章	无为之为
		江海所以能为百谷王者，以其善下之，故能为百谷王。	第 66 章	处下
溪		知其雄，守其雌，为天下溪。	第 28 章	处下、平和
		为天下溪，常德不离，复归于婴儿。	第 28 章	处下、无为
雨		故飘风不终朝，骤雨不终日。	第 23 章	阴阳平和
		天地相合以降甘露，民莫之令而自均。	第 32 章	
水的特质	湛	湛兮似或存，吾不知谁之子，象帝之先。	第 4 章	透明恍惚
	涤	涤除玄览，能无疵乎？	第 10 章	动作类比
	深	古之善为士者，微妙玄通，深不可识。	第 15 章	虚静
	豫	豫焉若冬涉川，犹兮若畏四邻	第 15 章	谨慎
	涣	俨兮其若容，涣兮若冰之将释	第 15 章	自然
	浊	混兮其若浊。孰能浊以静之徐清？	第 15 章	不露锋芒
	汜	大道汜兮，其可左右。	第 34 章	滋润万物
	下	大国者下流。	第 61 章	处下
	忌满	持而盈之，不如其已。	第 9 章	虚而不满
		保此道者不欲盈，夫唯不盈，故能蔽不新成。	第 15 章	
	盈	曲则全，枉则直，洼则盈，敝则新。	第 22 章	冲而不穷
		大盈若冲，其用不穷。	第 45 章	

---

① 本文对《道德经》的引用以楼宇烈的《道德经》版本为准。参见 [魏] 王弼注：《老子道德经注校释》，楼宇烈校释，北京：中华书局，2016 年。

　　《道德经》的水的本体形象丰富而立体，不仅包括"渊""江海""溪"等陆地洋流，还包括"雨""甘露"等天空雨水，以及冰、川谷等多重意象。对水的状态描述也非常多样，如静态的"湛兮""渊兮"；动态的"涣兮""混兮""氾兮""下流"等，甚至出现了"涤除玄览"的动作隐喻——以清洗的动作隐喻对内心的净化。水的状态也呈现出上下、清浊、强弱、虚盈等多组状态，充满了浓厚的辩证色彩。除本体隐喻外，老子还以方位的高低映射人类社会尊卑的认知，由水往低处流的基本经验，建构起水"处众人之所恶"的方位隐喻，进而在"处下"方位隐喻的基础上，进一步构建"不争""无为""利万物"的道的本体形象。水丰富的形态正是构成道镜像的本体存在，为观察和建构抽象的道提供了一个系统性的结构框架。

　　水的拟人化是水道本体隐喻最为显著的特征。借由对水的自然现象的观察，《道德经》将水的品质类比为"居善地""心善渊""与善仁""言善信""政善治""事善能""动善时"七项理想的人格特征。这种人格化的隐喻在认知语言学中，是最典型的本体隐喻。水所代表的人格化特征反映了《道德经》文本背后的认知框架，具体的水形象被投射在抽象的"道"上，以道观水，并在此基础上进一步提出"弱之胜强，柔之胜刚"的外交理念和"受国之垢，是谓社稷主"的政治主张，由此构成典型的"道"的本体隐喻。可见，在水喻概念化过程中，预设了一整套思维方式和认知基模。老子以水处下、流动、柔弱等物理特质来隐喻道的无为、谦下、不争、虚静，其哲思观念为今天的媒介思考提供了诸多对话可能及隐喻宝库。无论是海德格尔借用机械机心来追问技术，还是彼得斯借用"无"之用构建媒介的容器比喻，都彰显了华夏文明在建构当代媒介技术理论中的理论潜力。

第二节　以道观水：水与道的镜像映射路径

　　在以水喻道的过程中，无形无相的道借由水的映射得以呈现出其"虚像"，但同时需要注意的是，《道德经》中水的形象，亦不是纯粹的水。在道的视域下，水被赋予了诸多拟人化的品格，暗藏着以道观水的框架。可见，《道德经》的水道隐喻，不仅仅是以水喻道，对水的感知和描述更是以道观水。水与道互为镜像，成为理解彼此的媒介，这种媒介作用即为镜像媒介作用。借由对具象的水现象的观察感知，《道德经》以自然之水喻社会人事的修辞模式，映射出无形、无相、无名的"道"的特质，建构起一套完整的从源域指向目标域的本体隐喻系统。《道德经》水喻本体隐喻的映射路径如下图所示：

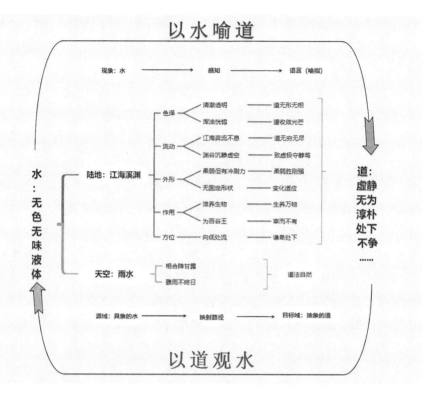

图 1：水道隐喻的镜像映射路径分析

水的本体是无色无味的液体，具体展现为陆地上的江海溪流与天空中的雨水。《道德经》对水的感知和观察可以具体被归纳为色泽、外形、作用、方位的多个层面，水的特质主要可以被归结为：无形无色、清澈透明、流动不息、柔软而克强、滋养万物、向低位流动等，这些特质被进一步抽象为谦卑处下、柔弱淳朴、虚静的人格，以及无为不争、以柔克强的政治主张，最终表征为恍惚无名、大盈若冲、宰而不有的道的形象，完整地建构起一套从现象到感知再到语言的认知体系，由此建构起一套"道"的话语体系。

在以水喻道的本体隐喻中，道是水所呈现的镜像，而水也得以成为呈现道的镜像。而在道视域下的水，也得以从其物质实体中抽离出来，拥有了诸多拟人化的品格隐喻。作为源域的水充当了释道的镜像，而以道观水又与以水喻道构成一个闭环，相生相辅，水与道共同构成了彼此映射的两组镜像，发挥着相互阐释的媒介功能。其镜像映射的媒介功能集中体现在三个层面：

一、水甘露自均：道无形无相、周转不息

水外在形态直接表现为一种无形、无味、无色的液体，以水观道，则"道之出口，淡乎其无味，视之不足见，听之不足闻，用之不足既"（《道德经》第三十五章），映射出道质朴无华的自然形象。在人格上，树立了道家对质朴品质的追求："五色令人目盲，五音令人耳聋，五味令人口爽，驰骋畋猎令人心发狂，难得之货令人行妨。是以圣人为腹不为目，故去彼取此。"（《道德经》第十二章）正是在以水喻道的基础上，母婴的系统隐喻得以建立："我独泊兮其未兆，如婴儿之未孩。……澹兮其若海，飂兮若无止。众人皆有以，而我独顽似鄙。我独异于人，而贵食母。"（《道德经》第二十章）圣人之得道就如同大海一般无思无欲，恬静自得，一方面以水观道，将得道的状态比拟为"澹兮其若海"，另一方面又将道比喻为母亲，用婴孩来比拟得道的状态，建构起人与道之间的关系隐喻。这样的隐喻还包括"知其雄，守其雌，为天下溪。为天下溪，常德不离，复归于婴儿"（《道德经》第二十八章），以此来说明道的质朴。

水无形，道亦无形；水流动不止，道亦变动不居；水源源不断，道亦生生不息；水源远流长，道亦周转不息。老子通过对水的流动性的观察，建构起一套挫锐、解纷、和光、同尘的个体修养观，进而树立了道无形无相、源远流长的话语体系。

二、水下流：道处下不争、柔弱胜刚强

水往低处流是一种自然的物理现象，老子以水流的高下方位映射人类社会的位分高低，故而产生了水"处众人之所恶"（《道德经》第八章）的方位隐喻，用水之"处下"类比人类社会的低下地位，由此进一步构建起"损有余而补不足"（《道德经》第七十七章）的天道，并将之与"损不足以奉有余"（《道德经》第七十七章）的人类社会相对比，以抛出其"孰能有余以奉天下？唯有道者。是以圣人为而不恃，功成而不处，其不欲见贤"（《道德经》第七十七章）的理想政治蓝图。老子将水之"上善"拆解为七种理想人格："居善地，心善渊，与善仁，言善信，正善治，事善能，动善时"（《道德经》第八章），其核心是不争，落在对人格的想象中体现为谦下的处世智慧，落在对理想政治秩序的想象中则体现为"受国之垢，是谓社稷主；受国不祥，是为天下王"（《道德经》第七十八章）的政治观念。处下不争的水是柔软的，但其流动性却能穿透坚硬的石头，汇聚成海，奔流不息，"天下莫柔弱于水，而攻坚强者莫之能胜"（《道德经》第七十八章），由此衍生为"弱之胜强，柔之胜刚"（《道德经》第七十八章）的概念特征，并将这一观念延展为以柔克刚的话语建构，如"天下之至柔，驰骋天下之至坚"（《道德经》第四十三章）、"守柔曰强"（《道德经》第五十二章）、"强大处下，柔弱处上"（《道德经》第七十六章）等都是对这种隐喻逻辑的重复。在柔弱处下的逻辑下，又催生了"大国者下流"（《道德经》第六十一章）的政治隐喻。由此，可以窥见老子的国家治理和外交观点，以及对理想统治者的道德要求。而水柔弱处下的特性也被视为不争的体现。从这一隐喻的论证逻辑中不难看出，老子对水的阐释和解读服务于道的形象建构，而天道的建立最终又服务于对理想政治秩序的理论建构之中，对水的解读内涵着道的认知框架。

三、水利万物而不争：道生而不有、无为之为

道作为道家哲学的最高范畴，在《道德经》水喻所构建的叙事体系中充分体现了朴素的辩证思想。水虽柔弱却能胜强，虽处下却能"为百谷王"（《道德经》第六十六章）。"天地相合以降甘露，民莫之令而自均"（《道德经》第三十二章），通过对自然的观察，老子将滋养生命的雨水视为天地和谐的产物，天地交而泰，而无须人为的祈愿。"道常无名，朴虽小，天下莫能臣也。侯王若能守之，万物将自宾。……譬道之在天下，犹川谷之于江海"（《道德经》第三十二章），水被视为道的镜像，被赋予了孕育万物却为而不宰的政治内涵。而无为处下恰恰是任运自然、天下归附、无为而无所不为的道彰显，最终达到"以其不争，故天下莫能与之争"（《道德经》第二十二章）的理想效果。"大道泛兮，其可左右。万物恃之而生而不辞，功成不名有，衣养万物而不为主。常无欲，可名于小；万物归焉而不为主，可名为大。以其终不自为大，故能成其大"（《道德经》第三十四章）就是这一隐喻逻辑的集中展现：以滋养生命的水类比生养万物的道，衣养万物却处下不争，"以其善下之，故能为百谷王"（《道德经》第六十六章）。无为并非真的无所作为，而是不妄为，不乱颁发政令号令天下，像水顺应自然规律一样去治理百姓："生之、畜之，生而不有，为而不恃，长而不宰，是谓玄德。"（《道德经》第十章）如此，才能算得上圣君，使得"天下乐推而不厌"（《道德经》第六十六章）。

可见，无形的道正是借由水的本体隐喻，通过具象化的映射路径，展现出一幅"惟恍惟惚"（《道德经》第二十一章）的道"象"。反而言之，"道象"就是由水的形象镜面映射而来。而水就是"道"的镜像展现，通过对水的中介作用，抽象的道被具化展示在人类的视野中。然而，自然的水本身并没有道德的特性，这种特性是老子在对水的现象观察的基础上，结合自身的认知经验和知识储备而做出的阐释。以水观道的隐喻促生了道家贵柔主阴的哲学观念，而对水的认知也反向受到以道观水的认知框架影响，使水得以从物质实体中抽离出来。这也是为何要用镜像来说明其媒介功能：镜像原理恰如其分地表现了以实体映射抽象事物的本体隐喻的基本特征：一是呈现"虚像"，像并不存在，但虚像是理解抽象事物的形象把握；二是镜像由实

体映射而生，借由物质世界的实际经验来投射出抽象概念的形象。《道德经》的水喻不仅是以水喻道，更是以道观水，水与道作为呈现彼此的媒介，互为镜像，整体构成了一套上善若水的"道"形象体系。借由水的启发，《道德经》构建了"道"这一抽象的形而上学概念，并拓展了道的内涵边界，将抽象的"道"内化为为人处世、人际交往与国家治理的原则。同时，这套体系潜移默化地影响了中国人对水的情感和人与自然关系的认知，并植入中国人的文化基因，不仅影响了华夏水文化的发展，更在不知不觉中构建了华夏的自然哲学、传播形态和价值观念。

第三节　媒介道说：老子水道隐喻对媒介哲学的本体论启示

水道隐喻是《道德经》最为重要且典型的道喻，水发挥着建构"道"形象的镜像媒介功能。从源域水向目标域道的隐喻映射路径图，展现了《道德经》文本背后的政治思想和哲学观念是如何借由对水的意义阐释，架构起道的概念隐喻系统来的。以道观水与以水喻道共同构成了彼此映射的两组镜像，发挥着相互阐释的媒介功能。而老子的政治观念及思想也恰恰借由水道隐喻，实现了人文与自然的拼接，水喻也成为华夏重要的思想源流，被誉为中国古代的"根隐喻"①。从《道德经》的水道隐喻可以看出中国哲学的隐喻传统，通过赋予自然以人格特征的方式，将个人的理想人格内嵌于一定的政治框架之中，具有政治实践导向。《道德经》水道等隐喻被诸多媒介学者用于媒介批判，这并不是一个巧合，而是在媒介技术发展的背景下，媒介的内涵日益解放，学者们在重新审视媒介与自然的关系时，惊奇地发现道家道法自然的哲学构建过程恰恰与此相暗合。

一、媒介哲学与中国古代哲理的相关性

泰勒斯的理性精神超越了希腊神话的世界观，转而走向自然哲学，以"水是万物的本原"揭开了西方哲学本体论演进的帷幕，被誉为西方的"哲学之父"。以《道德经》为代表的哲学思想和希腊自然哲学思想同时试图通过对自然的经验观察，来把握世界的秩序和原因，同时也得到诸多相似的结论：希腊哲学的基本范畴体现为二元对立的矛盾，如"一和多、静和动、本质和现象、必然和偶然、永恒和变化、存在和生成、原因和结果、纯粹和杂多"②等，解决的方式是通过"对两种相反的意见所做的分析和综合，最后达到……二元对立和一元中心的统一"③。这与道家的阴阳

①　刁生虎：《水：中国古代的根隐喻》，《中州学刊》2006年第5期。
②　冯友兰：《中国哲学简史》，北京：北京大学出版社，1996年，第6—7页。
③　冯友兰：《中国哲学简史》，北京：北京大学出版社，1996年，第7页。

互生实有神似共通之处，这或许也是道家思想能够在西方广为传播的原因之一。相较之下，虽然老子构建的水道隐喻更为丰富具体、且系统完整，但老子却并没有因此而将"水"视为万物的本原，反而借助隐喻构建了一套"道"的哲学系统。在《道德经》文本中，除了最为核心的水道隐喻以外，还广泛存在着围绕"道"而展开的门道、母婴、器用、方位、草木等一系列隐喻。这些隐喻共同构成阐释宇宙规律和法则的媒介。

媒介哲学建立在自然哲学的基础之上，无论是海德格尔，还是麦克卢汉，抑或彼得斯，在他们的著作中都能窥见浓厚的道家色彩。海德格尔从老子的"道"中得到启发和共鸣，展开了对现代技术本质的批判："黑 / 白、阴 / 阳、真 / 非真、揭蔽 / 遮蔽互补的思路主导了后期海德格尔，在他对'大地''艺术作品的本源''技艺''缘构发生''产出''允诺''间隙''之间''诗''语言''道路'等思路中以各种微妙的方式呈现。"[①] 海德格尔与道家阴阳观的联手"让我们看到这种批判与中国古代哲理的相关性"[②]，衍生出对技术与媒介的思考。

媒介的容器隐喻就是这种思潮的典型产物。《道德经》以水喻道的隐喻彰显了从无形到有形、从无界到有界的本体隐喻形式，特别是"容器"隐喻，直接启发了彼得斯关于"媒介是容器和环境"[③] 的比喻。容器型技术是彼得斯对媒介理解的一个重要隐喻，"容器型技术所展现的是媒介最为'环境'特性的一面"[④]。事实上，容器隐喻并不是彼得斯的原创，海德格尔很早就提出了著名的罐子比喻：罐子最重要的组成部分是它虚空的空间。这在《道德经》的水喻中就能找到最初始而典型的本体，"道冲而用之或不盈，渊兮似万物之宗"（《道德经》第四章）。虚空为处下之水创造了成渊的空间条件，而静为渊的持续形成创造了时间条件，于"空"谷之中蓄水，在无为虚静中体察万物，方能窥见道的恍惚。

盈与渊的特质原本只是《道德经》水道隐喻的特点之一，其隐喻逻辑是借用渊来表征一种虚静的状态，进而映射出心善渊、虚怀若谷等人格品质，最终形成"致虚极，守静笃"（《道德经》第十六章）的道德隐喻。虚静被视为圣人的最高境界，其状态特点表征为不盈，"混兮其若浊。孰能浊以静之徐清？孰能安以久动之徐生？

---

① 张祥龙：《技术、道术与家——海德格尔批判现代技术本质的意义及局限》，《现代哲学》2016年第5期。

② 张祥龙：《技术、道术与家——海德格尔批判现代技术本质的意义及局限》，《现代哲学》2016年第5期。

③ [美]约翰·杜海姆·彼得斯：《奇云：媒介即存有》，邓建国译，上海：复旦大学出版社，2020年，第2页。

④ [美]约翰·杜海姆·彼得斯：《奇云：媒介即存有》，邓建国译，上海：复旦大学出版社，2020年，第157页。

保此道者不欲盈，夫唯不盈，故能蔽不新成"（《道德经》第十五章），虚与静共同构成了空的先决条件。只不过，"大盈若冲，其用不穷"（《道德经》第四十五章）恰与容器型技术的妙用相呼应，于是彼得斯、海德格尔等人根据其需要，只取了水道隐喻中虚而不满这一表象，并做去人格化的处理，通过容器以空作为前提的类比，也就是"在空置时最能发挥作用"①，建构了媒介的容器隐喻。可见，相较于道家哲学思想本身，西方媒介学者对"道法自然"（《道德经》第二十五章）的哲学建构过程更为感兴趣。道法自然的隐喻思维为媒介哲学的建构带来了概念的灵光，而这正是西方崇尚理性主义的哲学所缺乏的东西。

二、媒介道说：媒介的本体论何以可能？

"媒介道说"的概念充满了玄机，一方面，如黄旦教授所言，意在"破解传播学中将媒介仅仅视为器具、工具的固有思维"②；另一方面，存在本源即为道说——"媒介道说"恰是媒介哲学的隐喻，展现了道文化给媒介阐释带来的丰富想象力。

回溯老子对水的观察以及对世界本原的思索，暗藏着东西方文明的共性。老子和泰勒斯对水的观察及由此产生的哲学思考都与自然密不可分。亚里士多德将自然定义为运动和变化的本原，认为"一切自然事物都明显地在自身内有一个运动和静止的根源"③，而本原（arche）的本义即为"太初"。④《约翰福音》的'太初有道'，亦可称'太初有言'。故'道'即'道说'（logos），又译为'逻各斯'，……'logos'——道说，与老子的'道'类似，是话语，也是道理之理或道本身，由此与中国文化和思维方式有了几分亲近。"⑤

这种亲近性体现在老子的水道隐喻中，以水喻道的本体隐喻将"道"视为一种先验的存在，并借助水这一自然现象进行建构，"'自然'这一概念渗透着权力，……将某东西'自然化'是意识形态所采取的主要策略"⑥，道法自然，通过与自然的类比来解释人文，进而构筑起一套天人相和的理论体系，定义人与社会的权威话语与主流的价值观与政治理念。道本身作为人类社会存在的先决环境，扮演着元素型和基础设施型的媒介角色，以不被人察觉的方式潜移默化地影响着人类思考的形式与内

---

① [美]约翰·杜海姆·彼得斯：《奇云：媒介即存有》，邓建国译，上海：复旦大学出版社，2020年，第158页。

② 黄旦：《听音闻道识媒介——写在"媒介道说"译丛出版之际》，《新闻记者》2019年第9期。

③ [古希腊]亚里士多德：《物理学》（192b 8），张竹明译，北京：商务印书馆，第43页。

④ 赵敦华：《西方哲学简史》，北京：北京大学出版社，2021年，第4页。

⑤ 黄旦：《听音闻道识媒介——写在"媒介道说"译丛出版之际》，《新闻记者》2019年第9期。

⑥ [美]约翰·杜海姆·彼得斯：《奇云：媒介即存有》，邓建国译，上海：复旦大学出版社，2020年，第48页。

容。这正是媒介哲学思想与道家哲学的相通之处。

媒介哲学何以可能？数字技术带来的媒介环境，启发彼得斯反观那些"从前能改变地球自然环境的基础型媒介，如用火、农耕、放牧或营造"①。在回到自然的大转向中，媒介成为退居后台的背景，这与现象学哲学中的"意识"所扮演的角色有异曲同工之妙。在胡塞尔看来，意识是一切事物得以向我们呈现的背景，这是回到事物本身的前提。在日常生活之中，媒介平台扮演着呈现一切的背景角色，这也是媒介哲学的立论基础。在数字技术的座架下，媒介不可避免地呈现出其技术的倾向性。如同康德的知性范畴一般，媒介技术决定了使用者所能感知的内容范畴，相应地也决定了哪些内容会被隐藏和不可感知。"媒介以它特有方式解蔽现实并将之带到我们面前，这是一种中介了的现实"②，但同时每一种解蔽都相应地带来新的遮蔽。而对媒介的研究本身也不可避免地置身于媒介之中。从海德格尔，再到麦克卢汉，再到彼得斯，元素型媒介的概念为媒介研究开启了一扇重新解读历史的大门。

媒介道说这一带有隐喻性质的观念，其本质是对媒介哲学的本体论探讨。邓建国教授将彼得斯从《对空言说》到《奇云》的转变，视为由传播学的认识论到媒介学的本体论的进阶："如果说《对空言说》关注的是现代社会不同主体性在 communication 中遭遇的'沟壑'和两难，《奇云》关注的则是 communication 中存在于主客体之间的'桥梁'"③。这种媒介论说以"为道日损"（《道德经》第四十八章）的方法"论说媒介的本体论价值——非'为学'也，实'为道'也，也即黄旦教授所言'媒介道说'"④。媒介不再被单纯视为实体化的机构或产业，而成为"一种具有内在时空逻辑，能够安排和建构社会生活的行动力量……"⑤尽管目前学界对媒介概念的理解千差万别，但它作为一种研究取向，媒介已经不再被单纯地视为一种类型化的社会组织，而超出他的技术表征，日益从实体范畴中被解放出来。随着平台媒介的发展，媒介已然成为一种抽象无形的基础设施环境，扮演着组织时间、空间和秩序的角色，代表着一种中介化的场景。

除了盈与渊的媒介容器隐喻，以水道隐喻为典型特征的道家思想能够为媒介哲学的丰富和本体论的思考带来更广阔的想象空间，这体现在媒介与道的相似性上。

---

①　[美]约翰·杜海姆·彼得斯：《奇云：媒介即存有》，邓建国译，上海：复旦大学出版社，2020年，第10页。

②　黄旦：《听音闻道识媒介——写在"媒介道说"译丛出版之际》，《新闻记者》2019年第9期。

③　邓建国：《从认识论到本体论：彼得斯〈奇云〉中的"媒介道说"》，《新闻记者》2019年第11期。

④　邓建国：《从认识论到本体论：彼得斯〈奇云〉中的"媒介道说"》，《新闻记者》2019年第11期。

⑤　胡翼青：《媒介视角与传播学的想象力：以传播政治经济学为个案》，《新闻与传播评论》2020年第4期。

在万物互联及媒介平台化的背景下，媒介的特性与道呈现出高度的相似性。从方法论的层面而言，在科技发展日新月异的当代，古老的水道隐喻给传播学的发展带来重建的启示——即跳出归纳、演绎的窠臼，回归直观的、隐喻式的研究方法论，方能突破传播学本土化及传播理论创新的困境，真正抓住和理解抽象的媒介本身，媒介道说就是这样一种有待开发的隐喻阐释；从水道隐喻本身而言，当今的媒介已经成为一种基础设施一般的环境所存在，这与生养万物的道的特性极为相似，恍惚、柔弱、处下、不争、无形，衣养万物而不为主的品质同样可以映射出当代平台媒介的某些特性，这也为媒介哲学的建构提供了丰富的理论资源。"水"可以成为彰显形而上的"道"的特质的一种镜像，那么"媒介"又能以什么样的形象所显现呢？跳出中西思维的藩篱，才能重新在世界文明的坐标系中定位自身。媒介道说的形成，或许能打开媒介研究的广阔天地，为世界媒介理论的发展提供中国哲学传统的隐喻智慧。

（本章执笔：谢清果　王婕）

第三章　道体器用：器物视角下对老子媒介观的探析

　　老子所处的春秋战国时期，是原始制陶技术、青铜冶炼技术的逐步完善的时代，随着形而下之器逐渐增多，各种名制随之而来。当器物的实用功能逐渐退居幕后，成为统治者政治传播的媒介，老子以其敏锐的哲学思考察觉到了信息繁杂对社会与百姓带来的困境，同时感知到了媒介技术异化的趋势。"器"作为《道德经》信息观、媒介技术观的重要媒介载体，以器为媒可以帮助我们从日常生活与国家治理等不同视角，重新思考器得以成之"道"，并探寻一种从媒介与技术视角来重新审视"器"的可能性。

　　《周易·系辞上》有云："形而上者谓之道，形而下者谓之器。"当形而上之道逐渐向下落，落实到日常生活的层面，便成就了诸多可以为我们所取法之"器"。器物是文明得以构成和传播的重要载体，中国早期的器物以陶器、玉器、青铜器为主，其不但传递着中华文化与精神，而且是一种媒介，沟通着人与自然、历史与现代，发挥着媒介的传播与记忆功能。如果说老子所言的"道物"关系指向的是对自然价值的揭示，那么"器"作为人文创作之始，"'道器关系'便意味着在'自然'与'人文'之间建立起某种照应关系"[①]。古人通过在经验的世界里"观物取象"以制器，将制器技艺与思想代代流传并不断丰富，那么器就自然成了联结自然与人文、历史与现代的重要媒介。

　　"器"字在社会历史的不断发展中已具有众多衍生意义。其本意指器皿，即日常用具的总称。《说文解字》曰："器，皿也，象器之口，犬所以守之；皿，饭食之用器也。"它最初以有形质的形态出现在人们的生活中，作为人类技艺的产物，其初始功用是为了满足人们日常生活之需，并被先民视为需要看守的"重要之器"。如今，器的使用覆盖着社会生活所有的领域，在生活已然媒介化了的今天，"器"以一种更

---

　　①　王玉彬：《自然与人文之间——老子"器"论的思想意蕴》，《人文杂志》2017年第9期，第13页。

为隐蔽的方式成为沟通人际交往与社会生活的基础媒介。并且根据材质、功能及在不同社会历史背景下所产生的象征意义，器逐渐被人们引申出了不同的词性和义涵。由对器之重视所产生的古代礼器、祭器、武器，再到现代生活中被人们更为频繁提及的机器、乐器，抑或器度、器重、成器等"器的隐喻"，我们都可以在《道德经》中找到相关对应，并一探老子是如何以器为媒，从而构建出他心中的理想国。

《道德经》中共有十章提到"器"字，其符号形式虽然是同一的，但在不同章节的脉络中，老子却赋予其以不同的人文义涵；并通过诸如"橐龠""辐毂""舟舆""甲兵"等具体而微的概念，进一步将"道体"与"器用"串联起来。从"埏埴以为器""夫兵者不祥之器"的"形而下之器"，到"国之利器不可以示人""民多利器，国家滋昏"的治国理政的"形而上之器"，老子通过循序渐进的论述，从日常生活与国家治理等不同视角向我们逐步揭示了器得以成之"道"，并进一步通过阐释"成器长"之方法论与"什佰人之器"之使用观，为我们提供了一种从媒介与技术视角来重新审视"器"的可能性。

第一节　以器观道：老子的信息接受观

《道德经》中对"器"的论述可以大体分为两个层面，一是形而下的层面，二是形而上的层面。其关于"形而下之器"的具体论述始于第十一章：

> 三十辐，共一毂，当其无，有车之用。埏埴以为器，当其无，有器之用。凿户牖以为室，当其无，有室之用。故有之以为利，无之以为用。（第十一章）

本章中，老子以车毂、陶器、房屋为喻体，说明"无"和"有"两方面的作用，并特别强调了"无"的作用。《说文》："埴，黏土也。"马叔伦认为："《说文》无'埏'字，当依王本作'挻'，而借为'抟'"。河上公曰："挻，和也；埴，土也；和土以为饮食之器"，可见其有揉、和之意。然而不论是取埏或挻字之义，其体现的均是人通过对黏土的技术加工而使之成为对生活有用之器。在制陶技术中，体现的便是原始先民通过对黏土和水以及用火烧制来硬化物质的认识，使人介入了物质加工的过程，这表明人已然通过对水与火的技术使用联结了自然。彼得斯在《奇云》一书中提出了"元素型媒介"概念，指其"在我们的惯习和栖居地中处于基础地位，但我们对它们的这种基础地位却不以为然"。[1] 按照彼得斯的观点，海洋、火、天空等都是元

---

① ［美］约翰·杜海姆·彼得斯：《奇云：媒介即存有》（绪论），邓建国译，上海：复旦大学出版社有限公司，2021年，第1页。

素型媒介，但其并非自动成为媒介，"而是说它们只对某特定物种，以某种特定方式，通过某种特定技艺才成为媒介"。① 埏埴而成之器借水、火、土之元素，以人类思想智慧将自然与文化两者组合，使器物具备了"元素型媒介"的意蕴。

一、有无之间：道体器用的媒介隐喻

万物皆可为媒，媒介皆承载讯息。从中文词源看，"媒"指撮合男女婚事的人，使双方发生关系的人或事物；"介"，指"介于两者之间"。中国社会科学院语言研究所词典编辑室编写的《现代汉语词典》对媒介的定义是："使双方（人或事物）发生关系的人或事物。"媒介即是"让物之间建立联系的中介存在，可以是自然物、技术甚至人本身；建立的联系可以是作用力也可以是信息"②。"当其无，有器之用"是以器壁、器底为有，器腹中空为无。老子借器物之"有"和"无"来说明其"利"和"用"，以有见利，以无见用。老子正是以具象的器物为媒，通过对它的日常使用与观察而最终体悟出了器物所传递的信息，即器之道——"有之以为利，无之以为用"。

此处的"有无"是由器物物质性所呈现出的一个空间概念，有了空间则有了器物内部与外部之分。从器物内部而言，"有无"不仅提供了器物在日常生活中的使用价值，还提供了充盈与虚空的不同可能性。器物在空置时有容纳的作用，如同食器、酒器可以盛装饮食所需，然而器壁、器底的存在同时赋予其以界限和尺度。换句话来说，不同的盈虚程度，器物的效用不同。《荀子·宥坐篇》有言："吾闻宥坐之器，虚则欹，中则正，满则覆，明君以为至诚，故常置之于坐侧。"宥坐之器是古代君王放在座位右边警诫自己的器皿，空置便会倾斜，倒入一半水便会端正，而灌满了水就会倾覆。这与《道德经》第十五章所言不谋而合："夫唯不盈，故能蔽而新成。"水满则溢，月满则亏。在器壁、器底赋予的空间界限里，只有"不盈"方能"致用"，唯有留下适当空间才能不断去故更新，这也正体现了"道"在循环运动中生生不息，周行不殆。

二、观其会通：华夏传播的接受主体性

老子以器为媒，通过观的方式而知"道"。"观"与"知"是老子所倡导的信息接受方式。"观"一般用来描述眼睛对外界信息／意义的接受，不完全等同于日常的

---

① ［美］约翰·杜海姆·彼得斯：《奇云：媒介即存有》，邓建国译，上海：复旦大学出版社有限公司，2021年，第57页。

② 李沁：《沉浸媒介：重新定义媒介概念的内涵和外延》，《国际新闻界》2017年第8期，第118页。

"看"，因为"看"往往是粗略的、不专注的，而"观"大多是对信息或意义的细致、认真接受。如果说"观"反映的是信息 / 意义接受的初始状态，那么"知"便是一种更深层次和更高境界的讯息（信息 / 意义）接受状态，处于对信息的理解、体悟阶段。两者强调的都是从统一、整体的角度观察、审视事物的多样性与矛盾性。从统一和整体的视角接受信息 / 意义，就不会被其繁多与杂乱所困扰和迷惑。①老子所处的时代，征战频繁，政令繁多，各家学说层出不穷，信息繁杂程度虽然与大众传播相当发达的数字时代有一定差距，但总体都呈现出数量众多与迷惑性强的共同特征，无论是政治家、学者抑或百姓都如同容器一般面临着被纷乱的信息所填满的危险，因此老子说："曲则全，枉则直，洼则盈，敝则新，少则得，多则惑。"（第二十二章）这反映了老子对于外界事物的取舍尺度，"洼"就如同一只空杯，"盈"就如盛满水的杯子，也只有空杯子才能容纳更多的水。

借助老子对器物空间容纳功能的认识，我们可以将房屋所营造的空间与其进行类比。第四十七章有言："不出户，知天下；不窥牖，见天道。其出弥远，其知弥少。是以圣人不行而知，不见而明，不为而成。"早期中国的传播学者认为，传播学就是传学。学者邵培仁提出华夏传播的受众观具有"接受主体性"："传播不等于传，传播应该是'传—受'之链。古今观念的区别在于，'传'在大众媒介高度发达的今天更为凸显，而'受'在媒介不发达、人们对符号充满崇拜的古代更为重要。中国古人特别体现出一种'受者'的主体性思维方式。"②现代社会里人们每天都处在信息遍在的环境之中，无处不在的信息伴随着移动设备的普及时时刻刻都为我们营造出一个虚拟的网络空间，人们所能接触到的信息无所不包，使人养成了一种不假思索地向经验世界寻求养料的思维惯性，然而传播数量虽多，但究其内容质量却是碎片化、快餐化的信息占据主导，人们对信息的接触通过简单的手指滑动便被快速遗忘，呈现出一种被信息过分干扰的生活状态。换句话来说，网络空间中粗浅的"看"并不能够达到由"观"而"知"的更高层次的信息接受。因此老子说"少则得，多则惑"（第二十二章），信息的多寡并不是帮助我们正确认识世界的决定性因素，因为数量多少并不能代表质量高低，如果一味地追求信息接受的数量而忽略质量，那么就会产生迷惑，在信息过载的现代社会中便无法对信息加以有效利用。这就要求我们在面对信息时发扬"接受主体性"，不能对所接触到的信息全盘加以接受，而是要充分发挥"观"的方式，培养"知"的能力，对其加以辨别，在传播环境中筛选出真正有价值的内容，能动地把握信息接受的尺度。人也只有通过更加深入的思考才能达

---

① 邵培仁：《华夏传播理论》，杭州：浙江大学出版社，2020 年，第 139 页。

② 邵培仁：《华夏传播理论》，杭州：浙江大学出版社，2020 年，第 148 页。

到高效、有意义的信息接受，进而全面、深刻地认识事物的本质，避免因对信息的失当使用而深陷信息茧房，无法对其内容深入思考。可见，老子通过形而下之器所阐释的信息观对于数字时代的今天仍有很大的借鉴意义。

第二节　器以致用：老子对媒介技术异化的洞察

通读《道德经》文本，我们可以发现其中除了对老子哲学中心之"道"的大量论述外，其核心还包含着老子关于媒介技术的态度。围绕着"器"的制作才有了所谓技术，作为其技术态度重要的传播媒介，彰显着老子对技术与国家治理、人民生活的人文关怀。道家对媒介技术的态度并非积极与消极的二分对立，而是一种辩证的思考。《庄子·天地篇》曾载："有机械者必有机事，有机事者必有机心。机心存于胸中则纯白不备。纯白不备则神生不定，神生不定者，道之所不载也。"然而在《庄子·养生主》中又饱含着对庖丁的赞美，这样看似矛盾的观点实际上正体现了庄子对老子媒介技术思想的沿袭。学者刘成纪在溯源中国古代"道器"与"道技"发展脉络时，认为中国先秦时期器具哲学发达、而技术哲学相对薄弱的最根本原因，主要是由社会不平等导致的器具使用和制作的分离问题。[①] 这种分离使得器物的最终使用者成为社会统治阶级，而作为器物制作所必需的技术则同样归属于国家统治。所以道家所反对的并非"机械"和"机事"，而在于"机心"。"机心"是对人纯洁空明的心境的外界干扰，当"器"为少数有"机心"之人所垄断，那么整个社会便会随之兴起崇尚"机心"之风，机事、机械因而被滥用导致其异化。无论是"夫兵者，不祥之器""国之利器"抑或"什佰人之器"，均不可以从物质性角度出发的"反器论"或从媒介技术视角的"反技论"简单概括。

一、知雄守雌：老子对媒介技术异化的警觉

第三十一章说："夫兵者，不祥之器，物或恶之，故有道者不处。""兵"指用以征伐之戈矛等武器。在老子的时代，战争是政治野心得以实现最为直接的方式，而兵器则是权力、权谋得以实现的重要媒介。老子视兵器为不祥之物，源于《道德经》中一以贯之的反战思想，武力的传播会带来凶灾，也不可避免地会给国家资源带来消耗，给百姓的生活带来深重的灾难，从这一层面来看，老子是反对兵器使用的。然而老子又继续说："兵者不祥之器，非君子之器，不得已而用之，恬淡为上。"可见老子虽然视兵器为不祥之物，但并非完全反对兵器的使用。春秋战国年代各国互相

---

① 刘成纪：《论中国先秦哲学的技术认知与"巨匠"观念》，《江苏行政学院学报》2016年第4期，第21页。

征战，存在诸多不得已而用兵的情况，若是出于这种情况，比如为除暴救民的目的，老子是不反对用兵的，用之则应该"恬淡为止"，不可胜而美之。老子呼吁统治者"知雄守雌"，处下不争，"守"并不是退缩或回避的消极被动状态，而是含有主宰性在里面，它不仅执持"雌"的一面，也可以运用"雄"的一方。严复认为："老子不仅守雌，而且知雄。"可见老子是在充分了解器之用的基础之上，对错误的用兵用器态度提出了批判。

古今一切战争在任何文化中都是靠最新的可资利用的技术，它加速并扩大了人类残杀的规模。[①]老子所处的时代，兵器可以被视作一种新的技术，它是可以大规模制作并在战争中加以利用的媒介，是统治者进行强势政治传播的一种手段。而武器作为麦克卢汉所说的人类肢体的延伸，发动战争就如同人拼命延伸自己对世界的掌控能力，老子认为统治者不应该把这种能力的扩张看作进步的标准和尺度，因为这种扩张是对百姓的"有为"。老子所倡导的"无为"并非不作为，而是一种不违背"道"的"不妄为"，这其实是为社会健康有序发展而做出积极努力的"有为"。因此老子通过"器"向我们传递的是一种慎用技术媒介的观念，是对以人作为传播主体，如何合理使用技术媒介的启发。他所反对的是由"机心"而引发的媒介技术异化，而非反对其合理使用。

从传播学的视角来分析，统治者是传播行为的主体，社会动荡的年代其传播的主要内容是战争、政令等带有压迫性的负面信息，而兵器作为重要的政治传播媒介，其作用对象就是"天下神器"。河上公注："器，物也，人乃天下之神物也；神物好安静，不可以有为治。"世间物性不同，人性各别，为政者要能允许差异性与特殊性的发展，不可强行通过频繁的战争、繁杂的政令，将作为权谋的"国之利器"频繁示人，彰显国家"刚强""争先"的一面，必然会导致人民的反抗。兵器作为一种技术，老子对其的期待是成为一种有"道"的"君子之器"，本质上并未赋予这一媒介以负面意涵，因为老子的用兵之道在于"吾不敢为主，而为客；不敢进寸，而退尺。是谓行无行，攘无臂；扔无敌；执无兵"（第六十九章）。虽然有兵器，却像没有兵器可持一样，才能在抗兵相若之时，以心怀天下的慈爱之心胜出。在老子的小国寡民理想中，是可以接受技术的存在的，但却对诸如甲兵、舟车等十倍百倍于人力的人工器物提出了特殊的使用要求。对待技术"使有什伯人之器而不用"的态度在现代社会来看虽然略显保守，但深入分析不难发现，其体现的并非仅仅是表面的消极意涵，而是一种对媒介技术异化深深的担忧。我们知道，春秋战国时期，日用器物的

---

① ［加］马歇尔·麦克卢汉：《理解媒介：论人的延伸》，何道宽译，北京：商务印书馆，2000年，第423页。

材质随着青铜时代的到来被赋予礼器、祭器的政治色彩，失"道"的统治者对于礼乐的盲目追求使得器物本身的实用功能不断退居幕后，而演变为象征社会等级秩序的礼器媒介也随着不当的用器态度与方式，导致了礼崩乐坏的混乱局面。而制作兵器、舟车的技术应用于战争之中，就是老子眼中媒介技术的异化。可以说老子认为在技术进行大规模的制作普及之前，作为传播主体的政治家应该首先修身养性，以"知天道"为目标来修养自身，从而了解天地万物运行的规律；其次，对待作为受众的百姓应该明确"柔弱胜刚强"的传播策略，时刻关注媒介技术在传播过程中所产生的正面与负面作用，及时根据百姓的反馈调整传播内容，及时规避技术异化带来的负面效果，从而达到更好的传播效果。

二、大巧若拙：老子媒介技术观的当代启示

老子所见的媒介技术虽然与现代信息社会有很大差距，但其所阐释的观点却对今天有很大启示作用。数字化设备已经成为现代社会中最为遍在的普及技术，其便携性与移动性特征使得每个人在成为传播受众的同时也承担着传播主体的双重身份。如何把握对于媒介的使用尺度、对传播内容的辨别，都对网络时代下每个人的媒介素养提出了更高的要求。老子说"人多利器，国家滋昏；人多伎巧，奇物滋起；法令滋彰，盗贼多有"（第五十七章）。技，《说文解字》释为"巧也"，伎巧可解为技巧、智巧。百姓所拥有的利器越多，也就代表着技巧越多，使人心各异，欲望扩张，国家就会陷入混乱。广义来说，利器、伎巧、法令均可以视作失当的传播内容，其大肆传播造成的便是人们欲望的膨胀，对珍奇宝物的追逐，盗贼泛滥，社会逐渐陷入混乱的负面效果。那么现代社会中是否存在由媒介技术以及传播环节失当而导致的"国家滋昏，奇物滋起，盗贼多有"的问题呢？从技术使用的角度而言，现代社会中人们时刻都面临着各种各样的技术媒介的入侵，大众传媒对于受众注意力的盲目追求不断强化了注意力经济的地位，人们处在如法兰克所说的"虚荣市场"之中，持续被物质产品的丰富支配，导致了对荣誉和精英地位追求，并成为新的欲望中心。注意力经济的道德基础是虚荣，物质性已不再是"奇物"的唯一标准。这一转向也就随之衍生出了我们屡见不鲜的为流量争夺而层出不穷的低俗文化、网络诈骗等社会现象。对于如今已经被媒介化了的人类而言，似乎很难从客观视角审视媒介技术失当或过度使用而带来的负面影响，人们关注更多的是其为生活带来的便捷和娱乐的正面意义。从老子的论述当中，我们所能得到的启示就是在了解到媒介技术的负面影响后，提炼出老子所说的"大智""大巧"思想，从而使世间器物复归于朴，从一种更为客观、中性的视角来把握媒介技术，始终把握其本原之用。

第三节　器以载道：对媒介技术尺度的再思考

"朴散则为器"，蒋锡昌直接将其释为"道散而为万物"。[①] 王弼注："朴，真也。真即先天地而生之道也。"道作为万物的本原与动力，当其落入现实世界中，便内化为万物之德。"朴散则为器"便可理解为：器之成即意味着万物之本朴状态的消解或分散。人通过裁制万物而使之成器，即是将"自然之物"转化而成"人文之器"的过程。[②] 世间万物由道生之，在这个生的过程中，每个个别事物都从普遍的道获得一些东西，这就是德。"德"可以是道德的，也可以是非道德的，一物自然地是什么，就是它的德。因此老子说"是以万物莫不尊道而贵德"。这是因为道是万物之所从生者，德是万物之所以是万物者。[③] 诚如刘易斯·芒福德认为机器涉及人的价值观这一观点："如果要对机器有清晰的认识，我们不仅要考虑其实际方面的根源，还要研究其心理方面的根源；同样，也必须考察机器对美学和道德的影响。"[④] 老子崇尚万物复归于自然之朴，万事万物各有其主体性与差异性，"自然"就是指顺乎个人本身的德性，不做人为的干预，即便是一定程度上的"有为"，也应该以德畜之，严格控制在必要的、自然的范围以内，顺德而行，不破坏神器之朴，才能使器得以成之。

那么，我们应该如何来理解老子所说的器之道或者说器之德？他指出，圣人对器的使用应该保有慎重态度，并讲求"大器晚成"（第四十一章）。"器"有本然之用，有裁制之用。在老子的观念里，器作为传播的媒介，理应成为"道"与"德"之载体。器是人与道间的媒介，人作为传播主体，拥有其主体性特征。人制器以显"道"，"道"则通过"器"而体现人的弘道能力。在本然之用与裁制之用中，人对"器"如何"制之""用之"，使器之德无限趋近于道才是问题的关键。"圣人用之则为官长，则大制不割"（《老子》二十八章），即意味着人应在"道"的尺度内发扬其传播主体性，以圣人之德修身克己，才能对"器"进行合理谋划与安排，从而在治国理政的政治传播中建构起"不割"之"大制"，成为"百官之长"。《周易·系辞上》："形乃谓之器，制而用之，谓之法。""法"可以理解为圣人对"器"的裁制与利用会生发出某种制度或治理方式，这就对如何把握媒介尺度提出了要求。老子认为万事万物都应该有一种"知止"的态度，第三十二章说："始制有名。名亦既有，夫亦将知止。知止，所以不殆。"在技术高度发展的今天，"知止"似乎成了人们最为缺少的素养。

① 蒋锡昌：《老子校诂》，东升出版事业有限公司，1980 年，第 191 页。

② 王玉彬：《自然与人文之间——老子"器"论的思想意蕴》，《人文杂志》2017 年第 9 期，第 11 页。

③ 冯友兰：《中国哲学简史》，北京：北京大学出版社，2013 年，第 98 页。

④ [美] 刘易斯·芒福德：《技术与文明》（导言），陈允明，王克仁，李华山译，北京：中国建筑工业出版社，2009 年，第 2 页。

不断推陈出新的媒介技术彰显着人们不断扩张的欲望，求新、求快、求多成了信息化社会的标签，"止"的观点似乎并不符合现代人的追求。老子所说的不知止是指人们在经验世界里对欲望的不加节制："五色令人目盲，五音令人耳聋，五味令人口爽，驰骋畋猎，令人心发狂，难得之货，令人行妨。"（第十二章）对欲望的过分追求必然使人的行为朝着"有为""失道"的方向发展，所以圣人"去甚，去奢，去泰"，对一切由"器"这一媒介衍生出的制度、行为方式都提出了一种限制。这种限制并非为了阻碍人类进步或科技发展，而是提醒人们要及时反思，因为万事万物都是在对立的情状中反复交变着，物极必反，物盛必衰，这是物势的自然。了解这一规律就可以防患于未然，转危为安。在过去的二十年中，信息技术产业和游戏娱乐产业飞速发展，移动数字设备为人们时刻呈现出一个以视觉、听觉传播为核心导向的拟态环境，大数据的过度使用使人们陷入了被同质化推送支配的信息茧房之中，同时还面临着个人隐私被暴露的种种风险，这都可以被视为媒介技术异化的表征。同时作为传播主体与受众的个人在信息超载的境况下，本就面临着对琳琅满目的传播内容进行合理筛选与把握的困境，人与人之间参差不齐的媒介素养促成了后真相时代的到来，大众传播机构抑或个人出于自身利益的考量，利用各类媒介对人的情绪与心理不断加以强化，催生了人的异化。这就是老子所担忧的"器"对人性僭越的可能，因为正是由僭越导致的异化阻碍了人性的自由舒展和社会的和平安定。当"器"无法复归于朴，便演化出了互联网时代大肆传播的低俗文化、媒介审判等社会现象，因此老子对于"器以载道"的要求对于高度媒介化的当代社会有着重要的启迪作用。

综上所述，道以器显，器以载道，老子以形而下之器物为媒介，观而体道，为我们揭示出信息传播之中传播主体、受众以及媒介等各个环节所存在的种种障碍。无论是对信息接受方式的盈虚观察，抑或对技术异化的反向揭示，在信息繁杂的社会背景之下，我们都可以借助老子关于器之用的警示，通过对观与知的发扬，重新思考并探寻器物作为媒介的本然之用与自然之德，让技术从"器的世界"重返"道的世界"。在处理人与技术的关系时，以一种思辨的视角慎用媒介，及时审视科技异化以及人的异化现象，从而调和人、媒介技术、社会三者的关系，重返对人之自然性的追求，创造一个健康的、可持续发展的社会信息环境。

（本章执笔：包文静　谢清果）

第四章　不见可欲:《道德经》的宝物媒介观
与当代政治实践

　　从媒介学的视角对《道德经》进行传播学的解读,是一条有异于传统研究的路径。《道德经》蕴含着丰富的媒介学思想,其中作为媒介的宝物传播着老子博大精深的思想精髓。对于实体的物质性宝物,老子要求去之远之,对于权力象征层面的宝物则希望不争、持守而无为,对于德性隐喻层面的宝物,则希望持之保之,对于作为宝物的百姓,希望统治者能够无为而治。无论何种宝物,都体现着老子对治国理政、修身处世的追求,体现出《道德经》自然、无为、不争的一贯主旨。《道德经》的宝物观在物、德、权等方面对中国共产党的治国理政的理念具有极大的启发,借鉴《道德经》作为媒介的宝物观,在共产党的政治实践中能实现国家长治久安。

　　《道德经》以自然、无为、不争为一以贯之的主旨,既是一部侯王治国的政治经,也是一部个体修身的处世经,其间对宝物的态度与立场有所区别,但始终明确且一致,是老子哲学政治思想的注脚。宝物,顾名思义即宝贵之物,《道德经》中的宝物大抵可以分成三类:
　　一类是作为实物的宝物,如金玉;一类是隐喻性的宝物,如对权力、道德的隐喻;还有一类是以人为宝,把百姓视为宝物。对不同的宝物,老子所持的态度有所不同。其中对于实体的物质性宝物,要求去之远之;对于权力象征层面的宝物希望不争、持守而无为;对于德性隐喻层面的宝物,则希望持之保之;对于作为宝物的百姓,希望统治者能够无为而治。文章对老子笔下的宝物做媒介学的思考,媒介作为承载意义、传播意义、传承文化的载体,建构社会环境并重塑人的思想,改变着人与人、人与社会及人与自身的关系。麦克卢汉的名言"媒介即讯息"[①]关注的重心

---

① 马歇尔·麦克卢汉:《理解媒介:论人的延伸》,何道宽译,南京:译林出版社,2011年,第16页。

是媒介对人和社会产生的影响，作为媒介的宝物以其特有的讯息内涵制约人们的思想和行为，建构并维护社会秩序。贯穿于不同宝物之间的是老子的政治思想、处世立场，基于此，文章以宝物作为媒介探析老子治国理政、修身处世的理念，以期对《道德经》的思想做进一步关照。

第一节　金玉满堂：宝物作为物质实体的媒介物

宝物之所以成为宝物，体现的是一种社会价值，是社会赋予的一种价值认可，所谓物以稀为贵，稀缺是特定之物的一种客观存在，而贵则是根据人的某些需要人为主观赋予的价值，稀缺难得而显得贵重成为宝物的本质特征。因此，从媒介学的视角而言，宝物作为一种媒介，满足个人生命生存的需求，如生存必需的食物，搭建了人类生存活动的基本结构，表现为维系生命的媒介价值。对于超越生命媒介范畴的宝物，如金玉等，在老子看来则是生命的困扰和负累。

一、多藏厚亡而以贱为本：对宝物物质性价值的消解

一众宝物在满足人的生命生存的需求之外，若仍被世人过度追逐，必然产生一种截然不同的价值取向，这种追求潜藏着深重的危机，这正是老子的无为不争所反对的，因此需要消解宝物人为赋予的社会价值，以避免宝物所带来的祸患。

老子认为过度追逐现实中的物质性宝物会为宝物所累，因为有悖自然的本性，会对国家和个人带来负面影响甚至是灭顶之灾，希望人们不要去过度追求宝物，要远离宝物，进而求得人和世间万物的生生不息。《道德经》曰："不尚贤，使民不争；不贵难得之货，使民不为盗；不见可欲，使民心不乱。"① 蒋锡昌认为"贤"即是财，"贤"与难得之货、可欲之物皆是宝贵之物，宝物作为一种媒介，传递的是一种社会价值观，而对宝贵之物的追求和占有会引起民众的争抢之心、盗窃之心、惑乱之心。因此对于宝物，应当置之于不尚、不贵、不见的态度，以此来消解宝物的主观价值。"金玉满堂，莫之能守；富贵而骄，自遗其咎。"（第九章）老子认为宝物不但无法守藏，反而会因为宝物带来富贵骄横而贻害无穷。作为媒介的宝物本是属于自然天地之间的一种自然存在，人与万物平等，与宝物一样自有自身的生存和发展规律，宝物本就不属于人而是属于自然，在拥有者烟消云散之后自然之物仍在流转，对宝物的占有不过是一时一地之事。何况"难得之货，令人行妨"（第十二章）。难得之货给自我或他者带来身体、精神和行动上的失度与迷失。这种迷失是由于对难得之货

---

① 陈鼓应注译：《老子今注今译》，北京：商务印书馆，2006 年，第 86 页。本文所引《道德经》原文均出于陈鼓应注译本，后文均仅标章目。

的社会价值的追逐而产生，导致人的心性失守与行为失范，走上"多藏必厚亡"（第四十四章）的不归路，如释德清所言："如敛天下之才，以纵鹿台之欲，天下叛而台已空，此藏之多，而不知所亡者厚矣。"天下之事不患寡而患不均，聚敛太多必然导致不均而失去既有的平衡，从而天怒人怨，天下群起而攻之，灭亡的必然性自是不争的事实。

既然宝物是一种被赋予主观认知的客观存在物，对稀有宝物的追求与占有会导致惑乱、灾难甚至是灭亡，面对宝物及其诱惑应当何去何从？宝物作为实在的媒介物，勾连着实在的个体与抽象的权势，如何对待宝物，老子给出了明确的出路即贱之、去之、超然处之。

"贵以贱为本"（第三十九章）直言对于贵重之物贱之，此种态度表达了对宝物社会价值的消解，使得宝贵之物的社会价值维持在其自然状态，不至于因为抢占引起社会混乱。"受国之垢，是谓社稷主；受国不祥，是为天下王。"（第七十八章）欲戴其冠必承其重，承受国家的屈辱和祸难是身居高位的君王所必然承受的重担，以此作为对君王宝座价值的消解。因此会有许由洗耳于颍水之滨，老子骑青牛西去无踪，不为权力仕途所动，遵循自身的本性畅游于天地之间；庄子钓于濮水，面对楚庄王"愿以境内累矣？"的权力诱惑，以神龟为喻，不愿被束缚于庙堂之上，而表达曳尾于涂中的追求。是为"圣人去甚，去奢，去泰"（第二十九章）。圣人能够顺其自然之性情，为其自然之行为，寡欲而不争，放弃一切对奢华的追求和占有，因此行为处世能够清心守中，远离宝物带来的困顿纷扰。万物皆有其自然本性，同时也会受到人为的干扰，能够顺自然而放弃人为者是为圣人，圣人则为世人之楷模，当值得世人效法。"虽有荣观，燕处超然"（第二十六章）者即使是身处金玉满堂的奢华环境之中，也应当超然处之，不为财富名利所困，能够保持赤子最初的质朴。

在彼得斯看来，"媒介即存有"，媒介在人们的社会生活中扮演着"元素型角色"，塑造人们的栖居环境并成为环境本身。[①] 但是赋予媒介意义却反映了人与媒介的关系及人对媒介的态度。宝物之物作为一种客观存有的媒介物，却被人赋予作为宝物的意义。人对宝物的态度反映了人与物的关系，宝物作为一种物质性媒介，本与人及自然万物平等，但在私有制和社会交换的背景下却传递着一种对财富的社会价值的追求：对宝物的占有，能够交换到衣食住行所需甚至是人口，是财富积累的一种手段，由此人受自身欲望的驱使，成了物质性媒介的奴隶，人为物所役，丧失了自己的主体性。但财富积累造成不均和纷争，又导致社会的祸乱。因此社会应当重建

---

① ［美］约翰·杜海姆·彼得斯：《奇云：媒介即存有》，邓建国译，上海：复旦大学出版社，2020年，第17页。

一种新的价值观：不以宝物为宝物，万物平等，这种新的价值观是对人的重新解放，摆脱物的束缚，回归失落的自然本性。对宝物价值的消解也是对其社会价值的消解，从而使之能够作为一种普通的自然物存在，远离人的欲望的支配。

二、安足之乐：为腹不为目的圣人之治

对待宝物的态度和立场，决定了一个人的修养境界，从而产生圣人、常人、小人之分。圣人者视宝物为无物，泰然处之；常人者视宝物为宝物，适度追求；小人者汲汲于宝物，过分追求甚至损人利己。"是以圣人之治，虚其心，实其腹；弱其志，强其骨。常使民无知无欲。使夫智者不敢为也。为无为，则无不治。"（第三章）圣人无为而治，通过饱食强壮，摒弃私心杂念，去伪存真，达到心智纯净。圣人之治是最能符合天道自然、人道自然的大和谐的治理之道，圣人治下，对宝物的追求止于满足个体生命的口腹之需，因此"为腹不为目"体现了圣人对生命媒介的态度及施政的原则，是对物质性媒介追求的"度"的问题，是平衡的问题。彼得斯认为媒介具有管理时间、空间和权力的功能，发挥着聚焦人和自然的"杠杆"作用，治国之道便是"杠杆"之一。[①]这种"杠杆"组织了社会秩序，以求维护社会平衡。《道德经》中"为腹不为目"的圣人之治即是媒介杠杆原则的体现方式。

在老子看来，人生一世应当柔弱、谦下、知足、不争，在生活中对于物质的追求应当止于物质的实际效用，满足于维持生命存续的需求。物质作为客观存在，对于人而言，最实际的意义在于满足人的需求，而人的需求随着欲望的膨胀不断地扩大，由最初的生命需要，扩展到精神需要、名誉需要，因此物质从最初的生命媒介演变出精神媒介、象征媒介的意义范畴。老子所推崇的是作为生命媒介的物质，生命媒介因为对生命的供养，也被视为宝物。对生命媒介的占有以满足生存的需要为根本，多藏必厚亡，超出必要的需求，便会陷入危机。老子的时代正值春秋，礼崩乐坏，天下纷争，"损不足以奉有余的"人道，违背"损有余以奉不足"的天道，纷争、战乱有悖"化育"之旨。因此，在物资相对匮乏的时代，个人占有超出生命媒介范畴的更多物质，就等于剥夺了其他人生存的权利，导致不均而产生争乱，尤其是身为侯王者，为百官万民所仿效，在物质上的奢靡与贪欲，更会引起自上而下的对物质媒介的过度追逐，本国不能满足便会觊觎他国，是为国家战争和社会混乱的根源。鉴于此，老子希望侯王能够效法道的"无为而无不为"使"万物自化"（第三十七章），天下人对天下的物质各取所需，以满足生命生存需要的生命媒介为界限，不为媒介赋予精神价值及象征价值，破除精神媒介、象征媒介的困扰，清心而寡欲，

---

① ［美］约翰·杜海姆·彼得斯：《奇云：媒介即存有》，邓建国译，上海：复旦大学出版社，2020年，第23页。

这种无为的思想是老子政治哲学的根基，以不治之治为天下治理的正道。

"受高度文化熏陶的人，又目击人世的惨变，自然会产生厌世的观念；但其文化素养，又驱使他们以'达观'来解决人生问题"①恰是对老子人生抉择及其著作的素描。身处乱世的老子在思考宇宙、天下、权力、人生的问题时留下了不朽的五千言来表达自己的洞见，奈何言者谆谆而听者藐藐，天下世人的纷争何曾有过停息。在老子看来，天下纷争的根源在于统治者的有为，超越了"为腹"的原则而追求"为目"，在于世人的欲望与智慧，因此他推崇自上而下的"见素抱朴，少私寡欲"（第十九章），既如此，对于一众所谓宝物，自圣王至百姓，都不可汲汲索求，不以之为稀为贵，而应当视之如平常之物，置之于与万物平等的位置，以享安足之乐。

第二节　如石如玉：宝物作为隐喻的媒介物

宝物依其自身的品质及社会赋予的价值，被赋予象征意义，而"媒介（'中介'）的象征性功能在人们的日常使用中使一种文明的传递成为可能，因为它已经深深地根植于民族的集体无意识中"②，通过媒介隐喻足以建构出权力及道德的秩序以及社会人的意义和价值。对显在实体物赋予抽象意义，比如谈及玉、石，在很多情境之下都超越了其物质性而被赋予象征意义，表达了对权力地位或道德声誉的隐喻等，在象征价值与精神意义的支配下，成为隐喻媒介，组织了人类的社会活动框架。依《道德经》的主旨，老子对其玉、石所隐喻的内涵持不同的态度。

一、舍玉求石：宝物作为权力的象征性媒介

玉是稀少珍贵的宝物，不为常人所持，只有拥有财富、权势、地位的人才能够拥有，对玉制品的占有也是对身份和权力的象征，尤其是玉玺，代表着帝王权力，得玉玺者得天下，权力的归属颇具有不唯人而唯物的色彩，作为媒介物的玉成为超越个体存在的权力象征。时至西周时期"真正给玉器赋予更多的人文色彩，将玉文化渗透到社会政治生活"③，玉的媒介象征意义更为凸显。

老子追求无为之治，对行使政治权力持否认的立场，"不欲琭琭如玉，珞珞如石"（第三十九章），玉美琭琭而石朴珞珞，玉是众人之所好而石为众人之所恶。周人以玉作为沟通天、人、神的媒介，作为礼器的玉广泛地用于政治、军事生活，作

---

①　傅乐成：《中国通史》（上），北京：中信出版社，2014年，第76页。

②　谢清果等：《华夏传播研究：媒介学的视角》绪论，北京：社会科学文献出版社，2019年，第9页。

③　吉琨璋：《中国玉器通史》（周代卷），深圳：海天出版社，2014年，第261页。

为社会阶层和地位的象征，对玉的热衷反映世人对权势和财富的追逐。但在老子看来应当追求石之珞珞，坚如磐石，而不应当追求玉的奢华精美。石保持自然之质朴，而玉由人为的精雕细琢，包含着媒介技术的因素。老子的《道德经》"表现出他自己对于媒介技术的担忧和恐惧"，①这种媒介技术是一种反自然的表现，是一种人为的因素，实为一种对控制与被控制的担忧和恐惧。老子不追求玉而追求石，是一种突破权力话语的努力，玉为权力话语，以石之自然性消解玉的权力性与神圣性：玉藏于石中犹如贵藏于贱中，玉是财富与身份的象征，石代表着平民思想，富贵来源于贫贱，是为"贵以贱为本"，石头的朴素性体现着道法自然之理，玉经历媒介技术之精雕细琢悖逆天道自然之理。古往今来多少贤人志士无意于仕途权威，舍玉求石，宁愿做天地间的一块顽石，保守自己质朴的自然本性，以玉、石为媒介，足以洞察其背后隐藏的个体追求及对媒介技术的取舍。

在礼制社会，对玉的占有和使用是对王权和地位的象征，掌握权力者被视为拥有宝座。手握权力的"王"是天下之为天下的重要组成。"域中有四大，而王居其一焉。"（第二十五章）人王与玄妙的地、天、道依次为域中四大，因此人王应当效法地、天、道的智慧来治理国家及百姓，王者具有通达地、天、道之奥妙的秉性，要将地、天、道运行之理用于国家治理的政治实践，手握玉玺而能化育百姓及天下万物。帝王的一人之力关乎一国之运，"在封建专制时代，一国之运势，万民之存亡，全系于帝王一人之力"②。帝王理当体察"治大国如烹小鲜""处无为之事，行不言之教"的奥秘所在，通过无为之治的政治治理，使得天下百姓与世间万物能够各行其道，各司其职，按照自身的规律与特性，不受干扰、不被破坏、免于驱使，使未生者得以生，生者得以康养，养者得以善终，要达到这种治理境界，为王者须清心寡欲，行清静无为之治，"轻则失根，躁则失君"。因此人王应当行事静重，以免躁动轻浮肆意妄为而身死名灭。行为谦卑处下，"是以侯王自谓孤、寡、不谷。"（第三十九章）为侯王者位居高位，身份尊贵，以"孤、寡、不谷"作为侯王的谦称，采取一种自处谦卑的姿态，通过自我称谓进行自我定位，达到自我警惕的目的，警惕出现傲慢骄纵的作为。

麦克卢汉认为"每一种媒介同时又是一件强大的武器，它可以用来打垮别的媒介"。③玉和石作为两种不同形式的媒介存在，喻示着对权力的两种完全不同的追

---

① 谢清果、杨芳：《老子的媒介技术观辨析》，《职大学报》2017年第1期。

② 谢清果、陈瑞：《民国时期〈老子研究与政治〉的时代意蕴与思想特色》，《广西职业技术学院学报》2019年第5期。

③ 马歇尔·麦克卢汉：《理解媒介：论人的延伸》，何道宽译，南京：译林出版社，2011年，第33页。

求——奢华或简朴，它们是一种此消彼长，你进我退的关系。在《道德经》看来，身居人王之高位，对待权力应当清静慎重，不可沉迷于物质的享乐，"琭琭如玉"的奢华固然具有诱惑力，但"珞珞如石"的简朴方是长久之道。以此老子认为，即便是身居权力之位的侯王，也不能恃权妄为，而应该持之、守之，在作为上如石之质朴，无为而治，玉、石作为媒介，承载着对权力的态度及对权力的不同运行方式的隐喻，其背后是对掌权者的政治期待。

二、被褐怀玉：宝物作为德性延伸的媒介

宝物所具有的某些特殊的品质常被人们用来作为对个体美好品德的象征，尤其是玉，被视为道德的载体。老子生活的西周时期"最早赋予玉以道德内涵，对后代有着深远的影响"[①]。玉作为宝物以其品质特点历代备受青睐。《说文解字》曰："玉，石之美，有五德：润泽以温，仁之方也；鰓理自外，可以知中，义之方也；其声舒扬，专以远闻，智之方也；不桡而折，勇之方也；锐廉而不技，洁之方也。"[②] 玉作为美石，被人赋予仁、义、智、勇、洁的美德，从而具有神性、人性，具有道德隐喻的意义，成为对个体道德期冀的传播媒介。君子温润如玉，无故玉不离身，以玉的意义作为约束，以君子之德比附于玉德，在特定的情境下自觉或不自觉地以此作为自身思想和言行的规范，以玉德为标准来认识自我、规范自我，在与他者、社会互动的过程中不断地锤炼、调整自我的认识和言行，在玉媒介的基础上实现自我内向传播。

老子的"圣人被褐怀玉"之说对后世贤人志士的个人追求产生深远的影响。"被褐"者穿着粗糙的布料制作的衣服，不着意于身体修饰，对"五色""五音""五味"等带来的身体享乐不以为然，而视之为对身体的侵犯，以使人"目盲""耳聋""口爽"视之，进而希望能够摒弃物欲，保持内心的安静持重，使自己具有近乎大道的修行。"怀玉"者胸怀美玉喻指胸怀美好的德性修养，玉有玉德，比之于人，被褐怀玉恰是对圣人由外到内的写照，即身体摆脱物欲之后，内心对大道自然的修持。"吾言甚易知，甚易行，天下莫能知，莫能行。言有宗，事有君。夫唯无知，是以不我知。知我者希，则我者贵，是以圣人被褐怀玉。"（第七十章）饶尚宽认为老子此言重在阐明"行道之难，重在修身"[③]之意。圣人曲高和寡，不为世人所理解，甚至不为世俗所接纳，陷入交流的无奈，即便如此，也要在困境中坚守，即便"被褐"，对于自身美好的德性修养也应当怀之宝之，应当有坚如磐石的守望与执着，无论处境

---

① 吉琨璋：《中国玉器通史》（周代卷），深圳：海天出版社，2014 年，第 261 页。
② 许慎撰，徐铉校订：《说文解字》，北京：中华书局，2011 年，第 10 页。
③ 饶尚宽译注：《老子》，北京：中华书局，2012 年，第 169 页。

如何，始终以玉德作为内向传播的内容和自我修行的境界追求。

老子自认为其有"三宝"即慈、俭、让，作为个体道德层面追求的宝物，应当"持而保之"。"一曰慈，二曰俭，三曰不敢为天下先。慈，故能勇；俭，故能广；不敢为天下先，故能成器长。"（第六十七章）慈爱能够化育万物，即便是在军事战争中，慈爱也能够取得道义的胜利，得道者多助，失道者寡助，得道者必然能够取得最终的胜利，以慈为武器，可进可退，可战可守；俭即克制、适度，《孟子》所言"谷与鱼鳖不可胜食，材木不可胜用，是使民养生丧死无憾也"与《道德经》之"俭"有一脉相承之迹，是为顺其自然，顺势而为，杜绝奢靡浪费而违逆自然。不争、息争即是让，唯有让才能有资格成为天下万物之长。此"三宝"一方面是自我内向传播的内容，同时能够通过人际传播建立有利的媒介环境，促使不同的群体之间保持和谐的沟通交流关系。

老子的"三宝"，在"轻敌"的情况下也会面临丧失的危险。老子的"轻敌"一方面谈用兵，一方面也暗指修身。轻敌会带来军事上的祸患：轻敌导致用兵不够慎重，滥用兵力则会导致杀伤，有损化育万物；同时也会使自身的德性修养堕落：对奢华、宝物、名利的追逐和占有是无为、自然的敌人，自我修养则需要随时保持警觉，使质朴、不争、无为成为生命的底色，轻敌而陷入欲望的泥淖则会给人生带来危机，"三宝"需要自身的修持。

第三节　天下神器：以人为宝的政治传播策略

天下既是具象的地理观念，也是抽象的文化概念。个体与天下的关系，"一种是天下为我所用，天下是'我'的天下"，"另一种是'我'为天下服务，天下是天下人的天下"①，换言之即天下为我或我为天下的区别。很显然，《道德经》所推崇的是第二种个体与天下的关系。老子放眼宇宙万物探悉天道自然，洞悉历史和现实以体察人道变迁，以天道的真谛作为人道的准则，是为人道与天道一脉相承，人道顺应天道则为得道、有道，天下太平，人道违背天道则为失道、无道，祸乱丛生。以天道观人道，天下万物理应和谐共生。

一、百姓：作为政治传播的媒介

天之道常自然无为，"损有余以补不足""有余奉天下"，而就老子所目睹的时代，其人之道则悖逆天道的社会现实殃及天下。

---

①　谢清果：《道德真经精义》，北京：宗教文化出版社，2015年，第227页。

何为天下？天下即百姓，天下即万物。"天下神器，不可为也，[不可执也]。为者败之，执者失之。"（第二十九章）老子视天下为神器，对此陈鼓应注译认为"天下是神圣的东西"，"天下"指天下人；河上公注认为：器即是物，人乃天下之神物，神物好安静，不可以有为治；严灵峰则认为：神器犹神物，言其至贵重者也。[①] 既如此，治理神圣的"天下"则不能强力作为，不能强势控制把持，否则，强力而为必然失败，强制控制必然失去。作为神器的百姓不容侵犯，只有顺应自然、顺应民意，顺应"天下"本身内在的特性，才能够有持续的稳定安泰。

老子以人为宝的思想即是善待天下百姓，珍视天下民心，为此，统治阶层应以德治理天下。老子又把"德"分为"上德"和"下德"（第三十八章），"上德"者顺应自然无为之道，不强力有为，不以有德者自恃，身怀上德而不自知不自居，道德内化于行止而不自觉，统治者应当在"下德"的基础上，修养"上德"，以"上德"之德施于百姓。

所谓"天下神器"即以天下为媒介，以天下百姓为媒介，来承载统治阶层的政治治理的策略和效果，通过天下人的生存处境衡量统治阶层的功德。既如此，统治者不能不致力于改善民生。"常德不离""含德之厚"，以德治国、以人为本的思想由此崭露头角。春秋战国时期，私有制进一步发展，被视为私有的财产不只有土地、粮食、车马等，人也是私有财产的一部分。人是生产力的关键，有了充足的劳动力和土地，足以创造出更多的财富，对人口和土地的占有成为财富和权力的标志。但统治者为了满足自己的私心和贪欲，不惜穷兵黩武，违背天道的无为不争之理。"咎莫大于欲得；祸莫大于不知足。"（第四十六章）欲得和不知足会导致最严重的咎与祸的伤害，而给天下带来最大伤害的无外乎连年不断的战争。

《道德经》以百姓为宝，而侯王之所以成为侯王乃是因为懂得"道"的奥妙，懂得利用自然之"道"以行无为之治。作为媒介的百姓，是自然与侯王的中介，侯王通过百姓行自然之道，自然通过百姓彰显自然之道。"朴散则为器，圣人用之，则为官长。故大制不割。"（第二十八章）其中朴则为道，百姓万物由真朴的道分散形成，得道者效法道，沿用道的真朴，则成为百姓之王，因此，道（自然）、百姓、王三者一体形成一个相对完备的媒介圈。德布雷认为："媒介学中的媒介或中介包含一定的社会时期内所有的惰性载体或活性载体，这些载体对推动或者促进象征符号的传承起着必要的作用。"[②] 人作为活性载体，通过自己的活动和生活，对"道"进行践行及传承，在"道"所能覆盖的环境内，百姓便成了检验"道"的媒介。夏人作歌称：

---

① 陈鼓应注译：《老子今注今译》，北京：商务印书馆，2006 年，第 188 页。

② 雷吉斯·德布雷著：《媒介学引论》，刘文玲译，陈卫星审译，北京：中国传媒大学出版社，2014 年，第 130 页。

皇祖有训，民可近不可下。民惟邦本，本固邦宁；老子以百姓为宝，孔子问"伤人乎"而不问马，孟子民贵君轻的爱民保民等，可谓对政治传播过程中的百姓所给予的责任和关怀，充满着人道主义精神，践行了视天下百姓为神器的政治传播策略。

二、百姓福祉：作为政治传播的宗旨

百姓为天下之"宝"，天下是天下人的天下，侯王代天下人行使治理之责，治理的目的理应是使天下百姓安居乐业，富足而和平。

富足是一种建立在对所占有的物质基础上的主观认知，"知足之足，常足矣"（第四十六章）是对财富的乐观态度。贪欲是一种主观上的占有欲，人若怀有贪欲，无论占有多少客观上的财富，都不能满足主观上的不知足，那么对物质的占有达到什么标准时主观上应当感到富足？在老子看来，拥有了维持个体生命所必需的物质时，便应该知足，即满足维系生命的口腹之需。此时口腹之需不同于口腹之欲，属于基本的生命媒介，口腹之欲则掺杂了个人贪欲，即超出基本需求，因此老子提出"为腹不为目""虚其心，实其腹，弱其志，强其骨"的圣人之治，使天下人"无知无欲"，自然无争。世间人心古朴，知足常乐，天下无为无治而享大治，何来纷争何来祸乱。圣人之治以百姓福祉为第一要务，执政者应做到"民之所好好之，民之所恶恶之"[1]，顺应天下民心，以德为本，以宝物财物为末，避免"外本内末，争民施夺"的乱象，以"财聚则民散，财散则民聚"作为警醒，统治者唯有放弃对财富宝物的追求才能汇聚天下民心。

掌握权力的侯王"以道莅天下"（第六十章）即"以自然无为的原则'莅天下'，一是以自然无为的原则治理本国，一是以自然无为的原则对待别国"[2]，但即便如此也不可避免地会发生对内对外的战争，因此老子并没有消极回避战争，战火一旦不可避免地点燃，老子也会支持积极应对，虽然"兵者不祥之器，非君子之器"（第三十一章），不得已也要适当地使用，而且要"以奇用兵"（第五十七章），即要采取一定的计谋甚至是伪诈之举，作为非正常情况下的智慧博弈，根据军事情势的发展变化采取灵活应变的举措，谢清果在《和老子学传播》一书中视之为一种传播策略[3]，作为对无为、拙朴的另一种回应，以此应对复杂多变的时事。但在老子看来，战争毕竟极具破坏性，选择战争只是权宜之计，不可好杀、乐杀、嗜杀，否则贻害无穷。战争始于人，终于人，最终目的是为人的生存而息争，平息争乱恢复太平，百姓才能够获得福祉绵长。

---

①　王文锦译解：《礼记译解》，北京：中华书局，2018年，第807—808页。

②　陈鼓应，白奚：《老子评传》，南京：南京大学出版社，2001年，第243页。

③　谢清果：《和老子学传播——老子的沟通智慧》，北京：宗教文化出版社，2010年，第44页。

"天下"（百姓）是老子对现实世界的媒介关照，统治者以百姓为宝，"以百姓心为心"（第四十九章）实为一种政治传播策略，以道法自然的规范关照现实政治，以人为媒实现政治治理的目标，人心即天下，人心即江山，侯王收敛自我而放任百姓之自然，虚怀若谷，按照百姓的意志施政，不以自己的主观意志专权，自处谦下，待百姓以善心和诚信的政治传播实践，是老子为世人寻找的救世良方。天下是人的天下，战争为人，太平为人，人是世间一切成败、悲喜的根源，认识到人的媒介作用，妥善处理与人相关的媒介关系，才能"复归于婴儿"（第二十八章），天下才能复归于最初的质朴自然。

宝物是《道德经》中的众多媒介之一，老子的宝物观是对《道德经》主旨的有力佐证，作为媒介的宝物一方面联系着个人，一方面关乎天下。个体尤其是圣人、侯王的德性修养，关乎天下长治久安及万物的生生不息，对老子宝物观的探讨是对其思想主旨的一个有意义的切入点，也是对天下治理之道的追寻。在当代的社会和政治的治理中，《道德经》的精义提供很多可资借鉴思想，作为执政党的中国共产党，在长期执政的过程中，对《道德经》的思想内涵具有颇多创造性接受及创新性转化，作为媒介的宝物观是其中一个重要的方面。

（本章执笔：陈瑞　谢清果）

第五章 以名为媒:《道德经》"名—字"的传播学探究

老子的名—字观认为,"道"不可界定,仍有名字;"可名"是"常名"的代表;名以分界,知名则知限度。"名"与"字"有着来源、态度、关系上的区别,"常名"是实的理想反映,"可名"是"常名"的有限阐释。从中可以得到《道德经》对名字媒介功能的现实启示,一是传播必有媒介,万物必有其名;二是名字传递信息,推动形象塑造;三是名字廓清边界,助力建构秩序。

老庄思想是仅次于孔孟之道影响中国文化发展的学说,代表作《道德经》文约义丰,"直接影响了中国人的民族特性、思维倾向和审美趣味[①]。研究华夏传播,必然离不开《道德经》。古今世人研究《道德经》,成果分在其自然观、人生观、技术观等方面,而名字观也是重要方面。《道德经》(通行本)虽然只有八十一章5162字,但出现"名"字多达十章24处,出现频率为0.46%。同时,它还在开篇首章重点讲述了"道"与"名"的关系,"名"在其中的分量不可低估。"字"虽然只出现1处,但"字"与"名"关系密切,不可不察。

揆诸近年海内外有关文献,陈师瑶(2010)[②]主要从翻译的角度探讨"名"与"道"的关系,认为"名"是"道"的外在体现,"名"翻译为"name"具有局限性;苏吉中(2013)[③]主要从逻辑的角度探讨"名"与"道"的关系,认为"名"非人为命名之名,表示的是事物的内在属性,"无名""有名"是贯穿老子思想体系的逻辑

[①] 叶朗、朱良志:《中国文化读本》,北京:外语教学研究出版社,2008年,第13页。

[②] 陈师瑶:《从功能对等看〈道德经〉中"名"的英译——以 Arthur Waley,D.C.Lau,Victor H.Mair 三个英译本为例》,《赤峰学院学报》(汉文哲学社会科学版)2010年第4期。

[③] 苏吉中:《"名"以言"道":老子"道体"的逻辑构建》,《太原师范学院学报》(社会科学版)2013年第2期。

元素，知"名"才知"道"；陈华波（2017）[1]主要从哲学的角度探讨"名"与"道"的关系，认为老子"有名"观其边际而赋予事物意义，但同时"有名"也造成了"名实不符"；樊荣（2018）[2]认为，"可道"与"非常道"，"可名"与"非常名"在特定的发展情况下是可以相互转化的。陈徽（2021[3]）探讨了老子的名与名教思想，认为老子思想中具有命名与名教的二重性以及"无名"与"有名"之间的张力性。谢清果教授长期研究老子传播学，对《道德经》的名字观具有一定的见解，间接提出了"以名为媒"说，例如"万物之有名，编织了万物的关联性，而这一切则是通达道的门径"[4]。曹峰教授集中研究了中国古代"名"的政治思想，谈及了老子的"名"思想，为本研究提供了一定基础和借鉴，但他的视野是传统的文史哲视角。[5]总而言之，目前学术界从传播学角度探讨《道德经》与名字关系的成果少见，观点零碎，缺乏一定的深度和广度。本文将着重从传播学的视角探讨老子的"名"与"字"及其相互关系以及对现实的启示。

第一节　《道德经》的"名"

"名"在《道德经》中，意思主要分为两大类。一是作名词解，如名称、声誉、名位；二是作动词解，如命名、通"明"，即明白之意。那作为名词解时，"名"分为指称性与调节性两种类型，即有名称与名分之别。

一、"道"不可界定，但仍有名称

老子把"道"作为最高范畴，"道"本身为何物既不可界定也不可言说，更难以名状。"绳绳兮不可名，复归于无物。"（第十四章）这句话是说，它延绵不绝却又不可称名，一切运动都又回复到无形无象的状态。"后来的《庄子》推出了'大道不称'，《尹文子》则进一步总结'大道无形''大道不称'。"[6]但若要认知、传播它，终究得给其命名，"吾不知其名，字之曰道，强为之名曰大"（第二十五章）。显然，若无"道"之命名，《道德经》便无从编码，更遑论其后续的传播流程了。再玄妙之物，也得有名称，也可以为之命名。"名可名，非常名"（第一章），"可名"在汉简《老

---

① 陈华波：《道象与不私：老子的名 - 象观》，《商丘师范学院学报》2017 年第 4 期。
② 樊荣：《〈道德经〉中的"道"和"名"新释》，《安阳师范学院学报》2018 年第 4 期。
③ 陈徽：《"悠兮其贵言"——老子的名与名教思想》，《复旦学报》（社会科学版）2021 年第 1 期。
④ 谢清果：《开创中国思想创新的宣言书——〈道德经〉首章新解说》，《名作欣赏》2019 年第 13 期。
⑤ 曹峰：《中国古代"名"的政治思想研究》，上海：上海古籍出版社，2017 年。
⑥ 邵培仁，姚锦云：《华夏传播理论》，杭州：浙江大学出版社，2020 年，第 228 页。

子》里是"可命",即"名可命,非恒名也"。作为万物最普遍的永恒本质,"道"还有"常道(恒道)""朴""无名""常名(恒名)"等名称。正如"化而欲作,吾将镇之以无名之朴"(第三十七章),"无名"也是它的一种名称。"名"也是老子哲学的一个重要组成部分,是对"道"的具体称呼。"道"不可界定,但名称是一种界定,体现了老子"正言若反"的朴素辩证思想,隐含了无为中的有为。

　　既然"道"作为"超乎形象"的难以言状的事物可以有名,"形象之内"的实际事物就更不要说了。正如冯友兰对《道德经》的解读:"形象之内"的一切事物,都有名;或者至少是可能有名。[①]换言之,一切事物皆可能有名,意味着人类认识世界具有能动性,万物皆可知,因此老子的名字观也蕴含着唯物性。名称都是人所赋予,老子肯定了人的主体性,闪烁着辩证主义的光芒。

　　二、"可名"是"常名"的代表,具有改进性

　　既然"道"不可界定,但仍有名字,即道是无名之名,那么名是何种名?之间有何区别?正如"道"分为"可道"之道和"常道"之道,"名"也分为"可名"之名和"常名"之名。如果说"常名"是可以涵摄丰富鲜活的认知对象的一切属性名称的话,那么"可名"便是该认知对象的代表化的指称。"常名"着实难得,但在人类传播中描述对象需有名字,"可名"就成为"常名"的具体化的替身。人类认知世界,不可能事先预知一切,也不可能同时全知一切,也就意味认识具有过程性。正如马克思主义的认识论观点,人的认识是一个不断深化的能动的辩证发展过程。"可名"是"常名"的代表,它具有可能性,也具有必要性。名是对道的界定,界定即为一种限制,蕴含了自我突破的诉求。某一阶段的"常名"难免有这样那样的缺点,但正是这样,"常名"才值得追寻。

　　《道德经》第二十一章:"自古及今,其名不去,以阅众甫。"这句话是说,自古以来,它的名称永远不会失去,依据它,才能观察万物的本源。在彼岸的"道"引导着此岸的人们观察万物,此岸的人们借助"可名"不断走向彼岸的"常名"。在这过程中,"可名"随着人的认识不断改进,变化永无止境。

　　三、名以分界,知名则知限度

　　"始制有名,名亦既有,夫亦将知止,知止可以不殆。"(第三十二章)这句话是说,万物兴作就产生了各种名称,各种名称制定了,就知道有个限度;知道有限度,就可以避免危险。"限度"意味着名与名之间存在你我之别,反映了命名背后的社会

---

① 冯友兰:《中国哲学简史》,涂又光译,北京:北京大学出版社,2010年,第81页。

力量的考量。通过名称来知道限度或者规范，进而调节关系，名称实际上就成为一种符号或者媒介。黄老学说作品《尹文子·大道》进一步说道："名者，名形也。形者，应名者也。……今万物具存，不以名正之则乱；万名具列，不以形应之则乖，故形名者不可不正也。"也就是说，名称是用来给形命名的，进而可用来给形正名。名称不仅指物，还区分物，具有区分种类、明确边界的功能，若存在不足，还得正名，使之名实一致。也就是说，"名"还衍生了"名分"的意义，显示出了秩序的安排。从一定程度而言，名称是一种标准，命名就是确定规范，循名责实就是遵守秩序。倘若如此，社会颇有秩序，正如《尹文子·大道》所提炼总结："定此名分，则万事不乱也。"

老子虽然不提倡名教思想，但出于现实关怀和治世的需要，还是得假名以教化导俗，以名之媒实现道之实。正如徐梵澄指出："道家诚亦'灭裂仁义'，灭裂仁义之虚名，非灭裂仁义之实事也。"[①]"名"与"道"的关系若以体用论观之，"道"为本体，"名"为其用。总的来说，老子的"名"不仅用来指事代物，还用来调节关系，最终服务于"道"。

第二节　《道德经》的"字"

"吾不知其名，强字之曰道。"（第二十五章）"字"为何意？给予符号。这句话意思是说，"我不知道它的名字，所以勉强给它个符号，叫作'道'"。文字是语言的符号，"字"是一种符号化的过程。要想理解"字"，必须跟"名"比较分析。

一、来源不同：名以定形，字以称可

"字"能否改为"名"？"名"与"字"在古代有明显区别，两者是分开的。王弼曾注《道德经》言：夫名以定形，字以称可。意思是说，"名"是用来描述对象的形态，"字"是对对象的特征的认可。其实，"名"是从对象的形态出发而确定的，正如尹文子所言"形以定名"。《管子·心术上》也说："物固有形，形固有名。"对象的特征上限无穷，"字以称可"实际上是"字"是某些特征有所肯定。章太炎曾说，"名"之成，始于受，中于想，终于思。物名根据形状而得自不用说，甚至先秦时期人名命名，常见之法是根据人的形态来命名，上至君主如晋成公（名黑臀）、郑庄公（名寤生）等，下至平民百姓如大头、虎子等。至于"道"玄妙莫测，没有明确形体，实在不好命名，因此老子勉强给了一个符号，借"道"字以显"道"。

---

① 徐梵澄：《老子臆解》，武汉：崇文书局，2018年，第98页。

二、态度不同：名是直呼，字是尊称

老子虽然称呼"道"为道，不仅仅是出于难以名状，还有尊敬之意。名之与字，义相比附。名与字关系密切，字由名演化而来。凡天下之名，可分三种，即人名、物名、事名。名与字的使用情感之别，在人名中最为显著。"幼名，冠字，五十以伯仲，死谥，周道也。"（《礼记·檀弓上》）一般认为，取字成俗于西周时期。在人际交往中，名是幼时所取，一般用于谦称、卑称，或上对下、长对少；而字一般是成年时所赐，则用于下对上、少对长或对他人的尊称。正如《颜氏家训》所言："古者，名以正体，字以表德。"名是用来端正言行举止，字是用来表明德行。在物名中，人们为了表示对某物的尊敬，不直呼其名，而往往"字之"，另取符号。例如，蒙古族崇拜草原狼，称狼为"天狗"；鄂伦春族以熊为祖先，称公熊为"雅亚"（祖父），称母熊为"太帖"（祖母）等。生活在春秋时期的老子，必受社会环境的影响，对于"道"不管是拟人化取字，还是圣物化取字，皆有尊敬之意。值得一提的是，老子给"道"取字，并不是厚字薄名，而是敬其名也，根源上是尊敬名之实体，即"道"之本身。

三、关系不同：名是实的符号，字是名的符号

在老子看来，"道"为无形，名应是"常名"，但常名或真名难以寻得，于是有了可名的"托名"——字，即"道"。作为实在的"道"，是其名所指，并不以人的意志为转移存在于物质世界之中。但若要存在于或进入人的精神世界，必须加以符号化，命名或取字。在人类实践中，名字不仅少不了，而且名字还要不断向实在靠近，也就是达到所谓的名副其实，进入理想精神世界。在巫魔施法、人死招魂、言名犯忌等特定场合，名视为实之本身，也是一种特殊的理想精神境界。在一定时空内，人类认识世界和改造世界的能力具有局限性，在现实精神世界里存在着名实不符的矛盾。面对同一实在，鉴于科学文化水平的差异，人们的认知必然有所差异，也就会出现不同的"可名"。那它们之间的逻辑为何？名源于实之形，理想之名（常名、真名）等同为实。囿于现实之困，常名难觅、真名避讳，权由可名（托名、字）代之，如图 1。

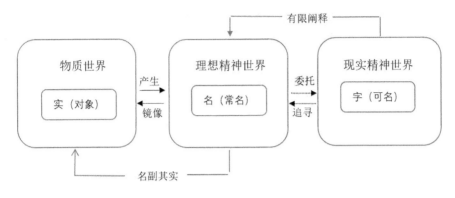

图1：实、名与字的关系图

第三节　《道德经》"名—字"媒介功能的现实启示

《道德经》对于"名—字"既肯定又否定，从理想来说主张去符号化，从现实来说又要符号化，企图通过有名实现无名，最终得"道"。鉴于现实之困，名字不可不用，而且还要会用妙用，才是入世之举。

一、传播必有媒介，万物必有其名

老子认为"道"不可界定，但仍得有名字，目的在于认识和运用"道"。这一符号表意悖论和符号有无的功用[1]，既肯定了名字的功用又指出了名字的不足。作为一种符号指代某一事物，能指与所指之间具有差距，存在一定的遮蔽性。正如王弼所言"名必有所分，称必有所由。有分则有不兼，有由则有不尽"。尽管如此，在人类社会，实现传播需要媒介，言说对象必须有名字。正如《道德经》第一章所言"有名，万物之母"，通过符号化，命名万事万物，世界才得以言说，交流才得以实现。

传播必有媒介，媒介以符号为先。任何传播活动定有所指对象，有所指则能指必须呈现，当所指与能指构成的符号相对固定时即为名字。在社会交往中，大千世界万事万物必有其名，只不过命名时间早晚不同而已，即使"无名"也会"有名"。例如，人的中指与小指之间的指头被国人称为"无名指"，西人称为"环指"（因戴戒指）；北京大学校园内最大的人工湖，不曾命名却以"未名湖"而广为人知。不少人因愁于给命名对象取一个好名，干脆以"无名""未名"之类冠之，于是乎有"无名堂""不名岛""未名居""未名轩"等。无名也是一种名字，因此哪里有传播，哪

---

① 祝东：《去符号化：老子的伦理符号思想初探》，《社会科学战线》2016年第8期。

里就需要媒介，哪里就存在名字。名字是语言交际的切入点，"命名是整个传播行为过程的开始"①。

二、名字传递信息，推动形象塑造

老子对于"道"谨慎取名，很重要的原因是他深知符号的作用，一旦名字出现就会传递信息，推动塑造形象。而"可名"传递的信息有限，塑造的形象就会剪裁"道"的本全面貌，不利于人们认知和运用"道"。但"常名"难得，于是老子就通过一系列比喻式的物名，如"万物、天地、无有、一、大、象等"②来展现"道"的玄妙高远，以避免人们对"道"产生刻板印象。

大千世界，万事万物的形象塑造往往从名开始。首先，以人名为例，"名有五：有信、有义、有象、有假、有类"（左传·桓公六年），其中"信"为出生时的情况命名。姓名本身能够传达个人信息，可以表明出生地，如郑杭生、陈港生、郭沫若③、李湘等，地望称如张曲江、柳河东、汤临川、康南海等就更不用说了；表明出生季节，如张秋生、李冬梅、王春花等；表明同辈排行，如伯邑考、孙仲谋、孟姜女等；表明愿望志向，如丘念台、廖承志、郑保卫等。民间有句俗语：人如其名，名如其人。人们常常有意无意地把姓名与其人关联起来，名字在无形之中传递信息，塑造形象。

其次，从物名来看，先以品牌为例，任何品牌莫不从名字开始，名字是塑造形象的第一元素。纵看古今知名品牌，其名大都皆有说道。例如，北京老字号"东来顺"羊肉馆含有"来自京东，一切顺利"之意；"同仁堂"药店，"同仁"意为"同修仁德，济世养生"；"内联升"鞋店，"内联升"意为在大内连升三级，官运亨通。当下，全球最大的中文搜索引擎"百度"，其名来自"众里寻他千百度"，象征着对中文信息检索技术的执着追求，同时还谐音"摆渡"，让人联想到百度摆渡网民到达信息的彼岸。国产手机品牌"华为"，其名来自"心系中华，有所作为"，成为民族的一大骄傲。再从作品名字来看，如何定名，更是影响形象塑造。例如，王维的七绝《送元二使安西》另名《阳关曲》，前者具有徒诗的偏向，后者具有歌曲的偏向。西方社会学家韦伯有篇论文 Confucianism and Taoism，译名既可为"儒教与道教"，也可为"儒学与老学"④，两种带来的形象显然大有区别。

---

① 罗小凤：《命名作为一种传播策略——论新媒体时代诗歌的"命名热"》，《南方文坛》2018年第4期。

② 李桂全：《论〈老子〉的"道"符号思想》，《符号与传媒》2018年第2期。

③ 郭沫若原名郭开贞，现名取自出生地四川乐山的两条河流的大渡河（古名沫水）和雅砻江（古名若水）。

④ 马戎：《中华文明的基本特质》，《学术月刊》2018年第1期。

最后,从事名而言,如何命名不仅传递信息有差别,背后事关个人倾向,事关集体乃至国家意志,更是涉及形象塑造问题。毕竟事情由人来做,而人是政治的动物。例如,太平天国,从清王朝的立场而言是一种叛乱(如称之为"洪杨之乱"),从崇拜洪秀全的孙中山而言是一种正义之举(如称之为"太平天国革命"),从当下主流观点而言则是一场农民运动(如称之为"太平天国运动")。对于新生事物,命名影响着自身定位,影响着在受众中的第一印象。例如"一带一路"倡议提出之后,福建泉州市各界曾热烈讨论泉州的角色,"桥头堡、枢纽、主力军、排头兵、先行区等"名称摆上"桌面"。① 后来选定"先行区"的名称,泉州也就被打造成"一带一路""先行区"的模样。

三、名字廓清边界,助力建构秩序

自人类诞生以来,不论是在神话体系中,还是在现实生活中,要实现"无序"(混沌)到"秩序"(宇宙)的转变,均离不开名字。道家认为"名定分明,万事不乱"②。儒家也有相通之处,如它的正名观,即"名不正则言不顺,言不顺则事不成,事不成则礼乐不兴,礼乐不兴则刑罚不中,刑罚不中则民无所措手足"(《论语·子路》),通过正名来规范社会,达到和谐。胡百精认为,诸子百家总体同意"名实当则治,不当则乱",若二者冲突难消,则应"修名而督实,按实而定名"③。若以人名为例,"姓名用法讲求礼仪,是人际传播的准则"④,古今皆然。

当代社会,事物更加纷繁多样,名字依然在廓清边界,助力建构秩序,而且盛行正名。不难发现,学术界、法律界更是经常探讨名字(关键词/概念/术语)。以新闻传播学领域为例,正名系列的论著颇为常见,近二十年图书方面就有《新闻传播学辞典》(2000,程曼丽、乔云霞)、《传播学关键术语释读》(2005,黄晓钟等)、《实用英汉汉英传媒词典》(2005,倪剑等)、《传播学关键词》(2009,陈力丹、易正林)、《符号学—传媒学词典》(2012,胡易容、赵毅衡)、《新闻传播学大辞典》(2014,童兵、陈绚)、《传播学核心理论与概念(第二版)》(2016,董璐)、《新闻传播学考研核心概念精讲》(2017,汤军军)等;论文方面以"新闻概念"或"传播概念"为主题关键词检索中国知网(从2000年1月1日到2022年7月15日)共有1500条结果(学术期刊、学位论文、会议),平均每年约有68.18篇。在新闻传播业界,也有不少相应的实践活动。例如,1993年福建省出版协会打算与台北市出版商业同业

---

① 李冀平:《"海丝"泉州扬新帆》,《福建文史》2019年第2期。
② 邵培仁、姚锦云:《华夏传播理论》,杭州:浙江大学出版社,2020年,第241页。
③ 胡百精:《重返基源问题:中国传播思想史的知识建构》,《中国人民大学学报》2021年第4期。
④ 李海文、谢清果:《中国姓名文化中的华夏传播观念探析》,《华夏传播研究》2018年第1期。

公会签订《闽台出版合作交流协议书》，后以"备忘录"代替"协议书"一名进行灵活变动，既服从了上级的指示，又巩固了闽台合作的共识。

　　名字建构秩序，也包括反建构，即解构。在历史上，人们推翻一种秩序时，都会进行舆论造势，利用（新）名字批判旧秩序。例如，历朝历代的革命、变法或新政中都会产生新名字如"九品中正制""一条鞭法""同光新政""民国""新文化运动"等。名字是类型化的表征，既是社会的产物，又反作用于社会。名字一经产生就有了内在逻辑和外在期待，起到廓清边界，明确权利与责任的作用，进而促进秩序的建构、解构或重构。

　　此外，如果说有名是符号化，乃入世所需的话，那么无名便是去符号化，是为避世所弃。从符号而言，现实传播的诸多困境在于符号化的不当，如何更好地处理名字应是对策之一。总之，《道德经》是人类一笔丰厚的精神文化遗产，研究其名字观，可以加深对名字媒介性的理解，廓清名字的意义边界，科学发挥名字的功用，将有助于破解传播困境，打造和谐沟通的局面。

（本章执笔：李海文　谢清果）

第六章　以屋为媒:《道德经》之"屋"的媒介哲学诠释

"屋"作为人类生活中一种普遍存在的媒介，塑造着人类的生活，蕴含着广泛深刻的媒介哲学。人以屋为媒，安居于大地之上；屋又作为一种社会关系生产装置形塑人类社会。《道德经》中共有四次论及"屋"，其中蕴含着老子的媒介哲学。在政治传播方面，屋是人类规避灾害、安然居住的处所，因此"安居"成为老子政治哲学、政治传播的目标表征。在经验、知识层面，老子认为"空室"才能居住，无用方有大用，这与麦克卢汉超越媒介所载内容，重视媒介本身之用的研究方向暗合。在"道"的层面，老子认为人不能过分使用身心媒介向外欲求，而应使身心安居"屋"中，即人应该慎用身体媒介，重视自省，这是老子的生命传播哲学。

"屋"是人类起居饮食发生之所，从洞居、穴居到木石、钢铁建筑，虽然形制、材料千变万化，但人类始终以屋为媒安居于大地之上。屋是社会日用伦常建构之所，从门户的朝向、屋顶的颜色到房间的多少、占地的大小，屋作为一种符号媒介深刻地参与建构了人类的社会关系。屋中所蕴含的媒介哲学十分深厚，《道德经》作为中华文化的经典，其中也论及屋，对中华文化影响十分大，但是现有研究并不充分。这种不充分是多方面的原因导致的，其一是对媒介（media）的定义的狭隘化："今天在媒介研究领域，'媒介'通常被明确地定义为媒体机构、受众和节目（例如迪斯尼、BBC 或谷歌）。但实际上，'我们在进入 19 世纪后很长一段时间内，提到'媒介'（media）一词时的意思常常是用它来指各种自然元素，如水、火、气和土'。"[1]在相当长的一段时间里，媒介研究十分重视大众传媒，忽视了更为基础性的媒介，当代

---

① 邓建国:《从认识论到本体论:彼得斯〈奇云〉中的"媒介道说"》,《新闻记者》2019 年第 11 期,第 22 页。

传播学者彼得斯（John Durham Peters）所提出的"元素型媒介"（elemental media）[①]概念将媒介研究的对象扩大，水、火、气、土乃至人的身体等人类所赖以生存的基础性媒介成为关注对象。如上所述，屋正是人类栖居于大地之上的基础性媒介，彼得斯的理论为我们研究屋的媒介哲学开辟了道路。原因之二是对于中国传播学（华夏传播学）的研究正处于方兴未艾之中，中华传统经典中的媒介哲学正亟待发掘，在《道德经》方面，谢清果先生编著的《大道上的老子——〈道德经〉与大众传播学》[②]一书探讨了《道德经》一书中"水""笑"等符号的传播学意义，其《媒介哲学视角下的老子之"门"新论》[③]一文则深入分析了《道德经》中"门"的媒介哲学含义。以上的前人成果为我们的研究提供了新视角，本文即沿着前人开辟的道路，探讨《道德经》中"屋"的媒介哲学含义。

第一节　作为媒介的"屋"

屋所具有的媒介属性，可以分两方面来论述，其一，人类以屋为媒栖居于大地之上，屋是人类存在的媒介；其二，屋广泛分布于人类社会之中，参与到人类社会的等级划分、文化分野之中，是人类社会关系的生产装置。

一、作为人类生存媒介的"屋"

在麦克卢汉之前，大多数的媒介研究者主要重视电视、广播、报纸等等大众传媒的短期效果。20世纪60年代，麦克卢汉继承、发展刘易斯·芒福德、哈罗德·伊尼斯的学术传统，逐步强调媒介对于人类文明的长期影响。随后，尼尔·波兹曼等人在麦克卢汉思想的基础上提出"媒介环境学"，指出媒介即环境，研究媒介逻辑对于人类感知、知识、生活等种种因素的形塑。媒介环境学的制度化建构，时间并不算早，1998年，媒介环境学会（Media Ecology Association）才在纽约成立，但是其影响却很大，1962年，麦克卢汉在《古登堡星汉》中从媒介变迁的角度提出了新的历史分期法：口语时代、拼音文字时代、机械印刷时代、电子技术时代。麦克卢汉创造性地把人类的技术视为媒介，不仅大大开拓了媒介研究的广度，还提出了历史研究的基础分期，受到人文科学与社会科学领域研究者的广泛认同。但是，"媒介环

---

① [美]约翰·杜海姆·彼得斯：《奇云：媒介即存有》，邓建国译，上海：复旦大学出版社，2020年，第1页。

② 谢清果：《大道上的老子——〈道德经〉与大众传播学》，北京：九州出版社，2016年。

③ 谢清果：《媒介哲学视角下的老子之"门"新论》，《山西大学学报》（哲学社会科学版）2020年第2期。

境学"所研究的媒介主要还是人类所"造作"的媒介，而非"生生"之自然媒介①。最近，耶鲁大学传播学者约翰·彼得斯出版了《奇云：媒介即存有》（*The Marvelous Clouds: Toward a Philosophy of Elemental Media*）②一书，提出"环境即媒介"的观点：

> 现在是提出一种媒介哲学的时候了。任何媒介哲学都建立在一种自然哲学的基础上。媒介并不仅仅是各种信息终端，同时也是各种代理物（agencies），代表着各种秩序（order）。这些媒介传送的讯息既体现我们人类的各种行为，也体现人类与生态体系以及经济体系之间的关系，而且，在更大范围的媒介概念上，媒介也是生态体系和经济体系的构成部分。有鉴于此，重新审视媒介和自然的关系，对我们而言不无裨益。在本书中，我提出了一种"元素性媒介哲学"，并特别关注我们所处的这个数字媒介时代。这些"元素型媒介"（elemental media）在我们的惯习和栖居之地中处于基础地位，然而我们却对它们的这种基础地位不以为然。③

彼得斯超越了一般媒介研究的范围，将媒介的定义从大众传媒这一知识层面扩展到了本体层面，从而开始建构一种"元素""基础"媒介的媒介哲学。他认为人类利用种种媒介存在于自然、社会之中，改变、组织着自然、社会，人类也因媒介创造的"中间""联系"环节存在于自然、社会之中，在这种程度上，媒介就是存有。中国人常说"老婆孩子热炕头""安居乐业"，人类栖居于大地之上，但人类不是无所作为，人类是以"安居乐业"的状态栖居于大地之上，"安居乐业"就是此在的存在状态。而其中的"居"，就是房屋，屋作为一种基础媒介，对于人类而言，其重要性不亚于地、火、水、风，不亚于乾、震、坎、艮、坤、巽、离、兑等等自然环境因素。从古至今，屋承载着人类存在的心愿，它作为一种媒介改变着自然，组织着人类的生活方式。特别是在现代社会，屋与互联网紧密结合在一起，人类在屋中使用一台电脑、一部手机联系着外界，进行着情感交流，组织着工作，与万物互联，"屋"的媒介哲学意蕴尽显于此。

二、作为社会关系生产装置的"屋"

传统媒介研究主要关注媒介作为一种符号其本身所携带的意义，而这种意义主要呈现在社会交往之中，人类在社会交往之中会使用纷繁复杂的媒介："'媒介'在

---

① 丁耘：《哲学在中国思想中重新开始的可能性》，《中国社会科学》2013 年第 4 期。

② [美] 约翰·杜海姆·彼得斯：《奇云：媒介即存有》邓建国译，上海：复旦大学出版社，2020 年。

③ [美] 约翰·杜海姆·彼得斯：《奇云：媒介即存有》邓建国译，上海：复旦大学出版社，2020 年，第 1 页。

一般使用中，是使双方（人或事物）发生关系的各种中介，在传播领域中，一般与英文的 medium 相对应，指传播内容，或者说信息（广义上的）的物质载体。包括体语、服饰等实物媒介，击鼓、语言、军号、广播等声波媒介，烽火、信号灯、电影电视等光波媒介，包括书信、电话机、传真机、喇叭筒、情况简报等人际、群体、组织传播媒介，书、报、刊、收音机、电视机等大众传播媒介。"① 屋作为一种物质媒介，其本身也携带了十分丰富的意义，参与到社会交往之中，比如言语交往中的"光耀门楣""高屋建瓴""叠床架屋"等等词，就体现了屋在语言中的符号意义。

在新的媒介研究方法之中，"就媒介学来看，不同媒介有其不同的技术和文化'偏向'，会产生不同的传播形态和方式，从而规制了其内容的组织和呈现，规定了接收和体验的方式，重组了人们之间以及与现实的关系"②。因此，当屋携带着意义作为一种符号参与到人类的生活之中时，它又在时时刻刻形塑、组织着人类之间以及人类与现实之间的关系。屋是人类生存的基础空间，从古至今，许多重要哲学家都重视空间的意义，至列斐伏尔，更提出"空间生产"的概念，研究人类社会、历史、空间之间的辩证关系。在《空间的生产》一书中，列斐伏尔指出，从亚里士多德到笛卡尔、康德，虽然都曾论述过空间，但是皆将空间视为一个"空荡荡的区域"③。亚里士多德把空间与时间共同列为那些用来对感觉证据进行分类、命名的范畴。笛卡尔将主体与客体、身体与心灵看作对立的两方，视空间为这互相对立的双方存在之处。康德则恢复了空间范畴说的观念，空间与时间成为人类认识经验世界的整理、区分工具，在时间与空间之间，时间是认识主体的内感官，空间则是外感官，"从而建立了时间优于空间的认识论地位"④。在这种思想背景下，列斐伏尔不再将空间视为空洞的区域，而将空间视为一种社会关系，他认为空间是人类历史的产物，参与到人类的社会关系再生产之中。屋作为一种空间，参与人类生活之中，十分具有普遍性，几乎每个人都要以它为媒介来生存，这种普遍性使屋成为一种极为重要的社会关系生产装置。比如《明会典》严格规定了不同等级官员"房屋"的间数。明洪武二十六年颁布规定：公侯房屋，前厅七间或五间，中堂七间九架，后堂七间七架；一、二品官员房屋，厅堂五间九架，门屋三间五架；三至五品官员房屋，厅堂五间七架，正门三间三架；六至九品官员房屋，厅堂三间七架，正门一间三架；庶民房屋，不得超过三间五架，不许使用斗拱、彩色装饰⑤。清代时期，规定了房屋屋顶的

① 谢金文，邹霞：《媒介、媒体、传媒及其关联概念》，《新闻与传播研究》2017年第3期。
② 黄旦：《媒介变革视野中的近代中国知识转型》，《中国社会科学》2019年第1期。
③ 亨利·列斐伏尔：《空间的生产》，刘怀玉译，北京：商务印书馆，2021年，第1页。
④ 张子凯：《列斐伏尔〈空间的生产〉述评》，《江苏大学学报》（社会科学版）2007年第5期。
⑤ 申时行等重修，王云五主编：《明会典》卷62《房屋器用等第》，上海：商务印书馆，1936年，第1579—1580页。

等级,从高等级到低等级依次为:重檐庑殿顶、重檐歇山顶、庑殿顶、歇山顶、悬山顶、硬山顶。房屋的门也被纳入社会关系的生产建构之中,富贵之家的门是"朱门酒肉臭"(杜甫《自京赴奉先县咏怀五百字》),隐居之人的门是"小扣柴扉久不开"(叶绍翁《游园不值》),诗人之门是"花径不曾缘客扫,蓬门今始为君开"(杜甫《客至》),房屋之门作为一种符号,象征着一种身份,携带着社会关系。房屋的颜色也被列为社会关系的生产装置,以明清时期北京城为例,皇宫采用红、黄、金着色,民居只能使用黑、白、灰上色,配合着位置,色彩艳丽、庄重的紫禁城居中,普通的民居环列其外,状如鱼鳞,皇帝至高无上的地位呈现于此。现代社会的房屋更加参与组织社会关系,以上海为例,外滩"三件套"(上海环球金融中心、金茂大厦、上海中心大厦)雄峙上海中心,高耸入云,象征着上海高度发达的金融业,象征着上海经济中心的地位。由此可知,我们不仅仅使用着媒介,媒介不仅仅是一种工具,媒介本身就是一种意义,它以自己的逻辑改造着生活,影响着人类,我们不仅要思考我们利用媒介干什么,更要思考媒介让我们干什么。在我们出入"房屋"之时,人类的社会关系也就被生产了。

第二节　安其居:老子之"屋"的政治传播隐喻

《道德经》共有四章直接论及屋,间接论及屋的章则更多了,比如"居"这个屋的功效以及"门"这个屋的组成部分也常被老子谈论。本文以《道德经》中直接论及屋的四章为主,论述时也兼及其他相关章。从本体论上的"道"到具体经验层面的"安居",屋成为老子通达世界的媒介。本节首先研究具体经验层面的"安居"之屋,《道德经》第八十章说:

> 小国寡民:使有什伯之器而不用,使民重死而不远徙;虽有舟舆,无所乘之;虽有甲兵,无所陈之;使(人)[民]复结绳而用之。甘其食,美其服,安其居,乐其俗。邻国相望,鸡犬之声相闻,民至老死不相往来。①

《道德经》一书,所论者是万物根本的"道",因此其所包含的学科与领域,从广义上来讲是无穷的,人类有多少研究领域,《道德经》就能包含多少。在此章中,"小国寡民"是老子与道家、道教②的治国安邦之策,是老子的政治学,也是老子的政治传播学。政治传播古今皆有,但是其作为一门专门学科兴起却在二战之后。政

---

① 李存山注译:《老子》,郑州:中州古籍出版社,2008年,第148页。
② 道教是从道家发展而来,二者虽关系密切,但也不完全相同。

治传播包含两种要素，即政治与传播，所以政治传播学的研究也往往或偏重政治，或偏重传播。费根从政治学的视角出发，将政治传播视为一种政治行为，进而研究其所受到的经济、社会影响[①]。查菲的定义主要从传播学出发，认为政治传播可以视为"传播在政治过程中所扮演的角色"[②]，以此为基础进行研究。综合两种研究取向，政治传播可以被定义为：政治传播主体与被传者之间的交往，政治传播主体使用大众传媒等传播工具向被传者宣传，被传者做出反馈，进而以政治传播影响社会的发展走向。兼顾政治传播定义与《道德经》的论述，我们可以从三种方面进行研究，一是政治传播目标，二是政治传播主体、政治传播接受者，三是政治传播策略与方法。

一、小国寡民，安居乐俗：老子的政治传播目标

"小国寡民"是老子基于当时的政治状况给出的救世之道。老子生当春秋，周朝礼崩乐坏，无法辖制各诸侯国，国家战争此起彼伏，随之而来的是小国越来越弱、越来越少，大国越来越强、越来越多，老子针对这样物欲横流、人民流离失所的乱世，提出了清静无为的人生理想，也设计了小国寡民的政治理想。"甘其食，美其服，安其居，乐其俗"，傅奕本写为"民各甘其食，美其服，安其居，乐其俗"[③]，可见人民甘食，美服，安居，乐俗正是老子政治思想的终极目标。"甘其食""美其服""安其居""乐其俗"不是追求美好的食物、衣服和房屋，也不是追求繁华物欲的风俗，河上公（河上丈人）这样解释这四句话："甘其蔬食，不渔食百姓也"[④]，"美其恶衣，不贵五色"[⑤]，"安其茅茨，不好文饰之屋"[⑥]，"乐其质朴之俗，不转移也"[⑦]。老子这里所要表达的意思其实是让贵族与百姓都能够享受普通的食物、衣服、房屋，不去追求过分豪华的外物。《道德经》第十二章说："五色令人目盲，五音令人耳聋，五味令人口爽，驰骋畋猎令人心发狂，难得之货令人行妨。是以圣人 [之治也]，为腹不为目，故去彼取此。"[⑧] 这里解释了为何老子不让人追求豪华的衣服、房屋等，因为当我们过分使用眼、耳、口、心等身体媒介去追求外物享受时，心神便会被扰乱，大道就会隐匿。

---

① Fagen, R.R.*Politics and Communication*. Boston: Little Brown.

② Lynda Lee Kaid, *Handbook of Political Communication Research*.lawrence Erlbaum Associates, Inc, 2004.xiii.

③ 李存山注译：《老子》，第 149 页。

④ 王卡点校：《老子道德经河上公章句》，北京：中华书局，1993 年，第 304 页。

⑤ 王卡点校：《老子道德经河上公章句》，第 304 页。

⑥ 王卡点校：《老子道德经河上公章句》，第 304 页。

⑦ 王卡点校：《老子道德经河上公章句》，第 304 页。

⑧ 李存山注译：《老子》，第 61 页。

在老子的时代，国家兼并，战争不断，因此老子特意提出安居乐业的一大目标是"虽有甲兵，无所陈之"，即战争消歇，民众才能休养生息。因为战争使百姓流离失所，老子才提出安居乐业的另一大目标是"民重死而不远徙"，即民众得地而穴，得屋而居。

"使有什伯之器而不用""使人复结绳而用之"描绘的是人的生活状态、心神状态，涉及技术。结绳记事不必再解释，"什伯之器"之意可以辨析一番。张松如在《老子校读》一书中这样解释"什伯之器"："《一切经音义》:'什，众也，杂也，会数之名也，资生之物谓之什物。'又《史记·五帝本纪·索引》:'什器:什，数也。盖人家常用之器非一，故以十为数，犹今云什物也。'"①"什伯"即"十百"，表示多的意思，"器"就是器物，"什伯之器"就是百姓日常所使用的器物，老子虽然批评过度使用技术，但是也不至于否定所有器具。对于"有什伯之器而不用"的解释，可以联系《庄子》"汉阴丈人"寓言。子贡见汉阴丈人上下井中汲水十分辛苦，于是向汉阴丈人推荐"用力甚寡而见功多"的杠杆工具"槔"，这里的"槔"就是"什伯之器"，象征着机械。《庄子》之所以批评使用机械工具，是因为"有机械者必有机事，有机事者必有机心。机心存于胸中，则纯白不备;纯白不备，则神生不定;神生不定者，道之所不载也。吾非不知，羞而不为也。"(《庄子·天下》)②庄子在此处显然是继承了老子"有什伯之器而不用"的思想，认为使用机械者必在心中进行盘算筹划，这会损害人的纯白之心，破坏人的体道过程，使人逐渐远离正途，"结绳而用之"显然也是此意，是为了保存人的纯白之心。

综上，老子政治传播的目标是追求一个小国寡民的社会状态，人民在其中的生活方式是安居乐俗，在衣食住行方面享受着基础甚至粗劣的生活物质，不过分使用机心追求外在的欲望。

二、圣人与寡民:老子政治传播的主体与接受者

何人可以达到"小国寡民，安居乐俗"的政治传播目标? 老子推崇的政治传播主体是"圣人"，而"寡民"显然就是政治传播的接受者。《道德经》第十二章提到了圣人，王弼本写为"是以圣人为腹不为目，故去彼取此"，帛书本写为"是以圣人之治也，为腹而不为目，故去彼取此"③，"圣人之治"一语说明圣人是治理国家之主体，或曰治理国家之楷模，圣人是老子所推崇的人，也是理想的政治传播主体。圣

---

① 张松如:《老子校读》，长春:吉林人民出版社，1981年，第429页。
② 本文所引《庄子》皆来自王叔岷:《庄子校诠》，北京:中华书局，2007年。后文引用只列篇名，不再出注。
③ 李存山注译:《老子》，第62页。

人作为政治传播的主体，具有以下特性：《道德经》第二章说"是以圣人处无为之事，行不言之教，万物作焉而不（辞）[始]"①；第三章说"是以圣人之治，虚其心，实其腹；弱其志，强其骨"②。老子所推崇的理想政治传播主体，其特性是不自矜不自傲，不打扰人民的生活，顺应自然而为。当"圣人"进行政治传播时，十分心虚，贴近群众，这与我们党的群众路线是十分相近的。老子的政治传播接受者是"寡民"，关于接受者，老子还使用了其他词汇来加以描述。《道德经》第五章说："圣人不仁，以百姓为刍狗。"③圣人遵循天地的规律，对待百姓就像对待草狗一般，不用所谓的仁义加以偏颇，而是顺应自然，让百姓自行发展。所以，老子认为，政治传播时，对待百姓应该一视同仁，不应该有所偏颇，视百姓为刍狗，就是不兴起"有为"的心，而是使用"无为"的心顺应百姓的性情，因势利导，这样百姓才能安居乐业，则政治传播无所不成。

三、功成弗居，不言之教：老子的政治传播策略

人居于屋中，"居"是屋的最大属性，《道德经》中屋也有道的含义，藏于道，即居于屋。《道德经》第二章说："天下皆知美之为美，斯恶已；皆知善之为善，斯不善已。故有无相生，难易相成，长短相（较）[形]，高下相倾，音声相和，前后相随。是以圣人处无为之事，行不言之教；万物作焉而不（辞）[始]，（生而不有，）为而不恃，功成而弗居。夫唯弗居，是以不去。"④圣人为事，顺其自然，事成之后，圣人不居，因为功是道之所成，正因为不居功自傲，圣人之功才能长久保留。具体到传播、政治传播，"不居"的态度就落实为"行不言之教"，因为不居功自傲，就自然不将自己的言语看重，所谓道之出口，淡然无味。当前中国的政治宣传以"正面形象""典型宣传"为主，宣传正面与典型自然可以起到规范、引导的作用，但是做的过了头，就会适得其反，因为"有无相生，难易相成，长短相（较）[形]，高下相倾，音声相和，前后相随"，过了头的传播会从有用会变成无用，使人生厌，也就丧失了传播效果。正确的做法应该是把握一个度，最好是像老子那样不过分依赖典型，以身作则，行不言之教。

---

① 李存山注译：《老子》，第50页。
② 李存山注译：《老子》，第52页。
③ 李存山注译：《老子》，第54页。
④ 李存山注译：《老子》，第50页。

第三节 空室可居，无用之用：老子之"屋"的媒介哲学含义

屋具有安居之义，人以屋为媒介安居于大地之上，因此，《道德经》之中屋具有媒介属性；屋有门户，供人进出，就像人的心身具有感知外界的眼、耳、鼻、舌、身、意等媒介一样，因此《道德经》之中的屋及其门户常被喻为身心及其附属媒介。

道是虚无的，也是实在的，它周行于万物之中，无法触摸，却有其作用。"无"与"有"，是道，自然也是屋的辩证属性：

三十辐共一毂，当其无，有车之用。埏埴以为器，当其无，有器之用。凿户牖以为室，当其无，有室之用。故有之以为利，无之以为用。（第十一章）①

车毂有孔，车才能转动。器具中空，才能盛物。房屋中空，人才能居住。因此，有形者有益，而有形有益的基础则是"无"。"人法地，地法天，天法道，道法自然"②，道周行于万物之中，自然也存在于车、器、屋之中，因此车、器、屋也就体现了道。"有之以为利，无之以为用"是道的属性，在《道德经》中频繁被论及。《道德经》第一章说"无名，（天地）[万物]之始；有名，万物之母。故常无，欲以观其妙；常有，欲以观其徼"③，无与有并妙，皆是天地之德。《道德经》第三章说"为无为则无不治"④，只有无为，才能无不治。《道德经》第三十五章说"道之出口，淡乎其无味。视之不足见，听之不足闻，用之不（足）[可]既"⑤，道有无的属性，视之不见听之不闻，却因此才能有利，可以长久地运行使用。老子论"无"之用，并不是要否定有，老子明确说了，"有名，万物之母"，只是因为世人皆重视"有利""有益"，放纵欲望，追求种种"有"，所以老子才特别拈出"无"来，劝导人返归自然。现代社会媒介发达，眼、耳、鼻、舌、身、意种种媒介都被互联网无限延伸，人时刻使用着媒介追求有利、有益、有味、刺激的外物，却忘了"无"才是天地之大用，忘了虚空心神、慎用媒介才是养生之道。

庄子也继承了老子对"无""有"的辩证态度，深刻论证了无用之用：

惠子谓庄子曰："吾有大树，人谓之樗。其大本拥肿而不中绳墨，其小枝卷曲而

---

① 李存山注译：《老子》，第 60 页。
② 李存山注译：《老子》，第 79 页。
③ 李存山注译：《老子》，第 47 页。
④ 李存山注译：《老子》，第 52 页。
⑤ 李存山注译：《老子》，第 91 页。

不中规矩，立之涂，匠者不顾。今子之言，大而无用，众所同去也。"庄子曰："子独不见狸狌乎？卑身而伏，以候敖者；东西跳梁，不辟高下；中于机辟，死于罔罟。今夫斄牛，其大若垂天之云。此能为大矣，而不能执鼠。今子有大树，患其无用，何不树之于无何有之乡，广莫之野，彷徨乎无为其侧，逍遥乎寝卧其下。不夭斤斧，物无害者，无所可用，安所困苦哉！"（《庄子·逍遥游》）

人世间多"不成材"的人，惠子对这些人很看不起，庄子则不同。他认为成材的有用的人就像野猫、黄鼠狼，东西跳梁，跳来跳去把自己跳到陷阱中了，有用的人又像牛，十分大却不能捉老鼠。有用的人劳心劳力，无用之人则逍遥彷徨，饱食遨游，十分悠闲。"逍遥乎寝卧"本就是安居之义，也是得道的状态，这就是无用之用。

实际上，《老子》《庄子》论无用、有用可以分为三个层次，一是世人沉迷的有用，二是无用，三是无用之用，其中皆含有深刻的媒介哲学。

世人最沉迷有用、有利、有益。人类使用车来行远，使用舟来渡水，使用屋来居住，使用媒介来沟通，人类的技术发展就是一部追求有用的历史。现实中的我们看待一种事物，总是要做一番考量，哲学中叫作"价值判断"，就是判断此物对于我、对于他人是有益还是无益，对于我、对于他人是不是有一具体的使用价值。有益的、有使用价值的叫作"有用"，无益的、无使用价值的虽然不可称为"有害"，至少会被视为"无用"。有用的东西，如笔可写字、书可阅读、车可代步、水可解渴、"桂可食"、"漆可用"等。麦克卢汉是这样来描写"媒介"之"有用"并被大量使用的：

凭借分解切割的、机械的技术，西方世界取得了三千年的爆炸性增长，现在它正在经历内向的爆炸（implosion）。在机械时代，我们完成了身体在空间范围内的延伸。今天，经过了一个世纪的电力技术（electric technology）发展之后，我们的中枢神经系统又得到了延伸，以至于能拥抱全球。就我们这个行星而言，时间差异和空间差异已不复存在。我们正在迅速逼近人类延伸的最后一个阶段——从技术上模拟意识的阶段。在这个阶段，创造性的认识过程将会在群体中和在总体上得到延伸，并进入人类社会的一切领域，正像我们的感觉器官和神经系统凭借各种媒介而得以延伸一样。[1]

人类的眼、耳、鼻、舌、身、意是人类感知外在世界的自有媒介，随着技术的

---

[1]　麦克卢汉：《理解媒介：论人的延伸》，何道宽译，北京：商务印书馆，2000年，第20页。

发展，新的人造媒介大量出现，它们的作用就是延伸人的自有媒介，使人超越时间和空间的种种差异。麦克卢汉认为，西方三千年的爆炸性增长以及现在的内向的爆炸，所依凭的皆是"分解切割的、机械的技术"，是它们延伸了人的媒介，其用之大，可以说是无与伦比了。然而老子却不推崇媒介之延伸，我在上文已经指出，他赞赏"使有什伯之器而不用""使人复结绳而用之"，即最好回到纸质媒介时代之前，庄子则说："有机械者必有机事，有机事者必有机心。机心存于胸中，则纯白不备；纯白不备，则神生不定；神生不定者，道之所不载也。吾非不知，羞而不为也。"现代技术创造出新的媒介，延伸了人，使人瞬间获得大量的信息，毫无疑问，这是媒介的大用；但另一方面，这些纷繁复杂的媒介扰乱心神，使人无法沉思，显然也造成了快速、浅显、碎片化的弊端。

　　第二层是无用。人皆推崇有为，老子则十分推崇无为；人皆推崇成功，老子则赞赏无功；人皆夸耀功德，老子则不居功；人皆羡慕栋梁之材，庄子则夸奖无用的散木、散人。为何会如此？在老子看来，万物法道，道在万物之中周行不殆，而道法自然，人也是万物之一种，天性也是法自然的，上善若水，人应该法水，像水一样善利万物而不争。如果人兴起欲望，则道不存，行动混乱，庄子认为这样的人像跳梁小丑，终究会害了自己。而无用之物，则保存了一种可能性，可以顺应世界之变化。无用的事物，庄子给出了许多为人传诵的例子："魏王贻我大瓠之种，我树之成而实五石。以盛水浆，其坚不能自举也。剖之以为瓢，则瓠落无所容。非不呺然大也，吾为其无用而掊之。"（《庄子·逍遥游》）惠子认为这样大的葫芦不能盛水，不能做瓢，实在没有什么具体用处。惠子又举了大树的例子："吾有大树，人谓之樗。其大本臃肿而不中绳墨，其小枝卷曲而不中规矩。立之涂，匠者不顾。"（《庄子·逍遥游》）在惠子看来，这样不中绳墨，不中规矩的树，纵然再大，也只是占地方罢了，是"大而无用"之物。庄子喜欢拿大树来做比喻，《人间世》中也有一棵大树："匠石之齐，至于曲辕，见栎社树。其大蔽数千牛，絜之百围，其高临山，十仞而后有枝，其可以舟者旁十数。观者如市，匠伯不顾。遂行不辍……曰：已矣，勿言之矣！散木也，以为舟则沉，以为棺椁则速腐，以为器则速毁，以为门户则液樠，以为柱则蠹。是不材之木也，无所可用。"（《庄子·人间世》）相比前面的大葫芦，这棵大树更是令人称奇，但是就算他再大，却不能为舟，不能为棺椁，不能为器，不能为门户，不能为柱，没有任何使用价值，没有任何具体用处，所以不被匠人们看好，只得自己在那生长。这棵栎社树之后还有一棵大树："南伯子綦游于商之丘，见大木焉，有异，结驷千乘，隐将芘其所籁。"（《庄子·人间世》）南伯子綦本以为这棵大树是什么"异材"，但是，待他一看："仰而视其细枝，则拳曲而不可以为栋梁；俯而视其大根，则轴解而不可以为棺椁；舐其叶，则口烂而为伤；嗅之，则使人狂酲三日而不已。"

（《庄子·人间世》）原来也是一棵"不材之木"。这些大树、大葫芦为什么会被视为无用呢？就是因为他们不能满足人们的具体需要，没有什么具体的使用价值，不能为瓢，不能装水，不能为栋梁，不能为棺椁，不能为门，不能做器。当我们站在自己的立场上，着眼于事物的实际用途时，那我们所看到的、想到的、认识到的，就只是一物的具体某一方面的价值，但是，就像大葫芦、大树那样，就算他们本身没什么用处，作为大自然神奇的造化，也是值得我们为之倾倒的。可是，惠子和匠人的语言和行动，丝毫没有任何对他们的赞叹之情，有的只是无比的功利。当我们拿功利的眼光对待事物时，会丧失掉对事物多重价值的欣赏，对于自己，也是如此。但是，大树虽无用，却可以不被砍伐，有用的树却受尽屈辱："夫楂梨橘柚，果蓏之属，实熟则剥，剥则辱；大枝折，小枝泄。此以其能苦其生者也。故不终其天年而中道夭，自掊击于世俗者也。物莫不若是。"（《庄子·人间世》）有用的树木如果树、漆树，会因为其有用而被折断树枝、割裂树皮，而无用的散木因为无法成为栋梁，所以没被砍伐，久而久之成了十分巨大的树，被人敬仰，成为社树，终身不遭斧斤之夭，这种无用反而成了保护自己的好手段。"宋有荆氏者，宜楸柏桑。其拱把而上者，求狙猴之弋者斩之；三围四围，求高名之丽者斩之；七围八围，贵人富商之家求禅傍者斩之。故未终其天年而中道之夭于斧斤，此材之患也。"（《庄子·人间世》）庄子在书中将无用的树与有用的树做对比，实际上是为救世，这里的树其实是在寓人，我们总是以为自己有什么才干，以为自己应该为了工作，为了金钱而放弃休闲、娱乐，结果是"实熟则剥，剥则辱"，等到自己达到了自己所谓的目标，却发现自己错过了多少美好的人和事，慢慢老去，恐怕回忆里只保留着无数的辛劳、痛苦。更有甚者，为了工作和金钱过分劳累，最后"未终其天年"而中道或病或夭。

就像人安居于屋中，却还要开门窗以沟通外界一样，人活在世上，终究要使用媒介与世界、世人交往，老子即使反对过度使用媒介，也不得不使用"结绳记事"，最重要的是探讨无用之用，如此才能自由出入于屋，自由出入于道。关于无用之用，《庄子》之中记载了这样一则寓言：

　　宋人有善为不龟手之药者，世世以洴澼絖为事。客闻之，请买其方百金。聚族而谋曰："我世世为洴澼絖，不过数金；今一朝而鬻技百金，请与之。"客得之，以说吴王。越有难，吴王使之将。冬与越人水战，大败越人，裂地而封之。能不龟手一也，或以封，或不免于洴澼絖，则所用之异也。（《庄子·逍遥游》）

面对同样的不龟手之药，有的人只是用它来协助洗衣服，在这样的人看来，不龟手之药没有什么大用；但是另一人却可以拿它来协助打仗，成功获得封地，不龟手之药于此可谓十分有用了，这就是无用之大用。对于惠子认为无用的大葫芦，庄子说："今子有五石之瓠，何不虑以为大樽而浮乎江湖，而忧其瓠落无所容？则夫子犹有蓬之心也！"（《庄子·逍遥游》）对于惠子认为无用的大樗，庄子说："今子有大树，患其无用，何不树之于无何有之乡，广莫之野，彷徨乎无为其侧，逍遥乎寝卧其下。不夭斤斧，物无害者，无所可用，安所困苦哉！"（《庄子·逍遥游》）栎社树也有自己的辩白："且予求无所可用久矣，几死，乃今得之，为予大用。使予也而有用，且得有此大也邪？且也若与予也皆物也，奈何哉其相物也？而几死之散人，又恶知散木！"（《庄子·人间世》）"五石之瓠"虽不能做成舀水用的瓢，却可以乘坐它浮于大海，不能成材的大树，却可以"逍遥乎寝卧其下"，栎社树因为它的无用而没有被砍伐，得以长久地活下来，庄子看出了无用之物的大用。在媒介研究史中，这样的事情也屡见不鲜。麦克卢汉在写作《理解媒介：论人的延伸》一书时，很少有研究者认识到媒介本身的大用，只是关注媒介所传达的内容，认为内容才是最有用的信息，但是麦克卢汉却指出，媒介延伸了人，它本身就是信息，它对于人类感知世界的形塑作用远比其所传播的内容重要，麦克卢汉就是发现无用之用的人。

第四节　安居于屋，而见天道：老子之"屋"的媒介哲学进路

以上是从经验世界层面探讨《道德经》之屋的媒介哲学含义，老子认为经验世界根本乎道，经验世界中的种种事物都蕴含着道的属性。具体说来，人藏于屋，安居屋中，就像心身安居于道之中。因此，《道德经》之中屋具有道的抽象属性，《道德经》也常以屋论道：

> 持而盈之，不如其已；揣而（梲）[锐]之，不可长保。金玉满堂，莫之能守；富贵而骄，自遗其咎。功遂身退，天之道[也]。（第九章）①
> 不出户，知天下；不窥牖，见天道。其出弥远，其知弥少。是以圣人不行而知，不见而明，不为而成。（第四十七章）②

"金玉满堂，莫之能守"是天道，"功遂身退"也是天之道。老子认为若想知天道，不必舍近求远，只需居于屋中，则自然见道，出门户探寻，反而无法知道。老子此处论体会天道，认为"其出弥远，其知弥少"，不推崇出门户考察世界，即使用理性思维探索种种世界的知识，而是赞赏安居屋中，"不见而明""不思而得"，即推

---

① 李存山注译：《老子》，第58页。
② 李存山注译：《老子》，第106页。

崇直觉。老子推崇以直觉体道在后世影响极深，也有其深刻的道理，这其中涉及知识与智慧的区别。知识，指的是对世界加以区分、分别并在此基础上运用理性，使用命题加以陈述的名言之域，而智慧，则是"有关宇宙人生根本原理的认识，关于性与天道的理论"[1]。知识可以转化为智慧，它指的是"由以分别为主、由'我执''法执'的意识活动，转变成如实理解的无分别、无执着的智慧"[2]。从知识到智慧，是认识过程的飞跃，它一方面需要大量的理性知识作为基础，另一方面也需要在对性与天道的直觉体悟中去超越名言领域的知识，去领悟那贯通整个宇宙的无所不通的道。当人能够开始获得智慧，便能够达到一种"理性的自觉"[3]。这种理性的自觉，表现为一种在理性光辉照耀下的豁然贯通之感的直觉，用老子的话来说，就是不出屋而知天道，无论小大精粗，行动坐卧，种种直觉的、自发的行为都能够达到一种与人的理性相符的境地。后世的宋明儒者[4]在这方面很有经验，不妨征引一些例子：

仆年二十七，始发愤从吴聘君学。其于古圣贤垂训之书，盖无所不讲，然未知入处。比归白沙，杜门不出，专求所以用力之方，既无师友指引，惟日靠册书寻之，忘寐忘食，如是者亦累年，而卒未得焉。所谓未得，谓吾此心与此理未有凑泊吻合处也。于是舍彼之繁，求吾之约，惟在静坐。久之，然后见吾此心之体隐然呈露，常若有物，日用间种种应酬，随吾所欲，如马之御衔勒也；体认物理，稽诸圣训，各有头绪来历，如水之有源委也。于是涣然自信曰："作圣之功，其在兹乎！"[5]

以上是明儒陈白沙的自述，他的认识便经历了一种从使用理性大量获取知识到使用直觉领悟性与天道的过程，最后，陈白沙显然是获得了智慧。他获得智慧之后的境界就是日用间种种自觉行为都能够与理性相符，同时，他的智慧也将他此前的知识融会，实现了一种对世界的整体、大全而非条理的把握。上面我们说到，知识是分析、区别，是通过命题加以陈述的名言之域，那么，智慧能不能用名言表达呢？历史上不同的学派有不同的回答，道家普遍推崇直觉，老子即如此，庄子也认为世界不能通过名言领域的知识加以把握，只能通过智慧领域的诗与寓言加以暗示[6]。也即不通过条分缕析去说教，而将道理寓于艺术形象之中去启迪人，使人自悟，从而获得属于自己的"作圣之功"。老子与庄子一样，认为在体道之时必须扬弃理性，使

---

① 冯契：《认识世界和认识自己》，上海：华东师范大学出版社，1996 年，第 412—413 页。
② 冯契：《认识世界和认识自己》，第 411 页。
③ 冯契：《认识世界和认识自己》，第 420 页。
④ 宋明理学兼容儒释道哲学。
⑤ 黄宗羲：《明儒学案》，《黄宗羲全集》第 7 册，杭州：浙江古籍出版社，1992 年，第 83—84 页。
⑥ 冯契：《中国古代哲学的逻辑发展》（上册），上海：上海人民出版社，1983 年，第 220—222 页。

用直觉去直接体悟智慧，这就是安居屋中，可见天道的原因。

　　要之，老子推崇使用直觉而去体悟智慧，在此基础上发挥自身所具有的道德光辉，从而做到看似无为，实则无不为，在日用生活的种种实践中都能够做到既自由自在又合乎规矩，而不是使用对世界进行分割、判断的知识来辖制人的天性。后代的宋明学者融合了儒释道的哲学，创造出了宋明理学，便对此道十分熟稔，我在上文中所举的陈白沙的例子即是如此。老子的媒介哲学对于解决近年来的"新闻专业主义"困境具有很大的启发。近年来，"新闻专业主义"成了新闻理论中的核心问题。围绕它的讨论，涉及名词定义、历史溯源、理论转型、本土化等方方面面，让人眼花缭乱。如此混沌的局面昭示着——这既是"新闻专业主义"旧理论典范的危机，同时又是"新闻专业主义"新理论范式的形成契机①。十分棘手的事情是，"新闻专业主义"这一理论似乎并没有一个统一的定义。当然，这并不意味众多研究者都在沙上建塔，在诸多对于"新闻专业主义"进行定义的词汇之下，就是其理论框架，正是在此框架之上，众多研究者建造了"新闻专业主义"的宝塔。这理论框架分为两部分，一是道德伦理②，一是专业③。在道德层面，可以说，研究者或媒介批评者有将人类从古至今一切美德都填入"新闻专业主义"的倾向。像自由、客观、社会责任④，公共利益、事实、主流价值、理性、自律⑤，其他的像民主、中立、全面、人文情怀等道德伦理追求，不一而足。"新闻专业主义"理论框架的另一个部分是专业，也即新闻记者这一职业的专业性。这两个部分是互证的——专业性的知识培养与实践训练促进与保证了新闻从业者的自律，即以上述道德伦理加以自律；而富于道德伦理则证明了新闻从业者的专业性——他们与众不同。在传统的新闻生产、传播过程中，"新闻专业主义"这一理论的运用比较如鱼得水，但是在自媒体时代，其理论框架则面临着许多挑战。自媒体时代的新闻生产、传播过程现状是：首先，许多非专业的自媒体新闻人参与到新闻的生产、传播、评价并进而参与到了新闻再生产的过程中；其次，"新闻生产体现为职业记者和公众共同参与的动态实践；媒介机构不再是新闻事件的唯一阐释主体，基于互联网社交平台，新闻报道的价值和意义

---

　　①　迄今为止对于"新闻专业主义"的研究表明：首先，它仍具有强大的现实品格，否则就不会有如此多的研究者继续坚守它；其次，在这个时代，它需要理论转型，否则，就不会有这样多的研究者不约而同地从各个方面对它加以反思。

　　②　这里所说的道德，偏于先验道德；伦理，即人伦日用的道德。在中国古典哲学中，这两者是即体即用的。

　　③　"新闻专业主义"作为一个整体的理论，是不可分的。我在这里将其分为两个部分，意在知性的层面上利于把握，研究者通由知性，上升到整体而亲切地把握"新闻专业主义"的理性层面，就不必再理会我所设喻的"部分"了。知我说法，如筏喻者。

　　④　黄旦：《传者图像：新闻专业主义的建构与消解》，上海：复旦大学出版社，2005年。

　　⑤　陆晔，潘忠党：《成名的想象》，《新闻学研究》2002年第71期。

经由公众的集体参与而被不断重塑；新闻生产流通的速度大大加快，颠覆了工业化时代以报纸新闻为主的新闻生产流程和常规；新闻职业社区的专业控制和社会大众的开放参与之间，形成了强大的张力，组织化新闻生产正在变成协作性新闻'策展'（curation）"[①]。面对这自媒体时代与广大的自媒体人，"新闻专业主义"正展现着苍白的理论面貌。比如，面对自媒体时代的冲击，吴飞的对策是将新闻分为三个层级，认为广大的自媒体人只能止于第一层级的事实报道层面，对于比较高等级的新闻层面，只能继续靠专业的新闻人来生产[②]。王晴川的应对也是从专业的层面强调，"在自媒体时代，人人都获得了信息发布的权利和平台，新闻工作者不应过于专注如何拼时间、抢速度和竞相'爆料'，而应该转向深入挖掘新闻事实、寻找新闻细节、加工海量信息、综合分析材料、引导受众思考和倡导社会公平正义。"[③] 这两位研究者的做法比较能代表自媒体时代学界对于"新闻专业主义"理论再塑造的一个面相，那就是在自媒体人与专业新闻记者之间划出一道鸿沟：鸿沟的一面是使新闻生产更专业、更道德的更高级的"新闻专业主义"；鸿沟的另一面则是"新闻专业主义"无法解释、无法指导的自媒体[④]。但是，在公众与专业记者共同定义新闻的自媒体时代[⑤]，"新闻专业主义"如果真的只是局限于小部分专业记者而罔顾百倍千倍万倍于专业记者的自媒体，那么"新闻专业主义"将再也不能定义新闻，其将丧失理论活力。陆晔、周睿鸣的研究即体现了这种担忧并做出了一定的理论建构尝试。他们指出："如果我们将新闻专业主义不仅视为有关媒介公共性和记者职业角色的期许，也将其视为以自由表达和公共参与为核心的社会文化价值体系的组成部分，那么，新闻专业主义理念及其话语实践，依然是推动社会进步的重要话语资源，并且具有新的普遍关照（general relevance）的理论意义。"[⑥] 陆晔、周睿鸣的研究把"新闻专业主义"的道德伦理层面铺展开来，将其塑造为社会文化价值体系。但问题是，在"记者职业"这一共同体内部，可以通过专业教育、共同体内部监督来使记者获得道德自律，但是

---

①　陆晔、周睿鸣：《"液态"的新闻业：新传播形态与新闻专业主义再思考——以澎湃新闻"东方之星"长江沉船事故报道为个案》，《新闻与传播研究》2016 年第 7 期，第 24 页。

②　吴飞：《新媒体革了新闻专业主义的命？——公民新闻运动与专业新闻人的责任》，《新闻记者》2013 年第 3 期，第 16 页。

③　王晴川：《自媒体时代对新闻专业主义的建构和反思》，《上海大学学报》（社会科学版）2012 年第 6 期，第 128 页。

④　如果一个专业新闻工作者经营自媒体或一个自媒体人接受了专业训练的再教育，那么他就移动到了"新闻专业主义"的一边，为专业新闻工作者所接受了。这里所说的自媒体人指"不专业"的人群，他们占据着极大的份额。

⑤　潘忠党：《新媒体与新闻专业主义：且行、且思考、且建构——在云南大学新闻学院的演讲》，一墨读书会微信公众号"我读"，2016 年 6 月 26 日。

⑥　陆晔、周睿鸣：《"液态"的新闻业：新传播形态与新闻专业主义再思考——以澎湃新闻"东方之星"长江沉船事故报道为个案》，第 41 页。

在"社会文化价值体系"这一更大的共同体里,该如何保障其道德伦理呢?陆、周的研究指出了"新闻专业主义"的理论发展方向,那就是在公众与职业新闻人共同参与到新闻生产、传播、评价的自媒体时代,我们需要一种能亲近公众的更加广阔的新闻理论,而且,这个新闻理论既不会丢失掉"新闻专业主义"的基本内涵,还会超越"新闻专业主义"。要想达到上文所设的理论期许,我们首先要明确的事情是,离开新闻专业培训、记者职业伦理,公众,即自媒体人该如何获得"新闻专业主义"所包含的客观、中立、责任感等道德伦理。

正如陆、周研究所指出的,探讨这个问题,需要深入"社会文化价值体系"。要之,我们需要探讨,人在职业伦理之外是怎样获得道德伦理的。这实际上正是老子媒介哲学所提出的问题,新闻专业主义所提出的解决方案是"出门户"去接受职业伦理的教化,而自媒体从业者显然不会如此,他们大多数是端坐屋中,发挥自己自由的才情。如何规范这些不接受职业伦理教化的从业者,老子的回答显然是安居屋中,自然见到天道,自然从心中生发出种种规范。也即是说,天生万物,便将自己所具有的道(理、性),即德性赋予了万物,自然也赋予了人类。人类只要顺着天所赋予的德性生活,便是顺天而行,如此人类便能够久而大。至于体现、探明天道的方法,那是即简单即困难的,老子认为只要安居屋中,使用直觉,率性而为,便是健顺天性。而道德伦理,即是人在健顺天性的过程中表现在日用事物之间的轨迹。要之,人在率性而为过程中所表达的一切行为都是道德伦理。至于"新闻专业主义"以职业伦理、专业教育所培育出的道德伦理,并不如这率性而为所产生的道德伦理自然活泼、富于自律。这种修为不是通过职业培养,而是人在日常饮食之中处处注意的人情之平,如此处处注意,时时践行,非专业的自媒体人在面对新闻生产、传播、评价过程中自然也能够得人情之平:因自己不愿被谣言所累,故不生、不传他人之谣;因自己不愿受压迫,故维护民主;因自己不愿受片面报道的害处,故虽不得全面报道,但能在新闻末尾加上一句类似"此文仅为一家之言"的标注等等。这些做法都是极为平常的行为而已,"新闻专业主义"最终所追求的不也正是这些么。天生万物,皆有其之所以为此物之道、理,这是率性而为能够流出道德的充分条件,但率性而为之能够流出道德,也需要"不居功""不自矜""不自私"作为保证。在日用饮食方面,以己之情,絜人之情,凡是想要施、责于人的,只要反思一下被人施、责,自己能够受得住,这便是人情之平处,这便是天道流行处,天道须臾不离于日用。如此地率性而为,依乎人情之平,自然是行处皆是道德流行。天道一旦被自以为是的自私遮蔽,只顾自己的好恶而罔顾别人之好恶,这种做法只会引起人的反感与排斥,自然称不上什么道德。要之,道德既是人的天性,又是人情之不爽失,只要在日用饮食处注意人情之平,便是极高的道德伦理,经由此等功夫加以修行,便能行处皆是中正仁义。"新闻专业主义"所强调的客观、公正、全面、责任等等，不正是人情之不爽失吗。而且，人克服自私小欲，率性而行之后，所流出的道德伦理，相比"新闻专业主义"所列举的种种道德要求，是会更加广泛、活泼、精微且生生不息的。

《道德经》之所以会以屋喻道、以屋喻人，还因为人以屋为媒介安居于大地之上，屋作为人造物，与人关系密切，且与人具有很大的相似性。"金玉满堂，莫之能守""功遂身退，天之道 [也]"，《道德经》此处的"屋"，是人之心身的象征，心不外放，身不妄动，安居屋中，不渴求功名利禄，也就是安居道之中。"不出户，知天下；不窥牖，见天道"，此处屋的门、窗，显然象征着人的身心媒介，人使用眼、耳、鼻、舌、身、意种种媒介以及人造媒介攀附、执着外物，失去纯白之心，自然无法体会到道，只有慎用媒介，就像不出门户那样，才能保持内心的安宁，体会大道，这是老子的媒介哲学进路。

身体是生命传播的主体，人使用身体上的种种媒介接触外物，感受外界，老子以屋喻人，其媒介哲学显然认为，就像不出房屋的门户才能体会到道一样，人应该关闭身体的种种媒介，这样才可以体会自己的心灵，使用直觉感受自然与天道。以身体为媒，参与世界之中。梅洛·庞蒂曾有过论述："我们重新学会了感知我们的身体，我们在客观的和与身体相去甚远的知识中重新发现了另一种我们关于身体的知识，因为身体始终和我们在一起，因为我们就是身体。应该用同样的方式唤起向我们呈现的世界的体验，因为我们通过我们的身体在世界上存在，因为我们用我们的身体感知世界。但是，当我们在以这种方式重新与身体和世界建立联系时，我们将重新发现我们自己，因为如果我们用我们的身体感知，那么身体就是一个自然的我和知觉的主体。"① 在西方传统思想中，身、心是二元的，心灵、意识、灵魂、理性都是统摄着身体的，身体被视为欲望的渊薮，处于经验世界层面。梅洛·庞蒂突破了西方的思想传统，消除了身与心的二元对立，主张"我们通过我们的身体在世界上存在，因为我们用我们的身体感知世界"，即人类以身体为媒介存在于世界之上，赋予身体基础性的地位。在老子的思想里，身心也是合一的，《道德经》第十二章有言"五色令人目盲，五音令人耳聋，五味令人口爽，驰骋畋猎令人心发狂，难得之货令人行妨。是以圣人 [之治也]，为腹不为目，故去彼取此。"身与心的发狂、失效都是合一的，而且"圣人为腹不为目"，"目"链接着"心"，象征着意识与思维、理性，"腹"即身体的感受，在老子这里，身体媒介的感觉反而比心更加重要。梅洛·庞蒂的身体媒介思想是与老子接近的，他们同样重视反省自身，重视身体，认为人类是

---

① 梅洛·庞蒂：《知觉现象学》，姜志辉译，北京：商务印书馆，2001 年，第 265 页。

通过身体感知世界，存在于世界。身体是人类存在的基础，是生命传播的舞台，我们使用身体作为媒介，使用人造媒介延伸身体，使用身体参与到与自然、与人、与社会的交往之中，形塑着自己，感知着自己。在互联网时代，万物互联即将到来，身体媒介超越时间与空间，被扩张到无限大，我们时时刻刻使用着身体媒介。在身体媒介被频繁使用的当代，老子的媒介哲学对我们的媒介现状具有批判力。身体伴随着技术无限攀附外物，其周围充斥着眼花缭乱的色彩、嘈杂的声音、刺激的味道、猛烈的感情，这种种事物通过身体媒介影响着心灵，使人的心灵动摇、震颤、不纯白，远离大道。安居于屋，安居于心，慎用身体媒介，实现生命传播的长久、自然，这是老子媒介哲学对我们今日生活的启示与指引。

（本章执笔：田乐乐）

第七章　五色目盲：色彩情境传播论下的
老子思想新探

　　色彩体系是华夏传播体系的有机组成部分，是表征中华文化精神的符号体系。本文以《道德经》为例，管窥先秦社会的色彩运用情况，研究发现老子善于以色喻道、以色喻德，独具特色。本文站在传播学视角上，先从宏观上把控色彩传播对于中华民族建立的伟大象征意义，再从微观上阐发老子《道德经》在色彩论证背后的哲学意蕴，以期为色彩与媒介学研究添砖加瓦。

第一节　色彩：一种诠释中华文明的媒介视角

　　西方以物理学和美学原理为代表的两条色彩学研究路径在世界范围内率先建立，其中一条是以牛顿为开始的光学色彩研究之路，另一条是以英国人哈里斯在 1766 年出版的《色彩的自然系统》所基于的色彩自然的真实体验研究。[①]与西方色彩学相比，中国传统色彩偏爱于语义和思想性研究，但这并不代表中国人缺乏审美向度，恰恰相反，中国人的审美情趣早已脱离了视觉感知层面，向更深层的社会制度、个人修养、等级观念过渡，即色彩审美的同时也是对个人、民族、国家的全方位凝视。除此之外，传统五色系统的建构与古代哲学系统"五行说"有着密切的联系，据五行起源考证，最早于《尚书·洪范》中有所论述："五行一曰水，二曰火，三曰木，四曰金，五曰土。水曰润下，火曰炎上，木曰曲直，金曰从革，土曰稼穑。"[②]在五行确立之前，中国人的色彩观念经历了浑然一色—二色初分（黑、白）—三色观（黑、白、赤）—四色观（黑、白、赤、黄）的演变[③]；在五行确立之后，以青、赤、黄、

　　①　陈彦青：《观念之色——中国传统色彩研究》，北京：北京大学出版社，2015 年，第 5 页。
　　②　范毓周："五行说"起源考证，收入《中国古代思维模式与阴阳五行说探源》，南京：江苏古籍出版社，1998 年，第 118—132 页。
　　③　陈彦青：《观念之色——中国传统色彩研究》，北京：北京大学出版社，2015 年，第 25 页。

白、黑、五正色和绿、红、碧、紫、流黄五间色的色彩系统也确定下来并广为流传。

中国色彩观念的确立经历了几大学说的流转，其中第一大学说为"五德终始说"。战国时期齐人邹衍以五行的兴替推演帝王的"德运"，他认为：炎帝得火德，因而又称"赤帝"，旗、衣、冠都以赤色为饰。此后，火德衰，克火之土便应运而生，所以黄帝属土德，颜色尚黄。曹植在《黄帝赞》中云："土德承火，赤帝是灭。"而禹属木德，克土，颜色尚青，如此周而复始，这便是"五德终始说"。与此相仿，古代还有一种"三统说"，即历代帝王是分别隶属于三统之中：夏是黑统、商是白统、周是赤统。① 这种以黑、白、赤作为"帝运"的标志多为后人的主张和附会。"五色之说"最早见于《尚书·洪范》，其中云："采者，青、黄、赤、白、黑也；言施于缯帛也。"这里的五色被儒家列为正色，女娲炼"五色石"以补苍天，恢复天地秩序，石之五色便是五正色。

彭德先生说：五色系统是五行系统的外壳，它给今人呈现出文明进程的局限和荒诞，也呈现出局限中蕴含的智慧。② 在笔者看来，五色之智慧集中表现在中国人的色彩观念上，即色彩不仅是美感、情趣的表达，更是身份地位、伦理政治、人格精神的表征。在这种观念之下，色彩带来的文化想象和用色规范控制了古人的行为轨迹，他们在色彩符号的稳定建构下找准自身定位，将用色意义看作人际传播中的重要语境，参与到传受双方的互动意义中来。这样一来，色彩具备了普遍性意义，在人们的生产生活中扮演着基础性的角色。

色彩从视觉审美功能向社会传播功能的蜕变完形于春秋战国时期，论述多见于四书五经之中，其中老子在道家经典《道德经》中有多次提及，例如第十二章中"五色令人目盲"，第二十八章中"知其白，守其黑，为天下式"，第五十五章中"含德之厚，比于赤子"，第六十五章中"常知稽式，是谓玄德"等等。这里的"白、黑、赤、玄"是道家偏爱的象征性色彩，隐喻着老子"阴阳守恒，见素抱朴"的哲理性思考和价值观。从传播学视角观照老子的色彩意蕴，我们不难发现，老子对色彩的敏感度和期望值非常高，色彩作为一种外显性媒介，被提拔成道家哲学的重要表征系统之一，通过隐喻传播，以色为媒，传扬道家伦理和治国思想。笔者认为，对道家学说中核心色彩的深入考察与探究有益于为阐释老子哲学思想提供一条全新路径。将色彩看作中华文化的表征媒介，发掘背后的文化底蕴和人文内涵，有益于阐扬讯息型媒介对中华文明创造和演变的影响。

本章站在传播学视角上，一方面从宏观上论证色彩媒介对整个中华民族生存环

---

① 姜澄清：《中国色彩论》，兰州：甘肃人民美术出版社，2008 年，第 15 页。

② 彭德：《中华五色》，南京：江苏美术出版社，2008 年，第 29 页。

境的深刻影响以及先民们是如何站立在色彩情境意义上来相处的；另一方面从微观上阐发老子《道德经》在色彩论证背后的哲学意蕴，以期为色彩与媒介学研究添砖加瓦。

第二节　色彩情境论：作为基础性媒介的色彩

自春秋战国时期，在五行学说成为一种认识论、方法论的模式之后，古人便将一切看似风马牛不相及的存在和现象联而为"一"了。[①]其中五色体系就是五行的一个延伸触角，五色体系将古人的色彩观念和规则进行统一和官方化，不仅适用于宫廷，更渗透至民间。五色观甚至用以解释和褪色各朝代的兴衰更迭，人事的顺逆成败、命运的沉浮祸福，乃至诊疾治病，所以它在封建时期的各方面都扮演了重要的角色。[②]无论时代如何更迭，中国色彩如同本土基础性媒介一般，对古人的处世法则、交流传播、道德操守起着控制作用。

一、色彩即讯息

加拿大媒介环境学派的第二代旗手麦克卢汉提出著名理论：媒介即讯息，对各个时代而言，真正有意义有价值的讯息正是这个时代所使用的媒介工具及其所开创的可能性，这是决定一个时代发展前景的根本因素。虽然麦克卢汉的观点有偏激之嫌，但媒介对社会的作用和影响效果是不容置疑的。在笔者看来，媒介可以笼统划分为技术型媒介和观念型媒介两类，中国色彩就属于典型的观念性媒介，中国古代色彩观念的建构并非将"中国色"看作独立的符号系统，而是与政治、经济、文化、风水、农耕等等社会子系统成为相互联系、不可分割的整体，色彩由此成为讯息般的存在，对中国社会发展进程起到了重要意义。

（一）色彩传播与空间

在中国，五色体系对空间维度的建构在于方位界定，一般而言，中国有 5 大基本方位——东西南北中，分别对应青白赤黑黄五色，然而在《周礼·冬官画缋》里有言："画缋之事，杂五色。东方谓之青，南方谓之赤，西方谓之白，北方谓之黑，天谓之玄，地谓之黄。"在这里，五方演变为六合，由二维平面视角的"中"演变成三位立体视角的"天地"。为了取得色彩与方位的平衡和稳定，古人补充的"玄"色代表"天"，"黄"色代表"地"。然而"玄"色并不处于五色系统之中，《说文解字》

---

① 姜澄清：《中国色彩论》，兰州：甘肃人民美术出版社，2008 年，第 15 页。
② 张雨祺：《从阴阳五行哲学思想看中国古代的色彩美学》，《艺术科技》，第 2 期。

解释道："玄，幽远也。黑而有赤色者为玄，象幽而入覆之也。"可见，玄是黑与赤的混合色，属于"间色"，但从等级体系来看，"天"是极为重要的高等级存在，不能以间色为代表，因而古人不断提高"玄"色地位，以玄养生、以玄养德，使之成为正色系统中的"副正色"以维护古人心中严密的等级观念。

玄的加入补偿了五色与六方的匹配，使古人的空间观念趋于稳定，与此同时，古人的等级观念和秩序也伴随着色彩空间一一相配。《春官·大宗伯》篇论述祭祀用器有言："以玉作六器，以礼天地四方：以苍璧礼天，以黄琮礼地，以青圭礼东方，以赤璋礼南方，以白琥礼西方，以玄璜礼北方。皆有牲币，各放其器之色。"这里同样以六色配六方，呈现出空间的稳定结构。在六大方位之中，"玄黄——天地"居中，象征着中心和最高地位，因而黄色被定为皇室专用颜色。空间方位的颜色规范，是天子管理天下的代码。[①]色彩传播的同时蕴含着地位和等级的象征性传播。

在古代中国，色彩的空间体系呈现"中心—边缘"格局，以玄黄为中心，以青、赤、白、黑为边缘体系依附于中心而建立，上至建筑楼宇、下至服饰餐具都以黄色为主打色，而边缘四色化身为四方神兽——东方青龙属青，南方朱雀属赤，西方白虎属白，北方玄武属黑，共同守护中央黄帝的核心地位。"色彩用作尊卑的标志，成为君王'明贵贱，辨等级'的工具，以维护其统治阶级的利益。"[②]这种颜色空间观的建立为封建统治者的统治合法性进行背书，引导着人们产生"天子—臣民""尊—卑"这种强烈的等级观念和界限感，通过用色规则的强制执行和色彩的官方传播，将等级观念铺陈到每个人的头脑之中，进而规训他们的行为。

（二）色彩传播与时间

色彩与空间的链接过程，其实也是同时间链接的过程，用类推逻辑将四季变化的草木枯荣之态与色彩联系，时空的意义被赋予到了色彩之上。[③]色彩的象征意义最初来源于古人对季节、天气的体验和感知。春季万物复苏、草长莺飞、满目生机，属木，对应青色；夏季炎热如火、白昼极长、酷暑难耐，属火，对应红色；秋季落英缤纷，金黄遍地，属金，对应白色；冬季万物肃杀、大雪纷飞，属水，对应黑色。古人崇尚天人合一思想，以四季冠以色名，在不同节气中从事不同的农耕工作，食五色谷、穿五色衣。然而四季与五色的配对还有一个缺口，为了五行五色系统的稳定，古人创造了"长夏"一季来对应土和黄色，"长夏"又称"伏"，指代夏秋交界的一段时间，即一年分为"春、夏、长夏、秋、冬"五季，这种特殊的时间划分见

---

① 田兆元：《中国色彩文化的"五色"认知与建构》，《楚雄师范学院学报》，2021年第2期。

② 张雨祺：《从阴阳五行哲学思想看中国古代的色彩美学》，《艺术科技》，2014年第2期。

③ 刘梦遥，孟彤：《中国古代色彩哲学观源流考》，《艺苑》，2019年第6期。

于《黄帝内经》：东风生于春，病在肝，俞在颈项；南风生于夏，病在心，俞在胸胁；西风生于秋，病在肺，俞在肩背；北风生于冬，病在肾，俞在腰股；中央为土，病在脾，俞在脊。因此，五季的时间观念多应用于养生之道，而五季对应的五色也应用在食材选择之中。

通过时间维度的计量，色彩按照"青—红—黄—白—黑"的流变顺序呈现循环往复的动态过程。古人通过观照色彩环境的变化，以色喻时，一面读懂自然界，一面指导自己的生产生活，色彩成为自然与人类互动的基础性媒介。

（三）色彩传播与象

在时空维度观照之下，五行、五色、五方、五季只是传统色彩观的底层逻辑，在此之上，古人以"象"表意，"象"成为古人人际交往中的关键符号，通过丰富多彩的具象之色来表达多重意义。中国古人并不重视色彩个性，即单个色彩"象"本身，而重视色彩的类型。因颜色本体并没有低贱高贵之分，故构建的色彩类型更多的是人赋予色彩价值，来分等级，讲高低。[1] 这些"象"包括了五音（宫、商、角、徵、羽），五气（寒、风、热、湿、燥），五服（天子、诸侯、卿、大夫、士的礼服）、五脏（心、肺、脾、肝、肾）、五味（酸、苦、甘、辛、咸）等等（见表1）。以生活经验和逻辑思考为标准，古人将五色与象视为一一对应、相互作用的整体系统，充斥在古人生活的方方面面，构成了古人交往中的情景意义。

表 1　五色与象

颜色	方位	季节	五行	五音	五味	五脏	五气
青	东	春	木	角	酸	脾	风
赤	南	夏	火	徵	苦	肺	热
黄	中	长夏	土	宫	甘	心	湿
白	西	秋	金	商	辛	肝	燥
黑	北	冬	水	羽	咸	肾	寒

符号可以分为语言符号和非语言符号两类，其中非语言符号一般由体态符号、副语言、仪式化的符号等构成。[2] 五色与象作为典型的非语言符号，发挥着强调语言、控制语言、表达超语言意义的作用。拿服饰举例，唐太宗规定，除了皇帝可以着黄色衣，"士庶不得以赤黄为衣"，并且规定三品以上官员着紫色衣，五品以上着红色衣，六七品着绿色衣，八九品着青色衣。在许多朝代，平民百姓都不能以正色作为

---

① 彭德：《中华五色》，南京：江苏美术出版社，2008年，第69页。
② 郭庆光：《传播学教程》，北京：中国人民大学出版社，2013年，第37页。

服饰的颜色。① 官品等级配以不同色彩的服饰编织成为遵守尊卑秩序的潜网，隐蔽地控制着交往情景、人的思想与行为。

中国的传统色彩文化是历代政治经济、社会风情、文学艺术、民俗节庆，以及思想观念与审美标准的反映，内涵多彩丰富，同时应用范围又十分广泛。千百年以来，汉民族从服饰、建筑、绘画、书法、玉器、瓷器、工艺、家居摆设，以至生活饮食及汉医药理等传统文化的各方面，均与色彩沾上了关系，亦显示出前人对色彩的重视。② 色彩与象的广泛延伸和触角所及基本覆盖了人类交往的所有情境，色彩由此成为讯息型媒介，代表着一个国家、帝王、家族和个人的兴衰荣辱，对整个社会的进步与更迭起到警示和指导作用。

二、色彩情境论：作为语境的色彩传播

美国传播学家约书亚·梅罗维茨在汲取麦克卢汉的讯息论和戈夫曼的社会互动论的营养之后，提出"媒介情境论"的观点，这一观点集中反映在他在 1985 年出版的《消失的地域》一书之中。梅罗维茨认为：媒介的变革必然带来社会环境的变化，而社会环境的变化又必然导致人类行为发生变化。③ 在前文中，我们重点讨论了前半句，即色彩作为媒介，它创造、改变、控制了交往情境，成为随处可见的社会现实。接下来我们着重讨论色彩环境对中国人的影响。在笔者看来，中国五色系统在"社会地位赋予"之下变成了人人规范使用的"常识"，色彩所营造的上下文语境、情绪语境、文化语境等等，对古人的人格修养、交往礼仪、等级观念等方面起到了重要作用。

在古代中国，色彩是构成交往情境的重要媒介之一，可以代替语言和表达超语言的含义。从人格修养角度来看，如中国国粹京剧脸谱中，红脸代表忠勇；黑脸代表刚直不阿；白脸、黄脸代表奸诈阴险；篮脸、绿脸代表草莽英雄；金脸、银脸代表神妖。老子在《道德经》第五十五章有云：含德之厚，比于赤子。更有中国成语如赤胆英雄、黄童白叟、白脸奸雄等，将色彩冠以不同的人格品质。

从交往礼仪角度上看，小至个人着装生活，大至国家盛典仪式，都讲究颜色的配置。五色是最纯正的"本原"之色。万色皆由"五色"出，因此"五色"功德最大。《礼记》卷二十九"衣正色，裳间色"，间色由五色错杂混合得来，如绿、紫、橙等等，只能作为便服、内衣、衬里以及妇女和平民的服色。郑玄注："谓冕服玄上纁下"，"玄"是指早上太阳要出地平线，还未出地平线时透出的光，黑中透红。"纁"

---

① 曾晓云：《中国传统色彩观的传承与发展》，《包装工程》2005 年第 4 期。

② 黄仁达：《中国颜色》，北京：东方出版社，2013 年，第 3 页。

③ [美] 约书亚·梅罗维茨：《消失的地域》，北京：清华大学出版社，2002 年。

则是太阳落下地平线，折射出来的余光，为赤黄色。玄代表天在上，定为衣之色；纁代表地在下，定为裳之色，以色彩的文化语境表示对天地的敬畏之心。此外，中国逐渐形成了"崇黄尚红，轻黑忌白"等一系列民俗风尚，婚嫁喜事以红黄色彩为主，丧葬哀事以黑白为主。

著名语言学家罗曼·雅各布森曾指出，语言符号不提供也不可能提供传播活动的全部意义，交流的所得，有相当一部分来自语境。[①] 美国文化人类学家爱德华·霍尔认为：人类的交往互动都会受到语境的影响，根据世界各地区文化的多样性差异，霍尔将其归纳为高语境文化和低语境文化两类。高低语境文化在传播过程中表现出明显的差异：高语境交往通过语言符号表达的意义比较有限，交流的所得经常依赖于语境；而低语境文化恰恰相反，交流多集中于明示意义或字面意义。高语境文化注重"意会"，低语境文化注重"言传"。[②] 在西方文化情境中，受实用心理学的影响，不同色彩代表着不同的性格、心情、感受，例如餐厅装修经常会使用大面积红色，给人以冲动、着急、焦虑的感受，有助于提高食客的就餐速度，这是由直观的色彩感知引起的。然而在中国语境中，色彩已然超越了审美和生理感知层面，而进入了文化层面，与礼仪、道德、仪式、禁忌、天文等等联系在了一起，古人的用色规则也变得森严而谨慎。

这种高语境色彩对于官方交往与民间交往都产生了一定的语义替代作用。如前文所述，黄帝作为最高等级垄断了黄色，而高级官员垄断了紫色、红色，杜甫诗云："朱门酒肉臭，路有冻死骨"。只有达官显贵才可以用"朱门"，穿"朱衣"。唐朝规定，三品以上的官员和亲王的官袍是紫色，五品以上是朱色，这就是把飞黄腾达的人形容为"大红大紫"的原因，而普通老百姓身着素色之衣，以麻布之灰白本色为主，因而老百姓又称之为"白衣百姓"。《诗经·豳风》中曾写道："八月载绩，载玄载黄。"《诗经·邶风》中"绿兮衣兮，绿衣黄里。绿兮衣兮，绿衣黄裳"就嘲讽了色彩的使用颠倒了尊卑的次序。贵族阶级通过垄断色彩的使用来显示其身份的尊贵，色彩所象征的身份等级严密而森严，不可僭越。

更有晋朝皇帝为了鼓励大臣批评天子，直言朝政，每年正月初一都举行国宴，在宴会上摆设特制的酒壶，漆上白色，壶盖画上白虎，然后装满酒，让敢于提意见的大臣先喝酒再发言，这酒壶被称为"白虎尊"，提倡发言时无所顾忌，凶猛如虎，可见，色彩对于古人传播交往起到了语义空间的暗示作用，成了传播意义的一部分。

---

① 郭庆光：《传播学教程》，北京：中国人民大学出版社，2013年，第41页。
② 林萌，姜怡等：《文史文本中高低语境文化交流错层之注解分析》，《北京航空航天大学学报》（社会科学版）2010年第2期。

第三节　隐喻传播：老子的色彩传播观念

中国色彩观念的建立脱离不开两大思想学派的发扬，一个是儒家思想为代表的礼制色彩观，孔子以实用主义为目的，重在用色彩等级来规范社会秩序，以色明礼，稳定君王统治建设礼仪之邦。另一个是道家思想为代表的哲学色彩观，这一色彩观通过思辨和内省，回归人的本来价值，观照"去色无色"的精神境界，以色喻道、以色喻德，以阐发治国之理、为人之理。

一、五色令人目盲：对物质之色的批判反思

比起普遍作为表征符号的物质性颜色而言，老子的色彩观更具深度和哲理。《道德经》第十二章有言："五色令人目盲，五音令人耳聋，五味令人口爽，驰骋畋猎令人心发狂，难得之货令人行妨。是以圣人为腹不为目，故去彼取此。"在老子看来，五色是视觉诱惑，容易令人辨不清方向，五光十色的世界与物欲横流的诱惑仅仅是虚幻的表象，褪去繁盛的表皮只能留下空虚的内核。因而老子主张"为腹不为目"，即摒弃物欲的诱惑而保持安定知足的生活方式。道家的精神底色是见素抱朴、无为而治、回归自然。《道德经》第九章云："金玉满堂，莫之能守，富贵而骄，自遗其咎。功成身退，天之道也。"金光闪闪、五光十色的奇珍异宝满堂也终究是一场梦，无人能守住，这些虚幻的物质之色与其说是奖励，不如说是考验，如若富贵而不知收敛，不知自律，骄横妄为则必会招致祸端。老子以色彩观念来传播自己的人生态度和处世思考，他不断驱逐虚幻的色彩表象，走向更加深邃的精神世界、哲学世界之中。

二、见素抱朴：对物质之色的精神升华

老子提出"见素抱朴，少私寡欲"，其中的"素"一般指白色，或指色彩单纯的样子，如素净、素装、素雅。而老子将物质之素提炼为精神要领，即质朴的、不加修饰的、自然的、真诚淳朴的样子。"见素抱朴"即保持纯洁朴实的本性，减少私欲杂念，白色即由物质之白上升到精神之白、人生之白。在瑞士索绪尔的结构语言学中，"意指作用""能指"和"所指"是三个紧密相连的概念。他把意指作用中用以表示抽象概念的语言符号称为能指，而把语言符号所表示的具体事物称为所指，所指也就是意指作用所要表达的意义。能指指单词的词形或词音，所指指单词所表示的对象或意义。[①]从符号学角度看，物质之白即为能指，精神之白即为所指，老子的精神之白即是回归人的自然本性，寻找真我，保持天性的质朴，节制私欲，清静

---

① 彭漪涟:《逻辑学大辞典》，上海：上海辞书出版社，2004年，第78页。

无为。

《道德经》第五十六章云"和其光，同其尘，是谓玄同"，这里的"玄"色并不指"黑"，而是引申为深不可测的人生之道，"玄同"，即一切事物处于一种没有差别的"同一"状态中，已经超脱亲疏、利害、贵贱的世俗范围，达到"抱一""得一"的理想境界。当众人都渴望争夺功名、锋芒毕露之时，老子以其"出世"的主张传达一种豁达的胸襟和处下不争的自我境界，这种境界一字以蔽之即为"玄"，由此可见，老子观色早已脱离"色象"的考察，而是向色彩的哲学意蕴进发。

三、知其白，守其黑：玄德至上的道德传播观

老子崇道悟道，将"无为"看作顺应自然天道与社会人道终极方法论，同时在色彩重要性中主张："无色而五色成焉"[①]，比起儒家主张色彩的鲜艳而言，道家认为无色才是最美之色，这一点与其无为思想遥相呼应。老子曰："玄之又玄，众妙之门"，玄即是黑，根据光学物理，当没有可见光进入视觉范围，周围便呈现黑色。道家所崇尚的黑色正是这种"无色"的哲学反映，对应"无为"的政治理想和人生追求。"道家尚黑，认为黑色是上色中的上色，为重色之首"[②]，其建筑和服饰也多以黑白为主。《道德经》第一章云："此两者同出而异名，同谓之玄，玄之又玄，众妙之门。"第六章："谷神不死，是谓玄牝，玄牝之门，是谓天地根。"第十五章："古之善为士者，微妙玄通。"第六十五章："常知稽式，是谓玄德。""玄"即"黑"，玄通水通天，水深而黑，天深而玄，道家思想认为天道有孕育万物的作用，那么玄色也就有了派生一切色彩的功能。因而玄色代表着深不可测和无可名状，它是众色汇聚之所，也是众色发散之源。这里老子用"玄"形容大道和大德的奥妙，体现了一种藏和隐的思想和低调的态度。

从色彩心理学上看，黑色为百搭之色，它没有争奇斗艳的亮眼，却给人稳重的安全感，容纳百色、衬托百色。老子云："知其白，守其黑，为天下式。"从"周易"阴阳来讲解这句话："白"是阳，是阳光，是天；而"黑"是阴，是月亮，是地。只有阳光普照大地，阴阳、白黑结合中和，才能使万物复苏，生命无限循环，"为天下式"。"天下"就是宇宙的概念，泛指"普天之下"。这里"知白守黑"体现出顺应自然处世不争的智慧、大智若愚的平静和海纳百川的胸怀。

道家以黑为主的色彩观直接影响了中国古代的色彩美学，特别是绘画领域，奠定了黑色在国画中的地位。[③]除黑色之下，道家还青睐于饱和度较低的颜色，如前文

---

① 出自《淮南子·原道训》，北京：中华书局，2019 年，第 27 页。
② 崔璨：《论中国古代色彩文化哲学观》，《艺海》，2017 年第 2 期。
③ 崔璨：《论中国古代色彩文化哲学观》，《艺海》，2017 年第 2 期。

所述"见素抱朴"。道家贵柔，饱和度较低的素色给人以平静、柔和、低调之感，与老子贵柔不争、绝圣弃智的人生之道、治国之道相互对照。这些用色偏好与古人天然的视觉感知和哲学思考密不可分。以色观德，以色养德，环境色彩的包围和侵染，对大道大德思想的孕育发挥了重要影响，以色为媒，以德化物。

四、比于赤子：老子的生命传播观

谈起生命传播观，在技术媒介出现之前，生命传播受到生物体功能的限制，人类囿于音声传播范围的局限性而部落性群居。在技术媒介出现之后，生命传播有了多样性，在媒介的帮助下获得延展和新生。麦克卢汉曾说，一切媒介均是人的感官和器官的延伸，报纸是视觉的延伸、广播是听觉的延伸……在技术媒介的支持下，人类的活动范围愈发扩大，由定居转向迁徙，由部落社会转向脱部落社会，生命传播被赋予了更深刻的使命意义。在互联网时代，"我们提出'生命传播'的概念，即生命在其之内又超乎其外，在交流互动中不断生成更迭，在关注生命内容的同时，注重生命中思想生成的性质、过程以及形式，主张互联网时代传播学更应注重生命叙事与体验"①。生命传播离不开生命思想和生命体验，是生命观、传播观的契合发展，这一点与老子的生命传播哲学不谋而合。

道教是养身型宗教，具有强烈的生命意识。《道德经》第二十八章中云："知其雄，守其雌，为天下溪。为天下溪，常德不离，复归于婴儿。"在老子的生命哲学里，婴儿是生命的起点，也是生命传播的终点。"众人熙熙，如享太牢，如登春台。我独泊兮其未兆，若婴儿之未孩。"老子主张从生命的五光十色中回归婴儿那般至真、柔弱、淳朴的状态，这种状态如果用颜色比拟，老子选择了"赤"。道德经第五十五章云："含德之厚，比于赤子。"这里的赤子即刚出生的婴儿，老子认为，唯有返璞归真，像初生的婴儿赤条条毫无遮掩，坦荡荡心胸无私才算有深厚的德行，赤色被视为生命的本色。"赤"代表着生命的原始状态，而生命的延续依托于血缘，血液也是红色的，因而"赤"色一方面代表生命的初心和本源，另一方面代表生命的延续与传播。老子用色彩隐喻，把回归赤子的本性、拥有赤诚之心看作生命的崇高意义所在，以赤为媒，崇尚坦荡无私的生命传播观，传达其"夫物芸芸，各复归其根"的哲学想象和思考。

综上所述，在中国人的生命中，色彩永远是绕不开的话题，如果说古人的色彩维度在强烈的等级观念之下覆盖审美情趣、身体感知、文化象征三个层面，那么今天的中国人摆脱了封建色彩观念束缚，走向了世界。面对世界差异化的色彩表征和

---

① 师曾志：《互联网时代媒介叙事下的生命传播》，《中国编辑》，2018 年第 9 期。

用色系统，中国色迎来了机遇和挑战：一方面，中国色可以成为对外交流的通感符号，化解语言符号的误解与尴尬；另一方面，中国水墨留白的简色用法和西方浓墨重彩的厚色用法在写意和写实之间各有千秋，在不同色彩语境下成长起来的两地人无法深刻体会和理解。在中国色彩观念之下，小到领导人的领带颜色，大到国家主流用色，都蕴含着中国色彩文化的深刻意涵，为中国人所重视，让中国色走出去，让色彩成为传播中国、理解中国的媒介，不失为"讲好中国故事"的一个好的机会。

（本章执笔：周云梦　谢清果）

第八章　翻译传播：异化翻译传播老子之"道"

中国古代典籍是中华历史和文化的精粹。在人文交流中传播中华文化、展现中华历史、了解中华社会习俗都绕不开中国古代典籍。《道德经》是对外译介最多的典籍，它是老子道家思想的凝练，并且以其"文约而义丰，明理而事核"①的特点备受国内外汉学界的关注。在跨语言文化交流过程中，翻译是最基本的手段，选择恰当有效的翻译方法在典籍文化内涵对外传播的过程中至关重要。当下世界范围内，文化交流日益频繁，在不同文化相互交流融合的过程中，除了展现本民族文化的内核以外，最大限度地展现该民族的语言文化特点无疑也是对文化交流的一种良性催化。异化翻译在传播"异质文化"方面具有最佳效果，它也是近百年和未来文学翻译的主要手段。本文将通过典籍对外传播的过程和意义以及异化翻译的特点、功能来分析异化翻译将如何更有效、更恰当地把中华之"道"传播到西方世界去。

本章以典籍翻译为切入点，以《道德经》对外译介的发展历程为例，结合信息传播模式分析使用异化翻译原则译介《道德经》的传播效果、探究异化翻译原则在传播华夏文化方面展现出来的优越性以及必然性趋势。笔者参考借鉴了对中国文学翻译趋向（从归化到异化）的研究（孙致礼，2002）以及大众传播效果方面的研究（段京肃，2011），通过对《道德经》两种不同英译本的比照分析求证以"异化翻译为主"的翻译方法将更具有展现中华之"道"的效果并且可以极大程度地影响或改变受众看待和理解中华文化的态度。

---

① 辛红娟：《颠覆与传承：厄休拉·勒瑰恩〈道德经〉英译研究》，《国际汉学》总第4期，2015年第3期。

第一节　典籍翻译的文明传播省思

典籍是古代政治、经济、哲学、民俗、农学、医药等各个领域书籍著作的泛称，它们记载着古代人的智慧、总结了古代人生活和劳作的经验。优秀的典籍是古人劳动和智慧的结晶，也是当时人们先进思想的浓缩与展现。中国典籍当中的部分哲学思想对几千年后的今天仍然有指导作用，这也说明典籍中的哲学智慧和华夏文明乃至整个民族是一脉相承的。中国典籍翻译无疑是中华文化对外传播的一条必经之路，也是华夏文明传播的新活力。典籍翻译的"活力"在于典籍文献本身就蕴藏着本民族的历史和人文思想、承载着中华文化，所以典籍文献的翻译是对外传播中华文化的基础，是华夏文明优越性和自身活力的重现；"新"则体现在典籍的翻译过程其实就是对华夏文明的译码过程，在传播学中"译码"是信息传播的一个基础环节，在翻译当中"译码"是语言信息转码过程的关键，翻译中对信息"译码"原则的选择和应用是动态的，是根据时代的价值取向不断对源语做出新的阐释的过程。在翻译功能优越性的加持下，典籍翻译也将成为优化华夏文明对外传播效果的一种有效途径。

一、典籍翻译是华夏文明对外传播的重要环节

翻译和语言信息的关系就如同人和语言的关系[①]，从不同社会和族群间开始交流的那一刻起，"翻译"就逐渐成形了，翻译是交流和实践当中的产物。随着人类文明开化程度的提升，世界上不同的语言体系愈发分明，翻译也就随之形成了相较完善和成熟的体系。"译"是将一种信息转化为另一种信息形式的过程，其产出的结果往往形式不同但能传达相同或相近的内涵。既然是将一种"信息"进行转化，那就说明翻译并非只拘泥于文字，翻译的功能旨在将文字当中的意义在不同的语言文化环境中进行传通。最早的翻译活动只是简单地发生在生活和劳作过程中，以便不同部落和族群之间进行交流。随着物物交换衍生出商品、更高级语言的发展运用、人类思想文明不断发展进化，翻译活动也在单纯表意的基础上被赋予了"传播"的使命，尤其是一个群体、一个国家乃至一个民族的哲学思想和人文精神的传播。在跨语言文化间进行传播交流时，翻译的作用举足轻重，不恰当的翻译会扭曲文化当中原本的内涵，甚至会导致受众曲解这种文化。中国的典籍文献蕴含着中华民族独特的历史文化，典籍文献的翻译是将这种文化加以阐释并以一种新的面貌示人，一定程度上也可以在一种新的视野下反观这种文化的本身。译介中国典籍就是向外传播中华

---

① 参见麻争旗：《译学与跨文化传播》，上海交通大学出版社，2011年，第17页。

文化最经典最核心的部分，它可以向不同文化背景下的受众展示中华民族从古至今的智慧和经验。当然，翻译过程中确实存在难以克服的问题，譬如《道德经》当中的诸多词汇和概念就难以在西方世界的语言中间找到完全对等的信息，其根源就在于东西方文化的差异。

既然是文化间的交流和传播，就一定要在传播过程中找到一种合适的方法努力地跨越语言层面的鸿沟，打破文字间的屏障，让对方了解中西文化间的差异，让对方感受到中华文化特有的思想精髓。对此，在译介典籍的过程中应当积极发挥出翻译功能方面的优越性，结合时代的价值取向，明确翻译目的，弥补文化间的空白，尽可能把中华文化以其本真的样貌传播到西方世界。中国典籍对外译介是中华文化走出国门的关键一步也是十分重要的环节。

二、典籍翻译是对华夏文明的"解码"

翻译的过程就是将一种语言信息中的"意思"进行解码然后转变成另一种语言信息的过程。例如：亚瑟·韦利（1999）用 Way 翻译《道德经》中的"道"，被认为是"除了希腊语源的 logos，在英语里恐怕再也找不出比 Way 与'道'更对等的词"[①]，其中"道"和 Way 就是在两种不同语言之间对相同意思的转码（跨文化间还存在文化和信息不对等现象，翻译时会用到定义、解释或增补等方法进行弥补）。根据传播学的集大成者施拉姆在 1954 年提出的传播模式[②]，解（译）码是信息传播到受众（目的地）前的最后一个环节。在华夏文明对外传播的过程中，受众是"西方的文化世界或者选择接受、了解中华文化的那群人"，那么西方文化世界和这些人所接收的信息就是"华夏文明"，典籍文献是华夏文明的重要载体，因此，典籍翻译是中华文化向外传播的解码，对典籍文献这种"信息"的解码也就是对华夏文明的解码。

三、典籍翻译是优化华夏文明传播效果的有效途径

从我国典籍文献对外传播的角度来看，典籍翻译是对外传播我国历史和人文价值的重要方式。在中译外的过程中，关键性的问题是如何才能让不同文化背景下的受众理解并且真切地感受到我国文化的精髓，因为这会直接影响到文化传播的效果。

翻译是一个动态过程，因此其功能性方面的优势可以很大程度上拉近不同文化间的距离。此外，翻译是带有时代特征的，不同时代背景下的翻译有着不同的价值取向。19 世纪末，严复提出了"信、达、雅"的翻译思想，但当时的人并没有以此

---

① 姚小平：《"道"的英译和〈圣经〉中的"道"》[J]. 外语与翻译 1994 年第 2 期。

② 参见李彬：《传播学引论》（增补版），2003 年，第 66 页。1954 年施拉姆提出了和申农相同的传播模式，即"信源—编码—信号—译码—目的地"。

作为翻译标准，反而更多地考虑如何顺应晚清时期社会及文化趋势，当时的（小说）翻译以译述法为主，还会出现夹译夹作、改写改译的现象；①20世纪初，我国的文学翻译随着五四运动的兴起出现了一次革新，在当时的一些翻译家和文学家的引领下，我国翻译开始吸收西方的语言和文化同时废除文言文，这是因为当时我们需要吸收外来语言充实刚刚兴起的白话文；21世纪的文学翻译主要以异化翻译策略为主导，异化翻译可以传达原著本身的文化特点、保留原作者的语言风格和写作手法，在很大程度上可以让读者感受到外来文化的异质感、体会到别样的异域风情。不难看出，翻译方法的选择是受翻译目的影响的。既然典籍翻译以传播中国文化为目的，那么翻译典籍时就必须考虑到传播效果。翻译的这种动态特质自然地让典籍翻译成为一种具有创新性、批判性和包容性的文化传播手段。两种不同文化的沟通（翻译）过程中会迸发出新的灵感和观点，这也会促进不同文化间的交流与借鉴。通过典籍翻译对外传通中华民族核心的哲学思想、人文精神，展示中国语言的独特风格，这种对外带有异质感的中华文化可以达到更佳的华夏文明传播效果、构建更立体的华夏文明传播话语体系。

第二节　《道德经》的译介之路

华夏文化对外传播自然会涉及典籍的对外译介，谈及典籍对外译介自然会涉及《道德经》，因为这部优秀的中华典籍在国内外汉学界、哲学界都影响极大。《道德经》是春秋时期老子的哲学著作，也是中华典籍中的经典之作，其中蕴藏的哲学奥义和文化智慧迄今仍给人们的言行以指导，并且凭借其明晰不足、暗示有余的文本特点给后人留下了足够的空间思考并不断发展中华传统智慧。《道德经》虽然总共五千余字，成书两千多年前，但其通行本仍然在后世各朝流通，现代比较流行的注疏版本是由王弼所注。《道德经》中的"道"和"德"充分展示了天人伦理、修身治国等方面系统且先进的哲学思想，这也是为什么虽然《道德经》全文仅五千余字，却成了中华哲学的基础，也被称为"万经之王"。《道德经》外译本的发行量仅次于《圣经》，它是中国古籍对外译介最多的一部，除了它自身的价值以外，20世纪在世界范围出现的"老子热"也是一个重要的外部原因。正是《道德经》的智慧和人类精神需求的相互感召，使得《道德经》成了中华典籍对外翻译的宠儿。

和中国翻译经历了不同的历史时期演变一样，《道德经》英译本的风格特点也经历了不同历史时期的变化。在各个时期，《道德经》英译本受到世界格局、文化需求

---

① 参见孙致礼：《中国的文学翻译：从归化趋向异化》，《中国翻译》第23卷第1期。

等复杂的国内外社会历史因素影响，呈现出了不同的价值趋向和翻译风格。《道德经》最早的外译本是公元 7 世纪唐代著名僧人玄奘的梵文译本，最早的英文译本是1884 年于伦敦出版的鲍尔弗的《道书》①，这也是《道德经》大量对外译介的最初时期，当时由于贸易经商和传教，中西方开始了经贸、文化方面的交流，西方传教士出于传教目的开始深入了解中国文化并且用基督教的教义和《道德经》的内涵做比附，英国传教士亚历山大（George Gardiner Alexander）和理雅各（James Legge）翻译的《道德经》是那一时期最为熟知的英译本，他们在翻译时用基督教的思想价值解释《道德经》当中的内涵和意象，虽然他们的译本在当时比较受推崇，但终究还是没有向西方读者展示出《道德经》本真的面貌。到了 20 世纪，受世界大战及战后的影响，西方出现了严重的社会危机，这时老子庄子的哲学思想受到了西方哲学界的青睐，同时也给西方社会启明了新的希望，道家思想所崇尚的“和谐治世”给当时西方人的精神以疗愈镇定，在这一时期《道德经》的译介中少了许多基督教教义的比附，英国汉学家阿瑟·韦利（Arthur Waley）在其翻译著述中用“Way”翻译“道”，此种译法被认为是几乎最接近原文内涵的译法（但首字母大写的“Way”仍然带有西方的“神”的色彩），韦利的译文考虑到了中国的传统和思想体系的特点并且带有大量注释，虽然仍有对《道德经》的误读之处，但还是展现出了来自东方的智慧。20 世纪末至今，在世界范围内出现了“老子热”，因为这一时期整个国际社会出现了生态环境、自然资源、社会民生等混乱严重问题，西方社会一度出现信仰危机，西方希望在东方的智慧中寻求新的出路，于是“老子热”应运而生，《道德经》的英译本也随之层出不穷，为了展现《道德经》本真的面貌，这一时期的英译本更加注重源文本的语言文风特点和文化传统习俗，通过大量文献佐证研究，将原文置于中华文化体系当中阐释“道”的深刻内涵，尽量避免将基督教《圣经》中的概念和思想灌注于《道德经》当中。

　　从《道德经》在这几个历史时期对外译介的特点来看，翻译策略的选择与应用在其中起到了“指示性”作用并影响着传播效果。从最初译者完全为了适应西方文化的翻译方式，到后来两种文化“对话”而了解，通过中西方学者的合作，才最终形成忠实原著的翻译策略。② 忠于原著的翻译策略说到底首先是对原著文化内涵的尊重、符合原著思想旨意的信息传通；其次是找到一种合适的方法再现原著的语言文体特点。有些翻译家和译者在内涵和语言的基础上还尝试将原著内容的音韵和诗性在译文中体现出来，鉴于典籍翻译的复杂性（涉及古汉语到现代汉语的语内翻译，

---

　　① 　参见肖水来，孙洪卫：《释“道”有道，“道”亦可道——从斯坦纳阐释翻译学的角度看〈道德经〉中“道”的翻译》，《湖北社会科学》2009 年第 6 期。

　　② 　张文莉：《中华文化如何走出去：以〈道德经〉英译史为例》，《中国宗教》2017 年第 214 期。

各种文献和注疏版本的差异等），这种尝试必然有很大的难度，但此种翻译思想中却不乏对未来典籍文学翻译的启示。翻译策略是对外译介《道德经》以及其他古代典籍的"工具"，译者使用不同的翻译策略工具构筑了自己的翻译思想倾向，其中也涉及对外来文化传播效果的影响因子。

在交流传播中我们使用的语言文字是一种文化载体，语言文字在交际中是可以归化的，但是文化不可以。归化的文化必定是失真的文化，信息传播转码过程中出现的"噪音"也会导致一定程度的"文化失真"，从今天的文学翻译、典籍翻译特点的发展趋向来看，"归化"已经不再处于主导地位了，异化翻译策略将在21世纪典籍文化翻译中唱主调。

第三节　异化翻译与传播效果分析

本文开题明义异化翻译有助于传播中国地道的哲学和文化，但本文对于异化翻译策略应用的界定并非是机械的、静止的，异化翻译策略在未来的典籍文化翻译中唱主调并不意味着淘汰其他的翻译方法。正如学者孙致礼曾在其文章中所提到"异化不宜操之过急，而要稳打稳扎，与时共进。我们采取异化法的时候，还要注意限度，讲究分寸。[①]"在译介中国典籍，尤其像《道德经》这种明晰不足暗示有余的文本时要格外把握翻译的分寸，不能只顾及外国的语言文化而忽略了原著的特长，也不能一味地追求异质文化而使译文过于晦涩复杂甚至不可读。典籍翻译的最终目的还是要落脚于传播优良的中华文化，翻译时应该结合考虑华夏文明的传播效果。

对传播效果的分析和研究主要是对受众的分析和研究，受众在传播活动中并不是被动的信息接收者，而是积极的信息选择者和加工者。[②]在整个华夏文化对外传播的过程中，作为不同文化背景下的文化接收者（受众）将对译介来的中华典籍（信息）进行选择性地接受，这个跨文化信息整合与接受过程中的媒介就是"翻译"。按照麦克卢汉"媒介即信息"的观点，在一定意义上，媒介所产生的影响大于内容所产生的影响[③]，所以很大程度上，翻译方法的选择使用在受众群对中华文化的感知和理解方面会产生十分重要的影响，翻译方法的选择是否得当和传播效果有着极大的关联。在影响传播效果的诸多因素中，内容对效果的影响是最直接的。[④]若将"典籍翻译到华夏文化走出国门"视为一个传播过程，那么这一过程则涉及"两个内容"：

---

① 孙致礼：《中国的文学翻译：从归化趋向异化》，《中国翻译》2002年1月，第23卷第1期。

② 参见段京肃：《大众传播学：媒介与人和社会的关系》，北京：北京大学出版社，2011年，第233页和第241页。

③ 同上，第233—234页。

④ 同上，第236页。

一是典籍的内容；二是典籍译文的内容，即异域读者将接收到的内容，我们研究这一过程的传播效果就是在研究不同文化背景下的受众对中华文化的接受和反馈，受众接收到的信息质量则取决于翻译的处理。（如图1）

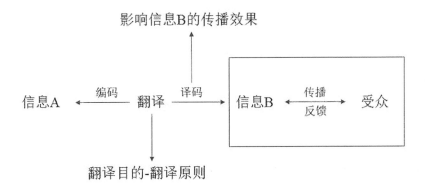

图 1 "信息 B 到受众"即对传播效果

《道德经》中关于老子的宇宙论有这样一句："道生一，一生二，二生三，三生万物。万物负阴而抱阳，冲气以为和。"（第四十二章）

Tao gave birth to the One; the One gave birth successively to two things, three things, up to ten thousand. These ten thousand creatures cannot turn their backs to the shade without having the sun on their bellies, and it is on this blending of breaths that their harmony depends. （阿瑟·韦利译）

Out of Tao, One is born; out of One, Two; out of Two, Three; out of Three, the created universe. The created universe carries the yin at its back and the yang in front;through the union of the pervading principles it reaches harmony. （林语堂译）

从两个版本的译文中可以发现，在用词方面韦利将原句中的"二""三"翻译成"two things"和"three things"，将"万物负阴而抱阳"翻译成"These ten thousand creatures cannot turn their backs to the shade without having the sun on their bellies"，他把"二""三"和"阴""阳"这些抽象概念具化成了有意识的主体，林语堂先生则将"二""三"按照中文直译为"Two"和"Three"，将"道"处理成"Tao"，将"阴""阳"处理为"the Yin"和"the Yang"，他在这些无法具象的概念处理上采用了直译和音译的方法；句式方面韦利使用了更符合英语语言的句法结构，而林语堂先生保留了原文的句式结构，更贴近原著中的文风特点。

对《道德经》中"是以圣人抱一为天下式"（第二十二章）一句，林语堂先生和韦利的理解与翻译也是差异明显的。

Therefore the Sage clasps the Primal Unity, testing by it everything under heaven. (阿瑟·韦利译)

Therefore the Sage embraces the One, and becomes the model of the world. (林语堂译)

在这两个译文版本中，林语堂先生仍然用"the One"表达"一"，将"天下式"直接翻译为"the model of the world"，这种译法不但简单清楚、贴近原文，还能明确地将其深层的意思体现出来，"becomes"一词也道明了"抱一"正是圣人守道之范式，相较韦利使用的"testing"更能体现出其中自然且合理的关系。此外，韦利把"天下"译为"heaven"，这其中还是带有西方宗教文化的色彩。

通过以上两组译文的对比分析可以发现，韦利偏向于用"精准的英语"翻译原著，他的译文中包含了西方宗教思想文化的比附，其词汇的选择带有一定的西方宗教色彩，句式语体符合英语语言逻辑习惯，对原著中抽象意象的处理赋予了它们主体特性，译文整体表现深奥严谨，但没有让读者走近作者，也不容易让读者感受到中华文化的独到特色和深刻奥义。林语堂先生的译文以异化翻译为主，用词更加贴合原著，更多地保留了原著意象的抽象性，文风也尽量保持了原著的特点，可以让外国读者更真切地感受到来自中国的异质文化。《道德经》中有众多意象，其中不乏一些特殊的抽象意象，例如"道""德""一"等等，这类意象概念都无法在英语语言中找到对应的词汇来表达，但这部分特有的文化正是需要让异域读者了解到的，它们是具有代表性的也是中华文化的特色所在。虽然翻译无法达到百分之百的语言和语义传通，但以异化翻译原则为主导的典籍翻译确实可以在形、意、神方面折射出中华文化的影子，进而让读者看到一个更加立体的中华文化形象。异化翻译可以保持中国哲学的异质性，防止其哲学精髓在翻译的过程中被西方哲学所化约为其次一级的思想。异化翻译通过不断抗衡与协商，解构西方基于基督教传统所构建的同一普世的意义神话[①]，在文化向外传播方面也以一种渗透性的作用不断矫正被冠以其他意象比附的中华文化。

综上所述，"道"是《道德经》的核心概念，一个"道"字蕴藏着老子的天人合一、无为而治，也发展出老子的治世处世哲学，"道"可谓中华文化最为宝贵的部分。当下世界范围内，文化间的交流与对话频繁复杂，中国文化走出国门不能仅仅流于形式和表面，在尊重文化差异的前提下，我们必须把本民族的文化以其本真的姿态示以世人。"翻译"是将《道德经》等优秀的中华典籍传送到西方文化世界的桥梁，

---

① 参见刘毅青：《作为比较哲学的异化翻译——以安乐哲为中心》，首都师范大学学报（社会科学版）2019年第2期。

异域读者了解中华典籍时最先接触到的通常是这些典籍的译本，因此翻译之重要性便不言而喻。经历了《道德经》对外译介的历程和翻译思想在我国的变革历程，异化翻译的优势不断得以突显，它是被时代选中的译法，在未来的中华典籍译介之路上，异化翻译一方面可以不断地筛去附着于中华文化上的外来文化因子，另一方面也将不断地把中华文化中独有的部分和内在价值传达给受众。典籍翻译的译法逐渐转向异化的过程就是"先渗透再改变"的过程，这也符合传播的规律，（大众）传播对社会的真正意义并不在于它对具体受众的即时效果，而在于它对人类文化和社会生活产生的间接的、微妙的和长期的影响。[①] 以异化翻译原则为主的典籍翻译通过对外传播原著异质的语言文风、文体诗性、内涵价值向异域读者渗透着更为纯粹的中华文化，一定程度上会改变异域受众对中华文化的理解和接受态度，也会更有效地传播中华文化，让异域的受众群接受到无形却有力的中华之"道"。

（本章执笔：庞恒田）

---

① 参见段京肃：《大众传播学：媒介与人和社会的关系》，北京：北京大学出版社，2011 年，第233 页。

第二篇　老子的语言传播智慧

　　"老子语言传播思想研究"是一个涉及中国哲学、语言学和传播学三个研究领域的复合概念。上篇以老子思想为研究对象，以语言传播思想为框架，分析了老子思想中语言学特点，语言传播观点。通过对《老子》和语言传播之体用关系的研究，使两者之间达到一种动态的平衡状态，让老子思想得以传播，也让传播学得以创新；其次通过研究，发现老子对带"不"字的否定句型运用非常频繁，这一状况是与老子之思想理路相一致的；复次，《老子》文章多处运用了模糊描述的表达方式，而这一表达方式实在是无奈之举，是精确表述的一种形态，如无为是为的一种方式，无味是味的一种状态。

　　本部分共分六章。导论主要说明论文的选题依据和背景、研究意义、相关概念界定、文献综述以及行文的研究思路和研究方法等；第一章分析了老子语言传播思想何以可能这一问题，分析老子语言传播思想这一概念的合理性，其所面临的任务、所应采用的方法和预研究结果等问题。第二章回溯历史，厘清老子语言传播思想产生的时空背景，老子思想的史官特色及老子与《易经》的传承关系。第三章从语言传播的模式出发，对老子语言传播思想的结构进行分析，是老学研究和传播学研究的直接结合。第四章则对老子语言传播特点进行概括，把语言学研究和传播学研究以及老学研究结合起

来的立体式分析研究基本问题；第五章重在探讨语言传播过程中的
"道"，言语传播内容的"真与善"，传播技巧的"无为而治"、传播
方式的"悟"以及传播的"受众本位观"等几个方面；第六章则简
略介绍非语言传播和言语传播的关系，《老子》所包含非言语传播思
想的特点，是对老子语言传播思想的一个补充。

引言　研究意义与缘起

一、问题的提出及研究意义

（一）问题的提出

海德格尔："归根结底，哲学研究终得下决心追问一般语言具有何种存在方式。"①
他称："保护此在借以道出自身的那些最基本词汇的力量，免受平庸理解之害，这归
根结底就是哲学的事业。"②

海德格尔所揭示的近代西方哲学之语言学转向在经历了一个多世纪后，在各个
研究领域都有了可观的成果，语言成了一个独立学科，传播学随之兴起。语言与传
播的结合给这个世界带来了翻天覆地的变化，这一变化给人类带来便利，但也夹杂
诸多烦恼，如马克思所言："社会总是在阵痛中前进。"③为缓解这阵痛使得人们开始
全面系统地反思，对语言传播的反思就是这一系列任务中的一部分，当然，这种反
思是并非纯粹的反思，其目的是趋利避害，减缓阵痛。哲学之重要意义就在于反思，
西方哲学有西方哲学的反思方式，中国哲学有中国哲学的反思方式，而中国哲学对
反思的历史可以追溯到中国哲学第一人——老子，老子对语言思想以及语言传播思
想的阐述和反思值得重视。

《老子》第一章提出："道可道，非常道；名可名，非常名。"《太平经》注释："可
道非常道。"④本体与现象之间并不具有对等关系，而语言的中介作用使得它们互相对
待，语言传播出来的非常道与常道之间的对待只是一种函数映射关系，即形式上的
逻辑联系并不具有本质上的必然等同。《老子》第八十一章："信言不美，美言不信。"
王弼认为："笃实在质也，本在朴也。"⑤即修辞与信息之间具有一定的不可调和性，修
辞所追求的目标——准确，与信息的不确定之间的矛盾必然导致语言传播走向不可
逆的悖论。

老子思想的成功传播有着两方面的因素，一是其内容的深刻性和意义前瞻性，
其二就是语言运用得恰到好处。对于《老子》分析解释的著作非常多，詹石窗先生
在《新编中国哲学史》中提出，历代对老子的注释非常多，而从各种角度来解释《老

---

① 海德格尔：《存在与时间》，生活·读书·新知三联书店，1987 年版，第 202 页。
② 海德格尔：《存在与时间》，生活·读书·新知三联书店，1987 年版，第 265 页。
③ 马克思：《资本论》，上海：三联书店，1983 年版，第 428 页。
④ 王明先生：《太平经合校》，北京：中华书局，1960 年版，第 166 页。
⑤ 王弼：《老子注》，上海：上海古籍出版社 1998 年版，第 518 页。本书《道德经》引文均出自该
书，只注章数。

子》思想的著作版本高达两千多种。^①然而这些著作中真正有影响力的却寥寥可数。在这些著作中，关于《老子》语言学研究的论文也时有所见，综观这些成果多半是对老子之用语特点进行罗列，虽然能语之凿凿，但都未能成体系，仅为零散之言。而专门从传播这一角度出发，来分析老子语言的特点和老子思想的内在联系的著作，却因其立场或篇幅等原因，对老子语言的特性概括太过简单，不能彰显其大意和本意。

因此，本研究旨在解决两大问题：一是通过分析老子其人其书，再现老子语言传播思想的特点。二是通过对老子语言传播思想的特点，论证老子之语言传播思想与老子思想之成功传播的关系。

（二）研究意义

1. 现实意义

传播的定义不下几百种，在所有的定义里面却有两个内涵是共同的，那就是"传受双方"与"信息共享"。这其中作为传受双方的人是基础，信息传播是关键。总而言之，传播通过人而进行，人通过传播信息而存在。语言传播即通过语言在人与人之间传播信息^②。《老子》一书博大精深，既有对社会现实的批判和社会治理方法的阐述，也有对宇宙及人生意义的探讨和分析。本篇名为"老子语言传播思想研究"，意即分析《老子》的语言传播思想。这样把二者结合起来，一是老子思想可以丰富语言传播理论，对现代传播学的发展起到一定的启发作用；二是传播学对古代思想理论的开发和探索有重大意义，可以传播出老子思想中的有益于人生社会的理论，让受众感受老子的深邃思想。

2. 理论意义

本论文以戴元光先生的"多学科视野立体表现中国古代传播思想的丰富内涵"这一理论为支撑，考证老子其人其书之真实意义，以信息形式将之表现出来。因此，本篇之理论意义可以分为如下三点：

（1）丰富古代传播思想研究。由于目前古代传播思想研究的大部分以儒家思想为研究对象，而道家思想却鲜有人问津，本篇所做努力有利于增加道家传播思想的比重。

---

① 詹石窗主编：《新编中国哲学史》，北京：中国书店，2005年版，第40页。

② 齐沪扬：《传播语言学》，郑州：河南人民出版社，2000年版，第9页。

表 1：先秦诸子传播思想研究比重表 [①]

研究对象	儒家	道家	其他诸子
所占比重（%）	89（%）	9（%）	2（%）

（2）丰富语言学研究。本篇所揭示之以模糊语言做精确指代的语言形容手法，不但丰富了语言学研究，某种程度上也是一种创新。

（3）丰富老学研究。老学研究的历史很长，从各个角度研究的都有，本篇从语言和传播角度来研究《老子》，丰富了这一领域。

3. 方法论意义

哲学的研究方法重在考证历史、分析现实、预示未来，传播的方法重在有效、及时、准确、完备，本篇将两者结合起来的目的是及时准确完备地传播老子思想，在方法论上融横向共时研究和纵向历时研究于整个研究过程之中，合定量分析和定性分析 [②] 与各个章节之中，有一定的创新意义。

二、相关概念的界定

概念是所有研究行文分析的基础，它反映研究者对事物本质属性进行认识的出发点和目的，核心概念的分歧正是社会科学研究中存在同物异观现象的根源。科学研究只有通过对研究对象相关概念的合理界定，才能把研究对象潜在的本质属性揭示出来，避免出现非所指的研究结论。因此，在研究之初，对本篇的几个相关概念进行界定就显得重要且必须。

（一）老子与《老子》

老子姓李名耳，字聃，楚国苦县历乡曲仁里人，当过周王朝的守藏史。《史记·老子韩非列传》说他见周王室衰败，弃官而去，到了城关，关令尹喜请求他著书，老子见其心诚，著述五千言而去，即《老子》。

《老子》亦名《道德经》，作为一个思想体系，所含内容涉及许多方面。长期以来《老子》注疏之作数以千计。虽然从不同角度研究《老子》可以得出不同的结论，但从总体上看，《老子》内容还是可以分为以下四部分，道论、"自然无为"的价值观与方法论、"身国同理"的圣人论和老子哲学的辩证法思想。

---

① 本表引自全冠军：《先秦诸子传播思想研究》，北京大学博士学位论文，2005 年版，第 25 页。

② 李昆：《传播学定性研究方法》，北京：北京大学出版社，2009 年版。

（二）传播思想

传播思想（Communication Thought）一词涵盖两个基本概念，一是"传播"二是"思想"。法国的 Bennard·Miege 在其《传播思想》一书指出："传播思想既是概念化操作的产物，又是专门技术和采取传播行动的人们积累起来的经验的成果。它是充满悖论的。"[①] 由于对传播的研究是多角度的，必然导致传播的研究结论各不相同，传播思想也是大相径庭，甚至充满悖论。由于思想一词太过复杂，其所包含内容和意义具有极大争议性，深知传播思想复杂性的 Bennard·Miege 并没有直接给传播思想下定义，而是列出了传播思想的研究任务和研究领域，一是领域辨认，二是传播与经济，三是技术范畴，四是思想意见探讨和社会交换。台湾的关绍箕则认为传播思想是思想家或个人对传播现象或传播问题所提出的见解、观念、概念、主张、原理、学说或哲学[②]。关绍箕认为"传播思想"一词由他首创，传播思想是研究某个思想家之有关传播的思想。以上两位学者的观点都具有广泛的代表性，Bennard·Miege 侧重于对研究对象——客体的辨认，关绍箕侧重于对传播思想主体的研究。在传播学领域，这两种观点都具有前瞻性，如果结合传播学本身所具有的开放性，给"传播思想"一个内涵更广泛的定义，将更有利于解决本论文在论述过程中的碰到的概念性难题。传播思想：对传播问题的相关论述，对传播学领域进行研究、运用、开拓的学说，及这些论述和学说的整合理论。

（三）老子传播思想

道家思想作为中国文化的重要组成部分之一，在中国文化史上影响非常大。老子被称为道家的创始人，其思想博大精深且被广泛而久远地传播，由此，所有关于中国传播史的作者都不能回避他，当然，直面的不是他本人，而是其思想。关于老子传播思想的研究成果可说是车载斗量。"一月普现一切水，一切水月一月摄"[③]，用唐代永嘉禅师的这一句诗来形容老子和老子传播思想的关系可谓非常恰当。

老子传播思想意即老子的传播思想，亦即《老子》一书中所包含的传播思想。传播学的内涵和外延甚广，有结构主义的传播学，有功能主义的传播学，结构主义传播学是指对传播的各个环节进行探讨研究的传播学，功能主义传播学则侧重于对传播影响力和传播效果的研究。而老子思想中所包含的道本体，如何传道、学道、守道，道之本、道之用等思想也有待于进一步梳理，因而把结构主义与功能主义这

---

① Bennard Miege：《传播思想》，陈蕴敏译，南京：江苏人民出版社，2008 年版，第 4 页。

② 关绍箕：《中国传播思想史》，台北：正中书局，2000 年版，第 3 页。

③ （唐）永嘉禅师：《永嘉证道歌》，引自黄炳寅：《破禅的智慧》，北京：中国友谊出版公司，1999 年版，第 170 页。

两种研究方向和老子思想结合起来，不但丰富了传播学理论，也丰富了老学研究成果。

　　这里还有另一个概念需要分析——老子思想的传播。老子思想传播了几千年，在中国文化上产生了巨大的影响。而"老子传播思想"和"老子思想的传播"这两个概念如果没分清楚，很容易造成误解。因此，另外一个问题也亟须解决：老子传播思想和老子思想的传播有没有联系？老子传播思想的意思如上文所述，而老子思想的传播意即老子思想的历史影响力，更直接地说就"道之用"，阿芒·马特拉在《传播学简史》中提出"最初的传播理论来自这些关于人类社会发展的描述，历史学家 Fernand·Braudel① 称这些描述'片段的历史'②"。由此可见老子传播思想是老子思想的一个组成部分，当然这个问题也是本篇需要解决的一个部分，由于篇幅所限，我们只能对这一问题做一个简单的分析。

　　（四）老子语言传播思想

　　到目前为止，关于语言传播的研究很多，几乎所有的研究者都把语言传播列入自己的研究范围，把语言传播作为自己研究对象之一，因而关于老子语言传播思想的研究，笔者也只能通过分析整合，从有限的研究成果中对老子之语言传播思想做一个系统的归纳和分析。

　　老子语言传播思想一词跨越三个学科，涉及哲学、语言学和传播学三个学科领域，这一概念需要从体用关系角度来分清其内涵和所指。首先这个概念中老子思想是本体，而语言传播是用，即老子思想中所包含的语言传播观点，语言传播思想是老子的语言传播思想。两者之间体用一源，体用不二。

　　三、已有研究文献综述

　　目前，学术界对老子传播思想和语言传播思想的研究都颇为丰富，但大部分都把老子传播思想看作道家传播思想的前期部分，对老子的语言传播思想进行系统的单独的研究还相对较少，把老子语言传播思想进行文本分析，以传播结构—功能方式进行的本论文尚属首例。因此，本篇在梳理前人相关研究成果时，主要以传播结构—功能模式与老子语言传播思想的关系研究为重点。

　　在传播影响日益增强的今天，国内学者对本土传播思想的研究亦有重大进展，学术界自觉地转向古典文化，对其进行梳理整合，业已取得了大量的研究成果并积累了丰富的研究经验。老子传播思想的研究在这里也占有一定篇幅。

---

　　①　Fernand Braudel（1902—1985）法国历史学家，年鉴学派代表人物之一。
　　②　阿芒·马特拉：《传播学简史》，孙五三译，北京：中国人民大学出版社，2008 年版，第 5 页。

关于中国传播理论史的著作中对于老子传播思想的论述，武汉大学的李敬一在《中国传播史论》中有《道家传播思想探析》一章，系统地介绍了老子的传播观；余志鸿的《中国传播思想史》（古代卷上）中有《黄老学与庄子的传播思想》一节，虽然篇幅较小，介绍比较笼统，但具有很强的概括性和代表性，此书中对华夏传播的社会背景和历史文化背景的研究，于本研究中关于老子思想背景的探索有启示作用；孙旭培主编之《华夏传播论》也对老子传播思想做了简明扼要的介绍。詹石窗和谢清果所著之《中国道家之精神》一书中把道家语言传播思想分为正言、贵言、信言：语言传播主体的求真意向；寓言、重言、卮言：语言传播的求善准则；不言、无言、忘言：传播效果的求美境界①，这三个部分不但对老子语言传播是一个概括，对整个道家语言传播思想也是一次总结，其对老子与庄子的语言传播思想的精到见解，关于道家语言传播之真、善、美的分析和探讨不但是道家语言传播深入分析，对本篇具有启发作用。对语言传播相对成体系的研究——胡春阳的博士论文《话语分析：传播研究的新路径》一书声称："语言就是传播"②，从语言结构主义入手，探讨语言和传播之间的互动关系，是对语言传播研究一个非常有益的启发。北京大学的全冠军的博士论文《先秦诸子的传播思想》对当前中国传播研究现状做了非常详尽的叙述，对老子语言传播思想有较为深刻的认识，但在关于老子之语言传播的论述中认为："老子以'模糊指认'摆脱语言的束缚"③，这一观点则是对老子语言观的表面认识，并未认识到老子深邃的思想内涵。一些台湾的学者对老子传播思想的研究很值得借鉴。关绍箕先生的《中国传播思想史》《中国传播理论》等书对老子语言传播也有粗略概述，他认为老子之语言传播思想主要分为："语义、修辞、和辩论三个方面"④。我们曾在台湾《道教月刊》2009年第9期曾以老子传播思想为主题，集中展示关于老子传播思想研究的最新成果。

综上所述，目前国内学术界对老子语言传播思想的论述广度很大，但深度不足，因此采用多学科交叉研究，把横向共时研究和纵向历时研究结合起来，运用定量和定性等具体方法对老子传播思想与老子语言传播思想进行探索，才会有新的成果。

①　詹石窗、谢清果：《中国道家之精神》，上海：复旦大学出版社，2009年版，第287—306页。
②　胡春阳：《话语分析：传播研究的新路径》，上海：上海世纪出版集团，2007年版，第66页。
③　全冠军：《先秦诸子的传播思想研究》，北京：北京大学2005年博士论文，第186页。
④　关绍箕：《中国传播思想史》，台北：正中书局，2000年版，第105页。

四、本部分研究思路、研究方法及创新点

（一）研究思路

研究思路是行文的基础。本篇采用的研究思路来源于金冠军、戴元光提出的"从古典文献中采集古人传播思想精华，在中国文化与现代传播理论的交叉点上进行解读，表现中国古代邈远精深而又不确定的传播思想"①，这给本篇的研究思路很大启发。

在明晰本研究的切入点和行文路径后，研究的基本思路可以分为以下几个步骤：

第一步，立论，即命题的论证，这是整个研究的立足点。即论证"老子语言传播思想何以可能"这一问题，这一步骤分为问题的提出、已有的研究成果、现实局限性、问题的解决方法四个部分。孔子云："名不正则言不顺，言不顺则事不成"（《论语·子路》），因此本篇首先对概念进行了一番辨析。

第二步，背景研究。对老子的生活背景进行探究，对老子的思想背景及理论来源进行重新梳理整合，这不但是加深对老子理解的必要，也是我们更准确地理解老子思想的基本途径之一。通过把老子还原，把老子章句还原的方法来释放出老子传播思想的精华。

第三步，分析。在老子和《老子》之背景研究的基础上，以传播学之分析方法对老子想要传播的思想进行分类整理。重点探讨（1）老子语言传播思想的特点（2）老子非语言传播思想的特点；（3）老子语言传播思想和老子思想的传播之间的内在联系。

第四步，结论。在前面理论探讨与分析的基础上，总结老子语言传播思想的复杂性，揭示老子语言传播思想的重要性，同时对前面的研究过程进行总结，反思研究中的优点与不足，以朝着立体式表现中国古代传播思想的方向努力。

（二）研究方法

选择科学实用的方法，是一项研究能否顺利开展并取得成功的关键。本篇之研究方法，统合哲学的辩证研究方法和传播学的定性、定量分析方法，对所收集的材料进行定量和定性分析后，再针对所研究问题进行系统全面的分类整合，尽力做到微观和宏观相协调，整体和局部互为一致，涉及的研究方法主要有：文献法、历史研究法、内容还原法、结构分析法等其他相关研究方法。

---

① 金冠军、戴元光：《中国传播思想史》，上海：上海交通大学出版社，2005版，第12页。

（三）创新点

（1）以老子思想与语言传播思想的互动关系为切入点，从语言传播思想的基本要求对老子思想进行分析还原，从微观层面细化了老子语言传播思想理论。

（2）通过收集前人对老子传播思想研究的言论，采用语言学理论中分析分类的方法，更为系统深入地把握各时代老子研究的成果，使得传播学在历时纵向研究上取得突破。

（3）把老子思想和语言传播思想相结合进行研究，在不同学科间寻找最佳切合点，从横向层面拓宽了哲学传播的研究领域和视野。

第一章　老子语言传播思想何以可能

第一节　老子语言传播思想的定位

老子语言传播思想是一个复合概念，要对其进行准确定位必须引进语言结构分析主义理论，从语言传播这一概念出发，次及语言传播思想，复次老子语言传播思想。这是一个概念上不断扩大，内容意指不断缩小的过程。

一、从结构形式看老子语言传播思想

不管传播的定义有多少，但"传播是一个过程"却是每一种定义都承认的，语言传播是发生在传者与受者之间的语言应用过程。由于这个过程可以发生在单个人思想之内，二人之间，群体之间，公众之内，因而传播的结构类型便有了自我传播、二人传播、群体传播与公众传播四种。

从结构上分析，老子思想是其智慧的结晶，是其内传播的产物，而由于其思想所具有的独特魅力，在各个时代、各种社会中广泛地传播。传播的方式非常之多，但却与传播内容紧密联系。传播内容和传播方式之间的关系正是本章所要探讨的。

从《史记》记载："老子修道德，其学以自隐无名为务。居周久之，见周之衰，乃遂去。至关，关令尹喜曰："子将隐矣，强为我著书。""于是老子乃著书上下篇，言道德之意五千余言而去，莫知其所终。"①不管所用的书写材料是甲骨、竹简、抑或帛书，老子以文字来传播自己的思想却是不争的事实，因此把《老子》一书归于语言传播是恰当的。"吾言甚易知，甚易行，而天下莫能知，莫能行。"（第七十章）老子在著书之时便把受众设定为了天下众人，他所要论述的"道"本来简单易懂，但

---

① （汉）司马迁：《史记·老庄申韩列传》，梁绍辉标点，兰州：甘肃民族出版社，1997年版，第505页。

天下之人却莫之能知，莫之能行，不管天下之人是否真的莫之能知、莫之能行，把老子之语言传播归类于大众传播是合理的。当然判定老子之语言为大众传播并不能单凭这一句话。纵观《老子》全文，会发现老子之传播受众有三种类别，一为圣人，二为居上位者，三为善摄生者。而这三者间又有着各自的子系统。为清晰地表现出这一受众体系之相互关系，笔者做了下图以示老子直言绝非无的放矢。

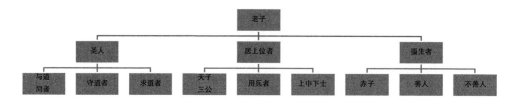

图 1 《老子》传播体系图式

由上图可见，老子在著书时预设了三种类型的受众，这三种类型的受众又和老子思想的三个体系互为关系，一种受众对应一个思想体系，可谓相当清楚。所谓"求仁得仁"，由于老子之思想非常广博，其理论本体"道"也没有固定指向，可以归结为宇宙的终极原因，而所有社会人事都可以从中取得依据，而其中圣人之道则可以概括为形而上之道，治乱之道和养生之道则可概括为形而下之道，通过形而上和形而下的分析，老子的受众也就有了类的归属。老子虽然是应尹喜之约而著书，但其预设之对象并非尹喜一人，从其内容分析老子之道分为"天之道"与"人之道"：欲求得"天之道"的称为圣人，圣人又可分为三个不同等级的受众，这些受众虽然层次不同，但其目标都是一致的，因此老子对他们授予"天之道"。"天之道"就是要善利万物而不争，处无为之事，行不言之教。"人之道"可分为处世之道与摄身之道两种：欲求得处世之道的称为居善位者，这类人又分为三种类型——最上层的天子和三公，保护统治制度的用兵者和统治阶层的基础上、中、下士，摄生者分为赤子、善人、不善人，即为求得生存的被统治阶层，对于这两类人老子分别传授予处世之道和摄生之道。处世之道即要"上善若水"、顺民以自然，摄生之道即"绝圣弃智，绝巧弃利"。

总而言之，不管是"天之道"还是"人之道"，老子认为"人法地，地法天，天法道，道法自然"。老子所欲传播的是自然之道，这个道不仅是道的自然，也是受众的自然。

二、从心理类型看老子语言传播思想

西方传播学家和语言学家贝尔尼（Berne）和哈里斯（Harris）等人在对人的语

言传播心理进行分析时提出了一个可以分析人类传播行为的方法，称为互相作用分析（interactional analysis）或交流分析（transactional analysis），他们把人的传播心理分为父母自我状态、成人自我状态和儿童自我状态三种①。这三种自我状态指人在特定条件下所具有的心理状态，一般与年龄无关。

人在传播过程中受这三种心理状态的控制，但这在传播过程中这种心理状态是会发生变化的。受父母自我状态控制的人在传播的时候会表现出一种上对下的传播方式，这种方式一般表现为命令、说服和劝诫等。在成人自我状态控制下的人在传播过程中会表现出理性和平等的心态，一般表现为谈心、建议等；而受儿童心理状态控制的人在传播过程中则表现为冲动和服从的特征，常常也会有任性的、难以控制感情的表现。

《老子》一书没有用直接的人称指代，在论及宇宙发生之内容时用陈述句，侃侃而谈，展示了老子的理性与智慧，似乎在与受众进行平等的对话，而仔细分析老子之预设态度乃是对"未知道者"言"道"，因而虽然语气平和，但实为把对象设立为受教育者，处于学生的地位，是受父母自我心态控制；在治国论方面，用的是劝诫的语气，当然也包含警告和说服的语，而话语的产生当归结为父母自我心态的控制；老子在论及人生处世理论时用的是引导的语气，介绍受众以保生养身之道，引导受众修身养神，把传播预设为知者对不知者言道，话语权完全掌握在知者手里，这些言论可以归结为父母自我心态的表现。

《老子》一书所用的语调有对等语调，有教导语调，而这些语调则是受成人自我心态和父母自我心态的控制而发。老子的这些心态只能通过分析其语义与文本内容才能准确把握，按传播的心理类型分析，老子之言属于语言隐含性传播②。

三、从功能类型看老子语言传播思想

从语言传播的功能角度考虑，可以将传播行为分为满足性传播和手段性传播。满足性传播侧重于传播行为本身，以及由传播而达到的一种自我满足；手段性传播侧重于把传播本身视为手段和工具，以寻求功利性的结果或目的。

老子应关令尹喜恳请而欣然提笔，著书五千言，在这一过程中老子并无功利性目的，他所著之书虽然影响了中国几千年，但并非完全是其本意。古代之人有三大人生理想，一是"立德"，二是"立言"，三是"立功"，显然老子之行为体现了前两者，但其目的却并不在此，他只是应自然而作，"人法地，地法天，天法道，道法自然"（第二十五章），可见老子之言也是道应道之"道"、道自然之"道"，可以说老

---

① 周晓明：《人类交流与传播》，上海：上海文艺出版社，1990年版，第227页。

② 齐沪扬：《传播语言学》，郑州：河南人民出版社，2000年版，第26页。

子自己还是相当满足于这种自然的语言传播的。而《老子》一书在历史传播过程中，一再受到知识精英们的偏爱，并非它能提供某种直接性的方法论启示，或为读者带来某种实质性的利益。相反《老子》一书所倡之主旨是限制物欲，淡定精神，与道合同，顺应自然，陶冶情操，慰藉灵魂，升华心灵。从这一角的分析，老子之语言传播思想属于满足性语言传播。

第二节　老子语言传播难题的启示

语言的两大功能为抒情和传递信息[1]，而传播学中所涉及的语言运用包括语言的表音系统、表意系统，还包含心理语言的活动过程，即编码和解码过程。在这一过程中每一阶段都存在着干扰因素。

《老子》对语言传播过程中存在的这一问题有着大量的论述，并提出解决之道。《老子》第一章即提出"道可道，非常道；名可名，非常名"，意思非常明了。语言和意义之间不能直接画等号，人体内的表音系统和表意系统之间之联结也并非必然唯一的，而是随时可能发生偏离的。这种偏离可能是夸大，可能是缩小，也可能是词不达意。《老子》第五十六章"知者不言，言者不知"，知"道"者有所不言，言"道"者有所不知，有所不言者，妙不可言也，惟心能体之；有所不知者，盖因道之大矣，不可全知。如果按字面意义来理解这句话就容易陷入望文生义的误区，如唐代诗人白居易有"若道老君是知者，缘何自著五千言？"的理解。关于这一观点，我们认为："老子没有否定语言传播的价值，而是从理性批判的角度，说明语言传播的局限性，揭示了现实社会中语言传播的异化现象，提出了语言传播的最佳境界是'不言'。"[2]老子关于语言之抒情功能的论述非常多，并且影响了整个道家的语言观，对语言的另一功能——传递信息，也着墨颇浓，如《老子》七十章"吾言甚易知、甚易行，而天下莫能知，莫能行"。老子所传递出的信息对其本人而言甚为易知、易行，而天下莫能知、莫能行，不是因为老子有超能力，而是因信息在语言传递过程中发生了意义偏离，即传播学中所谓之编码错误或解码错误。"信言不美，美言不信"（第八十一章），言本相同，但每个人的审美观点不同，因此对主体而言是"美言"，对受众而言则未必。真正要被传递的意义是简洁的，而在不熟悉的两者之间可能需要主、谓、宾这样的句式，而互相熟悉的两人之间有时候一个词，一个字，甚至一个眼神便达到了沟通，在传播过程中人们为了使信息更加完备准确地传播，总会给这些符号添上连词、形容词、副词等等，从表面上看确实显得优美而合乎逻辑，

---

① Ferdinand De Saussure: *Cours De Linguistique Generale*，北京：商务印书馆，1980 年版，第 167 页。

② 詹石窗、谢清果：《中国道家之精神》，上海：复旦大学出版社，2009 年版，第 299 页。

然而也正是这些所添加的词使得信息带上了更多的限定，现代语言学提出"词语的意义在于其辐射性"[1]，也就是说每一个词都和诸多的他词之意相联系，因而一句话所用的字和词越多，其所带有的不确定性也就越大。"信言不美"四字要强调的是"美"字，而非习惯所认为的"信"字。

第三节　老子对语言传播难题的启发

《老子》一书从对语言的反思开始，以对语言的警惕结束，对语言功能的阐述贯穿全书始终，在整个过程中，对语言传播功能的缺失也提出了补缺的方法。我们提出道家语言传播的求真意向、求善准则和求美境界三种特质，他说："道家以'道'为自己论说的出发点和归宿点，且认为道集真善美于一体，非真不足以言道，非善不足以证道，非美不足以体道。"[2]而被当作道家鼻祖的老子关于善用语言的观点则更为详细。

一、"啬"与言

"治人事天莫若啬，夫惟啬，是以早服。"（第五十九章）人立于天地之间，处理各种人际关系要遵守的第一条准则就是"啬"。啬的原意是农夫，延伸义为简、朴，是服于道之意，与《老子》六十七章"我有三宝，持而保之：一曰慈，二曰俭，三曰不敢为天下先"意思相近。语言的运用是治人事天的关键，语言是天人合一的重要媒介，因而对语言的运用也要服从"啬"的原则。"多言数穷，不如守中"（第五章），"大音希声"（第四十一章）。多言并不能尽言，大音并不一定能振聋发聩，凡事适可而止才合于自然，合于大道，因而善言的第一准则便是"啬于言"。

二、言贵信

"信言不美，美言不信"（第八十一章），信和美都是话语要营造的效果，信是为了扩大话语的效果，美是为了更好地达到话语的目的，美和信之间是需要互相协调的两个要素，但有时候也会有互相矛盾。美和信如果达到了某种动态的平衡，传播效果就会得到极大提高，一个可信之人以一种优美而适当的话语来传播思想，其效果自然非常顺畅，如成语："言者无心，听者有意""一言丧邦，一言兴邦"所揭示的便是这个道理。然而，美的标准却是动态的、难以判断的，但是符合主体的要求则是必需的，这个主体不仅是语言传播主体，也包括语言接受者这一主体，因此，美

---

① 罗志野：《语言的力量》，南京：东南大学出版社，2009年版，第32页。
② 詹石窗，谢清果：《中国道家之精神》，上海：复旦大学出版社，2009年版，第287页。

首先需要在两者取得审美平衡，美符合话语主体首先表现为话语要符合主体的身份、性别、年龄等特征，如娘娘腔、故作深沉之人所发出的话语总是让人难以接受，很大程度上不是因为其不可信，而是话语和主体特征的错误搭配产生的丑让人接受不了；其次，对大众传播而言，美亦要在话语接受者间达到动态的平衡，受众的审美标准也各有不同，因此要在其间取得一致的美之评价，话语不但要符合其需要，还要让这种需要不断被提高，使这种需要成为某种高雅的、有益的追求，因此，对受众之特点进行概括则是非常急需的。

总而言之，美是为了增加信的分量，若是因为美而忘信，那就缘木求鱼、得不偿失了。因而《老子》第八章提出"言善信"的准则。"悠兮其贵言，信不足焉，有不信焉。"（第十七章）善言之言为信言，言之贵在于信，若无信则不如不言；而信也需要美的辅助，才能"为人所贵，为人所信"，要使两者相辅相成、相得益彰，不但需要高超的智慧，也需要高超的语言统驭能力。"天下莫柔弱于水。而攻坚强者，莫之能胜，以其无以易之。弱之胜强，柔之胜刚，天下莫不知，莫能行。是以圣人云，受国之垢，是谓社稷主；受国不祥，是为天下王。正言若反。"（第七十八章）正言若反，反者，返也，欲求言之正者可求与反者且返诸自身，返身而诚，反身而信才能得正言、信言，而这一点同样也得到了孔子为代表的儒家的高度赞赏，因而孔子发出了"吾日三省吾身"（《论语·学而》）之叹。孟子也有"反身而诚"（《孟子·尽心上》）的论断。在此，诚不但是信的代名词，亦是"美"的代名词，儒道两家在对"诚"的态度上是一致的，都认为"诚"既是美，又是信。"信言不美，美言不信"，话语的两大特性之间虽然有不可调和的矛盾，如果这一对矛盾体能达成某种动态平衡的话，无疑会产生巨大传播效果。

第二章　老子语言传播思想的产生基础

第一节　老子生活的时间与空间

历史唯物主义认为宇宙间任何存在和现象的产生和发展都受因果关系这一客观规律的作用，任何思想都不会凭空产生，老子思想也不例外。要研究老子语言传播思想，要深入了解老子语言的特点，就要回到他的时代，回到他生活的时间和空间中去，只有如此才能正确地把握和理解他和他的思想。

时间只有和空间结合在一起才构成一个立体的完整的思维实体，然而在涉及人物的历史时把时间和空间分开分析，我们往往能得出一个更为清楚易懂的结论，因而笔者认为从老子的生活年代和地域空间两方面来论述更有利于我们认识一个真实的老子。

首先，从时间上分析，据高亨先生考证老子大约生活于公元前 571 年，卒于公元前 472 年[①]，这段时间属于春秋晚期，也就是奴隶制瓦解封建制萌芽的时段，是中国历史上最混乱同时也是富有思想创造力的时段之一。

根据《左转》记载，这个时间段内在整个周王朝的大小诸侯国内发生的战争数百次，而各国内部之王族倾轧，自相残杀次数更是不可胜数，可以说战争从未间断过，甚至老子身边发生的权力颠覆，政治斗争之频繁及结果之惨烈都是甚为罕见的。如公元前 535 年老子因被周王朝贵族所逐，寄居鲁国；公元前 503 年周王朝奴隶起义，王朝内壁两大贵族甘悼公和甘成公火并，最终甘悼公获胜，老子等一批遗老被召回京，复任周守藏史。公元前 502 年，周景王病死，因立王子之事，王朝内部又发生火并，而这一战争延续了将近四年。战争造成的损失是难以估量的，老子工作的周守藏室也被破坏，对于如此频繁的战争以及战争造成的损失，老子看在眼里，

---

① 高亨：《老子注译》，郑州：河南人民出版社，1980 年版，第 3 页。

憾在心里，怀着对现实的无限失望，老子离开了周王都，往秦国去了。然而现实并不因为老子的离开而有所好转，相反，斗争愈演愈烈，下层百姓生活也越来越苦。在公元前 502 年，周王朝的单氏、刘氏攻下背叛敬王的四个邑，周王朝的内战到此结束。《史记·老子传》记载："老子见周之衰，乃遂去，至关，关令尹喜曰：'子将隐矣，强为我著书。'于是老子乃著书上下篇，言道德之意五千余言。"

可见，老子生活于社会制度转型的战乱之世，原来统治制度赖以维持的"礼乐刑罚"不再适用，特别是维护家国人伦的"礼"的崩溃对老子有着极为深刻的影响，由此老子开始反思"礼"体系产生和崩溃的原因，《老子》第三十八章："礼者，忠信之薄，而乱之首。"圣人制"礼"是用来维护社会的忠信仁义的，让人民生活有规范，维护社会稳定和家庭和睦的，而现在却被野心家用来制造社会动乱实现私己目的的手段，着实可悲。每一场动乱的制造者为了师出有名，总是打着"礼"的名号堂而皇之。

生活于动乱时代的老子真切地希望社会复归于一个安定祥和的状态，面对满目疮痍的现实，作为史官的老子运用史官独有的批判精神和犀利语言分析了社会存亡祸福得失之道，而又希望自己的记述能为统治者提供理论上的指导，让世界避开苦难历史重演之悲剧。

复观《老子》原文，我们习惯于把《老子》内容分为三方面：一是"道论"，二是"政论"，三为"人生论"。在《老子》第四章："道冲，而用之或不盈，渊兮似万物之宗。"道是世界的根源，世界万物都体现道，因此"政论"和"人生论"也是由"道论"演化而来。而这其中的政论所体现的一个最核心的内容就是"治乱之道"，也即如何把动荡不安的社会复归于安定祥和的太平盛世，让人民大众能够免受生灵涂炭之苦。

不论是"天下有道，却走马以粪，天下无道，戎马生于郊"，还是"朝甚除，田甚芜，服文采，带利剑"，抑或"治大国若烹小鲜"，所体现的都是"治乱之道"。由于老子所揭示的社会治乱得失的转化过程如此清楚，因此在整个中国历史上，大多数中兴之君主都采用且实施了老子所提倡的"无为之道"。不论是汉唐，还是明清莫不如此[①]。

其次，从空间上分析，据《史记》："老子，楚苦县历乡曲仁里人也"，现考证为河南鹿邑东，此地原属陈国，因楚灭陈而并入楚国[②]。由此可见老子出生之地当属南北交接之处，是一个春秋列国的兵家必争之地，这里既有来自楚国的政治统治和文

---

①　高专诚：《老子的政治意蕴》，太原：书海出版社，2007 年版，第 12 页。

②　张正明：《楚文化史》，上海：上海人民出版社，1987 年版，第 241 页。

化影响，又有着周朝文明的遗风。战争的危害使得当地人民怀着黍离之悲，对祸福、兴废的转化有着真切的体验，对鬼神的信仰变得非常虔诚而功利。《老子》一书一再地强调统治阶级少触动下层百姓的生活秩序，少扰乱他们的生活方式。而对于当时各国之间战争的分析，老子也是偏重于对大国和小国关系的分析，认为大国应该尊重小国，予小国以尊严，这样小国就自然而然会依附于大国，接受大国的保护，而小国应该既谦虚又自重，对待大国要保持静、牝之法，这样才能得以保全自己，才能取得双赢的结局。老子第六十二章："大国者下流，天下之交，天下之牝。牝常以静胜牡，以静为下。故大国以下小国，则取小国。小国以下大国，则取大国。故或下以取，或下而取。大国不过欲兼畜人。小国不过欲入事人。夫两者各得所欲，大者宜为下。"

　　鹿邑县位于河南省东部，境内有大河十四，小河四十三，地势平坦，气候温和，属于温带半大陆性季风气候，四季分明[①]。虽然我们现在不能对两千年前的气候进行精确的描述，由于这里为黄河的淤积平原，可见在两千多年前水对当地气候环境的影响之大。而《老子》一书中对水的态度也近于崇拜，可见生活环境对老子思想形成过程的作用。这样说有些读者可能会有疑问，因为即使说水对老子的影响非常大，但是为什么差不多和老子同一时代的希腊哲学家泰勒斯对水的看法却迥然不同呢？老子关于"水"的思想基本上是对水的特性进行赞扬，而泰勒斯则是从水对万物生长的作用这一方向进行探索。这个问题的确需要加以重视。对这一问题进行分析首先要做的就是区别老子之"水"和泰勒斯之"水"。泰勒斯指出："水是万物之源"，作为一个科学家兼哲学家，泰勒斯观察到了万物产生的原因和物质状态上的事物本质，这是一个伟大的命题。但是如果把水作为万物的本源的话很明显有一个巨大的缺陷，那就是万物中"非水"成分是哪里来的呢？和"存在即合理[②]"这一命题一样，我们可以说"存在就是不合理"。而说"水是万物之源"[③]的同时我们也能说"非水是万物之源"。对事物本源的探索是哲学的诞生的动因之一，但把事物本源归结于某一具体事物则会使得哲学陷于窒息，不利于哲学的探索。《老子》第八章："上善若水。水善利万物而不争，处众人之所恶，故几于道。居善地，心善渊，与善仁，言善信，正善治，事善能，动善时。夫唯不争，故无尤。"水是万物生长的条件，它衣养着万物却并不居功。我们或许会认为老子讲的是空话，水作为没有生命的存在是否不居功他怎么知道？这里需要解释的有两点，一是我们不能用我们现代人的思维去理解古代人的思维，用现代的标准来衡量古代的思想；其二是水在古代中国人思想中并

---

①　王博：《老子思想的史官特色》，台北：文津出版社，1993 年版，第 107 页。

②　黑格尔：《小逻辑》，北京：商务印书馆，1981 年版，第 107 页。

③　罗素：《西方哲学史》，北京：商务印书馆，1969 年版，第 26 页。

非没有生命。相反水是有生命的，古人认为水神的存在就是证明，海里有海神，河里有河神，这些神灵的存在便是水之生命的体现。言归正题，从老子这句话我们可以分析出两点：一是老子也把水作为万物生长的条件之一，这一点从某种程度上说与泰勒斯的观点是一致的；第二点，老子对水的性质进行类比的描述，这一描述具有逻辑跳跃性，不从中国哲学所特有之思维方法加以理解的话，很容易误解老子的说法，会认为老子之描述太过形而上，没有逻辑性，这种观点于泰勒斯来说是断然不会出现的。

由以上分析可以发现老子和泰勒斯的不同就在于老子拒绝将万物的本源归结为某一具体物质，即使这种物质是极其重要的。老子认为"天下万物生于有，有生于无"，不把水作为万物之源可以说和老子的宇宙论是一贯的。其次，老子在这一章对水的分析是要用来阐发其政治思想的，而并非宇宙论思想，这个目的上的不同，也导致了他和泰勒斯思想意旨的差异。

简而言之，生活环境、文化背景和表述对象的综合作用构成了老子对水的态度，那就是既崇敬又富含理智，高度赞扬了水的柔弱之性，又批判了这个社会的丑恶现象。老子既表达了自己对水的认识，又借此表达了自己的政治见解。

第二节　史官文化与老子

学界有认为诸子百家俱出王官之说，认为只有统治阶层才掌握知识和社会经验，但因周王室衰败，其掌握这些知识的士人流落民间，导致知识和社会经验也在下层社会传播开来，史官产生道家思想，司徒之官产生儒家思想，议和之官产生阴阳家思想……

一、史官角色与老子思想

《汉书·艺文志》云："道家者流，盖出于史官。历记成败祸福古今之道，然后秉本执要，清虚以自守，卑弱以自持，此君人南面之术也。合于尧之克让，易之嗛嗛，一谦而四溢"。《庄子·大宗师》云："老子，周守藏室征藏史也"。此外，《左传》也有类似记录，可见，老子做过史官当为事实。

作为史官的老子，其思想饱含史官特色。《老子》一书关注并审视历史，从历史的演进过程中提炼出人类的生活哲理，这是学术界共同承认的观点。由于秉承"历记成败存亡祸福古今之道"的史官传统，老子不仅具有强烈的历史意识，而且表现出深刻的历史批判精神和炽热的人文情怀。①

　　老子时代的史官与现代社会的历史学家差别很大，要了解史官角色如何影响老子及其思想还需从对史官这一职位的分析开始。首先史官是和巫官相对而言的，史和巫本来同源，由于文明发展流向和发展程度不同导致了史官比巫官更具有理性批判气质，对现实和人性有着更加理性的看法。《老子》一书，其所表达出的对当时社会的不满就是证明。"天下有道，却走马以粪。天下无道，戎马生于郊。"（第四十六章）"以正治国，以奇用兵，以无事取天下。吾何以知其然哉？以此。"（第五十七章）今古对比，有道无道不言自明，欲知因缘变化，必先通达来龙去脉，老子这一观点充分显示了他的史官职业的敏感性。而这种态度的产生又总是和对远古社会的向往这一情感黏合在一起。"古之善为道者，非以明民，将以愚之。民之难治，以其智多。故以智治国，国之贼。不以智治国，国之福。知此两者，亦稽式。常知稽式，是谓玄德。玄德深矣，远矣，与物反矣，然后乃至大顺。"（第六十五章）古有稽式，民安国富，古有玄德，天下大顺，可见老子对远古社会的向往和对现实的批判是贯穿始终的。老子认为：道德堕落是因物欲膨胀，作为史官熟知历史现状这一特点，使得老子在晚年只好怀着对现实无限的失望骑着青牛西去。

　　史官对老子之影响不止于此，从语言的运用上看，老子之文笔和其他先秦诸家也有着显著差异。总而言之，老子与史官的关系应当包括身份、语言、哲学思想、兵学思想和政治学思想等诸多方面②。《老子》一书短短五千多个字，内容却涉及政治、军事、人生、历史、宇宙、社会等等，广泛又不失深刻，简而言之"可谓精矣，可谓简矣！"欧阳修因"逸马杀犬于道"之语而被推为记史简洁第一人，反观《老子》一书，其简洁程度不亚于欧阳修之记史。其次，史官记史必须注意内容的客观性和立场的中立性，唯有如此才能保证史的可信，才能体现史官的历史作用。《老子》一书，极少用到第一人称，"道可道，非常道。名可名，非常名。"（第一章）说出来的话与事实是不同的，每个人感受各不相同，而老子一书作为纯理论式的著作，他对现实的描述相对较少，即使有也都采取一种"守中"的方式，这也是史官的敏感性使然。"虚而不屈，动而愈出。多言数穷，不如守中。"（第五章）现实的多变使得对其进行准确描述只能通过模糊指认，因而只能采取模糊而准确的叙述方式。

第三节　《易经》与《老子》

　　唐代有一个僧人，在论及三教关系时说："《老子》一书尽出于易之谦卦，不得

　　① 王博：《老子思想的史官特色》，台北：文津出版社，1993年版，第100页。
　　② 王博：《老子思想的史官特色》，台北：文津出版社，1993年版，第79—189页。

与孔释三.”他认为《老子》只是对《易经》谦卦的展开,不如儒释广博,不配与儒佛并立为三教,这话虽然带有狭隘的宗教排他情绪,但也说明了《易经》对《老子》影响之深。

魏晋时人把《老子》《庄子》《易经》列为三玄。《易经》最重要的特点之一就是语言的模糊性,从内容上看,是一部带有浓烈巫术成分的卜筮之书。而《老子》一书也基本不谈具体事象,是一本超越了现实的纯理论之作,特别是老子的道论,由于其抽象性,用语之模糊比《易经》更是有过之而无不及。《老子》第一章提出:“玄之又玄,众妙之门”,形而上思维跃然纸上;第二十五章认为“道”只能是“强为之名曰大”,对这种不确定性保持着深深的警惕。老子在阐述治国思想时,担心语言规范功能的缺失使得自己的思想教条化,因而在第二十九章提出了“将欲取天下而为之,吾见其不得已”,一个“不得已”道出了其内心的忧虑;对于人生处世之法则,老子在很多时候也认为“无所投其角,无所措其爪,无所容其刃”,“多易必多难”。这些论述中,老子基本都采取了一种相对模糊的描述来准确表达自己的看法,但这些模糊描述也存在着诸多问题。如何克服语言之“模糊指认”[1]这一缺陷,《老子》第五章提出了“多言数穷,不如守中”,过与不及都是语言的常态,都不能真正体现道之本体,只有力求保持中道,趋近于道,才能不失道。

从行文风格上《老子》和《易经》这两部经典是非常接近的;从内容上来分析,两者间也有许多可互通之处,可以说互有承袭。《老子》从《易经》中借用了许多概念,《易传》又从《老子》中引入了思维分析方式,形成了道家易。关于这一观点,陈鼓应先生在《道家文化研究》第十二辑第一篇《先秦道家易学发微》中提出“先秦易、道的相互汇通,经历过两个重要阶段,起初是老子的引易入道,其后则是《易传》的引道入易”[2],这里要探讨的则是这一观点的第一部分——引易入道。

引易入道首先体现为概念的引入。《老子》短短五千言,而其中的重要概念如:同异、有无、难易、长短、高下、音声、前后、美丑、荣辱、古今、清浊、明昧、大小、始终、贵贱、生死、母子、正反、智愚、主客、损益、天人、德怨、治乱、成败,这些概念部分直接承袭于《易经》,部分则直接是对已有内容的衍生,如果认真审视下《易经》之屯、蒙、泰、否、乾、坤、损、益、既济、未济等卦,会发现老子之辩证法是发端于《易经》,而最终完善于《老子》。

引易入道的第二个表现是思维方式的承袭。“有物混成,先天地生。寂兮寥兮,独立不改,周行而不殆,可以为天下母。吾不知其名,字之曰道,强为之名曰大。

---

①　仝冠军:《先秦诸子传播思想研究》,第186页。

②　陈鼓应:《道家文化研究》(第12辑),北京:商务印书馆,2000年版,第2页。

大曰逝，逝曰远，远曰反。故道大、天大、地大、王亦大。域中有四大，而王居其一焉。人法地，地法天，天法道，道法自然。"（《老子》第二十五章）道先于天、地、人而生，能为天下母，关键在于其周行而不息，四者之间具有可通性，在某种程度上是能够相互转化的，这一章所要表达的意思是天地万物都在做着循环往复的运动。如果以周易六十四卦卦象来看的话，则这六十四卦之变化体现了卦象循环往复的运动。从乾卦到未济卦，不但体现了事物是在做着循环往复的运动，这种运动还是有规律可循的。这一规律之体现也正好可以用"道法自然"之"自然"来形容。"反者，道之动；弱者，道之用。天下万物生于有，有生于无。"（第四十章）道运动到了极处，必定向相反的方向发展，有是无的产物，万物是有的产物，而这种转化的关键，"道之用"看起来却是如此的柔弱，可有可无。在《易经》中，泰卦紧接着否卦而来，可以说就是对这一观点的最简洁的概括，因而"否极泰来"一词成了千百年来中国人在危难关头自强不息的坚定信念。

总而言之，《易经》和《老子》之关系不仅仅如笔者所阐述如此简单，从语言学的层面看来，《老子》对《易经》概念的引入，带来了《易经》思维模式的嵌入。从而，《老子》也具备了更玄奥的意旨。

本章阐述老子的生活年代、生活环境、人生经历以及思想之源头，老子思想既是对这三者的继承，又是对三者的超越，而老子语言思想则是对老子思想的表述，虽然不是尽善尽美，但简洁精练，从模糊表述中力求准确是最大的特点，即以模糊来表达准确之特性。

（本章执笔：林啸　谢清果）

第三章　老子语言传播思想的建构

第一节　道可道，谁在道

威尔伯·施拉姆认为传播途径就是"谁同谁谈话"①。既然本篇谈的是《老子》之语言传播思想，那么就有必要把这个问题分析清楚。

《老子》开篇提出："道可道，非常道"，其中第一个"道"为名词，第二个"道"为动词，意为言说。《老子》和《论语》不同，没有出现过"老子曰"等字，"道"的主语在文章里是没有明确定义的，当然这并不否认《老子》的作者是老子，根据哈罗德·D.拉斯维尔的5W传播模式这一理论，传播者是不可或缺的，是要清楚地标示出来的，因此这里有必要对《老子》之传播者做一个分析。

《老子》大部分是原创性思想，但部分篇幅并非如此，老子经常引用圣人的话来佐证其思想，但更多的时候是以总结性的形式引出圣人主张。②在第十七章有"百姓皆谓'我自然'"，这里的"百姓皆谓"当属引述。第四十一章："故建言有之曰'明道若昧，进道若退，夷道若纇……道隐无名。'"奚侗说："建言当是故载籍所言"，不论如何，应该属于老子引用别人的话。在第四十三章里也有"故人之所教，亦议而教人'强梁者不得其死'"，奚侗认为"凡古人流传之善言以教我者，我亦以之教人，述而不作也"。张松如说："凡前人之所教我者，我亦发为议论用以教人。"③老子应用间接引述前人之话作为自己的论据。王弼《老子》第五十七章"是以圣人之言曰'我无为，而民自化；我好静，而民自正；我无事，而民自富；我无欲，而民自朴'"，意为"圣人无为，人民自然化育，我好静，人民自然纯正，我无事，人民自然富足，我无欲，人民自然朴素"。可见，老子直接引述圣人的话来做这一章的结论。第六十

---

① 威尔伯·施拉姆：《传播学概论》，北京：新华出版社，1984年版，第104页。
② 詹石窗：《中国哲学史》，北京：中国书店，2005年版，第46页。
③ 黄友敬：《老子传真》，福州：海峡文艺出版社，1998年版，第292页。

二章"不谓：'求以得，有罪以免欤？故为天下贵'"，黄友敬对这句话的解释是："不是所谓的：'要求可以得到，有罪咎可以免除吗？因此，为天下所珍贵'"①，这句话在文本中作为结论的一个反证，而在当时应该是属于人们普遍抱有的一种想法。第七十六章"故曰坚强者，死之徒也；柔弱者，生之徒也"意为坚强者易死，柔弱者反易得生，体现的是老子的观点"反者道之动"。而这句引述的是当时社会通用的话语来佐证这一篇的立论。

从语言学的角度看，会发现这种不使用主语的叙述方式体现了老子对语言开放性的掌握。语言本身具有无限性，但在表达思想之时却有极大的局限性，不但有空间局限性也有时间局限性，即语言表达的思想会因为环境的不同而产生不同的意义，也会因为对象，时间不同而发生异化②。而老子在这里虽然省略了主语，却突破了语言的局限性。

《老子》的大部分篇幅由老子著述，在部分篇章中老子引述了他人、圣人、古人以及前代的文献的观点，这些观点或为文章的论证材料，或为文章的观点，或为文章的结论，或为文章的反面论断，老子对这些论述或直接引述，或间接引述。因此，老子作为传播者，在传播自己的观点时，也做了当时社会其他人、其他现象的传话人。

第二节　言有宗，宗何物

语言本身也是信息，这种信息具有两面性。老子对语言是持批判态度的，一方面他肯定语言在人际交往中的重要性，一方面又指出语言在取信于人上的局限性。③

《老子》全书"言"字共出现了 22 次，这其中有作为动词的言说，有作为名词的"言"，亦有与其他字相连组成他词的，而详细考察每一处之"言"，则意思又各不相同。那么，既然有这么多的"言"出现，他们所言的内容究竟是什么呢？第七十章"吾言甚易知，甚易行，而天下莫之能知，莫之能行"，意为我的言论挺容易理解，也挺容易实践的，但天下人就是不能理解，实践不了，那么他到底说的是什么呢？宋应星说："圣人之性同于天，所以内外无间；圣人之心同于道，所以动静如一。动静如一者，得其心之本源也；内外无间者，存其性之本体也。性之本体，即是无私之至理。无私之至理，世人以私害正者，焉能知乎？心之本源，即是无心之大道。

---

① 黄友敬：《老子传真》，福州：海峡文艺出版社，1998 年版，第 406 页。

② 居延安：《信息·沟通·传播》，上海：上海人民出版社，1986 年版，第 70 页。

③ 金冠军、戴元光：《中国传播思想史》，上海：上海交通大学出版社，2005 年版，第 209 页。

无心之大道，世人生心作意者岂能行乎？"①从宋应星的解释表达了老子所言即是言道。而这个"道"不但包含了人心、人性、还应该包含心、性之本源——天地宇宙。

　　紧接着，老子又说："言有宗，事有君。夫唯无知，是以不我知。""宗"，《辞海》释为"称所自出之祖曰宗，本也"。这句话的意思是：言论的都是有根据的，行事都是有准则的。由于无知之故，世人不能理解我所说的。既然老子所言都有根据，那么根据是什么呢？"是以圣人处无为之事，行不言之教"（第四十一章）；"故建言有之：明道若昧，进道若退，夷道若纇。上德若谷，大白若辱，广德若不足，建德若偷，质真若渝，大方无隅，大器晚成，大音希声，大象无形。道隐无名。夫唯道善贷且成。"（第二章）用兵有言曰："吾不敢为主，而为客。不敢进寸，而退尺。"（第六十九章）可见老子之言所宗的应当是前人、古籍、当时社会所存在的客观真理和事实。把语言和历史、现实结合起来可以说是老子睿智的一个表现，也是《老子》思想深刻、语言优美的展现。

第三节　善言如何无瑕谪

　　语言学上有个沃夫－萨丕儿假设，即语言对于人们处理信息的影响到底有多大？②人类语言是根据人类经验创造的人类代码。那么这种语言代码就决定着人类如何从经验中获得的信息进行处理。语言既是传播的内容，也是传播的工具，它承载的信息如何顺利传送给对象关系到整个传播过程的实现。综观《老子》全书，老子是深悉语言代码的重要性的，《老子》对语言的运用具有"极致巧妙"的特点。

　　《老子》第二章"是以圣人处无为之事，行不言之教，万物作焉而不辞，生而不有，为而不恃，功成而弗居"，意为圣人处事无为，不言而教化，任万物以自然，生养而不居功。这里的"不言"不可理解为老子摈弃言教，反对教化。范应元说："行不言之教者，配天也。天何言哉？四时行焉，百物生焉。圣人则循理而应物，无有不当，斯'不言之教'也。"③可见"不言"指的是循理而行，不须言处则不言。徐梵澄说："'不言之教'，此日常所见者也。扬眉瞬目，举手投足，皆可示意，不待语言。为教，则非言教而为身教。此庄子所谓'目击而道存'者也。"④语言是传播的通道之一，并非全部，不言也是传播通道之一，要准确传播，那就要对语言有一个定位，可以用时准确地用，不适当时就采用其他方式。"多言数穷，不如守中"，言多

　　①　黄友敬：《老子传真》，福州：海峡文艺出版社，1998年版，第104页。
　　②　威尔伯·施拉姆：《传播学概论》，北京：新华出版社，1984年版，第89页。
　　③　（宋）：《老子道德经古本集注》，上海：华东师范大学出版社，2010年版，第6页。
　　④　徐梵澄：《老子臆解》，北京：中华书局，1988年版，第4页。

必失，坚守中道，考虑清楚再表达出来才能做到动而愈出，虚而不屈。第二十三章："希言自然。故飘风不终朝，骤雨不终日。"反者道之动，天地万物亦不能外，变化万端，循环往复，语言在不断变化的事物及其发展过程面前，往往都苍白无力到了极点，要以有限的语言来表达无限的事物，终归只能是螳臂当车，缘木求鱼。语言是静态的，现实是动态的，①深知语言缺陷的老子在这里提出"希言自然"。第六十二章："美言可以市尊，美行可以加人。人之不善，何弃之有？"好话可以博得尊贵爵位，德行可以化育众人。不善之人，也可用美言、美行来说服、感化、挽救，怎么可以抛弃呢？②语言的作用极大，关键在于说到点子上。如"一言可以兴邦，一言可以丧邦"便是这个道理。

不言、希言、美言说明的是话语有很多种形式，要达到好的效果就在于运用适当的方法。《老子》全文可以说各种方法都用上了，包括说教、引述、反语、评论、论证等等，在需要的地方用上了需要的方法，正是《老子》流传百世的原因之一，也正反映了老子所谓的"善言无瑕谪"。

第四节　上、中、下士闻道之别

信息传递的双向性决定了信息之传、受总是集于一身的，传、受双方总是处于不断的角色互换之中。研究信息接收者是为信息传递者服务的——传者为了沟通或传播成功，必须了解传播对象。因此，对老子预设之传播对象进行分析，有助于深化对《老子》的理解。"上士闻道，勤而行之；中士闻道，若存若亡；下士闻道，大笑之，不笑，不足以为道。"（第四十一章）人人皆能闻道，但效果却各不相同，信息接收者在感受同一信息时，所做的反应却截然有别，这是因每个人的注意力集中的点不同所致，因此此处体现的一个观点是传播中应该以尊重受众的层次为基础，才不会"可与言而不与之言，失人；不可与言而与之言，失言"（《论语·卫灵公》）。"故道大，天大，地大，人亦大。域中有四大，而人居其一焉。人法地，地法天，天法道，道法自然。"（第二十五章）道、天、地、人是宇宙之中四个最高贵的，人效法地，地效法天，天效法道，道之为法自然。道性自然，人亦须法自然之道。在第二十七章："是以圣人恒善救人，而无弃人；恒善救物，而无弃物；是谓袭明。"圣人之圣在于守道，救人救物亦须依道，老子留下五千言，目的即传道于世人。达到人无弃人，物无弃物，人各尽其性，各尽其能，物能各尽其用的袭明之境界。"夫兵者，……言以丧礼处之也。杀人之众，以悲哀莅之；战胜，以丧礼处之。"（第三十

---

① 沃尔纳·赛弗林：《传播学的起源研究与应用》，福州：福建人民出版社，1985年版，第55页。
② 高亨：《老子注释》，郑州：河南人民出版社，1980年版，第135页。

一章）战争则必然死人，天地贵生，杀人之众，有违大道，因此老子这里的"言"之所指当为用兵之人，或能决定兵之所向的人。第四十一章："上士闻道……故建言有之……"上士、中士、下士之相异之处在于闻道之态度，老子曰："信者，吾信之；不信者，吾亦信之；德信。"上士之所以为上士，下士之所以为下士，老子都抱宽容的态度，对于一切求道之人给予的建议，即"善始且善成"。第六十六章："是以欲上民，必以言下之；欲先民，必以身后之；是以圣人处上而民不重，处前而民不害，是以天下乐推而不厌。以其不争，故天下莫能与之争。"吕惠卿解曰："圣人之有天下也，以言其位则固欲上民也。"①《老子白话句解》曰："上民，居民之上，谓为民之主也"②，可见，圣人指统治者或统治阶层。

第五节　如何言而不失其所

传播方式决定传播效果，传播方式影响传播目的，因此，分析老子语言传播则必须对老子之传播目的做理路上的分析，这样才能更准确地理解老子之所"言"，为何"言"的问题③。这不但是老子语言传播思想的一个重要部分，也是整个老学研究的重大问题之一。

《老子》第三十三章"不失其所者久，死而不亡者寿"，守道才能长生久视，才能死而不亡。语言要保持久远的力量也要守道、体道。《老子》第四十九章："圣人无常心，以百姓心为心，善者吾善之，不善者吾亦善之，德善；信者吾信之，不信者吾亦信之，德信。"朱谦之解释道："圣人不师心自用，唯以百姓心为心而已。"④这里的"以百姓心为心"可以说与我们所谓的"代表最广大人民利益"有异曲同工之妙，要表达的意思也是相近的。不但要关心百姓的物质生活，也要关心百姓的精神文化生活。"善者吾善之，不善者吾亦善之，德善"意思是人民群众认为是善的，圣人正确地对待，人民群众认为不是善的，也要以正确地对待，这才是全面的善。"信者吾信之，不信者吾亦信之，德信"，百姓的信仰要尊重，百姓不信的也要具体地对待，这才是全面的信。第三十三章："知人者智，自知者明。胜人者有力，自胜者强。知足者富。强行者有志，不失其所者久，死而不亡者寿。"了解别人可谓有智，自我认知才算有慧。人若自知，便会知足，便会不失其所，便会死而不亡。因而老子之整篇言论告诫的便是这个目的。

---

① 吕惠卿：《道德真经传》，熊铁基、陈红星主编：《老子集成》（第二册），北京：宗教文化出版社，2011 年版，第 685 页。

② 无名氏：《老子白话句解》，香港：文光出版社，1987 年版，第 380 页。

③ 熊铁基：《中国老学史》，福州：福建人民出版社，1997 年版，第 21 页。

④ 朱谦之：《老子校释》，北京：中华书局，1984 年版，第 194 页。

老子没有自称为圣人，而其言行完全符合称圣人之标准。圣人之所以能为圣人，在于其为人处世都与常人不同，圣人待人接物之目的也非常人所能知晓，而只能通过圣人垂训或已经发生的事情经过总结出来。显然老子之传播目的当属前者，只能通过分析其作品《老子》得出。

老子以"百姓心为心，不失其所，死而不亡"为传播目的，而这个目的在变动不居的社会潮流面前，效果究竟怎样呢？

时间和空间是衡量一切事物影响力的最终尺度。对传播而言，这两个衡量尺度也是适用的。考察一种思想的传播效果当然还要从其广泛性和久远性来判断。《老子》流传至今两千多年，几经歪曲非难，久历焚毁劫数，但却没有销声匿迹，反而在磨难过后却更彰显其魅力，有更多的人来学习、体会其所传播的智慧，可谓"桃李不言，下自成蹊"。当然最重要的还是《老子》思想的深刻和其语言运用得恰到好处，这两者相得益彰。从空间上看，从上层社会到底层的劳苦大众，《老子》思想无处不在，有多位皇帝亲自为其作注，实践其"无为而治"之道。长期以来，全世界有100多种语言版本的《老子》，有关《老子》注疏之作数以千计，人们从不同的角度进行解释和发挥①。虽然不像《圣经》是基督教家庭中的每家书柜上的必备，《老子》对世人的影响可以说完全是吸引式的，人们对老子的喜爱也是自发式的。

老子的影响在时间上跨越了时代，在空间上突破了国界和种族。究其本根，还应归结为：言而不失其所。

老子虽然没有提出传播学或语言学这些概念，综观《老子》全文，毫无疑问，这里面包含着这些思想。语言因素的影响和作用也时刻充斥在这本书中。通过以上分析，《老子》的语言思想丰富了中国语言学理论，也为其书的广泛传播起了巨大作用。一言以蔽之：老子深化了语言传播，语言传播不朽了老子。

---

① 詹石窗主编：《新编中国哲学史》，北京：中国书店，2005年版，第42页。

第四章　老子语言传播思想的特点

对《老子》进行语言分析的研究成果很多，有从语法结构阐述的，有从修辞学角度分析的，有从词源学做考证的，这些研究者大都是因专业需要或个人爱好，对《老子》一书做零散的、片面的概述。然而要对老子语言传播思想之特点进行概括，还应从语言系统整体上进行梳理。

分析老子语言传播思想之特点需要做两个方面的工作，其一是对其文本内容的分析，其二是用比较的方法分析出其与其他的语言传播思想的不同之处。因此，选用方法则成了一项必要的前奏工作。

法国语言学家梅耶提出："进行比较工作有两种不同的方式：一种是从比较中揭示普遍的规律，一种是从比较中找出历史的情况。"①这两种类型的比较都是正当的，又是完全不同的。《老子》一书所包含之语言学思想，所运用之语法原则，所使用之修辞方法都属于中国古代语言学范畴，因此对老子语言传播思想的特点之分析应当把这两种比较方法有机结合起来，否则，顾此失彼都有可能导致望文生义或词不达意。

第一节　内容的意向性特点

上文提过《老子》一书，从其内容上看可以分为三个部分，即宇宙发生论，政治论和人生处世论，而从语言学上分析则可以做如下阐述：

一、哲学的话语面向

形而上学本质上是语言形而上学②，当代西方现代哲学从本体论转向认识论，在

---

① 梅耶：《历史语言学中的比较方法》，选自《西方语言学名著选读》，北京：人民大学出版社，1988年版，第150页。

② 阳小华：《语言·意义·生活世界》，北京：知识产权出版社，2008年版，第219页。

转向语言论，可以说是哲学的任务和哲学认知的必然趋势使然。当哲学追问了"世界的本质是什么"之后，必然继续追问"我们凭什么认识世界"第二个问题则是哲学之语言学转向的直接动因。哲学之语言学转向发生在 20 世纪，而其种子则在哲学产生之初就已经理下，在中国哲学中，这一根源则可直接追溯到第一个哲学家老子。

　　老子在提出世界之道本体后，开始对描述道的语言进行分析，对语言的正面作用和负面作用都有大量论述，由于人们对老子思想的惯性认识，其对语言的正面论述常遭忽视，而把其对语言之负面论述当作其独有之特点。

　　《老子》第四十章"反者，道之动；弱者，道之用。天下万物生于有，有生于无"，道是循环往复地运动着的，道之作用于天地万物是不着痕迹的，然天下万物之本体是有，有之本体是无。陈鼓应先生认为"无"与"有"即是"道"产生万物时由无形质落向有形质的活动过程，道是一种潜藏力（potentiality），在未经成为现实性是"隐"（无），而"有"形容形而上之道向下落实时介乎无形质与有形质之间的状态。① 海德格尔在解释这一段时指出："'有'是一种存在，无是一种潜在。"② 不论是"存在"抑或"潜在"都是一种在，是对世界某种状态的描述，当然，海德格尔之"潜在"和老子之"无"都与佛教之"空"是完全不同的。黑格尔在解释"有""无"时，显示出了更为形而上的特点，他认为："'有代表某种意向性，'无'代表某种可能性。"③ 从哲学角度来看，老子、黑格尔、海德格尔对"有"和"无"的解释是不同的，但其精神趋向有极大的一致性，而且都没有超出哲学研究对象这一范围。

　　如何解决世界的本源"是什么"的问题，规定了解决世界"怎么样"问题上的方向。④ 老子在揭示世界之道本体后，也开始对"行道"进行论证。道之"夷、希、微""不可强名""寂兮寥兮，独立不改，周行不殆"等特点决定了其实行之方式也不同于其他哲学方法。

　　"是以圣人处无为之事，行不言之教，万物作焉而不辞，生而不有，为而不恃，功成而弗居。夫唯弗居，是以不去。"（第二章）"圣人终日行不离轻重。"（第二十六章）"独立不改，周行而不殆，可以为天下母。"（第二十五章）"强行者有志，不失其所者久，死而不亡者寿。"（第三十三章）"上士闻道，勤而行之。"（第四十一章）"使我介然有知，行于大道，唯施是畏。"（第五十三章）"是谓行无行，攘无臂，扔无敌，执无兵。"（第六十九章）由以上引文可知，老子在认知与实践的问题上非常

① 转引自詹石窗，谢清果：《中国道家之精神》，上海：复旦大学出版社，2009 年版，第 96 页。
② 海德格尔：《存在与时间》，陈嘉映译，北京：商务印书馆，1998 年版，第 98 页。
③ 黑格尔：《小逻辑》，北京：商务印书馆，第 196—202 页。
④ 肖前，李秀林，汪永祥：《辩证唯物主义原理》，北京：人民出版社，2006 年版，第 22 页。

强调"行"，行是建立在知的基础上的，知是行之本，行是知的行，不知而行则会误入歧途，知而后行，行以践知，如此才能行于大道之上，才能不失其所、死而不亡。行以知为本，说明老子所要求之行是"异样的行"。首先知在于知"道"，由于每个人之天赋与后天习得的影响，每人所知之"道"也各不相同，有上士之道、中士之道、下士之道，因而每个人所行也因其所知之"道"也各不相同。老子本人之言甚易知，甚易行，而天下莫能知，莫能行，乃因个人之主观意愿或先入之见使然，要摒弃这些先入之见，则需实行老子所谓之"行无行，攘无臂，扔无敌，执无兵"（第六十九章）。严灵峰说："形人而我无形，行无行也。"①是说行不必示人以行，而是行所应当之行，行道不是要示人以道，而是自觉之行。

总而言之，老子被称作中国第一个哲学家，其对哲学问题之思考、对哲学方法的理性思辨在其著作中之体现，显示出了一个伟大哲学家的深刻，因而其著作之哲学的话语面向特点毋庸赘言。

二、政治学的话语面向

詹姆斯·鲍尔·吉（James Paul Gee）认为使用中的语言处处带有政治性，即某种特殊的视角，表露自己的社会身份、政治态度。这些"语言细节导致社会行为、身份和政治"②，老子之言虽然没有严格以主、谓、宾形式表达，但其立场、身份和政治意向还是能够从文中判断出来。

《老子》一书关于"国"的表述有 29 处，关于"治"的表述有 13 处，关于"民"的表述有 33 处，由于本篇篇幅所限，以下仅列出较有代表性之说法：

"爱国治民，能无知乎？明白四达，能无为乎？"（第十章）"以正治国，以奇用兵，以无事取天下。"（第五十七章）"故以智治国，国之贼。不以智治国，国之福。"（第六十五章）"治人事天莫若啬。"（第五十九章）"为之于未有，治之于未乱。"（第六十四章）"是以圣人之治，虚其心，实其腹；弱其志，强其骨。"（第三章）"绝圣弃智，民利百倍。"（第十九章）由以上内容可以发现老子在阐发其政论时，站在一个参政者的立场。他劝统治者要爱国治民，但他本人却并非站在被统治者的角度说话，"民之多饥，以其上食税之多"。"其"字在这里指第三人称称谓，表明老子自我认可的社会身份不属于"民"这一群体。而其政治意向则偏向于同情下层的普通民众，要求统治者改变统治方式，以期实现社会的平衡。

语言的建构过程必然牵涉到社会文化实践及制度领域，因此，建构的语言观（话

---

① 严灵峰：《老子达解》，台北：华正书局，1983 年版，第 366 页。

② James Paul Gee. *An Introduction To Discourse Analysis: Theory And Method*. 外语教学与研究出版社、剑桥大学出版社，2000 年版，第 2 页。

语观）被文化研究者和社会批评家扩展到广泛的文化领域，对文化现象进行研究与分析①。关于社会意识形态和非意识形态等方面的内容，《老子》一书也有自己独特的观点，细分其论述，可以得出一些非常有建设性的意识形态交流的经验和启发。

"故以身观身，以家观家，以乡观乡，以国观国，以天下观天下。吾何以知天下然哉？以此。"（第五十四章）"治大国若烹小鲜。"（第六十章）"大国者下流，天下之交，天下之牝。牝常以静胜牡，以静为下。故大国以下小国，则取小国。小国以下大国，则取大国。故或下以取，或下而取。大国不过欲兼畜人。小国不过欲入事人。夫两者各得所欲，大者宜为下。"（第六十一章）"邻国相望，鸡犬之声相闻。民至老死，不相往来。"（第八十章）国与国之交往，首先重在平等，一旦不平等则纠纷起，则天下不安，大国与小国交往，大国应该掌握主动权，但却不要用霸权主义干涉别国，以国观国，己所不欲，勿施于人；大国要赢得小国之尊重，则需待小国以平等，小国欲求得与大国之和平共处，则需主动与大国修好。

话语是社会化的产物，但它受社会关系和历史状态的制约，在这一条件下话语产生了意义，意义的制度化形成了人们的各种主体性特征——经济、性别、民族、年龄、家庭等。话语本身就是传播过程及其产物。②老子语言传播思想之政治学面向是老子政治智慧的表现，也为其政治学思想赢得了长盛不衰的声誉。

第二节　修辞特点分析

修辞和传播过程本身就是合二为一的。③《老子》之修辞与内容也是合二为一的，而要清楚地表现出其特点则需用定量和比较语言学的方法。

一、对修辞的态度

与西方修辞学和修辞实践的繁盛相比，我国社会生活显然缺乏修辞性④。而这一原因与我国传统文化的特点有关。道家作为中国传统文化主流之一，在这一现象中所起的作用异乎寻常地大，作为道家思想之创始人，老子在这一现象中的作用可谓至关重要。"是以圣人处无为之事，行不言之教。"（第二章）"悠兮其贵言，功成事遂，百姓皆谓：我自然。"（第十七章）"知者不言，言者不知。"（第五十六章）"美言可以市尊，美行可以加人。"（第六十二章）"信言不美，美言不信；善者不辩；辩

①　胡春阳：《话语分析：传播研究的新路径》，上海：上海世纪出版集团，2007年版，第35页。

②　胡春阳：《话语分析：传播研究的新路径》，上海：上海世纪出版集团，2007年版，第35页。

③　Jim Schnell. Foundation for Understanding Rhetoric and Communication in China. *The Review Of Communication*, 2001(1)：0139-142A。

④　胡春阳：《话语分析：传播研究的新路径》，上海：上海世纪出版集团，2007年版，第66页。

者不善。"（第八十一章）言语是有力量的，而言语也具有非常大的随意性，意即言语的建设性很强，但其破坏性也很强，因此，在不能保证必定有利的情况下，对言语特别是修辞要采取克制的态度，美言可以市尊，若是用以投机取巧，勾心斗角则美言不美，信言不信。修辞过度的结果必然是名不副实，而作为修道者或治国者，要取信于民则必须合理地运用修辞。

虽然我国社会生活缺乏修辞性，但并不意味着我国没有过修辞实践。秦始皇、汉武帝之时，由于对其个人功绩的过分夸大，而导致了严重的社会异化；唐玄宗后期的歌功颂德，造成的社会动荡，都是修辞缺乏克制的表现。中国社会在历史上因修辞的不当运用而带来的苦难事件不胜枚举，因而导致中国人对修辞有种天然的敌意。

"言"是一种修辞，"不言"亦是一种修辞，对言的修辞和对不言的修辞各有具体的作用，可见老子并不反对修辞，而是要求对修辞采取批判的态度，当美则美，不当美则从简。《庄子·骈拇》中提出："长者不为有余，短者不为不足。是故凫胫虽短，续之则忧；鹤胫虽长，断之则悲。故性长非所断，性短非所续，无所去忧也。"可见，这一观点经由庄子的发挥而影响深远，从中华民族的特性和中国文化的特点来看，老子的这一观点无疑是起过巨大作用的。

二、修辞之方法

有人做过统计，《老子》一书"道"字运用了75次，笔者对《老子》文中之"不"字做了统计，发现"不"共出现了245次，相当于全文的百分之五，可见老子对否定句式的重视。

表3　《老子》常用字字数统计表

所用字	不	道	言	民
次数	245	75	25	33

否定句式的运用多集中在对道的解释和对语言的阐述上，究其原因，一是道统摄天、地、人及万物，对道进行正面的描述和解释都是不能做到的，而道本身所具有的抽象性和形而上特质也决定了正面的描述是做不到的，因此，深悉语言之力的老子采取了这种更为有效的方式来论述自己的观点。冯友兰认为中国哲学和西方哲学的一个重要的不同点就在于方法论上"正"和"负"的差异。[①] 西方哲学有着明确的概念分析，西方的哲学家们都会竭尽所能为某个概念进行定义，即运用"什么是

---

① 冯友兰：《中国哲学简史》，天津：天津社会科学院出版社，2007年版，第151—168页。

什么"这一逻辑分析方法；而中国哲学则不同，中国的哲学家们很少对某个概念进行定义，他们一般都采取"什么不是什么"这样一种筛选的方法得出结论，最常见的就是关于宇宙的终极原因的定义，西方的哲学家们把宇宙之终极原因归结为"理念""四因"等等，然后解释什么是"理念"，什么是"四因"，而其结果就是语言学的高度发达。但中国的哲学家们，不管是道家、儒家抑或佛教人物普遍都把宇宙的终极原因归结为"道"，而关于道的内涵却各有不同。他们一般都通过分析"道不是什么"而最终明确道的内涵，而其结果则是语言的高度随意性。其次关于语言所表达的社会现象，表面现象总是为人所熟知的，为大家所司空见惯的，即使论证得再好也不易引起受众注意，而从反面来论述，则更容易传播成功，达到目的。

张卫中曾说过："……他（老子）对阐述语言媒介的思路完全不同，他不是从正面阐述语言的功能，而是从反面，即从否定的方面揭示语言的局限性，让人们从否定的方面去了解肯定方面。"[①]

总而言之，老子对否定句式的运用非常广泛，而对这一句式合理运用也有助于老子思想的传播。

台湾学者关绍箕在老子语文传播之修辞分析时认为："在修辞问题上，老子也只探讨了'语文应否雕饰'一个问题。他的看法是'信言不美，美言不信'，表示质朴的话用不着雕琢，过于雕琢的话不够质朴。这一观点凸显出老子'贵质去华'的素朴本色。"[②]关绍箕先生并未对老子传播思想做专门研究，他认为老子对修辞只有关于"素朴"这一点的论述，可能是他研究重点不在于此，然其对老子修辞之"朴"的概括还是很准确的。

《老子》一书基本不用生僻字，其遣词造句也都言简意赅，可谓一字都不能随意增减。老子说："道常无名，朴虽小，天下莫能臣也。"本真质朴的存在方式是最美的，语言的最美之处也在于朴。谢清果认为："名止于实，义设于适"，恰当的语言传播才是真正意义的承载。[③]

老子讲："为无为，味无味。"为是一种行动，无为也是一种行动，味是一种味道，无味也是一种味道，这种无味的味道就是朴吧。

---

① 张卫中：《老子对语言传播的批判》，《社会科学战线》，2002 年 3 期，第 271 页。
② 关绍箕：《中国传播思想史》，台北：正中书局，2000 年版，第 104 页。
③ 詹石窗，谢清果：《中国道家之精神》，上海：复旦大学出版社，2009 年版，第 292 页。

第三节　语言传播之内外效果特点分析

关于传播效果和语言的关系问题还没有现成的研究模型①。因此本节关于老子语言传播思想之内外效果分析以传播学中效果研究理论为基础，结合现代语言学的一些成果，探讨老子语言传播的言语行为特征、功能、表现方式、技巧，以及以言取效的观点。

一、语言内传播效果分析

语言内传播效果指语言在其符号学意义上的指称，而老子之语言内传播则指老子之语言学观点在其文中所对应的语言学概念，细分起来有如下几个方面："圣人处无为之事，行不言之教。"（第二章）"言善信，正善治，事善能，动善时。"（第八章）这里老子提出行不言之教，和言善信，可见言是一种行动，不言是另一种行动，两者虽然有状态或形式上的不同，但从系统论角度看，"言"和"不言"可属于同一系统之两个方面，如硬币之两面一般。从语言传播效果角度看，则是"说话就是做事，言即行"这一模式。

"善行无辙迹，善言无瑕谪，善数不用筹策，善闭无关楗而不可开。"（第二十七章）"美言可以市尊，美行可以加人。"（第六十二章）"吾言甚易知，甚易行。天下莫能知，莫能行。"（第七十章）善言不会留下话柄，别人也就无法攻讦；美言可以赢得他人之尊重；老子之言是为了导人行善，引导世人去实践其理论。在老子看来语言之意义在于使用，语言之任务就是传播意义，建构一个完整的意义世界。

二、语言外传播效果分析

语言之外传播效果是指语言的外在行为特征及其表现方式和技巧②，老子之语言传播思想在外传播效果方面有自己独特的见解。"正言若反。"（第七十八章）"多言数穷，不如守中。"（第五章）"古之所谓'曲则全'者，岂虚言哉！诚全而归之。"（第二十二章）"希言自然。"（第二十三章）"言以丧礼处之。"（第三十一章）"用兵有言，吾不敢为主而为客，不敢进寸而退尺。是谓行无行，攘无臂，扔无敌，执无兵。"（第六十九章）"正言若反"是老子语言外在形式的典型特征，而这一语言表现形式在中国语言发展史上也很常见，影响非常广泛，后世所谓之"忠言逆耳"，"讽谏"都从此而来，即从事物之反面特征来叙述，以达到更直接的话语传播效果。而"多言数穷"则是老子一直都坚持的观点，因而他提出"希言守中"这样一种传播技

---

① 胡春阳：《话语分析：传播研究的新路径》，上海：上海世纪出版集团，2007年版，第99页。

② 胡春阳：《话语分析：传播研究的新路径》，上海：上海世纪出版集团，2007年版，第105页。

巧，用简洁明了的语言，阐述保持中道的思想，让人易懂易记。在语言行为特征方面，老子则认为"言以丧礼处之"，即恪守用语谦卑之准则，待人以敬，语言要表达出人的同情心，并表现自己谦谦君子的一面；"不敢为主而为客"，为客说明主体需要时刻提醒自己不可放肆，不可离道独行，唯有如此，才能做到"行无行，扔无敌，执无兵"。

（本章执笔：林啸　谢清果）

第五章　老子语言传播的智慧光芒

本章结合《道德经》上下文语境，探究"不言""善言""信言"的文本含义，运用传播学视角，在语言的传播情境中发掘"道"的传播特性，有助于以别样的途径理解老子"道"的思想，进而从分析语言传播过程中的"道"、非言语传播内容的"真与善"，传播技巧的"无为而治"、传播方式的"悟"以及传播的"受众本位观"等几个方面来深入剖析老子传播思想的侧面，以期能够窥一斑而观全豹。

第一节　老子语言传播的大道指向

老子在《道德经》开篇第一句即明确指出："道可道，非常道；名可名，非常名。"对于"道"这样一个晦涩难懂的概念，老子感觉不太好表述，因为即便有所描述，那么这种描述也根本不是对于"道"的真正认识。因此，对于如何将"道"这一核心要素的意义注入语言中以使其得以成功传达，就成为一个古老的传播学难题。就传播媒介而言，口头语言和书面语言是《道德经》成书时期仅有的媒介选择，故此语言就不得不成为解决这一传播学难题的唯一途径。因而，以语言之"言"为切入点深入《道德经》文本的逻辑脉络，应可一窥老子所谓"道"的些许本象。

"言"字在《道德经》全文中［《老子五千言》王弼版］共出现 21 次，依语境大致可划分为三种使用形式：泛指传播"道"的方式；作为动词的具体传播活动；以及作为名词的具体传播内容。以下将分别给予详析。

一、不言：传播"道"的方式

"言"字的本意是"说""谈""话""字"。它的甲骨文图形是舌头从口中伸出的样子。①

---

① 安子介：《解开汉字之谜》，香港：瑞福有限公司，1990 年版，第 1079 页。

"言"是人类最基本的交流手段之一。但在《道德经》文本中有一部分"言"与表否定的"不"共同出现，却是为了说明"道"的传播特殊性，如"是以圣人处无为之事，行不言之教"（第二章）、"不言之教，无为之益，天下希及之"（第四十三章）。"圣人"作为能够深刻体悟到"道"并按照"道"去生活和行动的人，是实践"道"的理想主体，因此他也奉行了"道"的传播原则：不言。为什么不言？因为"知者不言，言者不知"（第五十六章），如果煞有介事地向别人描绘"道"的形貌，说明这位言者并没有真正得到"道"的精髓。因而不言并非不能言，而是不愿言、不便言。

老子也承认，"道"的传播是以认识"道"作为前提的。那既然得"道"的人都"不言"，那何以使后来者识"道"？老子给出了这样的方法："塞其兑，闭其门，挫其锐，解其纷，和其光，同其尘。"（第五十六章）在经历和认识道的真实存在之前，需要屏息静气，闭目塞听；在心灵中消除一切由片面有限的生理感官的感受和经验所引起的轻薄浮躁的情绪，排除一切的纷繁杂乱的意念；协调一切由一切具体有限的事物所发射出来的千变万化的色彩，综合一切由具体有限的事物所呈现出来的千差万别的形态，这样，一个纯粹的、绝对同一、纯粹一体的"道"的境界就会在人们的心灵中呈现。① 对"道"的认识方式充满了类似美学中"体验"的过程，既令人心醉神迷，又觉得难以把握。那么除了这种方法之外，还有没有其他可以认识道的途径？

一向自恃科学可以解决一切认识问题的现代人恐怕要失望了。量子理论证明，长期以来笛卡尔关于观测主体和观测客体的二元对立观点并不可靠。在量子物理学中，被观测的客体受到观测主体的影响。② 换句话说，采用感官认知的方式来认识（观察）客体，本身就会使客体产生变化因而难以显示出其本质。对于物质世界的认识尚且如此，对于"道"这样一个无法以普通途径认识的特殊"客体"，我们就更无法通过一般的逻辑认知系统加以把握了。③

"道"可识而又不易识，可传而又不易传的特性，已经为人所知。"天之道不争而善胜，不言而善应"（第七十三章），"道"虽"不言"却能在其行"道"的过程中得以体现自己，具有相当的主动性。"多言数穷，不如守中"（第五章），"不言"才是广泛意义上传播"道"的标准。此时，"不言"的真正意义才隐约明了："道"自在自为、存在于万物之中，需要的是超越片面有限意义上的感官传播，从而达致普遍无限意义上的意义传播，这样的体悟过程就是的所谓"希言自然"（第二十三章）。

---

① 杨润根：《发现老子》，北京：华夏出版社，2003 年版，第 264 页。

② 威廉·阿恩茨，贝齐·可斯，马克·文森特：《大问题》，北京：华文出版社，2009 年版，第 46 页。

③ 吴景星，姜飞：《"传—受"博弈过程的本土化诠释》，《新闻与传播研究》2009 年第 4 期。

二、善言：作为动词的传播活动

识"道"的特殊性决定了传"道"的特殊性，针对"不言"的原则便有了相对应的具体传播活动。例如：颇受道家影响的禅宗便有"德山棒，临济喝"的典故。①

当然，老子对由道所赋予人的自然而然的传播活动（即为具体的"言说"这一行动）并不反对，而是提出了一些规定性使这种具体的口头言说传播活动符合"道"的原则。"言有宗，事有君"（第七十章），人们在使用语言进行传播时必须有根有据，不能捕风捉影道听途说。且传者内心唯有保持"真"质，语言自然精诚真实，才能打动人。②故此，真正掌握了"言"这一传播活动真谛的人，应该"善言无瑕谪"（第二十七章）——其言语无懈可击。

老子对语言的利弊有着清醒的认识，作为传播工具的语言，用有限的"言"传达无限的"意"，毕竟会产生问题。正如著名传播学家麦克卢汉在《理解媒介》一书中所引述法国哲学家亨利·伯格森的观点："语言是——过去和现在都是如此——人的一种技术，它损害并削弱了集体意识的价值观念。"③可以理解，这样的价值观念也类似于老子认为"道"所起的作用，"道"本是远古社会人们所遵循的一种与自然和谐的生活方式，语言的发展成熟所带来的复杂意义系统终将会对人与自然及人与人间的关系产生剧烈的影响。因此老子所说的"善言无瑕谪"本质上还是在提倡对语言的使用应该在十分谨慎的前提下，追求对意义的完美表达。例如，"言以丧礼处之"（第三十一章），就战争为例，以"丧礼"的具体意义指向简洁明了地"言"出了"上将军"对于战争的心声。

麦克卢汉认为中国文化所使用的象形文字代表了视觉的一种延伸，这种延伸使得人们便于贮存和提取经验。文字给口语的意义赋予图形的表现，图形又赋予每一个会意字以存在和理性的一种整体直觉。④然而，我们今天所使用的汉字经过上千年的变形和演化，已经不再拥有原始象形文字那样的直觉经验提取的特质，因为语言符号所表达的最初实际意义已经在变形和越来越宽泛的引申用法中模糊不清，无法溯源了，这也正是《道德经》的原始文本解读所遇到的难题之一。如何复活文字语言这种理性的直觉，做到"言有宗"和"善言无瑕谪"，即使是在现在也仍然是具体的传播活动中应该探索的方法问题。

---

① 吴景星，姜飞：《"传—受"博弈过程的本土化诠释》，《新闻与传播研究》2009 年第 4 期。
② 谢清果：《道家语言传播主体的求真意向》，《民办高等教育研究》2008 第 3 期。
③ 马歇尔·麦克卢汉：《理解媒介》，北京：商务印书馆，2007 年版，第 115 页。
④ 马歇尔·麦克卢汉：《理解媒介》，北京：商务印书馆，2007 年版，第 125 页。

三、信言：作为名词的具体传播内容

"言"也同时是"言语"这一传播活动的具体内容。

"古之所谓曲则全者，岂虚言哉！"（第二十二章）是老子引述古人的"言"，用来印证以"曲"为根据认识（则）"全"这一认识方法的合理性。[①] 与此类似的内容引述还有："悠兮其贵言：功成事遂，百姓皆谓我自然。"（第十七章）"故建言有之：明道若昧，进道若退，夷道若纇。"（第四十一章）用兵有言："吾不敢为主而为客，不敢进寸而退尺。"（第六十九章）

"言"作为传播的内容，包罗万象，指涉繁多，但也并非无法可循。老子提出了"言善信"（第八章）、"信言不美，美言不信"（第八十一章）的说法，亦即以"信"作为言说内容可靠性的保障。从字源学的角度来看，"信"的意思是使自己的一切行为自觉地接受自己的公开言词的规范和制约。[②] 只有每个人都能对自己的所"言"有"信"，人和人的对话与交流才能够获得合理性。孔子说："人而无信！不知其可也。"只有对"言"做出最基本的约束，才能获致"美言可以市，尊行可以加人"（第六十二章）的境界。

老子深刻认识到了"道"的传播过程所面临的困难，所以才无奈地表示"吾言甚易知，甚易行。天下莫能知，莫能行"（第七十章）。他认为他的学说非常容易理解和实行，但却由于传播过程中导致的意义扭曲而不能成功地将"道"的理念贯彻至天下。对于不能自主自觉地体悟"道"、接受"道"的人，只能采取"以言下之"（第六十六章）的传播方法，即让他们自己的意志和言论支配自己的意志和言论，[③] 并从中逐渐体悟到"道"的存在，即"自在自为"的"自然"传播之法。

归根结底，"道"的传播在普遍的意义层面上是需要"不言"的，但在现实的具体意义上却又需要具体的传播活动及相对应的传播内容通过实践"信言""善言"的原则来贯彻"道"。这正是"道"所包含的辩证思想的体现。正如西方研究老子思想的大家荣格在其自传《回忆·梦·思考》结束时所说的：当老子说"俗人察察，我独闷闷"的时候，他看到了并体验到了价值与无价值的本质，而且在其生命行将结束之际，希望复归其本来的存在，复归到永恒的意义中去。[④] "言"的终极目标是"不言"，传播的极致追求是不传播，也许在到达"言"的尽头时，"道"的真相便能豁然显现。

（本节执笔：薛世伟　谢清果）

---

① 杨润根：《发现老子》，华夏出版社，2003 年版，第 121 页。
② 杨润根：《仁义礼智信忠孝新论》，《江西财经大学学报》，2004 年第 5 期。
③ 杨润根：《发现老子》，华夏出版社，2003 年版，第 306 页。
④ 申荷永：《心理学理解的桥梁》，《读书》1996 年第 6 期。

第二节　可道与常道之间跃动着的老子言语传播观念

《老子》仅仅五千言，却字字真言，言辞义丰，幽深玄远。蕴含着朦胧却深刻的传播思想。在传播思想方面也有着与以儒家为代表的其他学派不同的特色，甚至导致一些人得出"道家反传播"的结论。本节我们着重从言语传播的角度借以管窥老子深邃的传播思想，以期达正本清源之效。

一、言语传播自有"道"

老子在言语传播方面有一组很严格的概念，"道"是老子在言语传播方面比较严格的感念。《老子》第一章开篇即有言："道可道，非常道；名可名，非常名。"在这里"道"就相当于现代哲学意义上的"范畴"，范畴是一切事物最具有基本意义的类型或范围。在老子的言语传播思想里，"道"是无法用语言传播来穷尽其意义的，更重要的交流和传播的意义往往不在于传播的过程中的"编码"，而是在于受众接收信息以后的"解码"，在于意会而非言传。因此在老子看来"道"是无法用言语说得清楚的，只可意会不可言传。这里的"可道""可名"指可以言说、能够名释的意思，即可以说得出来的道，就不是"常道"；可以叫得出来的名，就不是"常名"。"无，名天地之始；有，名万物之母。故常无，欲以观其妙；常有，欲以观其徼。此两者，同出而异名，同谓之玄。玄之又玄，众妙之门。"在这里老子把"玄之又玄"看作是宇宙和万物最基本的规律。这种"玄妙"不是可以通过言语传播可以解释清楚的。在这里老子实际上是提出了传播过程中"符号"和"意义"的非同一性。由于现实中存在着众多不可概念化的物象或事象，因而一切语言传播都不可避免地遇到"语义"解释的制约和"语义"传播的局限。语言是一个黑箱，里面承载的东西，也许未必是传播者心里所想的东西，即便是，在受传者的解读也未必是传播者的意图。语言符号永远不可能穷尽其全部意义，正如美国语言学家萨丕尔所说，"最清虚的思维可能只是无意识的语言符号的有意识的对应物"。[①]

二、传播过程中如何言"道"

《道德经》第四十一章中也有诸多对"道"的描述："上士闻道，勤而行之；中士闻道，若存若亡；下士闻道，大笑之。不笑不足以为道。故建言有之：明道若昧，进道若退，夷道若纇，上德若谷，广德若不足，建德若偷，质真若渝。大白若辱，大方无隅，大器晚成，大音希声，大象无形，道隐无名。夫唯道，善贷且成。"（第

---

① [美]爱德华·萨丕尔：《语言论》，北京：商务印书馆，1985年版，第15页。

四十一章）这说明老子并不反对言"道"，只是在如何言"道"上，老子有着自己独特的方式。他没有用明确、清晰的语言给予界说，而是用比喻的方式、描写性的语言、否定的句式，从侧面、反面来说明"道"。

老子虽然也没有明确地说怎样用有限的言语表达无限的"道"，但他的道不可道之"道"，看起来似乎自相矛盾，其实有其深刻之处。从语言传播看，它揭示了有限的"言"与无限的"意"的关系。提出了怎样用有限的"言"表达无限的"意"的问题。它还与审美和艺术的特征有某种内在的联系，对中国古典审美意识有着深远的影响。

从语言传播看，只要一切符合"言"的自然规律，不在"言"的自然性之外去刻意追求，就能达到最佳的传播效果。这便是老子所谓"不言""无为"的真正内涵。尽管"不言"在《老子》中是作为政治思想提出的，是一种为政之术，但综观老子有关言辩的论述，无论是政令传播中的"言"，还是一般语言传播中的"言"，老子的态度是一致的，他反对一切有为的"言"。反对花言巧语，提倡"清水出芙蓉，天然去雕饰"的语言传播，意在说明自然清纯的语言有着最好的效果。

老子有关语言传播的论述，说明老子对语言在人与人之间、人与社会之间的媒介作用是肯定的。不过老子观察语言媒介的视角与常人不同，老子不是从正面说明语言的文化功能，而是从反面，即从否定的方面揭示语言媒介的局限，让人们从否定的方面去了解肯定方面。

仔细领会老子语言背后的思想，我们不难发现，老子用否定的方法建立的对语言传播的认识，使我们对语言媒介可以有更清楚的了解。它促使人们对语言传播中言与意的关系、语言的美与真及美与善、语言传播的最佳效果等等这些问题做进一步的思考。他对语言传播的论述是带有批判性的，他的批判有点偏激，时有愤辞，但这种批判是相当深刻的。胡适曾评价老子"是他那个时代的最大的批评者，并且他的批评总是带破坏性的和反权威性的"。[①]

三、言语传播的"交流无奈"

语言符号一旦被人创造出来，便成为客观的独立的存在，这种客观存在往往不以人的意志为转移。在交流的无奈中，作者引用汉斯 - 乔治·伽达默尔的话这样描述语言符号的独立性。"口含一词欲说之际，你必须知道，它并非一般工具那样，要用不好即可弃之如敝屣。相反你却被它锁定在一个思路之上。这个思想来自远方，不在你驾驭之内。"[②]也就是语言符号有着自己的"道"。"道"，作为一个永恒的概念，

---

① 谢清果：《道家语言传播主体的求真意向》，《民办高等教育研究》，2008 年第 3 期。
② [美]彼得斯：《交流的无奈》，何道宽译，北京：华夏出版社，2003 年版，绪论第 1 页。

它所饱含的不仅仅是我们所能感受到的事物，也包括暗含在宇宙中的规律法则。这种规律法则是源自本然的，不是人所能主导的。

作为源自人类思维、人创造的符号——语言本身必然也存在着局限性。言语作为一种表达的工具，本身就是一种局限，语言是人类思维的产物，思维本身就不可能涵盖、表达所有的事物，并且作为传播媒介的言语在使用时往往已经带有了传播主体的主观色彩，这必然会导致言语表达的局限性。通过言语媒介固然能够和他人交流、彼此理解，也能够自我交流或内省式思考，但是言语毕竟不能包罗万象。

另外，受传者接收信息后所得传播效果如何不仅仅取决于言语本身，交流双方所处的传播情景也会影响交流的效果，并且言语传播中往往也含有某些"表演"的元素。这些非言语符号都会制约着传播的整个过程。非言语非常大的，正如美国心理学家艾伯特·梅拉别恩曾提出一个公式：信息的总效果 =7% 的文字 +38% 的音调 +55% 的面部表情。而老子在这里所说的"道"的广阔性和全面性更是我们无法触及的，因此言语在这个"道"面前也就显得更加无力。

四、言语传播的求真、趋善、臻美旨趣

言语传播主要是指使用语言符号所进行的交流和传播。语言包括口头语言与书面语言，亦即交谈中的言语和静态的文字。语言是人类所创造的符号，语言符号的出现标志着人的社会存在，但是，语言一旦被创造出来，就脱离了人类而独立存在，不以人的意志为转移。但是语言又是人们交往的最基本、最重要的媒介，是人类传播的最基本的符号系统，是维系人与人之间关系的基本纽带。因此，正如著名语言学家萨丕尔所说的："我们可以毫不犹豫地做出这样的结论：除了正常的言语之外，其他一切自主的传达观念的方式，总是从口到耳的典型语言符号的直接或间接的转移，或至少也要用真正的语言符号做媒介。"因此，在传播的过程中，传播符号的真实性、客观性，以及传播技巧历来是许多传播学家研究的问题。传播贵真，唯有此，才不流于庸俗。真的内涵实质上就是传播的客观真实性问题，既不要夸大事实，也不要缩小事实。故懂得传播原理的人，不空言，不高言，尊重客观，凡是不以人的意志为转移的客观事象，"存而不论"；凡是社会上的客观现象，则"论而不议"。①

在《道德经》中老子也多处提到在人际交流中语言符号的问题，在第八十一章中，老子直接论述了语言的真、美、与善的关系。"信言不美，美言不信；善者不辩，辩者不善。"就是说，在语言传播过程中，巧言令色、华美的言辞后面隐藏着不真实的思想，善于辞令的人也就不良善。老子坚决反对语言传播中的虚伪巧诈的手段。

---

① 常启云：《道家语言传播思想探析》，《新闻爱好者》2009 年第 8 期。

同时，老子要求传者要做到"善言无瑕谪"（第二十七章），就是说，说话要做到恰到好处，滴水不漏，没有让人有可指责的地方。老子以"人之迷，其日固久"为例，探讨当如何善言开导。因此，他把"言善信"作为上德者的人格要求，把"朴"、"真"等品质视为最高的理想道德，主张保持纯朴天真的自然本性，主张言辞要有信实的内容。主张大丈夫为人处世应"处其厚，不居其薄；处其实，不居其华"。当然，这里的"美言不信"不是否定"美言"，并不是把美与真、美与善根本对立起来，而是重在强调真诚的心灵的交往，胜过华美的语言，真诚相待，便是无声的传播。

老子对言语传播真与善的追求，正是力图矫正人们对"言"的规律性的背离，老子甚至认为，"不言"是最佳的传播效果，正是说明，人们对花言巧语的不信任，对"清水出芙蓉，天然去雕饰"的语言的崇拜。老子在这里并不是否定语言传播的价值，而是从批判的角度，来阐释了语言传播的局限性。

因此，在语言传播中，一方面，传播者要充分认识到言语的有限性，注意用恰当的表达方式，表现丰富的甚至是无限的意义，而不是一味地追求巧言；另一方面，华丽的语言下面可能隐藏着欺骗。"只要表意的载体不遮蔽我们的眼睛，我们就能够洞悉彼此的心灵和头脑。"① 因此，自然而言的"言"，才能使得传播交流取得最佳的效果。

五、言语传播的"无为而治"

道不可言的思想主要体现在对言语的把握程度上，分为不言和少言（慎言）。不言而传是传播的一种最高境界。

从受者的角度来说，通过"不用言语的传播"而获取信息，这其实是通过一种"领悟"的途径而获得信息和知识的过程。在《老子》多处提到"不言、无为"，这种"不言、无为"就是一种自我的领悟和理解，同时这也是一种顺其自然的传播方法，道家的无为与世俗的有为区别在是否利用后天社会所影响下的智慧、心机，即是否是运用一定的传播技巧进行有目的的传播。

从传者角度而言，这是传者在传播的过程中所使用的一种"不言、无为"的传播方法，同时在一定程度上可以说是身体力行的传播方法。"不言、无为"在一定程度上还有非言语传播含义，通过各种渠道比如行为、眼神等方法来完成传播和接受的，当然这个不言的关键就在于受众自己，这个不言之教实际上是一种消极传播和积极获取的过程。当然这样的传播势必会引起一些原意与理解上的偏差，但是这种无言的传播和接受，都是源自一种对道的悟，这也就是说这种无言之教的传播方式

---

① ［美］彼得斯：《交流的无奈》，何道宽译，北京：华夏出版社，2003 年版，第 59 页。

是一种自然的传播方式，会更加接近于受众，更加顺其自然。

"不言""无为"的传播观也是对于传播霸权的一种防治。人都有自己的思维立场和利害关系，那么人的言语也就向着这个方向发展，可是言语本身只是一种工具，不带任何感情色彩，是人对于语言的使用，使其在现实的使用中产生了是非曲直，而占据主导地位的也便是"是"和"直"，这就会产生话语霸权，而"无为而治、不言之教"的传播思想避免了这种机心的扩大和施加，也就使得传者和受众之间放在了一个平等的地位，在传播的过程中也就自然而然地顺从自然，顺从受众自身了。

"无为而治"，这其实已经带有很强的目的性了，不管通过何种途径他所要达到的目的就是治，不论通过什么样的手段所要达到的目的就是传。这种理想的实现必须依靠知识的传播，无论是什么样的内容，民自化、自正、自富、自朴都是一个接受的过程，就是对于"我"的行为的一个信息的解码过程，这个解码之后的就是所要传达的，不管其差距有多大，会有什么样的传播效果，这个目的却是明确的，不管言语与否，这确实是存在着而且这里也表达出来了，只是利用的手段不一样罢了。无为而有为，这个为在知识的传播上就是受众能够获取知识。

六、言语传播的"悟"

在言语传播方面，老子一直提倡"希言""不言"，且指出了以个体的重要传播方式"悟"。《老子》第二章曰："是以圣人处无为之事，行不言之教。"《老子》第四十三章称"不言"的传播效果是："不言之教，无为之益，天下希及之。"正如谢清果先生所言，"语言表述世界的问题上，道家意识到有感性之知、知性之性和悟性之知三个层面，且尤其欣赏悟性之知。悟性之知其实是'意义的盈余'，它并没有脱离符号承载的感性对象与知性之知，但它无疑是一种超越。"[①]

由于交流双方的文化背景、知识构成、言语表达习惯、言语表达技巧等各方面的不同，在交流的过程中，不免会产生偏解甚至误解时，领会便成为一种交流技巧和理解途径。老子讲求言语交际的"悟"的交流，也就是用自我的思维去理解传者的意思，去认识这个世界，但是不去表达论述，只是作为自己的一种认识而存在于自己的思维当中。"多言数穷，不如守中。"这里的"守中"实际上是"守冲"，中字即冲，意为无为，"无为"也就是一种不言不语的境界。在言语传播的过程中，对于传播是用另外一种传播方式来传播自己的意图，也就是前面提到的意会，"只可意会，不可言传"就是道理，而这里的"不可言传"，并不是传播学意义上的"不传""不可传"，而是通过非语言之外的其他的符号包括眼神、表情、动作等等，已经传播出

---

① 谢清果：《道家语言传播效果的求美旨趣》，《哲学动态》，2008 第 3 期。

去。而对于受传者来说，没有接受的具体的语言符号，但是却通过自我的思维去理解传者的意思，去认识这个世界，但是不去表达论述，只是作为自己的一种认识而存在于自己的思维当中，而这个"悟"也便是传播者与受众实现传播的一个最为重要的途径。

七、以受众为本位的言语传播

在传播体系中，传者和受众构成了整个传播过程的两极，两者之间既相互矛盾，又相互依存。所有的传播均包含着"传者与受者"的关系，传者发出信息，受者接收信息，传者发出的信息能否为受者所接受，直接决定着传播效果的好坏。因而对于传播效果影响因素的研究关键之处在于对受众的研究。如上所述，在四十一章中老子说："上士闻道，勤而行之；中士闻道，若存若亡；下士闻道，大笑之。不笑不足以为道。"老子在这里把受众分为三个层次，即所谓"上士""中士""下士"。"上士"对待正在传播过程中的信息——"道"的态度是理解其深刻内涵，然后身体力行，努力地付诸实践，依"道"而行；"中士"对待"道"的态度是，将信将疑或半信半疑，他们对真理认识不深，掌握不准，当然也就难以实行了；"下士"，他们过于浅陋鄙俗，对于"道"，原本就不打算认识它，也就无所谓接受它。

其实老子在这里指出了受众对于传播信息的选择性理解、选择性接受与选择性记忆的问题。人们由于各自生存的时空、文化背景的不同，造成个人"经验"上的差异，受众自然会对传者所传递的信息产生不同程度的理解。"士"的这种行为说明"道"的语言传播产生了传播者所预期的传播效果。"中士"将信将疑或半信半疑，"道"的言语传播的传播效果也是不确定的。而"中士"仍是属于"道"的传播过程中可以争取的那部分受众。最难以争取的是这部分受众是"下士"，是最顽固的受众。而老子最理想的受众当然是"上士"。

同时这也是"以受众为本位"的观念中，细分受众观点。受众是具有能动性的主体。不是应声而倒的靶子。言语传播的最终效果还是要看受众的选择和解读，而解读的过程又受到受众的社会背景、文化、意识形态的影响和制约。因此在传播的过程中，对不同的受众，进行分类，不同的受众使用不同的传播方式是传播的基本保证，这也是《道德经》给我们的重要启示。

综上所述，在言语传播思想方面，老子的传播思想是一种化消极为主动的传播，老子并没有否定语言在传播中的作用，只是以不同于常人的视角及其思想表述的方式对语言媒介进行了更深入骨髓的洞察，促使人们对语言传播中的"道"、传播内容的"真与善"、传播技巧的"无为而治"、传播方式的"悟"以及传播的受众本位观念进行进一步的思考。它肯定了语言在通达人我、人与社会关系上的媒介作用。"语言是一个黑箱，里面承载的内容，也许未必是我们的心里所想的东西，然而，大多数的时候，它还是能够协调我们的行动的。"①

从这种意义上来说，老子并非"反传播"，只是提倡传播重在受众的获取，而不是关注以一种何等高明的言论技巧去传播，既然言语不能传达一切，讲求意会与非语言传播，那么这个信息的编码和解码，也就是说传者的传播目的和内容与其传播效果可能会产生很大的差距，但是也会更加符合受众自身的思维习惯。

（本节执笔：刘文娟　谢清果）

---

① ［美］彼得斯：《交流的无奈》，何道宽译，北京：华夏出版，2003年版，第18页。

第六章　老子的非言语传播思想

　　语言与言语有着实质性的不同，《老子》之内容读起来会使人觉得是一个长者在对你侃侃而言，而不会有被训导的感受，因而，把《老子》之言当作言语更为合适。前文分析了老子之言语传播，但并未能全部概括其语言思想，因此对其非言语传播还需要分析补充。

　　宋昭勋先生在《非言语传播学》一书中提出："非言语传播是指赋予除言语行为和书写之外的一切社会行为及其语境因素以意义的过程。"[①] 完整的传播体系包括言语行为、非言语行为和语境信息，而非言语传播则包括非言语行为和语境信息。传播的过程是一个言语行为、非言语行为和语境信息综合作用的过程，把传播简单地划分为言语传播或非言语传播或多或少带有以偏概全的意味，现代传播研究者偏重于对言语传播的探索，而甚少对非言语传播进行研究，一是因非言语传播的研究难度太大，二则是实用主义的心理作用。

　　传播的过程也可以被视为"意义之流动过程"，而这一流动过程依赖于言语因素和非言语因素及语境信息的综合作用，然而因语言之局限性甚大，语言所能表达的意向之有限这一缺点，并非言语本身所能克服，而只有通过非言语行为和语境信息来弥补。人的心理意向是多变的，而言语一旦说出则不可更改，正所谓说出去的话如泼出去的水，一旦话语出口即不可更改，而要以这种相对静态的语言来表达动态的意向只能说是勉而为之。其次，人的意向是复杂多向的，而话语一旦出口便有某种针对性，因而言语所表达的仅为意向之一向，可谓鲜能及之。而这一点如海明威在《午后之死》中所提出的"语言冰山理论"，即冰山在海里移动威严壮观，这是因为它只有八分之一露在水面，而浸没水中的却有八分之七。人的言语和心理意向之间也具有类似的关系：言语所表达的也只是心理意向的八分之一，而传播的本意是要真实、及时、完备、有效地传播信息，这剩下的八分之七则只能依靠语境信息和

---

　　① 　宋昭勋：《非言语传播学》，上海：复旦大学出版社，2008年版，第34页。

非言语信息来传达。

第一节 老子的非言语传播思想

从道家语言传播的整体来看道家显示出来的语言观应当是超语言学的而非反语言学的①。这种超语言学的传播观正是非言语传播的表现形式。

一、老子非言语传播思想研究现状

"圣人处无为之事，行不言之教。"（第二章）"邻国相望，鸡犬之声相闻。民至老死，不相往来。"（第八十章）几乎所有关于老子反传播的研究都以这两句话为理论基础，认为无为、不言就是不参与社会活动，不与人交往沟通，因此，老子的宗旨就是反传播。然而这些研究者不懂得：无为不等于不为，不言不等于息言，老子一书很多内容都从事物和现象的反面来论述，因此对于其语言所包含的意义也需要考察其话语环境才能做出判断。语言学家塞尔认为"说话就是做事，意义就等于某种行为"②，若是不理解"无为"和"不言"的意义，就妄下结论的话，那岂不与老子本意南辕北辙了。

无为作"事"的定语，说明无为是为的另一种形态，不言做"教"的定语说明不言是一种教法，这种教法不是通过言语来教化民众，而是通过非言语传播来达到教化的目的。

由于道家对于语言符号暧昧性和多义性的认识，道家给予非语言传播领域以充分的认识③。语言和行为的关系远不如本体和影子那么密切，语言如一个容器，但这个容器却盛不了思想这么庞大的物体，因而以非语言这一传播的弥补功能就是不可或缺的了。"五色令人目盲，五音令人耳聋，五味令人口爽，驰骋畋猎令人心发狂，难得之货令人行妨。是以圣人为腹不为目，故去彼取此。"（第十二章）音、色、味、行都能自成体系，随便其中一种在自我调节下都能产生众多的子系统，都会显得无比复杂、让人手足无措以致无所适从。而传播作为一个系统，作为一个立体式、复合式的独立环境，所要实现的效果便是让这一切显得更加直接、简单、真实，因此非语言的色、味、行与代表语言的音是处于一个平等的级别里面，这四者之间既互相排斥又互为条件，既互相区别又互相统一。而老子把这四者并列论述，要论述的只是语言的一般规律，但从传播学的立场分析，他所要体现的也就是这个道理。

---

① 余晓莉：《反传播还是愚民政策》，《阜阳师范学院报（社会科学版）》2004年第1期。

② John. R. Searle . *Speech. Act*, Cambridge: Cambridge university press, 1969. P17.

③ 余晓莉：《反传播还是愚民政策》，《阜阳师范学院报（社会科学版）》2004年第1期。

二、非言语传播的作用

非言语交流不仅具有言语交流所具有的补充言语信息、替代言语信息、强调言语信息三种功能，还具有否定言语信息、重复言语信息、调节言语信息等功能[1]。

法国的传播学家 LucienSfez 在《传播》一书中把传播分为再现式传播、表现式传播和混合式传播三种。再现式传播主要通过语言来实现，而表现式传播则要通过语言和行为乃至语境的综合作用来实现。他把再现式传播看作一个动态的过程，而把表现式传播看作一个立体的系统，从思想的脉络来看，这是一个原创性的思想，具有系统综合特征。撇开对其理论的批判，而从他的理论思维来分析传播的话，非语言传播自然而然地归属于表现式传播这一系统之中。然而 Sfez 认为真正的传播是混合式的传播，即现实的传播是再现式传播与表现式传播的共时性作用。混合式的传播无时不有，无时不在，表现式传播作为其中的一个部分，也是无时不在的。非言语传播从属于表现式传播也时刻与表现式传播同在，其作用也是不可忽视的，但由于其隐蔽性使其本身经常被忽略。陈原认为社会交际常常混合了语言与非言语这两种工具，所指就是这种现象[2]。"天下之至柔，驰骋天下之至坚。无有入无间，吾是以知无为之有益。不言之教，无为之益，天下希及之。"（第四十三章）语言一出口便具有某种针对性，所谓一言既出，驷马难追，可见语言是一种刚性的力量，这种刚性的力量愈强大，其所受的阻力便也越大，而不言这种柔性的力量却能攻无不克、无孔不入。而这也就是老子全书都在宣扬的"柔弱胜刚强"的道理。非语言传播具有语言传播难以企及的作用，他无处不在，语言传播在的地方它在，语言传播到达不了的地方它也在。不言之教、无为之益，天下希及之，诚如斯言。

非语言传播与非言语传播也有着本质上的区别。宋昭勋认为非语言传播指的是自然界的信息收发过程，而这些信息既被人类所接受，也促使人类对之做出反应[3]。若以自然界为一大传播环境的话，那么自然规律、生态变迁、社会进步等信息时时刻刻都在运动着，而生活于其中的人类则有意无意地感受着这些信息，这些信息一旦内化为人的思想时，人就能发挥出巨大的潜能。也如老子所言："道冲，而用之或不盈。""天之道不争而善胜，不言而善应，不召而自来，繟然而善谋，天网恢恢，疏而不失。"（第七十三章）自然界不使用语言，也不需要用语言来传播，因为它本身就是一个传播大系统，而它所传播的信息则是人类所需要的，它以一种非语言的方式传播着人类最急需的信息，处于这个系统内部的一切事物都是它的受众，都必

---

①　洛雷塔·A.马兰德罗，拉里·巴克：《非言语交流》，北京：北京语言学院出版社，1991 年版，第13—15 页。

②　陈原：《社会语言学》，上海：学林出版社，1983 年版，第 177 页。

③　宋昭勋：《非言语传播学》，上海：复旦大学出版社，2008 年版，第 46 页。

须接受它的传播。吕惠卿解释道："天何言哉？四时行焉，百物生焉，其行其生，未尝差也。故曰，不言而善应。"[1] 对于人来说，自然界（天地）之传播目的是让人更好地生活，因此人要善于接受这种传播，对传播做出有益于自身的反应。然而，对于自然界本身而言，传播则是它自身的一种状态，一种维持存在的运动而已，它并不具有太多的主观意向。"天地不仁，以万物为刍狗；圣人不仁，以百姓为刍狗。天地之间，其犹橐籥乎？虚而不屈，动而愈出。多言数穷，不如守中。"（第五章）天地间之万物其本质是一样的，而天地万物对人的价值是不同的，人类之主观的价值判断在以非语言的方式表现出来的时候，自然的非语言传播与语言传播的异同就立刻凸显出来。而老子在这些章句中以"不言"做出的陈述则明白地体现了这一观点。

第二节　老子对非语言传播的批判

非语言传播与语言传播共同构成了传播体系，而它们之间既互相区别又互相联系，由于在大部分传播情境中两者同时存在，我们很难给它们画出一道清楚的界线。

和语言传播一样，非语言传播也是优点和缺点并存的，甚至可以说其缺点和优点一样明显。首先，如果脱离了语言，非语言传播几乎传达不出抽象的、形而上的信息，而这些信息却正是人类特点赖以体现的基石。亦如德国诗人斯蒂芬·格奥尔格所说："语言破碎处，无物存在。"其次，非语言传播比语言传播具有更大的不确定性，脱离了社会文化背景和时空环境的作用，它更具有迷惑性和误导功能。

在非语言符号传播的末端，受众要取得非语言符号所承载的意义时，仍然需要借助语言符号的解释[2]。熵——热动力学的第二条原则也适用于非语言传播系统。该原则涉及一个系统的熵，它是物理系统元素排列的非确定性的量度；程度的增加可以导致失序，致使系统解体，即热能不是全部都可以被利用的，其不可用的热能可以用热能除以温度所得的商数来量度，这个量叫熵。[3] 在这里我们可以看到由于非语言传播本身的不确定性有着让整个传播系统陷入危机甚至解体的危险。老子认为："知者不言，言者不知。塞其兑，闭其门，挫其锐，解其纷，和其光，同其尘，是谓玄同。"（第七十三章）知者之不言就需要听者之意会，而这一互动如果不是发生在现场的话，听者就失去了语境的辅助，失去了语境辅助之信息则丧失了其真实性。以言代物导致言者不知，语言所传播出来的信息没有非语言的补充则失其完整

---

① 吕惠卿：《道德真经传》，熊铁基，陈红星主编：《老子集成》（第二册），北京：宗教文化出版社，2011年版，第688页。

② 齐沪扬：《传播语言学》，郑州：河南人民出版社，2000年版，第32页。

③ 新华词典编纂组：《新华词典》，北京：商务印书馆，1980年版，第733页。

性，而这两点却恰恰是传播所追求的效果。因而，塞其兑，闭其门，挫其锐，解其纷，和其光，同其尘，便是对非语言传播缺陷最直接的解决之道，亦即玄同之道。美国学者梅瑞宾有一个著名公式：信息总量 =7% 的言词 +38% 的副语言 +55% 的体态语①，即非言语传播占言语传播的 93%，但一直没受到重视。陈鼓应先生对玄同的解释是："玄同，玄妙齐同的境界，即道的境界。"② 这种玄妙齐同便是追求所受信息与所传信息的一致，也就是传播学追求的最高境界。

　　由此可见，非语言传播的缺陷在于不能与语言传播分开，在于对语境的依赖，也就是老子所言之知者不言，言者不知。因此要达到传播学之最高"玄同"境界，我们还需要和光同尘，挫锐解纷。

　　综上所述，我们可以做如下小结：

　　海德格尔曾说过："因为词语和语言绝非什么事物都可以装入其中赖以交谈和以书写方式进行交流的外壳，事物在言辞中、在语言中才生成并存在起来。"③ 人的存在必然追求意义的存在，而意义的存在则必然诉诸语言及形而上学的发展，在整个过程中语言传播所担负的任务可分为两个方面，一是意义的建构，二是意义的传播。因此关于语言传播的研究其实不单单是传播学的任务，从某种意义上说，它也是哲学研究和语言学研究义不容辞的责任。

　　《老子》语言传播思想研究正是立足于这一理论基础，通过纵向历时和横向共时的研究方法，对这一命题进行跨学科交互式综合和分析。故此，我们以《老子》文本内容为理论骨架，以语言学分析法则和研究方法为支撑，以传播学的最新研究方向为指向，分析了老子语言传播思想产生的时间、空间和社会文化背景；老子语言传播思想的建构体系中的传播主体、受众及其达到的传播效果；老子语言传播思想的哲学话语面向、政治学话语面向、修辞特点和传播效果分析方法以及其所涵盖之非言语传播思想。分析本论文之研究过程，则可发现本研究具有如下几个特点：

一、从多学科交互式结构更宏观的角度丰富了语言传播学理论

　　道家传播思想是中国传播思想的重要组成部分，关于道家语言传播的理论成果也非常多，但真正把道家语言传播思想作为研究体系的理论成果却尚未面世，以老子语言传播思想为框架的，本篇尚属首例，因此本篇综合老子的语言观，分析了老子哲学思想中所包含的语言传播内容，以及这些内容的地位和作用。这些分析不但对中国语言传播学的发展是一个补充，对传播的中国化和传播学的发展也是一个

---

① 转引自宋昭勋：《非言语传播学》，上海：复旦大学出版社，2008 版，第 18 页。
② 陈鼓应：《老子今注今译》，北京：商务印书馆，2005 版，第 183 页。
③ 海德格尔：《形而上学导论》，雄伟，王庆节译，北京：商务印书馆，1996 年版，第 15 页。

尝试。

二、在方法论上，融横向共时研究和纵向历时研究于整个研究过程之中，合定量分析和定性分析于各个章节之中

研究过程中，本篇尽量做到横向共时研究的方法和纵向历时研究的方法相结合，定量分析和定性分析的互补。方法是为研究而服务的，本论文的研究内容决定了研究过程中需要融合两大方法于一体。当然从粗略的划分来看，横向共时研究主要用于对《老子》的文本解析，纵向历时研究的方法主要用于对于《老子》内容的注释整理上；定量分析主要体现在对《老子》内容的选取上，定性分析则体现为对传播学研究方法的运用。

三、在研究过程中，有如下新发现

（一）从语言学角度分析，《老子》一书多处论点使用的是模糊指认，但由于指认对象的特性使得这种指认成了真正的精确指认。即老子之模糊指认是哲学之精确指认的表达方式。

（二）老子对语言传播既不持辩护的态度，也不持反对的态度，而是坚持一种理性的批判观点。

（三）老子对带"不"字的否定句型非常重视，这一特点需要从老子之思想特质加以理解，是与老子之"贵柔、守雌"的意旨相一致的。

总而言之，老子语言传播思想是对语言传播思想研究的一次尝试和补充，它体现了传播学所具有的开放性和强大的融合能力，而这两个特点也正是传播学虽然历时不长，但影响力极大的根本原因，因此，语言传播作为传播学的主要部分，充分发挥这两个特性，促进传播学的继续发展，并发挥其应有作用，体现其应有地位，是一件刻不容缓的任务。[①]

（本篇执笔：林啸　谢清果）

---

① 本篇系在林啸（现为广东医科大学人文与管理学院老师）硕士学位论文基础修改而成。

第三篇　老子的健康传播智慧

第一章　老子对生老病死的健康传播思考

生老病死本是人之常情，然而老子却于其中看出道的韵味。人出生时的婴儿状态其实是人生的最佳状态，也是成人以后需要不断复归的状态，这种状态正是人健康的状态；物壮而老，过了青壮年就进入老年，老子启发世人，通过养生，人可以在相当程度上保持身心的柔弱，延缓衰老，即便到人死的时候，依然成就"死而不亡者寿"的精神不朽。而贯穿老子健康传播思想始终的是"没身不殆"的追求，人可以凭借自己养生有道而获得生命的质与量的最大化。

近年来健康问题越发引起社会的关注，健康传播的理念已从单纯传递健康知识和健康技能转变到传播健康知识、健康心理、健康文化三位一体的综合传播观。在这个过程中，世界卫生组织发挥了重要作用，该组织给予"健康"定义以更深刻丰富的内涵，认为健康是身体上和精神上的完好状态，以及良好的社会适应能力，而不仅仅是没有疾病和衰弱的状态。一个人只有在躯体健康、心理健康、社会适应能力良好和道德健康四个方面都健全，才是完全健康的人。因此，健康是指人体与自然环境和社会环境的动态平衡，是一种躯体、精神和社会的完满状态。

老子可谓中国养生学的创立者，之所以给予这样的评价是因为他第一次从理论的高度给人们的养生健康活动树立起一种高尚文明的目标——以道养生，养生有道。有学者指出："理论是一个治疗的场所——一个我们能够想象可能的未来的地方，一个可以用不同方式生活的地方。但是……理论不是天然地具有治疗、解放或变革的功能。只有我们要求理论发挥这些作用，并指引理论化进程向着这个结局发展，它的功能才会实现。"[1] 老子的健康传播思想也一样，如果我们没有去挖掘它，阐发它，那么这种健康传播的智慧就是潜在的，可能的，而不是现实的。从当代的健康传播

---

① ［美］帕特丽夏·盖斯特 - 马丁、艾琳·伯林·雷、芭芭拉·F.沙夫：《健康传播：个人、文化与政治的综合视角》，北京：北京大学出版社，2006 年版，第 7 页。

学视角来看，老子的《道德经》蕴含着丰富的健康传播思想。本章着重以个体生老病死的养生健康为基础，来考察老子健康传播观，我们发现老子传播的健康观相当程度上与当代的健康传播观念是相同的。老子不仅仅教导人们一些健康知识，如"动善时"（第八章），即养生有时；"知止不殆"（第四十四章），即养生有节；"味无味"（第六十三章），即养生有法。难能可贵的是其中还蕴藏有"健康储蓄"的观念。例如老子在第七十一章中说："夫唯病病，是以不病。"只有防病治病才能保持健康。他还启发世人当自强不息地培养健康素养，通过人自我身心以及人与自然、人与社会的全面协调来实现自我的健康。例如老子在第三十五章中说："执大象，天下往。往而不害，安平太。"大象即道，用道来养生，自我与他人都安宁、平和、康泰。下文尝试深入系统地加以分析。

第一节　出生入死：老子健康传播思想的自然人文主义特质

老子深刻地意识到从人的出生到死亡的过程中保持健康是第一位的。他明确提出了"出生入死"（第五十章）的自然生死观。韩非子解释说："人始于生而卒于死。始之谓出，卒之谓入。"[①]因为人始于生而终于死，这是人之常情。苏联学者杨兴顺说："生死相循是'道'的自然法则之一。老子认为：人类社会上有三分之一的人走向生的自然繁荣；有三分之一的人走向自然的死亡；还有三分之一的人由于违背了生的自然性：即违背了'道'的法则，去做力所不逮的事，因而过早死亡了。人只有不做力所不逮的事，遵循生的自然趋势即清静无为地对待生活，才能正常地生活。"[②]"出生"，即"道生之"，生命由"道"创生，"入死"是"死而不亡者寿"（第三十三章），生命回归于"道"。"道"是健康的理想境界，因为它永恒地"独立不改，周行而不殆"（第二十五章），大有"天行健，君子以自强不息"的气势。老子以圣人作为行"道"的典型，他们就是"圣人不病，以其病病，是以不病"（第七十一章）。有道的圣人是不生病，因为他们以病为病，主动地了解疾病、防范疾病，所以能保持健康。因此说，圣人俨然就是健康传播者的形象。不过，"出生入死"也可以理解为"人偏离生路，就走进死路"。汉代的河上公就注解说："出生为情欲出于五内，魂定魄静，故出生。入死谓情欲入于胸臆，精神劳惑，故死。"[③]如果我们把"生"理解为"健康"，"死"理解为"不健康"的话，这句话就可以理解为：健康源于自我对自己情欲的理性控制，精神安定；不健康则是情欲扰乱自我情意，精神昏乱。其实，根据

---

① 张觉等撰：《韩非子译注》，上海：上海古籍出版社，2007年版，第217页。

② 杨兴顺：《中国古代哲学家老子及其学说》，杨起译，北京：科学出版社，1957年版，第43页。

③ 强思齐纂：《道德真经玄德纂疏》，《中华道藏》第10册，华夏出版社，2004年版，第124页。

健康传播的"知—信—行"模式，人首先当树立生命是源于道，生命的健康运作必须依赖遵循道的法则这一观念。其次，人在知"道"以后会有三种不同的反映，即"上士闻道，勤而行之。中士闻道，若存若亡。下士闻道，大笑之。不笑不足以为道"（第四十一章）。上士犹如传播学者罗杰斯创新扩散理论中的早期采纳者，他们往往具有较高修养，眼界高阔，自律意识强，能够及时应对不确定性因素，且果断地采取行动。他们一听说健康在于自知之明、自常之明、自胜之明、见小之明……于是坚持"惟道是从"，故而能及时防病治病。中士听说了健康道理，成为早期追随者，但他们往往难以坚持，三天打鱼两天晒网，最后不了了之，或许在疾病来临时方有所悟。老子曰："信不足焉，有不信焉。"（第十七章）对健康知识没能坚信，就没能坚定执行，信不足，有所不信，自然在行动上就打折扣。下士则不把健康当回事，迷信自己的身体，认为疾病与自己无关，或不相信医院医生能够治疗他的病，讳疾忌医，于是大笑那些天天坚持锻炼保健的人、注意饮食健康的人，正因为他们的笑更显示了健康传播之道的奥妙所在。因此老子的健康传播观强调世人的自知、自信、自行。帕特丽夏等倡导的"健康公民（health citizenry）"[1]概念在于呼吁世人积极地参与到有关健康的活动中去，争取作为社会公民的责任与特权。因为公民的健康是一切政治的基点。老子提出"益生曰祥"的命题。这个命题从个体而言，行为有益于生命，这是吉祥的事，也是健康传播的要义所在，即把健康作为自己的行为准则；从社会而言，个人的行为尤其是施政的行为当有益于他人的生命，这也是件祥和的事情。从健康传播的观念看，健康是一切组织与个人行为的出发点与归宿点，也是一切行为最终的评判标准。

　　人出生发后，如何保持健康是人类的重要命题。老子对此给出了自己的答案。老子从自然界和社会的现象入手指出："人之生也柔弱，其死也坚强。草木之生也柔脆，其死也枯槁。故坚强者死之徒，柔弱者生之徒。"（第七十六章）生命的健康状态当是柔弱的，而死亡（不健康）的状态是坚强的。因此，人要保持健康当努力做到保持柔弱。人在生命历程中不得不面对由婴儿的柔弱到老人的腿脚不便。婴儿能够"骨弱筋柔而握固。未知牝牡之合而全作，精之至也。终日号而不嗄，和之至也"（第五十五章）。柔弱是精气饱满的体现，是生命活力的展现。因此，老子要求世人一方面时常观想婴儿小孩的情景，让自己保持一颗童心，实现精神养生。老子提出"含德之厚，比于赤子"（第五十五章）的命题，启发世人不断涵积道德，回归赤子之无欲不争的良好心境。他进而指出，人生当"知其雄，守其雌，为天下溪。为天

① ［美］帕特丽夏·盖斯特 - 马丁，艾琳·伯林·雷，芭芭拉·F. 沙夫：《健康传播：个人、文化与政治的综合视角》，北京：北京大学出版社，2006 年版，第 9 页。

下溪，常德不离，复归于婴儿"（第二十八章），通过生活中的谦让无为，心平气和涵养如百川归大海的气魄，来累积德性，自然会有婴儿的精神状态。这种状态是"众人熙熙，如享太牢、如春登台。我独泊兮其未兆，如婴儿之未孩，儽儽兮若无所归"（第二十章）。众人沉迷于享乐的时候，我却独自心态平静如同婴儿不懂得嬉笑，内心虚空，无所依傍。另一方面要时常通过运动包括动功和静功等方面来保持身体的柔弱，不断增强身体气机的通畅，延缓衰老。正如老子所提出的"专气致柔，能婴儿乎？"（第十章）老子深切地感到世人的健康行动往往是半途而废，于是他呼吁世人"民之从事常于几成而败之。慎终如始，则无败事"。（第六十四章）人们如果能坚持以抟气来使自己的身体柔弱有活力，以至于如婴儿一般。老子所以用疑问口吻，正是因为他希望世人能够"自胜者强"（第三十三章），做个能够战胜自己惰性的强者，始终如一，效果才会明显且巩固下来。唐玄宗注"出生入死"曰："了悟则出生，迷执则入死，此标尔。"成玄英亦疏此句曰："出生者，超凌三界，出离死生。入死者，沉沦三涂，没溺生死。"①这两人都从精神境界的超越来阐释出生入死，认为生命的至佳状态当是对生命的洞彻，而沉迷名利财色者入于死之地。

第二节　物壮则老：老子健康传播思想的规避指向

当人成长至青壮年时，老子警示世人曰："物壮则老，是谓不道，不道早已。"（第三十章）老子以物与道对举，阐明物由壮而老是物之自然，而对道而言，则不然，道自身始终保持柔弱，循环往复未曾停滞，故不老。老子在第四章中说："道冲而用之或不盈。渊兮似万物之宗。……湛兮似或存，吾不知谁之子，象帝之先。"道之冲乃道之虚，不盈就是不走向反面。正是如此，道在上帝之前就存在。焦竑说："壮之必老，物无不然者。惟有道者成而若缺，盈而若冲，未尝壮，故未尝老，未尝死。"②老子希望世人能够逆生命由壮而老的轨迹，通过自己的性命双修从而相当程度上克服一些无谓的衰老，以尽其天年。因此他告诫世人：人一旦到壮年就意味着衰老的脚步越来越近了。因此青壮年时不能逞强，而忽视对生命的保养，有些自恃其能者反而是有伤于生命的自然。其实，人生的每一个阶段都有其注意的地方，都有其养生的不同要领，需要人们去自觉把握和运用，这才是有道者的表现。有道者能够将生命掌握在自己手里，轻松自如地享受生命的快乐。

当然老子所说的"物壮则老"（第三十章）也表明了人的一般生命规律，即人在

---

① 强思齐纂：《道德真经玄德纂疏》，《中华道藏》第 10 册，北京：华夏出版社，2004 年版，第 124 页。

② 焦竑：《老子翼》，《中华道藏》第 12 册，北京：华夏出版社，2004 年版，第 824 页。

青壮年之后，便是老年了。老年将逐步走向死亡。老子明确指出："民至老死，不相往来。"（第八十章）老子肯定人是要死的，不过正常的死亡是"老死"，即尽其天年，到了天命之年，无疾而终是人之常情，任谁也阻碍不了。老子的健康传播观不同于后世的道教认为人可以长生不死。他只不过强调人可减缓死亡，可以提升生命质量，过健康人生。

第三节　圣人不病：老子健康传播思想的指导原则

老子曰："知不知，上；不知知，病。夫唯病病，是以不病。圣人不病，以其病病，是以不病。"（第七十一章）这句话可以做如下臆解：知道自己还有不知道的人是高尚的（或者上等人）；不知道自己应该知道的人处于病态。唯有把病当病来对待，不讳疾忌医，这种思想观念上的病（缺点、不足），是心病还需心药医，不服心药徒枉然。因此只有从心态上重视它，才能彻底地消除病根。圣人不同于常人之处正在于他不患病，这是因为他始终重视疾病产生的病因，消除病因，自然不病。老子这种思想影响着后世的中医养生，形成了"治未病"的预防医学理论。传统中医学历来强调保养生命需要防微杜渐，不治已病而"治未病"。《黄帝内经》就提出："是故圣人不治已病治未病，不治已乱治未乱，此之谓也。夫病已成而后药之，乱已成而后治之，譬犹渴而穿井，斗而铸锥，不亦晚乎！"[1] 深入分析，我们不难知道老子在第七十一章中提出了"不病"的认知论基础，即"知不知"。他扩展了人们的病因观，认为"不知知"是一种"病"，这个命题震古烁今。可见，老子对病的看法不局限于身体的疾病，而且包括精神和观念上的病态。接着老子提出了"去病"之方，那就是"夫唯病病，是以不病"。只有把病当成病，正视这种病，着力去防去治，病自然就不会发生，即使发生了也会治愈。老子不是从表面上的受冷受惊等原因去探索病因，而是直接从根本上、源头上杜绝疾病发生的可能。他提出的"知不知，上，不知知，病"的命题，历来为学道者重视。对该句的理解上，大体上分为三种：其一，如宋代女道士曹道冲的解释是："虽知，谦而曰不知，是实胜于名，故为上。不知，而曰知，是名过于实，故为病。"[2] 元代张嗣成认为："知之为不知者，自谦；不知为知之者，自昧。能病自昧之为病，是则知害而不害。"[3] 高亨也是这么解读的："本来知道而自己认为不知道，是上等。不知道而自己认为知道，是病。"[4] 老子行事一贯有一种

---

① （清）高士宗：《黄帝内经素问直解》，孙国中，方向红点校，北京：学苑出版社，2001年版，第13—14页。

② 严灵峰辑校：《老子宋注残丛》，台北：台湾学生书局，1979年版，第36页。

③ 张嗣成：《道德真经章句训颂》，《中华道藏》第12册，北京：华夏出版社，2004年版，第527页。

④ 高亨：《老子注译》，郑州：河南人民出版社，1980年版，第151页。

风格，那就是"慎终如始，则无败事"（第六十四章），体现在治病防病上也是如此，即"病病"，把病当回事，严防死守，不给疾病以任何机会。何以既已知道却认为不知道，这是一种求知的良好心态，因为道无止境，人的认识也是无止境，今天认识到的真理也仅是特定时空下的有条件的正确，换成彼时彼地，则可能是谬误，如果还坚持原来的认识，会给自己的事业和生命带来危险。何以不知道会以为知道，这一方面是强不知以为知，是一种粉饰，是一种虚荣心在作祟；另一方面是认识的局限，那就是只知道了某一方面却自以为自己完全知晓，自己还蒙在鼓里，这种情况是十分危险的。孙以楷先生曾指出："悟道的人，不管知识如何渊博，总会自觉自己还是无知。知识愈多愈感到无知，愈发感到需要认识学习的东西太多。正因为如此，他们会如饥似渴地求知，永不停息；他们会真诚在感到自己的无知（不是虚伪作态），这才是思维健康（无病）的人。"①其二，马王堆帛书原文是"知不知尚矣。不知不知，病矣。"②汉代士人对此句的理解当如老学研究专家黄友敬先生的解释："知道自己不知道的，高尚啊！不知道自己所应知道的，患病啊！"③从动态来看来，能够主动去求知，始终处于旺盛的求知状态，这样，未知不断地转化为已知，这是件多么高尚的事。一些俗人却相反，平常对疾病无所防范，不知道自己应当知道防病治病的技能，这样一到病时束手无策，延误病情。古代士人有一种可贵的追求就是"不为良相，便为良医"，甚至认为不学医乃不孝，因为不学医，父母病无以照顾。可见古代在价值观念上是认同常人当有一定的医学知识，不仅能自救，还能救人。其三，无名氏所著的《道德真经解》中有这样的解释："道本无知也，以无思无虑而知道矣，故曰知不知，是谓真知。能知不知之知者，其知尚矣。不知不知之道，而昭然有知者，高谈妙论，以究本穷元，其知病矣。唯知知病为病而忘其知者，是以不病也。"④这位作者把知的内容理解为"道"，即"不知"为"道"，"道"是不知之知，这样"知不知"，即知"道"。相反，那些不知"道"的人却高谈阔论，这是知之病。作者希望世人能够超越知病为病的一般境界，而应当臻至"忘知"而不病。曹道冲说："能知病为病，则终为不病。圣缘何不病，圣人知病为病，终日循省，是以不病。"⑤

第四节　死而不亡：老子健康传播思想的终极目标

老而死是任何人也逃避不了的。只不过，"死而不亡者寿"（第三十三章）。人的

---

① 孙以楷：《老子通论》，合肥：安徽大学出版社，2004年版，第554页。
② 尹振环：《帛书老子再疏义》，北京：商务印书馆，2007年版，第185页。
③ 黄友敬：《老子传真》，海峡文艺出版社，1998年版，第464页。
④ 无名氏：《道德真经解》，《中华道藏》第12册，北京：华夏出版社，2004年版，第36页。
⑤ 严灵峰辑校：《老子宋注残丛》，台北：台湾学生书局，1979年版，第36页。

肉体是不可以永恒的，但人的精神是可以永垂不朽的。老子希望世人不要为健康而健康，而且是人能健康地为人民服务，这样人死后还会为世人所怀念，活在人民心中。因此老子并没有简单地把人生命的长久当成"寿"，而是把人生命的影响力当成"寿"的基本要求。同时老子还把人的一生自始至终没有危险，没有陷生命于危险之地，即"无死地"（第五十章）视为生命质量的最高体现。

老子健康传播思想的特点在于明确将生死作为考量人们自身行为是益生还是害生的标准。他不厌其烦地启发世人通过合乎自然的方式处理一切关系，以便安顿自己身心。老子曰："谷神不死，是谓玄牝。"（第六章）宋代刘骥解释说："灵枢经云：天谷元神，守之自真。言人身中，上有天欲泥丸，藏神之府也。中有应谷绛宫，藏气之府也。下有灵谷、关元，藏精之府也。天谷者，元宫也。乃元神之室，灵、性之所存，是神之要也。圣人则天地之要，知变化之源，神守于元宫，气胜于牝府，神气交感，自然成真。真合自然，与道为一，而入于不死，不生；故曰：谷神不死，是谓玄牝。玄，天也；牝，地也。人之形体，法象天地，所以灵枢以天欲泥丸元神之室，为元宫，以绛宫关元精气之府。玄牝者，神气之所要会也。"[1]古代中医学认为人的元神在头部的泥丸之中，气海在于中丹田之中，精府在于下丹田之中，此三者交合则人康健。当然，其中神是统领全局的，因此，只要保持元神的活力则天地相合，精气畅流，身体和顺。因此所谓"不死"是指人的精神状态保持充盈的活力，能够统御自己的身心活动，从而导向健康。然而，生活之中"强梁者，不得其死"（第四十二章）的情况比比皆是。强梁者何种人呢？汉代河上公曰："强梁才谓不信玄妙，背道叛德，尚势任力也。不得其死，谓兵刃所伐，王法所杀，不得以命死也。"[2]健康之道是来不得半点意气用事，顺之则昌，逆之则亡。强梁者不识自己身体状况，或无视自己身体，勉强而为，或肆意妄为，作奸犯科，自取死地。因此，老子曾感叹说："出生入死。生之徒，十有三。死之徒，十有三。人之生，动之死地，亦十有三。夫何故？以其生生之厚。盖闻善摄生者，陆行不遇兕虎，入军不被甲兵。兕无所投其角。虎无所措其爪。兵无所容其刃。夫何故？以其无死地。"（第五十章）常人中能够尽其天年者不过十分之三，中道而夭者占十分之三，因自己行为招来身亡之祸的亦占十分之三，那么剩下的十分之一当是修道而行，懂得趋避，甚至无形中以道而延长了寿命，即修道养寿的人。其实，修道者多如牛毛，得道者凤毛麟角！因此老子极力地刻画出善于养生者的神奇功能：行走不遇兕虎而免为其角爪所害，入于战争之地而不至于为刀刃所伤。《庄子·秋水》亦有言："知道者必达于理，达于

---

① 严灵峰辑校：《老子宋注残丛》，台北：台湾学生书局，1979年版，第77页。

② 范应元撰：《老子道德经古本集注》，《中华道藏》第11册，北京：华夏出版社，2004年版，第531页。

理者必明于权，明于权者不以物害己。至德者，火弗能热，水弗能溺，寒暑弗能害，禽兽弗能贼。非谓其薄之也，言察乎安危，宁于祸福，谨于去就，莫之能害也。"林希逸分析说："察安危，定祸福，谨去就，便是道。"①知"道"者必是知常达变通权之人，因此于水火寒暑禽兽等皆懂得趋避，故自然万物和社会万情都无以伤明道人。能够将人的生死与自然、社会的关系处理好，这正是以道养生的奥妙所在。《庄子·达生》还说："子列子问关尹曰：'至人潜行不窒，蹈火不热，行乎万物之上而不慄。请问何以至于此？'关尹曰：'是纯气之守也，非知巧果敢之列。……壹其性，养其气，合其德，以通乎物之所造。夫若是者，其天守全，其神无郤，物奚自入焉！……圣人藏于天，故莫之能伤也'。"②关尹认为至人（纯粹的真人）所以水不窒息他，火不灼烧他，乃是因为他不放纵自己的智慧、技巧、果敢的心智，而是守护自己的纯真之气，淳一自己的心性，炼养自己真气，与天地天万物融合其德，从而与一切在"道"通达，总的来说守住天真，而无所伤。如此看来，后来的道家学者都秉持了老子的以道养生思想，做到人与万物和社会的全面自然协调，没有相伤，自然是相益，生命才可以尽其天年。

第五节　没身不殆：老子对健康传播社会情境的认知

传播是一种社会过程。健康传播是一种社会运动。个体的健康活动与社会的健康政策、文化观念、政治制度都有着深刻关联。也就是说个体的健康是被社会、文化和政治三重规范的，因此要做到个体的健康是要通过调整社会关系、文化观念和政治措施来安顿生命。也就是说，健康是系统工程，不仅个人要转变观念，改变生活方式，而且要全社会树立健康生活理念，共同营造和谐自然的生活环境、生态环境。老子特别提出"三宝"说正有助于健康关系的构建。他说："我有三宝，持而保之：一曰慈，二曰俭，三曰不敢为天下先。"（第六十七章）老子把慈、俭、不敢为天下先作为人生三宝。"三宝"是人生处于不败之地的法宝，究其实质是人保持身心健康、关系健康的法宝。因此老子坚持自始至终地保有它们。在老子看来，"慈，故能勇；俭，故能广；不敢为天下先，故能成器长"（第六十七章）。慈，即心饱含爱心，所以能够有勇气去克服一切困难，正所谓"强行者有志"。对于健康而言，胸有大志者以天下为己任，那他一定要珍惜自己的身体，"鞠躬尽瘁，死而后已"固然可

　　① （宋）林希逸：《南华真经口义》，陈红映点校，昆明：云南人民出版社，2002年版，第249—250页。

　　② （宋）林希逸：《南华真经口义》，陈红映点校，昆明：云南人民出版社，2002年版，第267—268页。

敬，但是老子认为未必为公之人不是病死，就是累死，这样的人去了，对社会才是真正的损失，对他们个人而言也是对人民的极大不负责。于是，老子说："今舍慈且勇，舍俭且广，舍后且先，死矣！"（第六十七章）有勇无谋，有勇无慈，不积累而广耗，不谦逊而好争，则是取败之道，是自寻死路，不是养生健康之道。因此，老子呼吁世人："夫慈以战则胜，以守则固。天将救之以慈卫之。"（第六十七章），葆有一颗爱心，以之引导自己去战胜一切包括疾病在内的困难和挑战，去守护包括健康在内的一切利人利己的正当事业，这是合乎天意人心的。因此，人生的健康前行如同有天助一般，正所谓自助者天助之。

其实，人处于在现实社会中，其健康和养生实践都离不开社会环境，社会矛盾往往很可能导致民众和统治者都不健康，不能养生。老子在第七十四章中指出："民不畏死，奈何以死惧之！若使民常畏死，而为奇者，吾得执而杀之，孰敢？"当社会矛盾进入激化的情况，百姓们不怕死，或者说以身赴死而无所慎，那么统治者用杀戮，即用极端方式剥夺人民的生命，是吓不倒人民的。当然，假使社会安定，人民安居乐业，不轻易以身试法，那么那些以一己私利而扰乱社会秩序者是可以捕而杀之的，这样就能保证人民健康自由地生活。因此在必要的时候对影响社会和人民健康生活的个别人实行剥夺其人身自由甚至生命，是以最小的代价维护整体利益的需要。当然，养生更多情景下是个体的自觉行为，老子说："民之轻死，以其求生之厚，是以轻死。夫唯无以生为者，是贤于贵生。"（第七十五章）本欲求生，反入死生，其根本原因在于"求生之厚"。因此，人的行为往往关乎生与死。人们常常不经意间认为死亡离自己很遥远，尤其是正值青壮年之时，所以往往行事无所顾忌，肆意妄为，求生太过，反而轻易地赴死。倡导"道法自然"的老子教导人们"无以生为"方是真正的养生健康之道。过分贵重生命，会失去生命的常态，反而对生命的护养是不利的，而日出而作，日入而息地遵循生物钟活动，看似无所作为，其实是最理想的养生健康之道。为了做到于自己的健康无事，日常生活当保持柔弱。老子启迪世人说："人之生也柔弱，其死也坚强。草木之生也柔脆，其死也枯槁。故坚强者死之徒，柔弱者生之徒。"（第七十六章）保持身之柔弱、心之柔和，这才是养生健康基本法则"自然"的运用。归根到底一句话，养生健康要做到热爱自己的生活。因此，老子在第八十章中概括性地指出："小国寡民，使有什伯之器而不用，使民重死而不远徙。……民至老死，不相往来。"于此可知，人的养生健康是一种政治、社会、文化的行为。在小国寡民的社会里，政治清明，生活富足，人民安土重迁，自给自足，较少往来。健康传播学者认为："健康认知（identity）叙述的本质是个人的、文化的和政治的。也就是说我们的自我感觉和我们的认知，毫无疑问是我们个人的生活经历和我们继承的文化、政治体系的过程与产物。"① 老子所叙述的健康传播观在于传播健康理念，确立将健康作为一种需要政治、社会和文化共同协作的系统行为，换句话说，首先要有健康认知，其次要有社会制度的保证，最后是要有政治秩序的高效有序运作，三者协作，人们的健康行为才能得到实施。

　　老子认为人一生的健康佳境是"没身不殆"。"没身"是终身之意，"殆"即危险之意。统而言之，就是终身没有危险。如何达到这样的健康传播效果？老子告诉世人："天下有始，以为天下母。既得其母，以知其子。既知其子，复守其母，没身不殆。塞其兑，闭其门，终身不勤。开其兑，济其事，终身不救。见小曰明，守柔曰强。用其光，复归其明，无遗身殃。是为习常。"（第五十二章）由此可见，在老子看来，做到一生没有危险，这种意义的健康是系统性，不仅是身心健康，而且包括人与自然环境、社会环境、文化环境的协调，从而归根到底，自身的健康得以保全。其中方法老子归纳为"知子守母法"。正如罗振玉所言："圣人体道以周物，譬如以母知其子，了然无不察也。"道为万物之母，人自然也当效法大道之虚静无为，做到闭塞自我的孔窍，使自己与外界相接的眼耳鼻舌身意六根都调控住，不因五味、五音、五色、驰骋畋猎、难得之货而放纵自己，使自我身心陷于损精耗神之死地。在此过程中，务必做到注意各种不良苗头，防患于未然，始终守住自我心意，进行柔性管理，使自己无论情感还是理性上都心悦诚服地乐意接受健康传播理念，这样才算是真正的强者。强者懂得掌握健康法则，那就是"用其光，复归其明，无遗身殃"。既然人不可能不活动，那么就必然是损耗一定的精气神，精气神不是不能用，而是要用得其所，且用后要恢复，始终保持自我身体的光亮（健康的体征），这样才不会给身体留下病患。这种做法称为"习常"。

　　其实，老子健康传播或传播健康的理念核心在于知常达道。他说："知常容，容乃公，公乃王，王乃天，天乃道，道乃久，没身不殆。"（第十六章）他正是从情感与理性上探索人类的健康之道。圣人因知常而能够宽容；心境如溪谷之宽阔；心地无私天下宽，就容易大公无私；以公心行事自然能赢得他人的尊重而乐于推举为领导者；既为领导者则能以其知常之明来顺天道而行；顺天而行乃是合乎真常之道；合乎真常之道，而不论事业还是个人健康都能长久，终身没有危险。② 老子一直强调"终身不殆"是其健康传播效果的体现。

　　老子健康传播思想的价值在于老子通过他的《道德经》一书的广泛持久的历史传播，在对世人的人生意义治疗方面发挥了极大作用。后世道家道教学者不断地通

---

① ［美］帕特丽夏·盖斯特 - 马丁，艾琳·伯林·雷，芭芭拉·F. 沙夫：《健康传播：个人、文化与政治的综合视角》，北京：北京大学出版社，2006 年版，第 30 页。

② 清宁子编著：《老子道德经通解》，北京：宗教文化出版社，2010 年版，第 32—33 页。

过注疏《道德经》和著书立说进一步阐扬了老子的养生健康思想，例如《黄帝内经》《悟真篇》《黄庭经》《养性延命录》等著作，深刻地影响着中华民族的养生理论与实践。因此，我们可以说，老子不仅传播了健康理念，而且已提炼出自身的健康传播思想，此二者是交相辉映的。学者张自力先生指出的文人墨客的文献传播由于他们"拥有一定的世俗影响力，因此在传播面和普及程度方面都要广得多"[①]。相信随着健康传播学的进一步拓展，老子的健康传播智慧和传播健康的努力会被越来越多的世人所理解和学习。

（本章执笔：谢清果）

---

① 张自力：《健康传播学——身与心的交融》，北京：北京大学出版社，2009 年版，第 2 页。

第二章　老子健康思想的起源及其传播

老子的健康养生思想是对上古时期人们健康养生思想的继承与发展，是我国古代健康养生思想的理论基础，后世道家道教学者不断地通过注疏《道德经》和著书立说进一步阐扬了老子的养生健康思想，例如《黄帝内经》《悟真篇》《黄庭经》《养性延命录》等著作，几乎后代所有的养生家和医学家都受到其思想的影响，从而深刻地影响了中华民族的健康养生理论与实践。从当代的健康传播学视角来看，老子的《道德经》蕴含着丰富的健康传播思想。因此这里将从健康传播学的视角出发对老子的健康思想的起源及其传播进行考察，希望可以给我们今天健康传播及其研究提供一些思考与借鉴。

第一节　老子健康思想的起源

人类社会，无论古今中外，健康长寿都是人们一直所向往与关切的问题。特别是近几年，健康越来越引起人们的重视。健康传播的理念已从单纯传递健康知识和健康技能转变到传播健康知识、健康心理、健康文化三位一体的综合传播观。在这种背景之下，一个新的研究方向——健康传播学也便诞生了。健康传播是传播学研究中的一个重要分支。传播学，按传播内容的不同分为政治传播、健康传播、文化传播等。根据 Rogers（1996）的定义，凡是人类传播的类型涉及健康的内容，就是健康传播①。这是对健康传播概念的极其宽泛的界定。紧接着，Rogers 对这一定义加以补充说明，认为：健康传播是以传播为主轴，借由四个不同的传递层次将健康相关的内容发散出去的行为。这四个层次是：自我个体传播、人际传播、组织传播和大众传播。根据 Rogers 的定义，我们可以得出这样的结论：健康传播作为一种研究

---

① Rogers，Everett M.(1996).The Field of Health Communication Today : An Up-to-Date RePort. *Journal of Health Communication*，1:15-23.

方向提出的可能相对较晚，但是如果从历史的角度来看，健康传播早已存在，特别是在中国一个具有 5000 年文明史的国家中。中华民族历来就是一个注重养生健康的民族。在中华民族几千年的发展历程中，健康思想在其中也发展了比较完备的理论体系，形成了独具特色的中医健康与养生理论，成为中国人延长生命，维系身心健康的重要方法。在这些健康思想的发源与传播中蕴藏着丰富的传播智慧，已成为研究健康传播特别是健康传播史不能回避的重要对象。充分挖掘和利用古人的健康传播智慧对于我们今天的健康传播及其研究的发展无疑具有很大现实意义。

中国传统文化历来重视人的生命，在其原创时期，诸子百家都不同程度地关注过生命问题，但最突出的弘扬文化传统中生命精神的却是道家。这一点在道家文化的创始人老子身上体现得特别突出。老子是中国古代具有原创意义的思想家、哲学家，他的哲学思想博大精深，作为中华文明的智慧源头之一，对于整个中国文化的发展起着重要作用。老子的哲学因其所处的时代及其身份的原因素来具有重人贵生的传统，其关注的核心问题便是生命问题，围绕着生命问题的思考和解决，提出了一系列的哲学思考，因此在老子博大精深的思想之中，隐藏了丰富的健康养生思想。老子的经典著作《道德经》上承远古神话中的生命意识以及原始宗教中的生命崇拜，同时积极吸收《诗经》《尚书》《周易》中关于生命关怀的部分①，很多内容都是对于生命、健康、养生思想的总结。可以说，老子的健康养生思想是对上古时期人们健康养生思想的继承与发展，是我国古代健康养生思想的理论基础，他的《道德经》一书的广泛持久的历史传播，在对世人的人生意义治疗方面发挥了极大作用。后世道家道教学者不断地通过注疏《道德经》和著书立说进一步阐扬了老子的养生健康思想，例如《黄帝内经》《悟真篇》《黄庭经》《养性延命录》等著作，几乎后代所有的养生家和医学家都受到其思想的影响，深刻地影响了中华民族的健康养生理论与实践。

从当代的健康传播学视角来看，老子的《道德经》蕴含着丰富的健康传播思想。虽然已有很多专家学者对《老子》的健康思想有所研究，但是大都侧重于老子健康思想的内容研究，而对于老子健康思想传播的起源及其传播方式的研究却相对薄弱，其原因可能是健康传播是近几年才兴起的新兴的研究方向，老子哲学因此未能被纳入相应的审视领域。所以，从健康传播学的视角对老子的健康思想的起源及其传播方式进行研究是很有必要的。因此我们将从健康传播学的视角出发对老子的健康思想的起源及其传播方式进行考察，希望可以给我们今天健康传播及其研究提供一些思考与借鉴。

---

① 李霞：《生死智慧——道家生命观研究》，北京：人民出版社，2004 年 5 月，第 2 页。

　　而要想探讨老子健康思想的传播必须首先清楚老子健康思想传播的起源，也就是老子健康思想是从哪里来的，受到了哪些影响，只有这样才能全面地审视老子健康思想的传播，因此我们首先探讨的就是老子健康思想的起源问题。从发生学的角度看，任何一种思想的出现都有原和源两个方面的原因，原是指思想产生的社会现实，源则指渊源、历史上的思想源头。老子的健康思想正是如此，作为一种独具特色的健康观念，它既有对于社会现实的反应，也是对中国原始文化中健康思想的一种继承和总结。①

　　一、特殊的身份：史官文化的影响

　　史官文化是中国古代特有的文化传统。史官原出于巫。在母系氏族社会，巫就是神，这种观念一直持续到商代，今见甲骨卜辞所记之巫就是神名。史官从巫分化出来，是在商代。但商代的史官与巫、卜之间尚无明确的界限，都是掌握神权的宗教官，充当人与天、神、鬼的中介。直到春秋时期，史与巫的职司仍多相类、相通之处。随着史官的产生和发展，史官文化逐渐形成自己的传统和特色，它包括史官所特有的思维和行动方式、精神生产能力和精神产品，它决定着史官精神生活和心理活动的基本特点。史官作为历史形成的有着共同经济、政治生活、共同文化和共同心理素质的职业群体，其具体成员的具体职掌虽或有所不同，但是他们却具有了共同的史官文化的特征，在这一点上，老子也不能例外。②

　　老子的史官身份在史学界和思想界可谓共识。早在庄子的《天道》中就有子路之言老聃"周之征藏史"，"征"即主掌；"藏"即藏室，收藏书籍的府库；"史"即史官，表明老子是周代主掌藏书府库的史官。《史记·老子韩非列传》云"老子者，楚苦县厉乡曲仁里人也，姓李氏，名耳，字聃，周守藏室之史也"，也指明老子是周朝守藏室的史官；《汉书·艺文志》称："道家者流，盖出于史官。历记成败存亡祸福古今之道，然后知秉要执本，清虚以自守，卑弱以自持"；朱熹曾说："盖老聃周之史官，掌国之典籍、三皇五帝之书，故能述古事而信好之"③。这些皆指明老子及其所代表的道家的史官背景。老子作为史官文化的代表者，其健康思想很多都是由其史官的职责和思维的方式所决定的。

　　第一，史官的职责对于老子健康思想的影响

　　史官的执掌范围应该是非常广泛的，归纳起来，主要有以下主要的几点：天文

---

　　① 付粉鸽：《自然与自由——老子生命哲学研究》，北京：人民出版社，2009 年版，第 30 页。
　　② 庄大钧：《简论老子与史官文化之关系》，《山东师范大学学报》，1994 年第 5 期。
　　③ 朱熹：《答汪尚书》，载《朱子全书》，上海古籍出版社、安徽教育出版社，2002 年版，第 1293 页。

历法、礼制、记录历史并藏书、卜筮、祭祀、军事活动等等。① 在这些职责中对老子健康思想的形成影响较大的主要是天文历法、卜筮与藏书。

史官的天文历法职责在于司天，负责观测天象，依据日月星辰的变化规律来制定历法等，也就是所谓明天道。而明天道的目的是预测人事，所以史官对天人时空有着深切的体验。他们对天象的观测和对人事的分析常常是联系在一起的。推天道而明人事的特点使得史官在思考人事问题时，常常引自然的事物来做依据。这种思维特点同样地被老子所继承，体现于老子的思想中。整本《老子》从始至终贯穿着一种由天道推人道的类比思维方式，老子处处皆以天道为前提来为人事活动提供准则和依据，这也正是老子健康思想中最为关键的"顺应天道"的来源，老子主张"人法地，地法天，天法道，道法自然"（《老子》二十五章），就是要人顺应自然，同于道的精神境界，听命于道或者说天道，以道或者说天道指导人事。老子健康思想体系的中心是探究天人关系，其显著特色即在于以自然为宗去把握天人关系。这种建立在天人合一思想基础上的推天道以明人事的整体思维模式是源于史官文化传统的，只不过是曾对其改造，基本抽去了天的神性，使天道不再是上帝意旨而是自然规律了。

同时，老子作为周守藏室史，掌管历代典籍。可以说，博古通今，洞悉世事。② 他对于中国上古文化历史有着充分的了解，对远古文化极为留恋，远古神话传说和原始宗教对他影响都很大，这在其健康思想中反映得尤为突出，这也构成了老子独特的健康思想。另外史官的地位也让他能够看到当时统治阶级的纵欲生活，他们沉耽于官能的刺激，追逐着声色之娱，因此发出警告："五色令人目盲，五音令人耳聋，五味令人口爽，驰骋畋猎令人心发狂。"（《老子》第十二章）他唤醒大家要在多欲中寻清净。这也是史官的身份对其健康的思想的影响。

第二，史官的思维方式对于老子健康思想的影响

史官在长期观察自然现象和社会现象的基础上，对事物内部的矛盾以及矛盾运动推动事物变化，都有了一定认识，从而使其思维呈现出辩证性的特点。老子发扬了史官的这种辩证思维，整篇《道德经》充满辩证思想，这对他的健康思想也有着很大的影响。他的健康思想理论的基点，恰恰是不必太刻意追求健康。他认为，生与死，本来都不过是一种自然过程，人类原本不必对死亡过于畏惧。他具体分析："出世是生，入土为死，但人类正常生存的只占十分之三，夭亡早死的约占十分之三，而厚自养生因轻举妄动自陷死地的又约占十分之三。这是什么缘故呢？正因为活着

① 王博：《老子思想的史官特色》，台北：文津出版社，1993年版，第32页。
② 陈鼓应：《老庄新论》，上海：上海古籍出版社，1992年版，第33页。

的人过于看重健康了。"正基于这一见解，他认为人类不要时时想着生死问题，如果干脆把自身的存在与否忘得干干净净，那反而有利于人们得享天年。此即"世上只有天地最长久。天地之所以能长久存在，是因为他们不为自己生存，所以反而能长久生存。因而，圣人谦退无争，处处把自身放在后面，这样反而往往能占据先时，时把自身置之度外，这样反而常常能保全自身。老子深明壮者必折的道理，他的健康之道，不是争强逞能，努力延长寿命，而是自处于弱者地位，顺从外物，不与人相争，不占人之先，以图自保。他说："最高的善像水，水最便利万物而不与它们相争，处在众人厌弃的下潦之地，所以反而更接近先天大道。……正因它不与人相争，所以也没有过失。"他还提出："天下的事物中没有比水更柔弱的了，但攻克坚强东西的力量谁也胜不过它，其他东西都代替不了水。弱能胜强，柔能胜刚，天下人都懂这个道理，却很少有人能实行它。"老子把以弱胜强、以柔克刚，上升为"道"即事物运行的根本规律来看。多次强调"柔弱胜刚强""弱者道之用""天下之至柔，驰骋天下之至坚"。他还明确提出，万物最有生命力的阶段绝非壮盛期，而是正在成长的柔弱期："人活着柔弱，死了僵硬。草木活着柔脆，死了则枯干。所以坚强的东西属于死亡的一类，柔弱的东西属于生存着的一方。因此，军队强大了的要毁灭，树木繁盛了被砍折。坚强的处于劣势，柔弱的处于优势。"之所以如此，乃是因为"万物越过壮年即衰老，这是因为它不再合乎道的要求，一定会很快灭亡"。这也确有道理，正符合事物成长变化的辩证法。

二、特殊的时代：重人意识，感悟战乱

一个人的思想与他所处的时代有着密切的关系。老子也不例外，在《道德经》中处处可以体现出老子所处时代的特色，而其健康思想也在一定程度上反映着他所处的春秋时代的特征。春秋时代是一个新旧交替的时代，生产大发展，社会大变革，政治大混乱，文化大融合。这种大变革一方面带来人们思想的变革，由对神的极端崇拜走向对人的重视，另一方面也带来了各种礼仪制度的崩塌，从而造成了整个社会的无序与生灵的痛苦，而老子的健康思想正是在这种背景下产生的。

人类发展史从不同的角度说明，人类发展的早期阶段是一个原始宗教、图腾崇拜、禁忌、迷信流行的时代。东西方人类发展无不如此。在中国的春秋时期之前，宗教崇拜、鬼神巫术钳制着人们的思想。人的生活中充斥着神，神意控制了人事，人只能屈服于神。在神的面前，人卑微且渺小。但是伴随春秋时代社会大变革的到来，人的意识逐渐觉醒，与人相关的价值伦理观念也就应运而生了。重人必然会关注人的生命存在。① 与此同时，春秋时代礼乐崩坏，信仰坍塌，诸侯争霸，生灵涂炭，人的生命如草芥，随时都可能被夺去，作为史官的老子目睹这样的情形，思考得最多的问题就是如何保全生命。老子的健康思想也便应运产生了。他利用作为史官的经验和知识告诉人们："天长地久。天地所以能长且久者，以其不自生，故能长生。是以圣人后其身而身先，外其身而身存。非以其无私邪，故能成其私。"（第七章）"人之生也柔弱，其死也坚强；草木之生也柔脆，其死也枯槁。故坚强者死之徒，柔弱者生之徒。是以兵强则不胜，木强则兵（按：指利刃加身）。强大处下，柔弱处上。"（第七十六章），这些如何保全生命的观点都是老子所独具特色的健康思想的体现，它们从一个侧面反映了老子所处的时代带给他的时代烙印。

三、古代典籍：取法典籍，得其精华

老子作为史官，一项重要的任务就是记录、收藏和整理古代文献，因此其思想深受古代典籍思想的影响，其中《周易》《尚书》《诗经》对他的影响最大，而且这些古代典籍中关于生命与健康的思想也深深地影响了老子的健康思想。

《尚书·尧典》曰："允恭克让，光被四表，格于上下。"《尚书》的作者认为只有诚信谦恭而又能够退让不争才能达到光被四表、格于上下的效果。② 这对于老子的心理健康观念起到了一定的影响。老子认为："不自是，故彰，不自伐，故有功；不自矜，故长。夫唯不争，故天下莫能与之争。"（第二十二章）两者的观点基本相同。在关于"弱能胜强，柔能胜刚"的观点上，两本著作也有着相同的观点。《诗经》也在一定程度上影响了老子的健康思想，特别是它的很多篇章由于对现实的不满，开始了对帝、天、天命的怀疑、怨恨和攻击，表现出了进步的天道思想，开始重视人的生命，为老子用道代替帝、天奠定了基础。这两种古代典籍都对老子的思想有一定程度的影响，但是要从生命健康思想的角度来看，《周易》对他的影响应该是最大的。

中国传统文化中关于健康的思想其显性源头一般是《周易》。③《周易》是中国古代包括整个夏商周、春秋战国时期思想文化的总结。《周易》形式上是一部占卜书，实质内含博大精深。正如《四库提要·易类小序》所说："易道之大，无所不包，旁及天文，地理，乐律，兵法，算数，以逮方外之炉火，皆可援《易》以为说。"而《周易》最核心的问题就是阐明吉凶祸福的生命之道，具有极强的生命意识是《周易》的突出特点。这主要表现在几个方面：首先，《周易》将整个宇宙视为一个生命系统，宇宙生命由两种最基本的生命力构成，这就是阴阳。并在此基础上构建了一个融天、

---

① 付粉鸽：《自然与自由——老子生命哲学研究》，北京：人民出版社，2009 年版，第 30 页。

② 王博：《老子思想的史官特色》，台北：文津出版社，1993 年版，第 58 页。

③ 李霞：《生死智慧——道家生命观研究》，人民出版社，2004 年版，第 3 页。

地、人于一体的宇宙生命系统。①其次，《周易》重视人的生命，将宇宙间的最高道德理解为创造生命。所谓"天地大德曰生"并在此基础上将宇宙间最基本的法则归纳为生命的法则。同时《周易》充满了对生命的忧患，包括生命的产生与发展问题、生命的存在与延续问题、生命的维持与提升问题以及个体生命与群体生命的关系问题等，而这些问题归结起来就是如何防患于未然、如何趋吉避凶，从而使个体生命得以存在与提升，它还探讨了生命运动的规律，揭示了物极必反，否极泰来等人生规律，要求人们将这些规律视为指导自己行为的准则。《周易》的这些思想对于老子健康思想的影响巨大，他剥除了其中占卜的迷信成分，而从中挖掘其生命健康思想，为自己生命哲学的形成提供了丰富的思想资源。如老子的"道"思想、辩证的方法论、天地人宇宙有机统一的观念，物极必反、否极泰来的生命发展规律等思想皆与《周易》有关。北宋邵雍曾说明："老子得《易》之体。"（《皇极经世》卷首下）"体"就是"主体"，是"根本"，是"精髓"。老子确得《易》的主体、根本、精髓。

四、原始思想：上古的宗教、神话与崇拜

上古的原始思想中具有浓厚的生命意识，强烈的生命取向，其中有对生命的崇拜和信仰，有对生命的肯定和赞美。上古原始宗教神话的生命思想为老子认识生命、肯定生命提供了丰富的素材和养分，老子吸收和改造性利用上古原始宗教神话的思想，将其变为自己健康思想的有机构成。

上古宗教：老子哲学的出发点和归宿在于避害、保身、全生，追求自然生命的保全。这是对古代生命思想和原始宗教思维、信仰的提炼和升华，与原始宗教的求生、不死观念有着渊源关系。正出于这种内在的关联，老子的生命哲学成为后世道教追求长生不老的理论根据和信仰基础。闻一多在对道家和道教的研究中曾明确指出道家与原始宗教及后来的道教之间一脉相承的紧密关系，他说，作为哲学或玄学，"道家思想必有一个前身，而这个前身很可能是某种富有神秘思想的原始宗教，或者更具体点讲，一种巫教。这种宗教，在基本性质上恐怕与后来的道教无大差别，虽则在形式上和组织上尽可截然不同。这个不知名的古代宗教，我们可暂称为古道教"，哲学流派的道家是从古道教中分泌出来的一种质素和精华，而东汉以来的新道教则是原始宗教一脉相承的发展。②

原始神话与崇拜：原始文化中的原始神话对老庄生命哲学有着深刻的影响。原始神话中具有浓厚的生命意识，体现着先民们对生命的敬仰和渴求。生命意识的张

---

① 李霞：《生死智慧——道家生命观研究》，北京：人民出版社，2004年版，第11页。
② 闻一多：《道教的精神》，《闻一多全集》（第1册），北京：生活·读书·新知三联书店，1982年版，第143页。

扬是远古神话的基本主题。中国古代始祖神话出现得较早，数量也较多，如《诗经·商颂·玄鸟》的"天命玄鸟、降而生商""洪水芒芒，禹敷下土方……有娀方将，帝立子生商"（《诗经·商颂·长发》）等记载的都是商族的始祖神话。中国古代的始祖神话之所以较多、较早出现与中国古人的重生、生殖观念和生命意识密切相关。在古人看来，氏族、后人的生命都是由其先祖赋予的，先祖生育后代，生命力不息。所以，后人将生命的希望寄托在创造自己生命的始祖身上，并且将始祖加以神话。而被古人所推崇的始祖神几乎都是女性，如殷商的有娀、周族的姜嫄（见《诗经·大雅·生民》）。这类始祖神话，以女性为中心，无疑反映了中国古代母系氏族观念的遗存，但更深层的含义是这类神话反映了古人的原始生殖崇拜，表现了古人对生命的向往和强烈的求生意识。[①] 原始的女性生殖崇拜和始祖神话的生命意识对老子有着深刻的影响。老子的"道"带有明显的原始始祖神和女性生殖崇拜痕迹。老子继承了关于女性生殖器的崇拜观念。女性是老子之"道"的一种意象化表达，老子将"道"比喻为母亲、女性，象征"道"的无限创生力和宽广博大的胸襟："谷神不死，是谓玄牝。玄牝之门，是谓天地根。"（《老子》第六章），"玄牝"指微妙的母性，老子以此象征女性的神妙生殖力，进而形容"道"的不可思议的创生力。"道"生天地万物，整个创生的过程没有一丝形迹可寻，是玄妙不可测的，同时"道"的化生是源源不断、绵绵不绝的。以"玄牝"（指女性生殖器）来比喻"道"，既借用其虚、空的特性来反映"道"的虚、空特性，也取其孕育产生生命的功能，揭示天地万物都是由"玄牡玄牝"的"道"产生的。"谷神"是形容"玄牝"的，指明"道"的创生作用是源源不断而又神秘莫测的。[②] 这种形象化的比喻和象征透露出老子思想与上古神话、宗教崇拜的关联。因此，老子"道"的真谛在于把古代神秘宗教的"宇宙的主宰"化解为一种自发的精神力量，使其"生而不有，为而不恃，功成而弗居"。

综上所述，老子的健康思想并不是无源之水，它深受老子所处的时代以及中华民族传统文化的影。老子的健康思想形成之后，通过各种方式进行传播，对我国健康思想的传播起到了重要的作用。

第二节 老子健康思想的传播模式

老子健康思想能够一直流传至今，与其独特的传播模式有重要的关系，在各种模式的交互传播之下，其健康思想渗透到中华民族文化的各个方面，深刻地影响了人们的生活，直到今天，他的很多健康思想仍然起着重要的作用。以下我们将从健

---

① 王博：《老子思想的史官特色》，台北：文津出版社，1993年版，第156页。

② 陈鼓应：《老子注释及评介》，中华书局，1984年版，第115页。

康传播学的角度对老子的健康思想模式进行探究。

一、作为道教的理论基础，进行组织传播

　　老子健康思想的传播在很大程度上依靠了道教的组织传播。道教是我国土生土长的宗教，在中国社会具有极强的影响力，距今已有 1800 余年的历史。它与中华本土文化紧密相连，深深扎根于中华沃土之中，具有鲜明的中国特色，并对中华文化的各个层面产生了深远影响。道教的核心信仰是长生成仙，而以老子为代表的道家学说重视生命，与道教的信仰有一定的切合，因此便奉老子为教主，以老子《道德经》为主要经典。道教信仰老子之"道"，认为道教徒如能真心修持其"道"便可长生久视，万古长存而成为神仙。魏晋之后，道家思想逐步走向幕后，而道教成了老子思想的重要传播形式。为了更好地宣传其教义，道教形成了大量的经典文献以供信教者学习。道教文献的产生方式主要是以神仙方术来阐释道家的经典著作。道教里，《道德经》被尊为《道德真经》，成为道教的主要经典之一，尊老子为教祖，称为"太上老君"。由此可以看出道教思想的内核离不开老子的哲学，老子哲学的主要精神也贯穿于道教教义之中。

　　道教追求长生成仙，因而珍惜生命，讲求养生，形成了道教所独有的养生学。道教养生学是道门中人在致力于长生登仙的过程中形成的对自然、社会、人生及其关系的理性思考。它以贵己重生为价值取向，以形神合一、与道合真为行为范式，以超越自我、安顿生命为终极目标，形成养生范畴论、养生宇宙论、养生过程论、养生社会论、养生身心论、养生自然论、养生环境论等系统理论。①道教养生学在形成的过程中，通过对老子《道德经》进行诠释，大量地吸收了老子的健康思想。唐末前蜀杜光庭在《道德真经广圣义序言》中，列举历代诠疏笺注《老子》者 61 家，半数以上为方士、道士，著名者如西汉《老子河上公注》、东汉末张鲁的《老子想尔注》、西晋葛玄的《老子节解》、南梁陶弘景的《老子注》、唐代成玄英的《老子注》、李荣的《老子注》等。道教注《道德经》，使老子思想得到继承和流传，功不可没。同时，道教注《道德经》，使老子思想成为道教养生的重要指导思想之一，发展和丰富了中国传统的养生思想和方法。其"贵己重生""道法自然""贵和守中""形神兼顾"的养生原则均可在《道德经》中找到相应的线索。同时道教所特有的养生方法气功也受到了老子健康思想的重要影响，规定了其理论主旨的形成方向——守神抱一之旨、清净虚无之德和自然无为之道。

　　由于道教是中国土生土长的宗教，符合中国人的心理，因此发展迅速，信仰人

---

① 谢清果：《道教养生学略论》，《中国道教》2004 年第 5 期。

数多，影响范围非常广，而作为道教重要思想内容，道教养生思想也便通过宗教组织，传播到了社会的各个层面，在这个过程中，老子的健康思想获得了巨大的传播，上至帝王，下至平民百姓都通过道教信仰或多或少地传播着老子的健康思想，这也是今天老子健康思想影响如此之大的一个重要原因。

二、通过士人的身体力行，进行人际传播，实现空间上的横向传播

根据罗杰斯的创新扩散理论以及拉扎斯菲尔德的两级传播理论，新的理论的传播总是要先通过一些知识水平相对较高、有一定社会威望和号召力人群接受，然后再通过他们传播到社会的各个阶层。老子的健康思想也不例外，它主要借助的是封建士阶层的身体力行，通过士阶层的示范与带动，实现其健康思想的推广传播。士是中国古代知识分子的代名词，他们往往具有一定的知识水平以及社会号召力，是中华传统文化的重要传播者。他们往往成为文化传播中的意见领袖，只有通过他们才能实现一种新理论的最大化传播。

老子健康思想建立之后，首先接触到的人群就是士人阶层。但是他们在接受健康老子思想之后会有不同的态度。"上士闻道，勤而行之。中士闻道，若存若亡。下士闻道，大笑之。不笑不足以为道。"（第四十一章）上士犹如罗杰斯创新扩散理论中的早期采纳者或者意见领袖，他们往往具有较高修养，眼界高阔，自律意识强，能够及时应对不确定性因素，且果断地采取行动。他们一听说健康在于自知之明、自常之明、自胜之明、见小之明……于是坚持"惟道是从"，故而能及时防病治病。中士听说了健康道理，成为早期追随者，但他们往往难以坚持，三天打鱼两天晒网，最后不了了之，或许在疾病来临时方有所悟。老子曰："信不足焉，有不信焉。"（第十七章）对健康知识没能坚信，就没能坚定执行，信不足，有所不信，自然在行动上就打折扣。下士则不把健康当回事，迷信自己的身体，认为疾病与自己无关，或不相信医院医生能够治疗他的病，讳疾忌医，于是大笑那些天天坚持锻炼保健的人、注意饮食健康的人，正因为他们的笑更显示了健康传播之道的奥妙所在。

老子健康思想首先在士人中传播，影响了传统士人的生活方式，使他们始终保持着一种对自然难以割舍的自然情结，形成了一种"进则仕，退则隐"的全身贵真的隐士文化现象和崇尚自由、自在自得的逍遥人生境界。其中以对魏晋时的士人影响最大。老子思想在魏晋士人那里有着非常重要的地位，将其与《周易》《庄子》并称为"三玄"，成为魏晋玄学的重要组成部分，深刻影响着以嵇康、阮籍为代表的魏晋士人们。他们有的将老子健康作为思想的依归，融入生命，用毕生来实践老子精神。老子贵生、养生，重视返归素朴无为的思想都通过他们的生活方式传播出来，对周围的人起到了巨大的宣传示范作用。

老子的健康思想对于我国士人文化的形成起到的一定的作用，同样，士人对于老子健康思想学习与实践，在社会上起到了宣传与示范的作用，通过人际的传播，老子健康思想得以在社会各个阶层中获得广泛的接受，实现了其空间上的横向传播。

三、通过"六经注我，我注六经"传播模式，进行大众传播，实现时间上的纵向传播

老子健康思想的传播在横向的上有士人身体力行的人际传播，而在时间的纵向上则主要依靠中国传统的"六经注我，我注六经"传播模式，两者都是通过给中国传统典籍做注的方式进行文化的传播，但是六经注我强调发展，在经典典籍的基础上加入作者的意思，而我注六经则强调继承，忠于经典典籍的意思。《老子》作为中华文化的经典，一经传世立刻引起世人的广泛关注，逐渐形成了后世称为道家的学派，而且从此老学研究绵延不绝，成为中国思想文化史上的一大奇观。战国初中期传承老子思想的主要有关尹、列御寇、杨朱、庄周等。到了战国百家争鸣的中后期，出现了稷下黄老学派，慎到、田骈、接子、环渊，甚至列入法家的申子、韩非子的思想也是归本于黄老，而韩非子的《解老》《喻老》可谓现存最早的《老子》注本了。总的来说，《老子》一书传世至今，历朝历代注本层出不穷。天师张与材在杜道坚《道德经原旨》的序中称："《道德》八十一章，注者三千余家。"

在如此之多的注本之中，后世的道家道教学者进一步阐扬了老子的养生健康思想，老子的健康思想在此过程中实现了它的继承与发展。

四、通过影响传统的中医理论以及养生理论，利用信源的专业性，进行大众传播

老子的健康思想不仅仅通过道家以及道教的学者进行传播，他的很多健康思想对于中医学和养生学产生了重要的影响。老子的健康思想通过医生以及养生家的著作和他们的治病救人、保持健康的实践传播开来。

老子的健康思想是我国古代医学与养生思想的理论基础，几乎所有的养生家和医学家都受到其养生思想的影响，被后世诸多大家加以继承、借鉴、发扬。在医学思想方面，《老子》把作为人的生命源泉的精气看作生命的物质基础，形成了精气生命观；同时把人体的脏器组织与阴阳五行联系在一起，形成了初步的五行脏腑。此外还形成了其独特的病因病理观以及独特的治疗观，这些观点都对我国的中医学说产生了重大的影响，其中被尊为中医源头的《黄帝内经》就体现了老子的很多健康观点。老子认为："圣人不病，以其病病；夫唯病病，是以不病"，辩证地说明了"不病"和"病病"的关系。他所说的"病病"，乃是一种居安思危、防患于未然的思想。

这一观点，后亦见诸《黄帝内经》。如《素问·四气调神大论篇》说："圣人不治已病治未病，不治已乱治未乱……夫病已成而后药之，乱已成而后治之，譬犹渴而穿井，斗而铸锥，不亦晚乎？"其论说受老子之言的影响显而易见。《老子》第五十九章曰："治人事天，莫若啬。""啬"有藏精爱神之义。《素问·金匮真言论》曰："夫精者，身之本也。"广义之精是指构成人体组织和供给人体能量来源的营养物质，为人身之本，应当固藏，爱之勿泄，用而勿伤。精气充盛，则卫外固密，不易受病。若精耗阴虚，阳气失密而不固，就受外邪侵犯，着而成病。而精又是生命活动的主导，精、气为神存在的前提，故《素问·上古天真论》曰："呼吸精气，独立守神"，"积精全神"。反之，如果精亏气虚，就会导致"神去之而病不愈"（《素问·汤液醪醴论》）的后果。[①] 另外老子提出："我有三宝，持而保之，一曰慈，二曰俭，三曰不敢为天下先。"因此，他主张"见素抱朴，少私寡欲"（第十九章），"去甚，去奢，去泰"（第二十九章）。他认为追逐荣利，嗜欲过多，都是招灾惹祸、百病丛生的根源。老子这一养生观，后世医家亦认为是至关重要的。如唐代医家孙思邈则极力主张"少欲"，认为"多欲则志昏"，"纵情恣欲"，"皆损寿命"。因此，《老子》第八十章告诫人们要"甘其食，美其服，安其居，乐其俗"，恬淡清心，皆知嗜欲。这样才会"真气从之，精神内守，病安从来"[②]（《素问·上古天真论》）。与此同时，《老子》还在养生方面提出了不少合理的见解，在古代气功学方面开创了奠基性的观念。

老子健康思想通过对医学和养生学的影响，利用医生和养生家等信源的专业性，通过他们治病救人、延年益寿的实践传播给更多人，从而实现了老子健康思想的大众传播，这也是其传播的一种重要模式。

五、通过个人的"悟"，进行自我的内向传播

老子《道德经》中的健康思想不像一般的医学著作一样直接告诉人们哪些有益于健康哪些不利于健康，而是通过与社会生活、世间万物相联系来阐释他的健康思想，他的这种健康思想在很大程度上侧重于修身与健康，精神与健康。他的很多健康思想都是在阐释哲理或者某些现象的时候阐发出来，需要读者自己去悟，去感受，并且要有一定的社会阅历，只有这样才能真正地理解老子健康思想的精髓。比如老子讲求道，"人法地，地法天，天法自然"，这里并没有明确地讲应该如何去保持健康，但是如果能够充分地理解老子的意思就可以明白老子认为人要保持健康必须遵循自然的规律。所以老子《道德经》中健康思想需要读者个人自我的内向传播，只有不断地去思考，去悟，才能懂得其中的奥妙。

---

① 王少锦：《老子之"道"对中医养生观的影响》，《陕西中医学院学报》1995 年第 18 期。

② 马砚涛、张丹：《老子养生思想对中医养生观的影响》，《甘肃中医》2008 年第 10 期。

老子健康思想根源于华夏民族文化的沃土,是对上古时期人们生命健康思想一种总结和发展,其中蕴含着深刻的哲理,在华夏民族的发展史上获得了广泛的传播。它的传播为我国的中医学和养生学奠定了理论基础,传播了生命健康的知识,应该属于健康传播学的范畴,从健康传播学的角度对老子的健康思想传播进行审视能够给我们今天的健康传播提供一些经验和借鉴,也希望有更多的学者从该角度对老子健康思想进行研究。

(本章执笔:樊庆磊 谢清果)

第三章　老子"素"主义的健康传播意蕴

　　《道德经》短短几千言，集结养生经典，内涵丰富，意味深长，广为后世所借鉴与传颂。其中所体现的老子养生思想置之古今四海皆有准之道。如今社会科技高速发展、物质产出丰富，人们极尽物质享受，身心不免为物质所奴役，为寻求物质与精神的平衡，人们开始复归养生之道，于是各种新的生活方式如"素食""乐活""慢活"开始风行，这些方式各有其健康的追求与养生的意味，观其实质，也可找到与老子养生思想的契合之处。

第一节　素食：一种回归真我的生活方式

一、何为"素"

　　"素"，会意字，上是"垂"，下是糸（mì）。糸，丝。织物光润则易于下垂。本义指"没有染色的丝绸"。《说文解字》中云"素，白緻缯也"，[①] 指"素"是白色的生绢。"素"也有"本质，本性"之解，如《文选·张华·励志诗》中："如彼梓材，弗勤丹漆，虽劳朴斫，终负素质。""素"作形容词表示"白"或"空"，即不付出代价、有名无实或有实无名，后被引申为"平常、质朴、不华丽"等，表示白色的、质朴的、本质的、不加修饰、做作的、不事雕琢、基本的意思，有词"素室""素颜""素碑"等。也有成语如"素面朝天""花色素净""素朴大方"等。本文的"素食"的"素"一解为"非荤类的食物"，"素文化"之"素"引申理解为"自然、本真、不加修饰的"的意思。

---

　　① （汉）许慎撰，（宋）徐铉校订：《说文解字》，北京：九州出版社，2001年版，第775页。

二、"素食"何以成为"文化"

素食即非荤食，一般指蔬菜、瓜果、谷物等之类的非肉类食物。[①] 素食文化在中国源远流长，中国的饮食也一直以少肉多素为常态。原初人类无荤素意识，并因自然条件限制而食素，后来社会文明稍有提高，便有了中古时期的素食三教源流：儒家的服丧、祭祀与斋戒，佛教不杀生而素食的戒律，还有道教的神仙术、养生和戒律。[②] 素食观的三教因素影响了后世。佛教推崇的食素因其不杀生而不吃肉。除了宗教约束外，素食文化也逐渐和古人的正德修心相联系。当时吃素显得神圣庄严，人们在重大祭祀活动之前定要"茹素数日，以净其身，清其心"。当然，古代的文人雅士食素一般是因为崇尚追求朴素清淡的生活方式。

关于"素食"的陈述多散见于一些大夫、文人的作品中，老子《道德经》短短几千言，集结养生真谛，其中提到"五味令人口爽"，酸甜苦辣辛的厚味饮食伤害人的味觉，损害人的身体健康，大违养生之道，因此老子主张"味无味"，坚持饮食以恬淡为上，以素食为佳，从无味中品出真滋味，以清淡饮食颐养恬淡性情。又如，孟子曾曰"君子之于禽兽，见其生，不忍见其死，闻其声，不忍食其肉"，指的就是儒家对万物生灵的怜悯仁道。《吕氏春秋》"本生"篇曰："肥肉厚酒，务以相强，命之曰烂肠之食。"李渔的《闲情偶寄》曰："饮食之道，脍不如肉，肉不如蔬。"比起浓烈厚味的肉食，平易恬淡的素食更有益于人的身体健康。明代儿科学家万全在其《养生四要》中也提倡淡泊的生活方式，他认为素食可以使人的体魄和精神处于最佳状态。[③] 因此，素食一直被历代养生学家所推崇。

18世纪，由于经济、伦理和营养等方面的原因，在西方社会，脱离宗教性质的"素食主义者"正式形成团队。[④] 时至今日，"素食主义"对于大多数人来说，不仅不是一个充满宗教信仰意味儿的陌生词，而且素食之风还随处可见。崇尚素食的人数在增加，随之街头巷尾素食馆的招牌也越来越多，相关媒体的宣传也紧跟其后，从观念上慢慢壮大素食人群的队伍。且不谈西欧国家素食人数比例的高升之势，就国内而言已有许多高校成立各种素食文化协会进行素食文化的宣传，"素食主义"正在逐渐走向大众。环保、健康、跟潮、崇尚朴素清淡的生活方式等等原因促使素食成为新世纪的一种风尚，吃素甚至更是一种具有品位和健康意识的象征。无可厚非的一点是，无论出于哪种目的，素食的确不失为现代人进行身心兼修的明智养生之道。正如古人所追求的，素食不单限于清淡饮食，而吃的更多是生活文化的味儿，素食

---

① 中国素食文化传播网 http://www.veg520.com/
② 涂宗呈：《中国中古的素食观》，台湾大学历史学研究所硕士论文，2005年，第8页。
③ 张丽萍：《从信仰到健康的素食追求》，《生命世界》，2006年6月号，第51—53页。
④ 吴忻：《试论素食文化的社会影响》，《四川烹饪高等专科学校学报》2009年第1期。

主义代表的是一种崇尚自然的理念，崇尚其中的生命平等观念，崇尚清美素淡的生活步调，崇尚合乎自然的健康之道。

第二节 老子"素"主义的深刻意蕴

一、何谓老子"素"主义

本文所提到的"素食"源远流长，追溯古往，远及原始人类未有荤素之念时期，但传统意义上的"素食主义"源自宗教以怜悯生灵而不食生灵之肉的说法，也有古人崇尚素食以修身养性、追求恬淡生活之说。如今"素食主义"风靡世道，或处于环境问题的关注，或出于健康问题的担忧，或出于时尚风向的追求，或出于物我平等的人道关怀，却也体现了一些养生追求。这里以"素食主义"开章说"素"，再探析老子养生思想中的"素"文化，从饮食的"素"谈及生活文化的"素"。"素"是天然、本质、不加工、不修饰的状态，崇"素"以养心性，不仅是饮食口感上的清淡，也提倡一种恬淡、自然、不侵扰的生活方式。这就是老子的"素"主义。

二、老子"素"主义的视域

所谓的"素"原乃没有染色的丝绸，引申为事物最本真的状态，事物的本性，质朴、不加修饰的东西。本文所谈饮食之"素"并非仅指食素食，延伸到思想层面，可理解为保存食物或生活的自然天性、原汁原味。谈及"味"，《说文解字》有云"味，滋味也，从口未声"，"味"的最初义当为食物含在口中，有"品尝"之意。品尝的口味即为滋味。[①] 因此，"素味"从饮食的角度上，指的是清淡的口味，或指原真的口味，即崇尚一种饮食自然的思想。进而抽象为一种"素"文化、"素"的心性及"素"生活方式，即顺应自然的清心恬淡之道。老子曰："见素抱朴，少私寡欲"（第十九章），正是提倡人要表现纯真，持守混沌，减少私心杂欲。做到寡欲以养心，清静以养性，无为以养神，[②] 守静致虚，方可心境空明，目光如炬，洞察世事纷扰，深谙养生之道，保我全身。

（一）饮食之"素"

老子认为饮食很重要，提出"虚其心，养其腹"（第三章）的主张，以腹养心，以实齐虚，以合理适当的膳食调养人的心性和精神，达到精气神的平衡方能保

---

① （汉）许慎撰，（宋）徐铉校订：《说文解字》，北京：九州出版社，2001年版，第71页。
② 罗明月：《老子的养生思想探微》，《和田师范专科学校学报》，2009年第28卷第6期。

生。而《吕氏春秋》提到"肥肉厚酒"乃"烂肠之食",沉迷于山珍海味的奢逸享乐中,只会让人意志消减,萎靡不堪。《闲情偶寄》又道"饮食之道,脍不如肉,肉不如蔬",蔬果五谷等素食之质淡令人口味甘美,神清气爽,而游鱼、飞鸟、走兽之类的"众珍"只会令人"胃充而气不达"。"气不达"则有损人的身体健康。老子提出"五味令人口爽"(第十二章),浓厚的杂味令人味觉受伤失灵,因而,应当饮食自然,坚持"味为味"的自然原则,也就是说饮食清淡,不油腻荤腥,勿过咸过辣过酸过甜过苦。"淡"才是正味,才是食物最纯正的味道。而味纯则甘,食甘则养。"甘"指食物的鲜美,纯天然的状态,也可理解为"素",因此,老子提倡人们要"甘其食",食物要甘甜,则要保持食物的原汁原味,在烹饪中顺应五味本性的调和原理,以"为无为"的形式实现整体性的协调,做到食之甘甜、鲜美,这也是一种"饮食自然"的思想体现之一。

反观当今社会的素食者很多是基于养生的目的选择了素食。正如老子养生思想中的饮食之甘淡之宜,现代医学也确证了素食对人的健康有益。相关研究发现,相较动物性食品,素食也可以充分提供人类所需的蛋白质、维生素、矿物质及碳水化合物等营养成分,还富含纤维质,且没有动物性食品所带来的多余胆固醇等有害健康的因素。素食者嗜欲淡,肉食者嗜欲浓;素食者神智清,肉食者神志浊;素食者脑力敏捷,肉食者神经迟钝。[1] 由此,素食可让人变聪明,可抗御癌症等疾病,也有助于减肥,以防止一些由肥胖所导致的病。由此可见,老子饮食养生之精妙,"素"食不失为养身之道。

(二)性情之"素"

在圣人看来,饮食的实际意义限于饱腹。过分追求口舌享乐使人殚精竭虑、身心受损。如若说上文的饮食之"素"侧重的是素淡的熟食所带来肉体之身的修养,而性情之"素"则着重于人的精气神的修炼。就饮食养生而言,老子所主张的"味无味"所包含的淡、静则不局限于"味"的生理感官内涵,谈及人的心性颐养,则指精神领域的养生。"素"理解为一种顺应自然的质朴、恬淡状态。性情之"素"内涵丰富。老子养生思想中的随化自然、寡欲、守静、无为、谦德等皆可含纳其中。崇"素"可养心神精气。

"道"讲究顺应自然,不妄加搅扰与认为。老子云"人法地,地法天,天法道,道法自然"(第二十五章),所谓的"道法自然"就是道以它自身为依据,决定自己

---

① 吴忻:《试论素食文化的社会影响》,《四川烹饪高等专科学校学报》,2009 年第 1 期。

的存在和运动、发展。① 从人的角度则告诫人们要效法天地自然，追求"天人合一"的观念，同时，也体现人本性自然的观念。在现代社会，人们利用高科技对大自然进行无止境的索取，人与自然处于敌对状态。人类探索利用大自然来满足其精与神物质的需求，引发了一系列环境问题，尤其是环境污染问题当前甚是严重，反过来，自然灾害频频发生，人类饱受其苦。人与自然的关系陷入恶性循环中。正是人类的逆道而行所引发的苦果。随着人们生活水平和文明程度的提高，人们也开始重视环境问题，对自然采取友好的态度。其中素食主义者中就有一部分是出于环保的原因崇尚素食，素食不仅可以避免虐杀动物，也能减少环境污染，进而缓和气候变化问题。由此而见，素食体现了"天人合一"的思想，反映出素食者怜悯生灵及尊重、顺应自然的意识。道法自然，从人自身的角度，则要求人顺应其身体的运转规律，适时而作，适时而歇，适度而食，顺应自然之道，保住人生命的精气。

保住人的精气，就是得见素抱朴，少私寡欲，守静致虚。从饮食的清淡上升至生活的清淡朴素。老子认为，人若落入感官混乱的状态和享受状态，外物反过来会役使和摧残人，导致人的伤害与人性的异化。因而要摒弃物欲贪嗜的生活，培养知足的心态，要懂得"甘其食，美其服，安其居，乐其俗"（第八十章），随遇而安，顺其自然，才不至于伤心劳神，殃及生命。然而，在物欲横流的现代竞争社会里，真正能达到清心寡欲、顺道而活的人却是寥寥无几。人们为了生存或欲望终日劳碌奔波、伤损心神，落个疾病缠身、过劳而终的人不在少数。欲望膨胀，心性狂躁不安，只会让人眩迷于物欲的混浊中，如若无头之蝇横冲直撞，终也粉身碎骨。这些都大违养生之道。然何以保身？老子提出要"守静"："致虚极，守静笃，万物齐作，吾以观复，夫物芸芸，各复归其根；归根曰静，是谓复命。"（第十六章），保持心灵的静寂与空明，才能洞察万物生死运转规律。心灵如若充塞太多欲念，便不能辨清是非。老子的守静理论所强调的就是"保持心灵的自然纯真"，以一种恬淡、质朴的心态从容应对人生的起落沉浮，静观世间的尘世纷扰，从中找到生命运转自然的规律，顺应自然而行，臻至波澜不惊、喜怒哀乐皆自在的状态。这是老子的精神养生思想，也是古人素食传统所想达到的境界，而今天的素食文化正也是在追求这种清淡素朴的生活方式。

回归老子所提到饮食的"味无味"观念，拓展开来其实可理解为"为无为，事无事"，即"把无为当作为，把无事当作事，把无味当作味"，② 以无为的方式做事，以无事的状态来做事，不搅扰他人的方式来做事。无味并非没有味道，而是善于品

---

① 高秀昌：《论老子的养生学及其影响》，《河南教育学院学报》（哲学社会科学版），2007 年第 5 期。

② 任继愈：《老子绎读》，北京：北京图书馆出版社，2006 年版，第 139 页。

味世人所难察觉的味道。这里，味不仅指饮食之味，而是人生之味，人生中的辛酸苦辣甘甜等百味杂陈，以"无味"来品人生之味，指以一种达观从容的人生态度来应对百味，不过悲，不过喜，不过忧，不过虑，事事皆顺应自然，从"无味"中品出滋味与乐趣。唯此，才是所谓的"素"之道，恬淡自然，清静明朗。

第三节　从健康传播视角审视老子的"素"主义生活方式

从健康传播视角来看，《道德经》蕴含着丰富的健康传播思想。短短五千言不仅传达一些健康养生知识，也启发人们要树立健康养生的信念，并在日常生活中践行健康养生规则。"夫唯病病，是以不病。"（第七十一章）唯有从心态上重视疾病，才会积极寻找疾病的根源及治疗方法，防范疾病于未然，才得以不病、保养生命。圣人常能不病，在于他们能够顺应自然，深谙身体运转规律，有效防治身体疾病。老子所提倡的"素"主义生活方式所传达的是同样的道理。老子提倡素味饮食，味以淡、甘为宜，"五味令人口爽"（第十二章），酸甜苦辣咸调配不宜会损害人的口感。人们须认识到素味饮食对调节身心状态的益处，熟谙"味无味"的修养身心之道，积极地从观念和行动上进行遵循，方能达到身心兼修的效果，即上文所提"清淡饮食，恬淡性情"的"素"主义生活方式。素味养生，也强调世人做到自知、自信、自行。

在精神修养方面，老子的"素"思想强调人们要"见素抱朴"，人们身处世事纷杂之中，要力求保持原初的本真，保有一颗愚朴的心，凡事皆能依道而行，从道法自然的智慧中达到天人和谐的状态。人若要保持素朴的本真之性，必要保持心境空明、少私寡欲的状态，勿惑于物而乱我心性。老子要求人们养生要在精神上"去甚、去奢、去泰"（第二十九章），知足常乐，顺应自然。他认为，嗜欲过多是祸病根源，此乃养生之大忌。因此，人们要认识欲多必害的严重性，积极去规避它，遵循老子提倡的"素"味生活，才能达到保全自我的目的。人们唯保持一颗素朴的平常心，无过多欲求，才能达到生命原本的"静"态。"归根曰静，是谓复命；知常曰明。不知常，妄作凶。"（第十六章）人们要回归到生命原初的状态，表现出一种"静"态，使生命活力得以恢复。人们于静中悟道，掌握生命运作的科学规律，并遵循此规律来行事，才能更好地呵护生命。而"常"正是养生的自然规律，人们唯有知"常"，才是明"道"之人，才能依"道"养生，从认识层面的"知"转化为实践的"明"，"明"是一种无惑的状态，一种熟知自然运转规律的状态。养生尤其强调"明"，即对自我的身体状况、身体与饮食的关系、身体与环境的关系了然于心，明白哪些有益于我身，哪些有害于我身，并懂得趋利避害。从老子所教导的养生常识中，酸甜苦辣咸五味过重会损害人的口感，喜怒哀乐的情感过激会损伤人的精神，嗜欲过多会扰乱人的心性、祸害生命。"素"主义的生活方式不仅可以调节人本身的身体状况，还有益于人们保持清醒的神志以深谙养生之道，遵循"道法自然"的规律，将其深植于观念中，并在日常生活中力以践行，以"素"养性，回归生命的"静"态，做到"知常"养生。因此，从老子提倡的"素"主义生活方式中也可找到健康传播"知—信—行"的规律。

（本章执笔：林淑琴　谢清果）

第四章　老子对新"素食主义"的思想升华

"素食主义"经历了几个世纪的演变发展，成为人们表达回归自然生活、追求健康养生、生态和谐的乐活途径。食素的原因包括了宗教信仰、健康管理、文化标签等，体现当代人类文明在饮食观念上的追求。从老子"见素抱朴，少私寡欲"的修身养性思想出发，在物质水平发达、社会交际频繁的当代生活，"素食主义"应当包含"素食"（即用原始根本的，不加修饰，还原食物以原本味道的饮食烹饪方式）和"食素"（即食用食物——不分食物属性——的原本味道）这两层含义。强调的不应只是单纯的拒绝肉食或以素代荤，而是从烹饪到食用过程中对食物食材本味原味的保留、呈现和体会。新"素食主义"是需要持之以恒践行的精神养生系统工程，对于实现个人健康、社会和谐有积极的意义。

第一节　素食主义的历史渊源

素食主义，是一种不食用或少量食用部分动物制品的饮食方式，其表达了回归自然生活，追求健康养生、保护环境、爱护动物的生活态度。食素的原因包含了宗教信仰、健康状况、身材管理的需求，同时在信息爆炸、工作生活压力日益繁重的现代都市，人们在后工业时代面对不断恶化的生存环境，提出了低碳环保乐活的生活理念。伴随中国传统文化的复兴和全球文化的融合发展，修身养性的情志修养深入到人们生活的方方面面，人们开始关注心理健康，逐渐重视内心净化和学习，崇尚素食正是在饮食方面的修养潮流。

素食主义最早源自古印度的宗教以及哲学传统，同时包括地中海东部的文明。早期的素食主义者主要是指食用水果的自然人，包括食根者、食茎者和食树芽者的素食民族（在迪奥多尔作品中曾描述过埃塞俄比亚的素食民族），当时与和平的生活观念相对应。在文艺复兴前期的中世纪，素食除了教义的规定（把弃肉作为苦行的一部分,在天主教的圣徒时代体现为禁欲主义),肉被视为"下等人的食物"。虽然文艺复兴时期的欧洲由于财富和权力的增长使肉食日渐流行,但由于运输和储藏的手段和技术还比较落后,因此"食肉难新鲜"成了素食流行的原因。

17世纪起,素食主义开始在英国发展起来,拒绝肉食的宗教团体越来越多。托马斯(Thomas Tryon)是17世纪突出的素食主义倡导者,他主张完全弃绝以"动物同伴的肉体"为食。1801年第一个素食协会在伦敦成立,英格兰其他城市纷纷紧随其后。在18世纪,由于经济、伦理和营养学等方面的原因,素食主义逐渐引起了人们的兴趣。营养学家威廉医生(Dr.William Lambe)建议他的病人素食以利于癌症的治疗。此时,几乎所有现代的素食主义论题都已经开始讨论,包括农业资源的浪费等。18世纪中突出的素食主义倡导者有美国的本杰明·富兰克林和法国的伏尔泰。

无论是历史上还是时至今日,在西方社会英格兰人显示了对于实行和宣传素食最强的倾向。从18世纪开始,在英国就已经出现了与清教徒很接近的以素食为表现形式的苦行。素食主义运动正式诞生于1809年英国的曼彻斯特。当时,有一些Bible Christian教会的成员一起发誓禁食酒肉。1847年,这个修行团体脱离了教会并成立了素食者协会。随后在80年代早期素食协会的成员发展到超过2000人。19世纪出于道德因素的素食主义代言人是诗人雪莱。1847年他创立了"素食社会"组织。英国公众中素食主义的典型代表是萧伯纳。托尔斯泰也是个著名素食者。

伴随素食主义思想的传播,素食者组织陆续建立。1889年甘地成为伦敦素食协会的一名成员。同一时期,素食主义运动也相继在其他西方国家开展起来。美国于1850年,德国于1867年,法国于1899年分别成立了素食者协会。1908年,国际素食者联合会在北爱尔兰成立。1949年,美国素食者联合会成立,1960年,美国严格素食者协会成立,它们都被国际素食者联合会接纳为分支机构。

中国传统素食主义在最开始就关注于"修身养性"的需要。相传,成汤灭夏桀于乙卯日,武王灭商纣于甲子日,之后历代为避免重蹈覆辙,于是在这些日子斋戒,修养心性,初一到十五茹素遂成为习俗。西汉时期,淮南王刘安发明豆腐,这成了中国素食史上具有里程碑意义的事件。南朝梁武帝萧衍将素食主义发展推向了一个全新的高度,出于一位虔诚的佛教徒对大乘佛教的菩萨慈悲思想,倡导素食,公元511年,颁布《断酒肉文》令天下所有僧尼不得食肉。至宋代,据《东京梦华录》和《梦粱录》,北宋汴梁和南宋临安已经有专门经营素食的餐馆。元明清三代,素食文化愈加丰富。清代薛宝辰所著《素食说略》所记录素食逾百种。近代,孙中山先生是素食主义的代表人物。他在《建国大纲》中写道:"夫豆腐者,实植物中之肉料也,此物有肉料之功而无肉料之毒。"

中国传统的素食主要是出于"修身养性"的内修目的,存在宗教信仰的教义中的禁欲主义，体现慈悲为怀、不杀戮的朴素自然思想。豆腐的发明也成了素食产品的重要组成部分。

世界范围内素食文化的传播在现代社会日益盛行，关于素食对于环境、自然、健康的影响也成为全球性的热点话题广泛探讨，素食已经越来越成为一个全球时尚的标签，成为一种全新的环保、健康生活方式。

第二节　素食主义流行原因的美学解析

一、素食主义流行的原因

（一）宗教原因

早在素食主义的萌发时期，食素就已深深烙上宗教的印记。在天主教早期的圣徒时代，许多人对肉类带来的不洁心怀恐惧。中世纪的新宗教把放弃肉类作为区别教徒和教义规定的正统苦行僧的标准，许多神职人员和隐士出于禁欲主义放弃食用肉类。

古代中国佛教、道教的盛行，以及儒家文化的推广都使得食素成了修行的一种必要途径。道经云："斋食（即素食）者，洁净身心，涤除邪秽。""圣人以此斋（素食）戒，以神明其德夫。"道教以"道"为核心，强调万物皆平等，秉承的是尊重生命、尊重自然的道义，推行中庸、"三皈五戒"、精心养身的为人处世哲学。佛教主张不杀生。佛教《涅盘经》："佛说：吃肉的人断大慈悲种子。"同时在《楞严经》中还有"永断五辛"的说法，五辛是葱、蒜、洋葱、韭菜及兴渠，在佛教中认为去除五辛之后才是真正的素食。中国佛教可以吃三净肉。"三净肉"是佛教名词，是指小乘佛法允许教徒吃的肉。三净肉应具备三个条件：眼不见杀，耳不闻杀，不为己所杀。

（二）非宗教原因

1. 健康因素

17世纪西方素食主义倡导者托马斯在《健康的生活方式》（The Way to Health）中阐述了素食对于健康的重要意义。在18世纪，英国营养学家威廉医生（Dr. William Lambe）建议他的病人素食以利于癌症的治疗。

古代中国对于"长生不老"的探讨不仅包括了炼丹术的不断探索，同时也逐渐形成了"清淡饮食"的中国传统养生饮食观念。《吕氏春秋》曰："肥肉厚酒，务以自强，名之曰烂肠之食。""味众珍则胃充，胃充则中大鞔，中大鞔而气不达，以此长生可得乎。"明代养生学家高濂对于饮食禁忌有这样的描述："蔬食菜羹，欢然一饱，可以延年。"

当代由于人们生活水平的提升，加上食品的储存运输技术设备的不断改进，食肉已经不再是贵族人的专利，而成了轻而易举的事情。随着经济水平的提高，人们对于饮食的要求已经不仅仅局限于果腹，而对营养和身体机能的影响有了更高的要求。心脑血管疾病、肥胖症、三高人群、糖尿病等"富贵病"的盛行在一定程度上归结于人们的饮食方式不当。科学研究报告表明素食不仅能够提供人体所需的营养元素，同时还能降低癌症以及心脑血管疾病的罹患概率，德国"癌症研究中心"（DKFZ）在一项从 1978 年持续到 1999 年的实验中得到"少吃肉可长寿"的结果，美国国立健康学院研究了 6 万名素食者，发现他们活得比较长久，也较少患心脏病，与肉食者相比较，得癌症的概率也要低很多。[1] 于是"蔬食弊足以养性命，岂待酒肉罗绮后为生哉？"素食成了人们追求健康、延年益寿的途径。

同时，素食由于减少了肉类的摄取，更有利于控制体内的脂肪和蛋白质的含量，素食主义者多数能够保持较好的身材，远离肥胖的困扰。在"以瘦为美"观念仍然占据审美主导的社会观念影响下，许多年轻女性通过素食的方式试图达到减肥塑身的目的。这也是社会学家对于素食主义盛行提出的归因之一，即人们的爱美之心。[2]

2. 保护环境

食用肉类需要豢养许多家畜动物，而家畜会排放出甲烷。甲烷是继二氧化碳之后，第二种最易造成温室效应的气体。许多环保专家现在相信甲烷在全球暖化这件事上必须比二氧化碳更需要被重视，而大气中的甲烷约有 25% 由畜牧业饲养之家畜排放。肉类产品生产过程中用到的水和土地资源也会影响环境。生产肉类产品比生产同样重量的谷物需要更多的水、占用更多的土地资源。有一种说法：提供一位肉食者一餐的温饱所耗费的资源可让二十位素食者饱足一餐。

由此，素食主义对于环境的保护有着重要的意义。

3. 动物保护

素食在定义中就尽量避免肉类食品的摄入，同时对于严守素食主义者，他们在避免食用所有由动物制成的食品的同时，还抵制使用动物制成的商品如皮革、皮草以及含动物性成分的化妆品。

素食在宗教教义的秉承上也是体现了不杀生的慈悲胸怀，这对于保护动物有着

---

① 袁圆：《素食主义发展简史》，《世界宗教文化》2003 年第 3 期。

② 汪继峰：《世人皆为素食狂》，《饮食与健康》2004 年第 1 期。

积极的意义的。

4. 经济效益

在通常情况下，素食要比荤食便宜得很多，食素不必为生猛"大菜"买单，为钱包减负，在一定程度上减少了在三餐上的经济成本。

5. 文化追求

素食所体现出的修身养性、返璞归真、保护环境、珍爱动物思想都与当下提倡的"低碳""乐活""环保"理念契合，体现了现代都市人关注天然、关爱生命、关心个人成长的文化追求。素食主义者在获得个人生活质量提升的同时，也获得了社会主流价值观的认可，从而获得内心的满足和自我肯定。同时，从社会心理学角度看，"羊群效应"（又称"从众心理"）使得有些社会人为了与社会主流价值保持一致，从而避免心理上的认同灾祸而屈从于这一浪潮。从众者或许不是出自于对素食本身的喜好而是对于素食主义中衍生的文化所震慑，追逐刻板印象，试图通过食素的行为标榜个人的生活品位和社会地位。

二、从美学角度分析素食主义流行的原因

（一）真善美的关系

所谓真，指的是客观规律；所谓善，指的是功利；所谓美，则是指在实践中，真善的形象体现。人们在欣赏美的时候具有以下特点：首先，美引起人们享乐的特殊性在于直接性，即由生动鲜明的形象直接引起美感。其次，在美所引起的愉快的根底里，潜伏着功利。所谓"潜伏"是指和功利的联系是间接的、隐晦的。

美与真善是相互区别又相互依存的关系。人们在探究客观世界的规律中，获得真，并将其运用到实践中，达到了改造客观世界的目的，也就成就了善，同时表现为生动的形象才使得美得以实现。因此，真、善、美是在社会时间活动中具体的历史的统一，应该系统地发展地看待之间的关系，而不是孤立、静止地对立看待。[①] 因此，美是以真善为基础的境界超越。素食主义者的内心往往以真善美交融来获得一种超越食肉所获得的快感。

（二）美学角度解析素食主义流行的原因

食素的最直接体现在于外部形态的改变，这也是人们希望通过素食达到身材管理和体态控制的目的体现。爱美之心、社会文化认同感、延年益寿的期盼、生活成

---

① 杨辛，甘霖：《美学原理》，北京：北京大学出版社，2003 年，第 61—65 页。

本的控制、宗教信仰的虔诚节欲，归根到底还是带有功利的目的。

　　然而在物质欲望日益膨胀，满足的方法和途径日益多样化的时代背景下，觥筹交错的应酬人际交往、口舌之欲的挑剔，使得食素在一定的社交场合遇到障碍。肉食主义者为了健康的目的被动选择素食而衍生了"仿荤食"的替代素食，运用各种烹调的技法使得素食食材通过佐料的搭配以及烹饪手法的改造而拥有荤食的形状和味道，"以菌代肉"，大豆制品"素肉"，素食餐厅绞尽脑汁，费尽心思，巧夺天工以力求满足人们食"肉"的口感口味要求。然而这样的素食主义并不是真正意义上的素食，为素而素的做法实则有望梅止渴、画饼充饥的感觉。

　　从美学对于真的定义出发，人们需要对于客观世界的规律有正确适时的了解，并在认识和尊重规律的基础上发挥主观能动性去追求功利的善和形式美的感受。因此，为素而素的人不能从根本上成为纯粹的素食主义者，运用形似手法去节欲终究只能是"伪素食主义"。在我看来，素食主义在当代社会现实环境下，或许不该只是笼统偏执地剔除对于肉类食物的禁忌，而是应该从"真"的视野去看待食材，以"真"的态度去烹饪食物，用"真"的心态去践行素食主义。在老子的道家思想体系中，早已经对"素食主义"有了最"真"的探讨。

第三节　老子对于新素食主义的思想升华

一、新"素食主义"的定义

　　在中国汉字中，"素"的解释有许多种。其一为"本质、本性"，如《文选·张华·励志诗》中："彼梓材，弗勤丹漆，虽劳朴斫，终负素质。"词语中"根素"有根本之义，"素怀"被解释为本心。其二，表示"旧交"，如唐代韦应物的《慈恩伽蓝清会》中："素友俱薄世，屡招清景赏。"词语中"素情""素交"都有旧交情的意义。其三，有雪白的意义，可引申为纯净。素纸指没有写过字的白纸，素衣比喻人处境艰难生活困苦，素秋即秋季（古代阴阳五行家以金配秋，其色白，故称秋季为"素秋"），素娥指月宫中仙女"嫦娥"（因月色白，故称"素娥"）。其四，可以表示为质朴、不加装饰，如唐代的刘禹锡在《陋室铭》中描述的"谈笑有鸿儒，往来无白丁。可以调素琴，阅金经"。宋朝司马光在《训俭示康》中描述："众人皆以奢靡为贵，吾心独以俭素为美。"词语中用"素妆"表示淡妆的意思，还有"素面朝天"的运用。除此之外，还有"空，有名无实或有实无名""平素，往常，旧时""寒素，低微""诚心的，真情的"的意思。①

二、老子"味无味"的新"素食主义"

总结词典中的解释，可以归纳为"本质""空""真实原本"的意思。由此所谓"素食"即可解释为"素食"（即用原始根本的，不加修饰，还原食物以原本味道的饮食烹饪方式）和"食素"（即食用食物——不分食物属性——的原本味道）。

这与老子提倡"味无味"的饮食方式不谋而合。在第六十三章中，老子提出"为无为，事无事，味无味"，所谓"无味"不是字面上的没有味道，而是不带有口味偏好，还原食物本身的纯正味道，不要过甜、过咸、过酸、过辣、过苦，而是清淡地品味食物根本的味道。这在饮食上体现了合乎"道"的原则，"道之出口淡乎其无味"（第三十五章），引申到"道"的高度，则从口腹之欲的满足上升到为人处世、悟道修道的方法，即"见素抱朴，少私寡欲"的修身养性的要求。

（一）以"道"观新"素食主义"

老子辩证思想体系中反复重申了"道"的矛盾性，"是以圣人处无为之事，行不言之教"（第二章），"道常无为，而无不为"（第三十七章），"知者不言，言者不知"（第五十六章），而这其中的矛盾对立双方又是在变化和发展中达到动态的平衡。而要趋吉避凶、物尽其用，则需要尊重客观规律、坚持适度原则。

从具体的行动看来，首先要尊重生命，包括自然万物，涤除占有的私心。"出生入死"表明了生命的诞生意味将以死亡来结束的必然，"人之生，动之死地，亦十有三。夫何故？以其生生之厚"（第五十章）。生命诚可贵，死亡是轻而易举而又必然到达的事情，因此能够获得生命保存生命是如此的需要珍惜。在第七章中，"天长地久。天地所以能长且久者，以其不自生，故能长生"，自然生态中的每个生命都是尊贵的，天地之所以能够长长久久，在于共生，而不是以损害他人的生存而获得自我的空间。所谓"共生"，不仅指的是万物生存在大自然中，而且还包含了万物相互配合，相适而生，从而相安无事，共生共融。落实到"素食"观念上，就要求我们还原以食物最初最本真的味道和性状，这也是一种尊重生命的态度体现，而不是用花哨的方式、浓重复杂的调味去掩盖本味，更不是为了满足自己通过不吃真正肉食获取健康和社会认同的期待而去做仿真素食。"伪素食主义"不仅是一种"掩耳盗铃"的假装，是一种占了便宜还卖乖的私心贪念，更是对食物本味的不尊重。在某种程度上或许比传统意义上的非素食主义者更加私欲膨胀。由此看来，从尊重生命的角

---

① 百度百科"素"http://baike.baidu.com/view/52536.htm

度，"三净肉"是可以接受的素食食材。在这个意义上，更追求的是原汁原味的烹饪方式和诚信的饮食态度。

（二）新"素食主义"需要"知足""知止"

节欲、自制不是一种与自己抗衡的可以而为，也不应该是为了成为"圣人"而努力逼迫自己禁锢在教条的框架中。老子在其思想体系中所追求的是一种心向之而无为的境界，不应存在违抗自己意愿的胁迫和压抑，应该是自然而得。那么，如何才能在主观层面主动清心寡欲呢？老子就从积极的层面给予了建议。

"知足"，"知止"，感到了满足，明白了足矣，知道该适度而止，那么无边际的欲望就可以被控制在可观的范围，就不会因没有追逐的尽头而过度劳神损身，精疲力竭。"名与身孰亲？身与货孰多？得与亡孰病？是故甚爱必大费，多藏必厚亡。知足不辱，知止不殆，可以长久。"（第四十四章），不知足，就如《后汉书·岑彭传》中所写："两城若下，便可将兵南击蜀虏。人若不知足，既平陇，复望蜀。"七情六欲是人之常情，所欲所求是本能的反映，但应当适度，即所谓的适可而止。第四十六章中："祸莫大于不知足，咎莫大于欲得。故知足之足，常足矣。"矛盾的双方始终处于此消彼长、相互转换的动态平衡之中。物极必反，当追求到极致的时候，必然有所损。"持而盈之，不如其已。揣而锐之，不可常保。金玉满堂，莫之能守。富贵而骄，自遗其咎。功遂身退，天之道。"（第九章）"曲则全，枉则直，洼则盈，敝则新，少则得，多则惑。""夫唯不争，故天下莫能与之争。"见素抱朴，少私寡欲并不是消极地将常欲归结于贪婪，而是取之所需，用之可取，适可而止，知足常乐。

在饮食方面，"素食"所要求的正体现了"知足""知止"的态度。"素食"即烹之以原道，佐之以适味，还食之以原味。"五色令人目盲，五音令人耳聋，五味令人口爽，驰骋攻猎令人心发狂，难得之货物令人行妨。是以圣人，为腹不为目，故去彼取此。"（第十二章）老子在第三十五章中提出的"道之出口淡乎其无味"，具象在饮食上，"无味"不是"没有味道"，而是涵盖了五味，或者也就是"素味"即食物原本的味道，在追求道的过程中是个理解自然的过程，这就在饮食上强调原汁原味，而不是添油加醋或画蛇添足。从另一个角度，"无味"包含了"淡"，清淡不仅仅是佐料运用烹饪手法的简单化简，更是巧借佐料和工艺使本味最自然最直接地流露，不是逼迫食客产生有口苦无味的食不下咽，而是开启食物精髓的美味密码，让食物和人的嗅觉、味觉、视觉、触觉亲密接触柔和交融，于是食物真实地滋养味蕾，食客真实地享受另一种生命形式的完整呈现。没有负担，没有急躁，一种平等、真实的对话，获得内心的满足。

三、新"素食主义"的重要性和必要性

(一) 健康的定义

世界卫生组织（WHO）给健康所下的正式定义：健康是指生理、心理及社会适应三个方面全部良好的一种状况，而不仅仅是指没有生病或者体质健壮。[①] 由此看来，健康包括了个体的身体健康、心理健康、社会适应能力良好和道德健康四个方面。健康是指人体与自然环境和社会环境的动态平衡，是一种躯体、精神和社会的完满状态。

新素食主义强调的是"味无味"的饮食主张。强调的是剔除复杂的烹饪手法，还原食物原来最真实的味道，不过甜过咸过酸过苦过辣。这种清淡的烹调方式追求的是原汁原味的食材原味，自然也就能够避免由于多余的油脂、调味、防腐剂等食品添加物质对于身体代谢带来的额外负担。新素食主义贯穿其中的是老子"见素抱朴、少私寡欲"的虚静无为思想，对于缓解都市生活压力、减少因过度追求而带来的心理负担有积极的意义，从这个角度看来，对于保持心理健康有很大的益处。区别于传统的"素食主义"单纯规避肉类食品的食材限制，新"素食主义"并不排斥荤食，而是讲究食材处理的原味清淡简单，所以与现当代社会交际的应酬环境能较好地结合，比较不会带来口味不合而产生的饭桌上的交际障碍或社交紧张。新"素食主义"主张用道养生，在第三十五章中提道："执大象，天下往。往而不害，安平太。"大象即道，用道养生，使得自我与他人都安宁、平和、康泰。[②] 苏联学者杨兴顺说："人只有不做力所不逮的事，遵循生的自然趋势即清静无为地对待生活，才能正常地生活。"[③] 只有遵循了生的法则，尊重一切生命，知足知止，清静无为，方能获得安宁和平和的生活。

用道养生是上升到精神层面的养生，是一个系统的过程，其所追求的最高境界是实现人与万物、社会的全面自然协调，没有相伤，自然是相益，由此，生命才能够尽其天年。[④] 新"素食主义"从精神上改变人们浮躁纵欲的心态，从饮食上调整人们重味的倾向，使人们在日常生活交际中能回归平和安宁，从而减少纷争和计较。同时素食主义也引领了一种健康的生活方式，迎合了"乐活"的时尚潮流，在推动人类社会新文明的发展中起到一定的积极作用。同时新素食主义对于行政养生也有着积极的意义，使餐桌礼仪向和谐朴素的方向改进，逐渐走出奢华、攀比、浪费、排场的交际误区，对于构建和谐社会，促进民主发展有着潜移默化的积极影响。

---

① 百度百科："健康的定义"，http://baike.baidu.com/view/18021.htm.
② 谢清果：《老子的健康传播观》，《老子学刊》2010 年创刊号。
③ 杨兴顺：《中国古代哲学家老子及其学说》，杨起译，北京：科学出版社，1957 年版，第 43 页。
④ 郭汉文，谢清果：《和老子学养生》，北京：宗教文化出版社，2010 年版，第 13 页。

（二）保持婴儿般柔弱的意义

老子健康思想体系中，强调婴儿般柔弱的状态才是精气神最充盈饱满的状态。第七十六章提出："人之生也柔弱，其死也坚强。草木之生也柔脆，其死也枯槁。故坚强者死之徒，柔弱者生之徒。"因此，保持柔弱是实现健康的手段。出生入死，婴儿看似柔弱实则精气神饱满，充满了生命的活力和生机。婴儿成了老子健康传播思想的形象代言。

婴儿的饮食方式表现的就是生命对于食物的最原始欲求。婴儿从单纯母乳，到添加辅食，都对食物有着最简单最原始的要求。在食材的选择上并没有什么过多的限制，在烹调中则要求精细、保持原味，拒绝过多的调味品的添加，而是用清淡简单的烹调手法，使其能够容易接收食物中的味道和营养。其实，这与新"素食主义"所提倡的简单主义、原汁原味是不谋而合的。

在精神层面，婴儿对于世界的需求欲望是最基本的生存需要。而外界对于其的影响也是最简单的喜怒哀乐，没有伪装，没有强迫，没有掩饰，没有贪婪。所以也是最自然的生活状态，最直接的情绪表达。保持像婴儿一样的心态，无过多过度的欲求，心平气和，这也正是新"素食主义"要在心灵净化人们欲求的目标之一。

四、践行新"素食主义"

新"素食主义"需要的是从心理到行为，由内至外全面系统的协调。根据健康传播的"知—信—行"模式，饮食不仅仅是吃的这一简单的动作，需要知、情、意的共同配合。首先应当对于食物的性味原质有一定的认识，掌握基本的知识，同时明白如何食用、食用的禁忌和限制。其次，对于"吃"这件事以及"吃"的对象要有情感的投注，要尊重食材、专心饮食、关注健康，既不暴饮暴食也不刻意节食，也应该尽量避免过于花哨地通过改变性味而追求所谓口感和视觉的刺激和新奇。最后"意"指的是意志，老子认为"强行者有志"（第三十三章），只有能够战胜惰性的人才能将养生的效果巩固下来，实现"自胜者强"（第三十三章）。在知"道"的基础上，老子认为有三种不同的反应："上士闻道，勤而行之。中士闻道，若存若亡。下士闻道，大笑之。不笑不足以为道。"（第四十一章）其中的中士虽然在早期认同了保持健康的方法，但由于意志不如上士的坚强，而最终半途而废，无疾而终，难以达到真正的养生效果。而上士则是坚持了"惟道是从"，用自身较高的素养、自律自控自制自知，所以能在长期践行"道"中及时防病治病。[1]

因此要践行"素食主义"并且从中获益就必须修炼意志，坚定"素食主义"的

---

① 谢清果：《老子的健康传播观》，《老子学刊》2010 年创刊号。

饮食方式，坚持保健养生养心的健康主张，从而避免半途而废、无疾而终。只有意志坚定者，才能持之以恒地坚持下去，方能在不断地调节和适应中真正实现"素食主义"带来的身心和谐、情境和谐。

综上所述，"素食主义"经历了几个世纪的演变发展至今，体现了一种健康自然的生活方式，包含了保护环境、爱护动物的乐活思想，同时又与修身养性、禁欲慈悲的宗教哲学有千丝万缕的联系。在如今物质生活日益富足的年代，饮食已经不仅仅是出于果腹的目的，而"素食主义"也被赋予了新的定义，它与节能减排、瘦身塑形一起成了时尚的代言。但素食主义者并不应该仅仅意味着简单避免食用荤食，同时，食用素食也不代表食客已成了真正的素食主义者。在经济压力、社会交往日益密切频繁的现代都市，"素食主义"或应从更深的层次去理解和赋予意义。在我看来，素食主义就是老子"少私寡欲""见素抱朴"的处世修身之道在饮食上的体现，所谓"素食"，应当是包含"素食"（即用原始根本的，不加修饰，还原食物以原本味道的饮食烹饪方式）和"食素"（即食用食物——不分食物属性——的原本味道）两层含义。

用尊重生命的态度对待食材，用遵循规律的方法进行烹调，用"无味"的期待去品尝食物的原味，简单地将食物还原于最初最原始最自然的状态，实现食客与食材之间的直接对话。

在"素食"过程中，需要"知足""知止"的态度才能"味无味"而品出各种味，才能"甘其食"，获得食物最真实的味道。而在追求"素食"的过程中，自然也不断地实践着少私寡欲的修炼，不过甜、过咸、过辣、过酸、过苦，尊重规律，尊重生命，适可而止，寻求与自然和社会他人共生共荣的和谐状态。这样也能够避免机械地拒绝肉食而产生的公关紧张障碍，更适合当代的社会生活。

新"素食主义"是渗透了老子思想的精神养生方式，它是一个系统的工程，于个人而言，需要知、情、意的配合，实现"知、信、行"的健康行为模式；于社会而言，则是政治、经济、文化各个社会成分相互协调配合最终实现和谐共赢的实践途径。对于个体人的健康以及和谐社会的构建都有积极的意义。要实现并巩固新"素食主义"的有益效果，除了需要对其内涵和老子"道"的学习和把握，还需要持之以恒，坚定意志，方能最终达到自然与人类、社会环境、个体健康的全面和谐。

（本章执笔：郭逸恬　谢清果）

第五章　健康传播视野下的茶与道缘

根据美国学者 Rogers 对健康传播学的定义，将凡是人类传播的类型涉及健康的内容，就是健康传播。承继老子思想的茶道体现了大众对于健康的追求，而茶道本身也成为一种健康生活方式。这里我们试图从健康传播学的视角来探讨老子思想对茶道构建的影响，研究发现老子思想对于茶道构建在于提出了物质上的"道法自然"和精神上的"致虚守静"的两个内涵。

21 世纪被称为"健康的世纪"，表明人们对健康的渴求，"追求健康、传播健康"成为全人类共同的努力方向[①]。健康传播学作为传播学的一个重要领域近年来成为学术界关注的焦点，诸多学者纷纷对其进行定义。

国外对于健康传播的定义主要有以下两种解释：根据美国疾病预防与健康促进工作的定义，健康传播就是有效地传递那些与健康有关的、影响人们态度和行为方式改变的知识，从而有效地达到预防疾病、提高国民生活质量和健康水准。美国学者 Rogers 将凡是人类传播的类型涉及健康的内容，就定义成为健康传播[②]。在他看来凡是涉及健康内容的传播都可视为健康传播。

国内学者对于健康传播的定义有：台湾学者徐美苓指出："可将健康传播定义为人们寻找、处理、共享医疗资讯的过程。"[③] 国内学者张自力指出健康传播是通过大众媒介来传播与健康相关的信息来预防疾病、促进健康[④]。张国良认为，健康传播就是形成、影响和促进个体的、制度的和公众的重要健康出版物。健康传播的范围包括疾病预防、健康促进、健康关怀政策和健康关怀经营，以及提高生命和社区内个体的

---

① 何伸：《从突发公共卫生事件透视健康传播》，《新闻窗》，2007 年第 4 期。
② Rogers EM. The field of health communication today. the American Behavioral Scientist, 1994 ,(38)
③ 徐美苓：《健康传播研究的回顾与展望：从国外到台湾》，载翁秀琪编，《台湾传播学的想象》(下)，台北：巨流出版社，2004 年版，第 479—524 页。
④ 张自力：《论健康传播兼及对中国健康传播的展望》，《新闻大学》2001 年第 1 期。

健康①。

综合以上定义，健康传播就是通过各种手段和方法进行的健康促进和疾病预防的传播活动，以上几种定义都是把健康本身作为传播主体进行理解的，而帕特丽夏·马丁(P.Martin)等人则提出将健康传播定义为一个象征性的过程。在这个过程中，人们从个体或集体的角度来理解、界定和适应健康和疾病的意义。②马丁还为健康研究界定了五个层面的模式，其中就包括文化中的健康传播模式，这为从健康传播的视角探讨老子思想对于茶道文化的构建提供了理论依据。

第一节　茶道渊源

我国古代的茶文化从唐朝开始盛行，相应的茶艺从唐宋发展到明清，已经达到非常成熟的程度。茶人们在品茗过程中除了对色、香、味、形等感官上的享受之外，还上升到心灵感受的追求，发展成一种精神的探索。这是一种诗意的境界，也是一种审美要求的满足。与此同时，还伴随着一种哲理上的要求，即在操作茶艺过程中所体现的精神境界和道德风尚，这是和人生处世哲学结合起来，具有一种教化功能。这就是所谓的品茶之道，简称为茶道。

"茶道"一词最早出现于唐代，唐代诗僧皎然诗在《饮茶歌诮崔石使君》云："孰知茶道全尔真，唯有丹丘得如此。"唐《封氏闻见记》云："又因鸿渐之论，广润色之，于是茶道大行。"③然而文化层面的概念依赖于个人的感悟、体验，没有一个固定的范式，众多学者对于作为茶文化核心的茶道的定义提出了自己的看法和意见。

已故茶叶界前辈吴觉农先生认为：茶道是"把茶视为珍贵、高尚的饮料，饮茶是一种精神上的享受，是一种艺术，或是一种修身养性的手段"。④浙江大学庄晚芳教授认为：茶道是一种通过饮茶的方式，对人民进行礼法教育、道德修养的一种仪式。庄晚芳先生还归纳出中国茶道的基本精神为"廉、美、和、敬"。他解释说："廉俭育德、美真廉乐、和诚处世、敬爱为人。"⑤陈香白先生认为：中国茶道包含茶艺、茶德、茶礼、茶理、茶情、茶学说、茶道引导七种义理，中国茶道精神的核心是和。中国茶道就是通过茶是过程，引导个体在美的享受过程中走向完成品格修养以实现

---

① 张国良：《大众传播社会学》，成都：四川人民出版社，1998年版，第245页。

② [美]帕特丽夏·盖斯特-马丁等：《健康传播：个人、文化与政治的综合视角》，龚文庠等译，北京：北京大学出版社，2006年版，第5页。

③ 唐·封演：《封氏闻见记》卷六《饮茶》，载《丛书集成初编》，北京：商务印书馆，1936年版，第72页。

④ 吴觉农主编：《茶经述评》，北京：中国农业出版社，1987年版，第190页。

⑤ 庄晚芳：《中国茶史散论》，北京：科学出版社，1987年版，第64页。

全人类和谐安乐之道。陈香白先生德茶道理论可简称为"七艺一心"^①。由此看来,茶道是一种基于物质层面的品饮过程而上升的一种精神内涵,以茶修身,悟道养性。茶道将健康的身体和健康的心态进行了融合,提倡和促进一种健康积极的生活方式。

第二节　老子思想对茶道构建

Paja Lee Donnelly 曾指出文化、健康和传播三者之间存在密切的关系^②。随着茶道的兴起,茶道精神所蕴含的健康信息在大众中传播开来,被大众所接受。这种健康信息的传播使得大众在对健康生活方式的认知、态度、行为上发生了转变。

这里,我们主要试着通过分析老子思想两个层面的内涵,即追求物质层面的"道法自然"和精神境界的"致虚守静",来分析它们是如何对茶道进行构建的。

一、"道法自然"的茶道

老子《道德经》有云:"人法地,地法天,天法道,道法自然。""自然"指的是自己而然,自己如此。在老子看来,"道法自然"是一种顺天而行而非有意造作,因此"道"的本身即"自然之道"。《无上秘要·入自然品》又云:"自然者,道之真也。"养生也是应该遵循自然之法,因此老子的这种养生观为茶道注入了崇尚自然、崇尚简朴及求真求美的理念。茶道中的崇尚简朴、返璞归真的理念,在茶品及茶境等方面都有深刻而集中的表现。

晋代道士王浮撰《神异记》:"余姚人虞洪,入山采茗,遇一道士帝三青牛,引洪至瀑布山曰:予丹丘子也,闻子善具饮,常思见惠,山中有大茗,可以相给。"以茶养性为茶的妙用,因为人性与茶性相近,然而人受生活环境的污染,使人失去本善,而茶出于自然,得雨露日月光华,发挥茶的功效,便能葆命延年。自古便有"深山大茗"的说法,体现了茶道中首先对于茶叶的品种和产地的要求,茶叶必定精选,以自然为真物,劣茶勿用。在老子看来自然真物流露出的真性才具有较好的养生功效。这种"道法自然"的观点对后来的茶人和茶道都影响极大。在唐刘贞亮列茶十德中有言,以茶养身体,以茶养生气,在养生求真中,喝真茶,品真味,付真情,讲真话,这都极好地体现了茶道追求与自然之真合一的精神。^③茶道中对于自然之美的追求还体现在对水的要求上。茶道讲究"烹茶须甘泉",品茶向来重水,因而茶人

---

① 陈香白:《中国茶文化纲要》,载龚永新主编:《茶文化与茶道艺术》,北京:中国农业出版社,2006 年版,第 57 页。

② Paja Lee Donnelly, Ethics and Cross-Cultural Nursing, *Journal of Transcultural Nursing*, 2000（11）.

③ 唐黎标:《茶文化与道缘》,《贵州茶叶》,2005 年第 3 期。

对于水的要求也是求自然求真。陆羽《茶经》中依据不同的水源将水分为三等："其水，用山水上，江水中，井水下。"而山水又以"拣乳泉、石油漫流者上"，江水"取去人远者"，井水，则"取汲多者"，强调用未经污染的"活水"。从这段话可以看出，茶人对于取水之道也是别有讲究，越是清静自然没有污染的水越视为珍贵。

煮茶之道把自然之茶、自然之水按照自然之法联系了起来，使茶事成为一种艺术，统一于人和自然，统一于自然之物的养生享受和追求极真的精神境界。王玲说："煮茶本是物质生活，但陆羽创造了一种奇妙的意境。风助火，火煮水，水烹茶，茶的精华被提炼出来，美的意境也随之出现。中国人喝茶原本就不像外国人喝可乐那样简单，而是把形式与美学融为一体。①"煮茶之事亦有道，而这种道无论茶无论水无论器具都从善自然简朴，茶、人、自然的相互融入，达到天人合一，物我两忘，道法自然。

从健康传播学的角度来看，老子思想当中的"道法自然"主要包括遵循自然之物、自然之法，这些观点为茶道注入了崇尚自然、崇尚简朴及求真求美的理念。它所倡导的正是期望在大众中传播一种求真为美、"道法自然"的茶道精神和健康生活方式。

二、"致虚守静"的精神追求

老子在《道德经》十六章说："夫物芸芸，各复归其根；归根曰静，是谓复命。"意思是说：世界产生于静寂，又归于静寂，生于静寂，死也归于静寂。在老子看来，"静"不仅被视为一种状态，还视为各种运动的共同趋向。只有心灵静寂才能洞察事物的本质规律，洞察自然万物的生长和死亡这一生生不息的宇宙奥秘。用于养生，是说要保持天性的"守静"，身心圆融于道境，就可以长生久视。老子强调守静的目的是保持身体和精神合一。人们最初认识茶是从茶的养生的药用价值开始的，是这种功利性以药来追求长生不老，然而在发现茶中静、清、虚、淡的一面后，老子养生思想中对于"致虚守静"的精神追求就开始探索茶与道结合的契机。

老子的养生之道除了有功利性的以物养生以追求长生不老的观点，更强调一种摆脱世俗杂念、"致虚守静"的精神养生的追求，主张摆脱世俗尘垢，清心寡欲，思想精一纯粹。这种致虚守静、虚静恬淡的思想，既是道家自然观鲜明的体现，又是道教最基本的修养方式和终极追求。茶是集天地精气的灵物，茶性同人性，品茶如同品人，茶品亦如人品。在老子"致虚守静"养生思想的影响下，茶道不仅在于品茗过程中对于色、香、味、形等感官上的要求，还要上升到心灵的体会和感受，茶之道更加追求的是一种平静、恬淡的精神境界，一种对人生哲理性的思考，也就是

---

① 高旭晖，刘桂华编著：《茶文化学概论》，合肥：安徽美术出版社，2003年版，第159页。

说道法自然必须要恪守"虚""静"二字，"道"的自然境界，必须于"虚""静"中方能求得①。因此茶之养生不仅重视对于茶叶自身的药理功效外，更是受到老子"致虚守静"的思想的影响，以茶养性，求清气长存、延年益寿。正所谓"静以修身，俭以养德"在"静""虚"洞察自然，反观自我，体悟道德，完成对自我的超越，以求精神的永生。宋徽宗赵佶在《大观茶论》中写道："茶之为物，冲淡闲洁，韵高致静。"这正是致虚守静的老子养生观在茶道的"茶须静品"的实践。

人言品茶须静，其一便是心态平静淡然。陆羽《茶经》"五之煮"云："其沸，如鱼目，微有声为一沸，缘边如涌泉连珠为二沸，腾波鼓浪为三沸，已上水老不可食。"这便道出了煎茶关键。若要煮好茶就一定要控制火候，掌握水沸程度，即谓候汤。然而等待水沸是一个漫长的过程，而一、二、三沸连续变化，必定要平心静气、耐心守候才能辨别，心态平静淡然才能缓煎慢煮，从容有序。所以听水候汤，以茶养性，必定要求"致虚守静"，通过营造一种宁静气氛和空灵虚静的心境，感悟茶的自然灵性，精神在虚静中得到升华与净化，从而在虚静中与大自然相融一体。

在静中明心见性，在静中证道悟道，同时又在静中感悟人生、寻求自己独立的思想与人格。因此陆羽陆《茶经·一之源》有言："茶之为用，味至寒，为饮最宜精行俭德之人。强调饮茶最宜精行俭德之人，旨在正雅精俭，把茶当作养廉和励志、雅志的手段。"这正是对以茶养性及老子静虚归旨思想的最好体现。在此，茶道不只是养生之术，更提升为一种修身之道，是一种精神追求。

无论是对于茶事养生对于道法自然的要求还是对于"致虚守静"精神境界的执着，最终都要回归到老子所提倡的"和"终极要义上来。

老子在《道德经》中有言："道生一，一生二，二生三，三生万物。万物负阴而抱阳，冲气以为和。另外在"音声相和""和其光，六音不和""冲气以为和""和之至也""知和曰常""和大怨，必有余怨"等六处也提到"和"字。"和"意为和谐，是对于追求物我两忘、人与自然和谐相融的高度概括。把"和"看成自然的规律，又是人类社会的行为准则，"万物负阴而抱阳，冲气以为和"就是老子思想的核心。而茶道是也是对于饮茶之事本源和规律的思考，自然要受到老子"和为贵"思想的影响。茶道也遵循着万物为友、天人合一的理念和追求，在饮茶过程中追求着精神和物质的统一。现代陈香白教授研究认为中国茶道精神的核心就是"和"②。

裴汶《茶述》指出茶叶"其性精清，其味浩洁，其用涤烦，其功致和。参百品而不混，越众饮而独高"③。茶叶不仅具有药用功效，又因为其平和特性，具有"致

---

① 胡长春：《道教与中国茶文化》，《农业考古》2006年第5期。
② 宁静，谭正初，李健权：《论中国茶道精神"和"的思想内涵及其现实意义》，《茶业通报》2009年第2期。
③ 陈文华：《论中国茶道的形成历史及其主要特征与儒、释、道的关系》，《农业考古》2002年第2期。

和""导和"的功能，而人性与茶性相近，所以茶道也是老子"和"思想的一种实践。人与自然相和相融，在品茶的过程中做到自然成趣，天人合一。唐代诗人温庭筠在《西陵道士茶歌》写道："乳窦溅溅通石脉，绿尘愁草春江色。洞花入林水味香，山月当人松影直。仙翁白扇霜乌翎，拂坛夜读《黄庭经》。疏香皓齿有余味，更觉鹤心通杳冥。"人、茶、自然三者自然融入，展示了"和"的茶道境界。茶人忘情天地，以"和"作为要义，对人的肉体、精神进行着自我调节之道，以求葆命延年。然而，老子"和"的思想不仅体现在茶人对自身的调节上，还体现在以茶来实现人和他人和社会的融合。老子有云："天之道，利而不害；人之道，为而不争。"在老子看来人存在于社会必然要积善谦德以保养生命。谦德就是不争和善下。人们生活在社会中会面临各种心理压力和困扰，如果不能够进行调节则必然要影响人的健康。在茶道中融入"和"的思想，教导世人谦德不争就是希望人们能够以更加平和的心态处世，过一种平静平和的生活，实现人和他人和社会的和谐相处，从而达到养生长寿的目的。这种与万物为友、天人合一的理念和追求，精神和物质的统一，正是茶文化中的重要内容，也是道教思想与茶道精神相通的重要基础[①]。在今天看来老子"和"的思想对于身体保健和心理调节也是非常具有意义的。

对于老子"静虚守静"思想主要可以概括为保持天性的"守静"，身心圆融于道境，以长生久视。除此之外，老子的养生之道更强调一种摆脱世俗杂念、世俗尘垢，清心寡欲，思想精一纯粹的养生的追求。从健康传播学的视角而言，茶道养生不仅仅是追求功利性的"道法自然"，而是以自然之物修身养性，同时追求达到饮茶之人身心的健康。

总之，茶亦有道，老子的养生思想中"静""自然""和""不争"等范畴让饮茶之事也有道可循。无论是"道法自然"的养生之道还是"致虚守静"的精神追求以及对"和"的道德要求，老子的思想为茶道提供了一种道的解释和支撑，同时也为中国茶道注入了生机和灵气。此外，从健康传播的角度来看，其内容和形式上都应该丰富多样，也应该是追求身心健康的统一，使深奥的、专业的医学理论变成为大众易于并乐于接受的知识和信息。通过这种传播方式来提供给公众的生活水平和人口的素质，实现社会的和谐和稳定。老子思想的养生之道、精神追求以及对"和"的道德要求，这些观点对茶道的构建产生了非常重大的影响。而且，这种茶道的构建对于个人的养生保健、和谐身心建设、社会的整体和谐及健康传播的实践形式也有着积极的意义，值得我们借鉴。

（本章执笔：钟珺　谢清果）

---

① 王春华：《道教的饮茶之道》，《华夏文化》2006 年第 1 期。

第四篇　老子传播思想的理论阐扬与时代省思

第一章　老子的和谐传播观

老子思想博大精深，源远流长。其对于今世的影响范围甚广。本章从分析老子的"无为而治"思想开始探究老子"道"的思想对于当时社会的影响。总体而言，老子"道"的思想是十分和谐的。从传播动机来看，老子的和谐体现在时时刻刻以百姓为中心；从传播方法而言，老子的和谐思想是围绕着"无为而无不为"来展开；再从传播的效果来看，老子的"大顺天下"是和今天我们所倡导的"和谐社会"建设是有一脉相承的关系的。分析掌握老子的一些思想，可以提取出他的一些传播观点，即和谐的传播观。这些观点无论是对于政治统治还是对于今天我们社会的传媒发展都有着借鉴的意义。

第一节　传播动机：以百姓和谐为重

但凡古代的盛世出现，都印证了古代君主将"百姓社稷"摆在了第一位。所以将百姓看成第一位，是顺应了社会历史发展规律的，正所谓"民可以载舟，也可以覆舟"。当人们和统治者达成了各个方面一致协调，那么，百姓就会拥戴君主统治者，也就可以国泰民安，风调雨顺了。

自从经历了从古代敬畏自然到人们征服自然的转变之后，人们慢慢地开始意识到了顺应自然的重要性。人与自然和社会的关系都应该是和谐共生的，而不能违背这样的自然规律。古代的百姓缺乏像我们今天这样的许多渠道可以发表我们的心声，所以他们更加渴望可以有君主来听听他们心里所想的东西。而许多有志之士就站了出来，将自己的观点见解写成了书籍，以强烈地呼吁他们的心声。老子的思想就是在这样的环境背景中应运而生的。他一直强调了万事万物的和谐。

老子的和谐体现在了百姓和统治者的和谐、百姓和一切事物的和谐。下面我们就来分析老子《道德经》中具体的一些细节，来看他希望如何达到百姓之间的和谐。

从《道德经》的第十五章来看，老子阐述的人与自然的关系是这样的："古之善为士者，微妙玄通，深不可识。夫唯不可识，故强为之容。豫兮若冬涉川，犹兮若畏四邻，俨兮其若容；涣兮若冰之将释；敦兮其若朴；旷兮其若谷；混兮其若浊。孰能浊以静之徐清？孰能安以久动之徐生？保此道者不欲盈。夫唯不盈，故能蔽而新成。"

它的意思是说古代那些善于研究自然法则的圣人，能够从一般现象的微妙处领悟到深奥的道理，更能深入到一段人不可认识的境界。正由于难以认识，因而要有不畏困难的精神：有时像冬天涉水过河，犹豫不决；有时影响四邻生活，处事谨慎小心；有时相当拘谨，好像做客一样；有时过分执着，好像一名纯朴而不能开窍之人；有时认识太空泛，如同山谷一般空荡；有时糊涂茫然，如同浑浊的污水一样。哪一个先贤能因为糊涂就停止思想呢？他们总是能安静下来化浊为清。谁又能保证这种理论认识长久立于世、不会产生更深入的认识呢？他们总是能以一种动态的、变化的发展观，逐步进入新的领域研究。只有不断追求新的目标的人，才能逐渐得到知识的升华。只要保持这种永不自满的心态，就能化糊涂为明白，不断进入新的境界。

可见，老子倡导将"道"记在心中，人与道应该相互融合，不是彼此成为主宰和被主宰的关系。仔细地分析老子当时所处的时代背景，我们也不难感受到他当时也很希望统治者以百姓和谐为重的思想，跟今天的和谐观是有异曲同工之妙的。我们可以从百姓和自然相处、百姓和社会之间的和谐以及老百姓之间的和谐这三个方面来看。

一、人与自然和谐

《道德经》第一章提出："道可道，非常道；名可名，非常名。无名天地之始，有名万物之母。"这里从开始就阐述了"道"是一切万物的本源，道是一种可遵循的抽象的运动法则，但又不是一种恒定不变的抽象运动规律。接着后面的第四十二章节也说道："道生一，一生二，二生三，三生万物。万物负阴而抱阳，冲气以为和。人之所恶，唯孤寡不谷，而王公以为称，故物或损之而益，或益之而损。人之所教，我亦教之，强梁者，不得其死。吾将以为教父。"这无非是要告诉我们这样的一个道理：是道这一自然法则使人类认识到了象征整体的数理"一"，这一整体"一"又分成运动关系的阴阳"二"，由阴阳的合并又组成了静止空间"三"的认识。由这三者形成的自然规律演化了大地上的万物。万物总是包含着抽象的阴和具象的阳两方面，它们依靠微小的气体达到阴阳的协调。人类所厌恶的，莫过于孤寡和贫困，然而王侯总是用孤、寡和不谷来称谓自己，究其原因，万物的发展规律或许是只有先损才后有益，或许是先得益而后遭损。总的来说，就是要我们顺应和尊重自然发展的规律性，不能够违背这些既有规律，否则会造成不利的后果。人们明智的做法就是使人与自然共同发展，和谐相处。

二、人与社会和谐

建立和谐社会对政府维护统治、构建和谐社会至关重要。治理国家要坚持民主的原则，多听取各方面的意见和建议。政府则需要按照规律来协调各方面的利益需求，合理配置人力物力资源。就像老子《道德经》第五十七章节中阐明的要求："故圣人云我无为而民自化，我好静而民自正，我无事而民自富，我无欲而民自朴。"按照这个说法，统治者应该尽量"无为"，这样民众就会实现自我感化，统治者如果安静少动，民众的品行自然就会端正；统治者不需要过多做些违背民意的事情的时候，民众就会变得富裕起来。而统治者不过分追求名利的东西，其统治的百姓就会纯朴。

另外，老子也强调了家庭成员之间的和谐关系的重要性。其第十八章中提出："大道废，有仁义；慧智出，有大伪；六亲不和，有孝慈；国家昏乱，有忠臣。"老子告诉人们家庭要处于和睦的状态，而且要懂得尊老爱幼。这样保证了社会小团体的安定团结才可以稳固整个国家社会的安定，才能长治久安。

三、人与人和谐

和谐社会的共建离不开人与人之间的和平共处。老子所希望的人人和谐是这样的："上善若水。水善利万物而不争，处众人之所恶，故几于道。居善地，心善渊，与善仁，言善信，正善治，事善能，动善时。夫唯不争，故无尤。"（第八章）人应该有像流水一样的境界，在滋养着万物的同时，不高调，始终保持着低调谦虚的姿态，才会避免一些不必要的麻烦和纷争。

除此以外，还要做到无欲无求。人的欲望是一个无止境的东西，没有一个满足的尽头，不论是什么人，都有着自己的欲望，而这种欲望是依据这个人的年龄、知识层次、所处的地位以及环境不同而不同；就一个人而言，在不同的时期有着不同的欲望，当一种欲望满足以后，新的欲望又产生了。当然，在现实生活中还有一些人是不顾情理和法的约束，欲望超乎其自身的条件，无限度地膨胀，一旦这种欲望得不到满足的时候，不惜侵犯国家和他人的利益，采用违法的手段去获取。在现实生活中，我们不难看出这种人的存在，他们采用盗窃、抢劫、诈骗等各种手段来非法占有他人财物，有的甚至用不惜剥夺他人的生命方法来满足自己的欲望。

所以，控制好欲望也是和谐社会建设的一个方面。在这个方面，老子也提出自己的观点："天下有道，却走马以粪。天下无道，戎马生于郊。祸莫大于不知足，咎莫大于欲得。故知足之足，常足矣。"从这章的解释来看，世界各国如若遵循了"道"这一自然法则的话，那么奔驰于沙场的战马也会回来耕地。世界如若违背了"道"这一自然法则的话，那么兵马就会在市郊出现。最大的祸根莫过于不知满足，最大的灾难莫过于贪得无厌。可见，懂得了满足就会心满意足，也就会经常获得心理满足。

简而言之，老子的思想都是围绕百姓生存发展而展开的。我们应该按照老子的思想要求，正确处理好百姓与自我欲望的关系，引导他们树立正确的人生价值观。人生追求的不应该只是名利，而是应该和谐、恬淡如水一般的境界。如果古代的君王都可以做到以百姓为中心的统治思想，那么每个朝代的盛世才会持续。

第二节　传播方法：无为而无不为

老子的思想核心涉及的是"无为而治"。他们认为统治者的一切作为都会破坏自然秩序，扰乱天下，祸害百姓。要求统治者无所作为，效法自然，让百姓自由发展。"无为而治"的理论根据是"道"，现实依据是变"乱"为"治"；"无为而治"的主要内容是"为无为"和"无为而无不为"，具体措施是"劝统治者少干涉"和"使民众无知无欲"。仔细研究，可以看出，老子的这种思想并不是真正的无所作为，而是在适当的作为中保持一个度量，是一种收放自如的境界。

一、为何要"为无为"

老子何以要无为而治呢？究其根本，要从他所处的年代和社会背景去解析。老子生活于公元前6世纪，曾做过周朝的史官。那个时代正处于社会变革的重大时期，非常动荡。当时的统治者忙于争权夺利，百姓则处于频繁战争的水深火热之中。具有忧国忧民、具有敏锐的意识的文人阶层潜心研究治国的方略，以希望找到一种可以解决现行社会混乱的利器。于是，老子思想因此应运而生。

《道德经》共八十一章，五千余字。其中，第二、三、十、三十七、三十八、四十三、四十八、五十七、六十三、六十四等章都用了"无为"一词，比如第二章节中"是以圣人处无为之事，行不言之教，万物作焉而不辞，生而不有，为而不恃，功成而弗居。夫唯弗居，是以不去"，第五十七章节中的"故圣人云我无为而民自化。我好静而民自正。我无事而民自富。我无欲而民自朴"，还有像第六十四章节中提到的"是以圣人无为，故无败；无执故无失。民之从事常于几成而败之。慎终如始，则无败事"等等，都涉及了"无为而治"的思想。有许多章节中虽然没有直接使用

"无为"一词，但也阐述到"无为"思想。可见"无为"思想在《道德经》中有着重要的地位。

二、"无为"真义

无为而治，顾名思义就是无所作为，无所事事。许多人认为是一种消极的主张，但是认真体会《道德经》，我们就不难看出，其实这种无为就是在"道"的基础上，顺应自然万物的规律而进行的治国策略。并不是真的随心所欲，听之任之。

老子在《道德经》的第一章一开始，就向人们阐述了所谓的"无"是什么意思了。他所说的"无"本身就是一种伟大的力量。"无名天地之始，有名万物之母。"（第一章）这里老子阐述了道生万物的本质，而且"无"就是一种衍生的无穷的力量，它对于万事万物的生长发展起着至关重要的作用。第43章节中也提出："无有入无间，吾是以知无为之有益。不言之教，无为之益，天下希及之。"这里又再阐明了"无"是一种无比强大的力量。运用"无"可以不用教育也可以达到教化的功效。无为之道的好处就在于别的其他的都不能取代它。

当我们仔细分析老子《道德经》中的无为而治思想的时候，可以琢磨出老子《道德经》中的"无为而治"思想，绝不是要人们消极无为，反而是要人们积极有为，而积极有为的最终目的，又是为了管理者可以通过"无为"而达到社会自我管理。

三、"无为"的当代妙用

无为而治的思想在国家的治理当中灵活地运用的重要性一直是老子所要倡导的。但是如何去做到呢？老子对于"无为而治"在国家治理上面也做了一些阐释，尤其是在《道德经》的最后十几章节中说得比较具体。

《道德经》中将无为而治作为国家社会管理的理想境界。因为，在当时的社会当中，社会处于变革之中，整个局势是非常动荡不安的。人们可谓处于倒悬之中，很希望享有一份正常安稳的生活。当老子提出"无为而治"的观点的时候，其实是并没有得到当时统治者的应和的，因为他们忙于领土之争和权力的争夺。因此，当时的老子其实是孤独的，他的美好愿望并没有得到人们的赏识和拥戴。这说明再好的思想都是应该得到贯彻才可以体现它固有的价值。

老子的思想在文景之治和贞观之治等时代曾被当时统治者发挥和运用，加之，其思想精髓被历代士人所推崇而不断发扬光大。在当代社会生活中，我们依然能感受到老子"无为而治"的思想影子。《道德经》第五章有言："天地不仁，以万物为刍狗；圣人不仁，以百姓为刍狗。天地之间，其犹橐籥乎？虚而不屈，动而愈出。多言数穷，不如守中。"这章总的意思是说自然界无所谓感情，圣人所要做的事是顺应自然，而不是关注百姓的个别事务，他追求的是大仁大义。在老子看来，治国之道与"烹小鲜"的意思是相同的。我们都知道，在烹饪小鱼的时候，忌讳的就是反反复复地进行翻炒，这样不仅会使得颜色不好看，而且烹出来的食物也散碎，不美味。老子的这些章节实际是告诉人们君主的治国方略，不要顾及小事，不要事事操劳，用一个比喻，形象地表明了这个意思。

政治上，"无为"的品格在于不大谈仁慈，不发表议论，听任事物的自生自灭。其实要做到的就是顺应事物的发展规律，顺应百姓的要求，为人民服务。此精神实质和我国提出的"和谐社会"的发展是彼此呼应的。

第三节   传播效果：大顺天下

老子的社会和谐传播观点，对于我们今天的和谐社会建设却有着一定的启示作用，并且可以彼此印证。

一、以百姓心为心——走群众路线

老子"道"的思想不仅对于当时社会起着一定的影响，而且对于中华历史一直持续发挥着重要的影响。在老子所处的时代，他们已经充分了解到了跟群众保持联系的重要性，可谓百姓之福乃社稷之福，《道德经》第六十六章有言："圣人无常心，以百姓心为心"，这种思想称得上是很高明的，但是很可惜的是当时的统治者并没有将这点做到做好。如今，国家领导人深切意识到这一点，顺势提出了建设社会主义和谐社会的历史命题。

国家领导人深知在新的历史时期，面对复杂的国内国际形势，我们党要进一步提高自己的领导水平和执政能力，就必须保持党的先进性，保证国家长治久安，各级党员和领导干部就必须始终不渝地坚持党的群众路线。

这里所说的群众路线，是要求社会的政治权威和人民大众之间在充分发挥人民当家作主的权利的基础上，保持恰当合理的关系，避免社会动荡和混乱。这是社会主义和谐的内在要求，即为安定有序、民主平等。历史唯物主义认为人民群众是实践的主体、历史的主体，是历史的创造者，也是一切社会政治权威的最终落脚点。当下中国社会，我们党要想进一步密切与人民群众的鱼水关系，就得从根本上弄清并解决党对人民群众的态度问题，使广大党员干部牢固地树立群众观点，坚持权为民所用、情为民所系、利为民所谋。

如何做到群众路线呢？方法有很多，但是都是以百姓利益为前提的。这就需要一个通道，那就是要努力创造一个容易让人接近、容易让人敢于畅所欲言的局面和宽松环境，让基层的群众有发言权，有渠道可以来表达他们的意见和见解，形成一种基层的人们敢于同领导争论问题的氛围。

人民当家作主，这和老子几千年前提出的"处上而民不重，处前而民不害"（第六十六章）思想是相通的。欧洲的启蒙思想时期就已经提出了民主、平等的思想。卢梭等启蒙思想家在与天主教神学的不调和斗争中，在对封建特权统治的愤怒批判中，大胆地提出了推翻封建制度的革命民主思想。他的革命思想像一阵狂暴的风，吹旺了资产阶级革命的烈火，法国封建专制的殿堂正是被这熊熊的火焰吞噬的。这些都说明了民主是顺应历史潮流的。如果我们想国家长治久安就必须尊重民意。

2004 年以来，中国共产党提出了和谐社会的建设，注重强化人大、政协等渠道的反映民意的功能；另一方面积极构筑制度化的新闻媒体和网络以及各级领导与群众直接对话的平台，使各类群众的意见和建议能够在决策前实现自下而上的广泛汇集和充分表达，成为党在民主决策中实现科学决策的重要依据，以及在贯彻实施中对决策进行必要修改和完善的信息反馈基础。人类社会是一个不断从低级向高级发展的历史过程。建立平等、互助、协调的和谐社会，一直是人类的美好追求。马克思在《共产党宣言》中明确指出："代替那存在着阶级和阶级对立的资产阶级旧社会的，将是这样一个联合体，在那里，每个人的自由发展是一切人的自由发展的条件。"马克思关于自由人联合体和人的全面自由发展的表述，都是指向未来高级的和谐社会的应有状态。构建社会主义和谐社会就是要把马克思的科学论述逐步变成现实，它完全符合人类历史发展规律的要求，是我们党在新时期推进伟大事业的又一个重大理论创新，也可视为老子思想传承到今天的一个衍生形态。

二、诚信——善的观念

老子认为"信"是自然的属性之一，而人存在于天地间，当道法自然，方可和谐相处，保身存身。老子所阐述的"信"的制度观念设计不仅在古代能够使人民受益，而且在今天也不会过时。当今社会物欲横流，人们易于在物质利益的追求中迷失人类最美好的本性。更有必要重温老子"信"的思想，以服务于和谐社会建设。

老子对"信"的最为集中的表述如下："善者吾善之，不善者吾亦善之，德善；信者吾信之，不信者亦信之，德信也。"其意思是说善良的人，我以善良对待他，不善良的人，我也以善良对待他，这样就可以使人归于善良。守信的人，我信任他；不守信的人，我也信任他，这可使人人守信，因而得到了信任。但是这种社会诚信的基础和前提是难以控制的。所以信的约束力仅限于道德的自我约束，如果想要求得社会井然有序，那么还需要的是国家法律的一些措施和手段，缺少了国家强制力的保证，世界就会处于一片混乱之中了。当然，社会的有序运行，也不能什么都要靠国家暴力来执行，这样也会使得人民怨声载道的。因此，这需要处于社会中的每个个体都能自律，也就是要讲诚信。诚信是中国人的传统美德之一。无论在过去还是现在，对于建设人类社会文明都是极为重要的。孔子曰："人而无信，不知其可也。"孔子认为人若不讲信用，在社会上就无立足之地，什么事情也做不成。

现代社会，人们急功近利，物欲横流。现代人虽利用科技创造了物质财富，但自己反被物质财富所奴役。现代人每天为了生活奔波劳碌，一味地追求高级生活水平和物质享受，但道德价值观念却在不知不觉中渐渐地弱化。在拜金主义、功利主义和享乐思想的冲击下，见利忘义、投机取巧之事泛滥，有些人认为中国传统美德如诚信、刻苦、勤奋都是空谈，社会崇尚金钱、权力，以此作为衡量个人成功与否的标准。自我的精神世界、生命价值、崇高理想、道德情操则被逐渐消磨殆尽。2011 年广州的"小悦悦事件"就深刻地折射出社会的道德危机。

当现代人意识到自己可以积极争取权利时，却错误地认为自由就是无规定和不受约束地为所欲为，因此人们往往为了一己私利而不择手段，损人利己，将道德规范、承诺信誉、合约法律置之度外，做出种种自私的行为。例如我们的经济开始快速发展，但信用制度、市场规则尚未健全，于是一些见利忘义的人就会钻制度、法律不完备、执法不严的空子，不讲信用，造成现今种种"见利忘信"的现象。这种乱象和"社会和谐"建设是背道而驰的。

如此看来，老子"信"的观念对于建构和谐社会是具有明显的启示意义的，那就是要倡导国民尤其是执政者加强自身修养，努力做到以诚待人、信誉为上。这样社会才会安定和谐有序发展下去，国家人民才可以获得相应的幸福。

综上所述，在传播方法方面，老子提出的"无为"并不是真的不管不问，而是遵循着一些客观的规律，就像"烹小鲜"那样掌握一定的技巧和火候，反而取得更好的成绩。"无为"思想在当下的和谐社会建设中，表现为现今社会越发注重加强民生，深化保持和群众的联系；每个公民注重从"信善"做起，加强自身修养，完善社会制度安排，以保证公民"四权"得以落实。总之，政权"以百姓心为心"，百姓才会"乐推而不厌恶"，这样的社会才会和谐。这些正是老子思想对当代社会的回应，换句话说，老子智慧可以也应当成为我们建设社会主义和谐社会这一良好的传播效果的思想资源。

（本章执笔：余秋华　谢清果）

第二章　老子的自我传播智慧

从传播学视角观照《道德经》（又称《老子》），是随着改革开放以来传播学作为一门社会科学传入中国而发生和发展起来的。在传播学本土化运动背景下，一些学者从传播思想史角度对老子的传播思想进行了初步探索[①]，并且取得了一定成果。比如李敬一先生指出："如果把传播看作人类个体与群体之间的关系，而这种关系又包含着个体成员自身对外界信息的获取、反馈、思维和社会成员之间的信息交流与情感沟通的话，老子的传播思想则偏重于对前者亦即对处于一定的社会关系中的个体内向传播的探讨。"[②] 仝冠军博士也指出："相对于外向的传播，老子更重视内向传播，重视自身的体悟、反省，以致有些人误以为老子对传播活动采取否定的态度。所谓虚无，所谓清静，都是进行内向传播所必需的境界和途径。"[③] 这种认识应该说是独具慧眼的。不过，应该看到，绝大多数学者在探讨老子与道家思想传播时基本上仅仅是宽泛地进行，少有从内向传播、组织传播、人际传播等角度做专题的深入研究。因此本章拟根据《老子》自身的脉络来呈现其内向传播智慧。

第一节　坐进此道：老子思想的"内向传播"旨趣

内向传播（intra-personal communication），也称人内传播、内在传播和自我传播，

---

① 郭志坤：《先秦诸子宣传思想论稿》，福州：福建人民出版社，1985 年版，第 51—71 页；吴予敏：《无形的网络——从传播学角度看中国传统文化》，北京：国际文化出版公司，1988 年版，第 170—178 页；李敬一：《中国传播史》（先秦两汉卷），武汉：武汉大学出版社，1996 年版，第 99—109 页；王洪钧主编：《新闻理论的中国历史观》，台北：远流出版公司，1998 年版，第 91—93 页；关绍箕：《中国传播思想史》，台北：正中书局，2000 年版，第 105—107 页；李敬一：《中国传播思想史论》，武汉：武汉大学出版社，2004 年版，第 172—180 页；余志鸿：《中国传播思想史》（古代卷上），上海：上海大学出版社，2005 年版，第 207—211 页；仝冠军：《先秦诸子传播思想研究》博士学位论文，北京大学，2005 年，第 175—192 页。

② 李敬一：《中国传播史论》，武汉：武汉大学出版社，2002 年版，第 172 页。

③ 仝冠军：《先秦诸子传播思想研究》，博士学位论文，北京大学，2005 年，第 183 页。

指的是一个人接受外部信息并在人体内部进行信息处理的活动。^① 说到底，内向传播是认知主体以自我为对象，以固有信息和现实的新信息为操作内容，以应对环境为目标而实现的对自我认知、自我改造的过程。老子内向传播是指为道者在充分认知自我、社会和自然的基础上，在内心进行的以道的形象为媒介而实现的由俗人向圣人境界升华为目标的信息互动过程。老子内向传播较其他诸子更突出的特点在于，"老子则重在通过内向传播排除智识的蒙蔽，认知和把握最高的'道'"^②。虽然对"道"的诠释离不开自然、社会、人生问题剖析，但是剖析当时的社会、人生问题，老子的"道"才得以阐发，引发感悟，目标还在于实现自我境界的超越。而境界的超越必须依赖内心确立起"道"的信念，有了"道"的信念才能改变自我，并因自我改变的累积而改变社会。

内向传播虽然以内向性为主要特征，但它依然具有一切传播所共有的社会性与互动性。就社会性而言，内向传播的起点是社会生活的知识积累和情境感受，而归宿依然是对现实社会关系的能动作用。就互动性而言，内向传播以人类共有的意义空间（象征符）来实现"主我"与"客我"的互动。正如米德对人内传播的社会性和互动机制所做考察的结论所言：自我意识对人的行为决策具有重要影响，而自我可以由相互联系和相互作用的主我和客我两个方面组成："'客我'表现了使行为举止在其中发生的情境，而'主我'则是个体对这种情境所实际作出的反应。这种把活动二分为情境和反应的做法，是任何一种明智的活动都具有的特征——即使一种活动并不包含这种社会机制，情况也仍然是如此。"^③ 换句话说，内向传播是人对自己的确证，即"我思故我在"。传播学者陈力丹先生说得好："通过人内传播，人能够在与社会他人的联系上认识自己，改造自己，不断实现自我的发展和完善，从而使得自己能够更好地适应社会的需要，处理好各个方面的关系。"^④

老子认为在"小国寡民"的理想社会里，"邻国相望，鸡犬之声相闻。民至老死，不相往来"（第八十章），并且认为社会治理的指向是"使民重死而不远徙，虽有舟舆，无所乘之"（第八十章）。这是从世人的社会生活方式进行批判性反思，因为天下熙熙皆为利来，天下攘攘皆为利往，故而常常要"远徙"，如果人民能够看重生命而不是外在的财货荣辱等，那么就会"为腹不为目"，注意内心精神生活的富足，获得"坐进此道"（第六十二章）的深层体验。舟与舆是当时先进的交通工具，

---

① 郭庆光：《传播学教程》，北京：中国人民大学出版社，2002 年版，第 173 页。

② 全冠军：《先秦诸子传播思想研究》，博士学位论文，北京大学，2005 年，第 183 页。

③ ［美］米德（Mead,G.）著：《心灵、自我与社会》，霍桂桓译，上海：上海译文出版社，1992 年版，第 299 页。

④ 陈力丹、陈俊妮：《论人内传播》，《当代传播》2010 年第 1 期。

它们是人行走功能的延伸。但是老子注意到"其出弥远，其知弥少"（第四十七章），人们对世界的认知往往比对自己的认知多，所以老子强调"自知者明"（第三十三章），因此，无所乘舟舆，并不是反对其工具价值，但老子呼吁世人关注人自身的价值，因为人本身就是最大的价值所在。正如郭长生所说："人若有了心灵的境界，便不会再孤独和寂寞，也才会不乐于世俗的往来，不因这些世俗诸事而浪费时间，劳烦精神。"① 为了追求这种"心灵的境界"，老子提出了"使民复结绳而用之"（第八十章）的文化主张。结绳记事是人类蒙昧时期的文化传承方式，当人类出现了文字以后，这一传统便隐退了。而老子所倡导复归结绳记事传统的缘由在于"慧智出，有大伪"（第十八章）。因此，人类不再像结绳记事时代那样素朴、自然、单纯。人的思想越发复杂多变，机伪狡诈之事越发层出不穷。于是，人类婴儿时代"无知无欲"的天真状态消失，人类在内心上也就感到越活越累。此外，因为"道可道，非常道；名可名，非常名"，语言文字往往容易割裂"道"的整全性，所以只有摆脱语言文字（"名"）的束缚，才能从媒介层面上消除对道的意义之分割，最终实现对"道"的意义的整体性占有。

因此，老子倡导世人向自己的内心深处寻找安宁，力求在自己内心中坚守"唯施是畏"和"惟道是从"的道德理念，即所谓"执大象，天下往。往而不害，安平太"（第三十五章）。大象者，大道之法象也。世人如能以大道作为自己的行为准则，就能不断做到"清""静""净"，塑造出"圣人"的人格形象，这正是老子内向传播的要义所在。

综上所述，老子倡导复归结绳记事的文化传统和呼吁人类更多思索自身，即"认识你自己"，也就是提倡从内向传播上实现个人对自己人生意义的完整占有。

第二节　为腹不为目：老子对主我与客我的思考

社会心理学家乔治·赫伯特·米德在美国享有"传播学鼻祖"的桂冠。他将"自我"（Self）划分为主我（I）和客我（me），指出"主我是有机体对其他人的态度的反应；客我则是一个人自己采取的一组有组织的其他人的态度"②。主我是行为和意愿的主体，带有生物性的冲动原则，体现个体的自由感与进取心；客我是他人评价和期待的对象，带有社会性的理性原则，体现个体的社会认同与社会规范。在米德看来，生理性冲动和反应性理智间的互动是心灵的本质；主我与客我的互动是自我的本质。也可以说，开拓创新与循规蹈矩共同塑造了"自我"，总之，主我与客我的互

---

① 黄友敬：《老子传真》，福州：海峡文艺出版社，1998年版，第511页。
② 乔治·米德：《心灵、自我与社会》，霍桂桓译，北京：华夏出版社，1999年版，第189页。

动是自我社会化的过程。不过，老子在阐释主我与客我的互动，目的在于自我的"道化"即通过客我（大道我）与主我（现实我）的互动力图改造现实的我，推动现实我向大道我的境界跃升。

一、域中四大："自我"意识确立的标志

作为中国哲学之父，老子是一位具有深刻自我意识的哲学家。老子告诉世人自我个体是伟大的，因为"道大、天大、地大、人亦大。域中有四大，而人居其一焉。人法地，地法天，天法道，道法自然"①（第二十五章）。老子意在唤醒世人的自我意识，使人从当时天帝观念和王权观念的束缚中脱离出来，指出王（王是人的代表）宇宙中的四大之一，从而高扬了人性自觉。这种自觉主要体现在"道"观念的树立。老子指出："有物混成，先天地生。寂兮寥兮，独立不改，周行而不殆，可以为天下母。吾不知其名，字之曰道，强为之名曰大。"（第二十五章）在老子看来，"道"是"天下母"，她的"大"在于时间上是"先天地生"，并且在天帝之先就存在。老子说："道冲而用之或不盈。渊兮似万物之宗。……湛兮似或存，吾不知谁之子，象帝之先。"（第四章）道在空间上是"周行而不殆"，并且一切世间神圣的东西在"道"面前都没有什么神奇的。老子说："以道莅天下，其不鬼不神。非其鬼不神，其神不伤人。非其神不伤人，圣人亦不伤人。夫两不相伤，故德交归焉。"（第六十章）鬼与神，这里可以理解为邪恶的力量和神奇的力量，它们在"道"面前都不灵验，因为"道"创生万物，自然包括正反力量，例如包括正物质与反物质，只不过，有道者可以驾驭好它们，使之各安其序，不但"不伤人"，而且可以实现"德交归"，即共同进于道。

如此说来，老子以"道"的公正、公平、全面、周到而实现宇宙间秩序的自然维护，即无为而治。他说："知常容，容乃公，公乃王，王乃天，天乃道，道乃久，没身不殆。"（第十六章）这里的"知常"其实就是把握道在宇宙、自然、社会、人生上的体现，做到这一点，人就能宽容，做到宽容就能大公无私，有了大公无私之心，就能做到自我的主人，可以推广到身、乡、国、天下，使天下都归附于"道"，如此万物有序，自然可以长久，皆终身没有危险。所以老子认为解放社会危机的关键在于在自我内心深处确立起"道"的准则，进而时刻保持"惟道是从"（第二十一章）与"唯施是畏"（第五十三章）间的张力。即内心坚持"道"的准则，在行动

---

① 王弼本为"王亦大"。不过，据《说文解字》"大"下云："天大，地大，人亦大焉，象人形。"可见汉代许慎所见《老子》当为"人亦大"，而非"王亦大"。段玉裁亦注曰："《老子》曰：'道大，天大，地大，人亦大'"可见，段氏亦持此说。后世学者傅奕、范应元、奚侗等本皆为"人亦大"，今人严灵峰、陈鼓应、陈柱等人皆持"人"说。本文从此说。

（"施"）时怀有对"道"敬畏心理，以防止自己陷于"不道"的危险境地。

二、我独异于人：主我与客我的互镜

老子在第二十章中说："众人熙熙，如享太牢、如春登台。我独泊兮其未兆，如婴儿之未孩，儽儽兮若无所归。众人皆有余，而我独若遗。我愚人之心也哉！沌沌兮！俗人昭昭，我独昏昏；俗人察察，我独闷闷。澹兮其若海，飂兮若无止。众人皆有以，而我独顽似鄙。我独异于人，而贵食母。"这里，老子将我（"客我"）与"众人"（"主我"）做了明确的区分。"我"在这里当是"孔德之容，惟道是从"（第二十一章）的"客我"，且本章的"我"其实正是"众人"眼中的"客我"。而"众人"当然是不一样的，因为他们按自己的意愿去享受生活，所以可视为与"我"（"客我"）相对应的"主我"。作为自我结构中的"主我"往往以动物生理的本能去追逐五音、五色、五味、难得之货等，从而导致耳聋、目盲、口爽、行妨（第十二章）等后果。而作为有高度行为自觉的"圣人"则采取与之相反的做法："圣人，为腹不为目。"王弼就此解释说："为腹者，以物养己。为目者，以物役己。故圣人不为目也。"圣人在面对物我的问题上，其价值取向永远是以心御物，物为我用，以保证自我心灵的自由与空灵。范应元也表达了类似的看法："为腹者，守道也，为目者，逐物也。"[①] 圣人坚守大道，无以物乱心。为目者追逐外物，使人作为人的尊严丧失。林语堂深明于此，他说："'腹'指内在自我，'目'指外在自我感觉世界。"严灵峰亦言："腹易厌足，目好无穷。此举'目'为例，以概其余。"

我们回到第二十章来分析老子建构的主我与客我有怎样的区别：

（1）"众人熙熙，如享太牢、如春登台"，众人（主我）"淫放多情欲也"（河上公），其状态如同享用太牢盛宴，如同春天登高台意气风发。

"我独泊兮其未兆，如婴儿之未孩，儽儽兮若无所归。"我（客我）却独自停止了一般没有任何意识的征兆，如同婴儿还不懂得嬉笑，好像没有任何归宿意识而呈现的飘逸。

可见，正如仝冠军所言："老子更加重视的是人的内向传播，追求活动的'自然'状态，反对外来力量的干涉和强制。"[②] 老子重在守住自我的清静和自主，认为如果追求太牢和登台的享乐，就会在随波逐流中迷失自我。

（2）"众人皆有余"，天下众人都追求富余。在老子看来，"众人"（主我）有个基本特征在于私有观念。他在第七十七章中说："天之道，损有余而补不足。人之道

---

①　范应元：《老子道德经古本集注》，《中华道藏》第 11 册，北京：华夏出版社，2004 年版，第 507 页。

②　仝冠军：《先秦诸子传播思想研究》，北京：北京大学，博士学位论文，2005 年，第 192 页。

则不然，损不足以奉有余。孰能有余以奉天下，唯有道者。"天道无私，所以没有亲疏贵贱之别，"天地相合以降甘露，民莫之令而自均"（第三十二章）。有道者奉行天道，内心自觉持有"（损）有余以奉天下"的心态。"圣人不积，既以为人，己愈有；既以与人，己愈多。天之道，利而不害。圣人之道，为而不争。"（第八十一章）圣人没有私有观念，终身奉献。

"而我独若遗。我愚人之心也哉！沌沌兮！"没有私有观念的"我"（客我）却唯独好像遗失了一般，空无一物。"我"葆有愚朴之心，混沌不分。众人（主我）之"智"在于以我为中心，考虑自我利益；而我（"客我"）则在众人眼中成为"愚"。老子指出："圣人无常心，以百姓心为心。善者吾善之；不善者，吾亦善之，德善。信者，吾信之。不信者，吾亦信之，德信。圣人在天下歙歙，为天下浑其心。百姓皆注其耳目，圣人皆孩之。"（第四十九章）圣人正是"愚"的典型，他无自己的心意，而存有百姓的心意。无论善与不善，信与不信，他都一视同仁，他对待天下百姓如同自己的孩子一般，只管付出，不求回报。

（3）"俗人昭昭"，俗人亦众人谋虑自炫。俗人（主我）往往如同老子在第二十四章所刻画的那样："企者不立，跨者不行。自见者不明，自是者不彰，自伐者无功，自矜者不长。其在道也，曰：余食赘形。物或恶之，故有道者不处。"企，踮起脚跟者不能长久站立，跨步走无以久行。自见、自是、自伐、自矜在有道者（客我）而言是不屑的。

"我独昏昏"，意谓我（客我）独自昏愚自守，不任智。这是因为"圣人自知不自见；自爱不自贵"（第七十二章）。昏昏不代表愚蠢，反而是冷静理智地持有自知之明，且爱护自我，而不抬贵自我，以贬低乃至伤害他人。"前识者，道之华而愚之始。"（第三十八章）前识可以理解为智慧上的"前瞻性认识"，这是道的精华呈现，但却以愚朴自守。如同老子在第十章所言："明白四达，能无为乎？"有道者不以自己的机智来自我谋利，故而似乎无所作为。

（4）"俗人察察"，俗人（主我）明察秋毫，纤微必较。老子说："持而盈之，不如其已。揣而梲之，不可长保。金玉满堂，莫之能守。富贵而骄，自遗其咎。"（第九章）俗人一心追求盈满永不知足，一心追逐财富和权势，殊不知在此过程中为自己留下了无穷后患。所以老子在第四十六章告诫说："祸莫大于不知足，咎莫大于欲得。"不知足者放任自己的欲望，未有不最终玩火自焚。

"我独闷闷"，我（客我）忘乎所以，无所用心。我（客我）心境上所以"闷闷"，乃是因为"我"知足。老子从正反两面为世人揭示了知足的深远意义：其一，"知足者富"（第三十三章），知道满足的人是真正富有的。老子分析说："知足之足，常足矣。"（第四十六章）也就是说，知道满足于该满足之境，这样的满足是真正恒常的满足。其二，"知足不辱，知止不殆，可以长久"（第四十五章）。从反面来说，知足是可免于陷己于宠辱皆惊的地步，知道适时停止追逐，可以保持自我的长久，而不至于陷入困殆。

（5）"众人皆有以"，众人（主我）都很有作为。宋代陈象古注曰："以，用也，言学成而无不求其用者也。"①众人都想"学好文武艺，货于帝王家"，心中升腾的是功名利禄，一心外求，而不反观内省，无以逍遥自在。

"我独顽似鄙"，我（客我）却独自愚顽好像是个鄙陋的粗人。陈象古注曰："内藏其用，人莫易知，外视不能，故顽似鄙。"②老子认为做人不要张扬。他指出："上德若谷，大白若辱，广德若不足，建德若偷，质真若渝。"本质上是上德却好像山谷一般虚空；本性纯白却好像黝黑非常；道德深广却好像不足；建立功德就好像小偷一样不想为人知；本质纯真却好像被染污。"我"不同于人之处在于"不争"，而天下无人能与之争，即上德、大白、广德、建德、质真都得以持续发扬。事实胜于雄辩，"道"之奥妙非一时一地一人所可穷尽。所以"为者败之，执者失之。是以圣人无为，故无败；无执故无失"（第六十四章）。

（6）"我独异于人，而贵食母。"老子于此亮出自己的见解，"我"（"客我"）与人（"主我"）不相同的根本点在于"贵食母"。道是"我"与"人"的分水岭。金代赵秉文解曰："道者万物之母。众人徇物而忘道，而圣人脱遗万物，以道为宗，譬如婴儿无所杂食，食于母而已。"③其实，"我"（客我）与"众人"（主我）正是以"道"这个有意义的象征符来实现彼此的互动。因为"道"的形象能够引发自我的内心省思，成为主我与客我的沟通媒介。

综上所论，老子以"我"与"众人"的分野，一方面建构了为道者的"自我"内在结构，另一方面则暗示了"自我"实现升华的基本路径。这就是"为学"与"为道"的内在张力。老子曰："为学日益，为道日损。损之又损，以至于无为，无为而不为。"（第四十八章）"为学"是对外物的探索活动，以求得越来越多的知识。"为道"当是内心反观自省的境界升华过程，以求得越来越少的偏见、成见、妄见的干扰。正如仝冠军博士所言："老子把外向的传播叫作'为学'，叫作'知人'，把内向的传播叫作'为道'，叫作'自知'。老子更加重视的是人的内向传播，追求传播活动的'自然'状态，反对外来力量的干涉和强制。"

---

① （宋）陈象古：《道德真经解》，《中华道藏》第 10 册，北京：华夏出版社，2004 年版，第 647 页。
② （宋）陈象古：《道德真经解》，《中华道藏》第 10 册，北京：华夏出版社，2004 年版，第 647 页。
③ （金）赵秉文：《道德真经集解》，《中华道藏》第 12 册，北京：华夏出版社，2004 年版，第 214 页。

第三节　被褐怀玉：老子的自我互动与自我内省

布鲁默（H.Blumer）是米德的学生，他提出了象征互动论，认为人能够与自身进行互动，称为"自我互动"。"在人内传播的过程中，个人会沿着自己的立场或行为方向对他期待的意义进行能动的理解、解释、选择、修改、加工，并在此基础上重新加以组合"①，从而形成了崭新的自我——新的行为主体。其实，所谓"自我互动"是自我基于对社会我的认知，并结合自己的价值判断，从而形成对原先自我的调整以应对新的情境。自我正是在这个情境中不断认识自己，改造自己的。《道德经》中"我"字用了19次，"吾"用了22次。尹世英对此从句法功能角度进行研究，得出"'我'是得道之人，是圣人，'吾'是未得道之人，是'道'的追求者"②的结论。《道德经》文本中的"我"与"吾"用法的此种差异向世人开启了由"吾"成"我"的进道之阶。从自我互动的角度说，老子心目中的"我"乃是作为"吾"的自我修正指向，而"吾"则是"我"之为"我"观照的对象。"我"与"吾"在彼此观照中，即"为学日益"与"为道日损"中行进于道。福永光司曾说："老子的'我'是跟'道'对话的'我'，不是跟世俗对话的'我'。老子便以这个'我'做主词，盘坐在中国历史的山谷间，以自语着人的忧愁与欢喜。他的自语，正像山谷间的松涛，格调高越，也像夜海的荡音，清澈如诗。"③

老子说："吾言甚易知，甚易行。天下莫能知，莫能行。言有宗，事有君。夫唯无知，是以不我知。知我者希，则我者贵，是以圣人被褐怀玉。"（第七十章）在老子内心中，他将自己语言的认知与实践与天下人对他语言的认知与实践进行了理性对比，在价值上，他确认自己语言所承载的意义既易知又易行，而天下人则难之。进而他确证说自己的语言是有根据的，所说的事情是有归属的。可以推知老子在写作《道德经》本章时，内心已确立起自己语言受众的可能（乃至必然）反映；不过，老子本人并没有因此而放弃自己对"玄之又玄，众妙之门"（第一章）的大道的阐扬努力，他深知阐述大道的用语"正言若反"的特点（第七十八章）是由道的本质（"反者，道之动"第四十章）决定的。世人因一己之私与大公的"道"本性相背离，故而难知难行。因此，老子内心确立起的自我观起到了坚守自己信念的作用。他说天下人不知"我"，并不是"我"的过错，过错在于世人的"无知"。正因如此，感叹世间知音难觅，即"知我者希"，而难觅知音之和寡之境，往往表明操音者之曲高，

---

① 郭庆光：《传播学教程》，北京：中国人民大学出版社，2002年版，第80页。

② 尹世英：《〈老子〉中的"吾""我"指代辨析》，《广东技术师范学院学报》2008年第7期。

③ 转引自陈鼓应：《老子今注今译》（参照简帛最新修订版），北京：商务印书馆，2003年版，第152页。

老子自信地自语说："则我者贵"，学习我的人必定会尊贵，因为在他看来，道"为天下贵"在于"求以得，有罪以免"（第六十二章），所以世人向道的归趋只是时间问题。鉴于此，老子在内心的自我互动下，坚守了自己道为天下贵的信念，在行为上表现为"被褐怀玉"。

蒙培元先生指出，"在一定意义上说，中国哲学是一种心灵哲学……指向人自身，解决人的心灵问题……着眼于人的心灵的存在及其价值和意义问题，包括心灵的自我实现以及超越一类问题"①，老子哲学也不例外，只不过，老子以"道"为出发点和归宿点，来探讨自我心性，以净化自我心灵为根本目的，而心灵道化的实现，是通过修身、齐家、治国、平天下来检验并实现的。因此，修身内省是老子探讨的核心命题。他在第五十四章提出："修之于身，其德乃真；修之于家，其德乃余；修之于乡，其德乃长。修之于国，其德乃丰。修之于天下，其德乃普。"在老子看来，修道必及于自身，没有从自身心性着手，使自我之德性纯真，那么一切都是泡影，纸上谈兵。紧接着自我德性纯真就一定会扩展到家、乡、国、天下，否则自身的德性又是苍白无力的。

修道者的本质特点在于以道修身，累积玄德。不过，这一切是在社会情境下实现的，因为修身养性并不是冥思苦想而得来的，而是要根据自身所处的情境和道的旨趣来选择、检查、中止、重组符号，并改变意义，以指导自己的思想与言行。需要强调的是，意义的处理是一种"内在的对话"。例如老子在第五十四章中接着说："以身观身，以家观家，以乡观乡，以国观国，以天下观天下。"这里的"观"，其实是对社会实践的自我内在省思，"心灵是行动，是使用符号去指导符号通向自我的行动"。符号可以是语言文字，也可以是声音图像。符号作为社会实践的产物，成为人内在心灵活动的媒介。心灵操持符号来进行意义处理，塑造自我，生成新的心灵境界。例如，老子在第二十二章中指出："不自见故明；不自是故彰；不自伐故有功；不自矜故长。"这里提出的"四不"思想，其实就是自我内心调适的基本原则，自我心灵面前纷繁芜杂的现象把握住自我是根本，而"四不"则有助于生成自我定力，这样反而使自我的内心清明澄净，而且在行为的社会效果上，达到彰显、有功、成长。类似的例子还有："以其终不自为大，故能成其大。"（第三十四章）不自大就是不贪功，保持谦虚谨慎，世人反而"天下乐推而不厌。以其不争，故天下莫能与之争"（第六十六章）。此外，老子在第七章中说："圣人后其身而身先，外其身而身存。非以其无私邪？故能成其私。"后身、外身表明圣人在内心秉持着"圣人无常心，以百姓心为心"（第四十九章）的精神操守。有了这样的操守，他不与民争利益，心底

---

①　蒙培元：《心灵超越与境界》，北京：人民出版社，1998年版，第3页。

无私天地宽，这样他的理想抱负反而在百姓的支持下得以实现。因此，我们可以说，内向传播是人类其他一切传播活动的基础和动力，"因为（人内传播）是我们的内心活动，我们不会用语言符号的形式把它解释出来，而一旦用语言符号表现出来，那么它就由人内传播转向了人际传播。[①]"人类正是借助内向传播，不断地进行着人际传播、组织传播、大众传播等传播活动，而这些类型的传播活动又必将为内向传播提供丰富生动的素材。这里的关键是要有一颗"道心"。

综上所述，老子的自我观即"惟道是从"的主体意识，它以实现道化人生为终极目标，以道化社会为基本检验准则，从而有助于推动自我省思，实现自我改造，自我升华，具有丰富的内向传播智慧。

（本章执笔：谢清果）

---

① 陈力丹，陈俊妮：《论人内传播》，《当代传播》，2010 年第 1 期。

第三章　老子"无为"的传播控制智慧

近年来，我国在全国范围内联合开展深入整治互联网和手机媒体淫秽色情及低俗信息专项行动，同时这项行动也得到广大人民的响应，取得了一定的成绩。这项行动顺应了民意，本章通过老子的思想分析此次活动的意义。不过扫黄打非活动并不能从根本上解决网络、手机的色情等问题，针对此情况，我们主张用老子"无为"的方法来从根本上解决这个问题，让人们尤其是青少年更理性地了解性，这样就能提高人们对"性"的理解，从而提高人们的防御力和免疫力。

2009 年 12 月 8 日，中央外宣办、公安部等九部委联合召开全国电视电话会，决定从 2009 年 12 月到 2010 年 5 月底，在全国范围内联合开展深入整治互联网和手机媒体淫秽色情及低俗信息专项行动。原因是黄色网络和手机已经严重影响了青少年的身心健康和社会秩序，青少年网民正在遭受色情网站上不良信息的侵蚀。

总体的整治活动已经取得了一定的成果。一方面传播淫秽色情内容的网站得到惩处，互联网与手机的生态环境得以净化、绿化，还给了未成年人一片纯净、安宁的网络空间；另一方面，参与举报的网民群众得到如数奖励，彰显政府一诺千金的公信力，也提高了群众参与网络"扫黄打非"的积极性和热情，进而激发更多人加入举报"涉黄"网站的阵营中来。

此次扫黄打非活动可以说是一项关系到中国网络、手机的正常发展，关系到青少年的身心健康的重大活动。从老子的道德经的角度看，这项整治活动在很多方面都与老子的治理国家和实现自己管理方面是一致的。

第一节　组织管理圣境：管理者的"无为"与百姓的"无不为"

老子在其《道德经》里提出的一个核心词是"道"，其意为整体世界，其运转不以人的意志为转移，从历史辩证法的角度来看，这种"道"正是人民的意志。从总的来看，这次网络和手机的扫黄打非活动是顺民心、顺民意的，可以说是大快人心。老子在道德经中提到，"上德不德，是以有德"（第三十八章）。"政治之'善''恶'，都是完全地、无条件地以人民的意志、利益为转移，人民的意愿、利益是衡量政治'善'（好）、'恶'（坏）的唯一标准。"① 可以说，国家此次网络之举，通过实际行动很好地为人民清理了网络多年沉积的诟病，给人们一片干净的网络环境，正如老子所言，"侯王若能守之，万物将自化"（第三十七章），这正说明了统治者如果把做任何事情的起点和中心都放在人民这边的话，做的这些事情不仅仅是正确的而且是受人们欢迎和迎合的。清理网络环境，扫黄打非本来就是一项合人民心意的行动，保护了青少年的成长，创造了有利的网络环境。国家的如此之举正确地诠释了以人为本的管理国家的政治理念，与老子的"圣人无恒心，以百姓心为心"（第四十九章）的理念是一致的。

与此同时，国家也是鼓励人民参与到进行扫黄打非的运动中来，使用人民的力量，一方面可以达到事半功倍的效果，同时更能体现人民的意志。奖励举报人员，这是一种调动民众参与热情的积极措施，可以说这是一种合理的方法。老子也说过，"悠兮其贵言，功成事遂，百姓皆谓：我自然"（第十七章），其意即为一个国家要想成就大事，就必须发动人民的力量。

比如，北京市以净化网络环境、保护未成年人身心健康为宗旨的"妈妈评审团"正式成立。这个"妈妈评审团"主要由未成年人家长组成，她们将以"儿童最大利益优先"为基本原则，依据相关道德规约尤其是妈妈对孩子的关爱标准，对互联网上暴力、色情、恐怖等低俗信息的内容进行举报、评审、形成处置建议反映给相关管理部门，并监督评审结果的执行。得到人们的响应可以说是国家工作的一种成功。老子在《道德经》中提出："是以欲上民，必以言下之；欲先民，必以身后之。是以圣人处上而民不重，处前而民不害，是以天下乐推而不厌。"（第六十六章）这正说明了当国家做的事情符合人民的利益和社会发展的趋势的时候，其所做的事情就是正确的，是顺应历史发展潮流的，人们不仅不会去阻碍，反而会主动投身其中。

第二节　自我管理的佳境：管理者的无为与自我的"自正"

虽然此项大规模的扫黄打非活动已经取得了一定的成果，而且国家由此在人们心中的地位也是得到了进一步的巩固；同时此项整理活动将持续一段时间，这就给

---

① 沈善增：《老子走近青年》，上海：上海人民出版社，2007 年版，第 54 页。

人们带来了铲除"黄色毒瘤"的信心，不过从长远的发展来看，此次重拳只是一个权宜之计，这并不是一个解决问题的根本方法。马斯洛需求层次理论告诉我们，生理上的需要是人们最原始、最基本的需要，如吃饭、穿衣、住宅、医疗、生理需求等等。若不满足，则有生命危险。这就是说，它是最强烈的不可避免的最底层需要，也是推动人们行动的强大动力。从网络发现的方面来看，网络的发展速度和规模已经远远地超出人们的控制范围和能力。可以看出，人们的欲望和网络的性质注定扫黄打非是无法从根本上解决此问题的。

老子可以说是治理国家理论方面的行家，在《道德经》中提出了很多治理国家和社会问题的方法，其中最主要的就是"无为"思想。"无为"，其意思并不是"无所作为"。在老子眼里，"无为"的思想是处理世界关系的主要方法论。老子在《道德经》的首章就提出"道可道，非常道；名可名，非常名"（第一章），在老子看来"道"是整体的世界，是一个不以人的意志为转移变化的世界。在老子的"道"的世界里，一切皆自然，人们只有以"无为"的思想来行世，处世，做事，才能够做到不违背世界的发展。按照世界发展规律、自然规律来做事——这就是"无为"要求我们所要掌握的方法论。这就要求我们做事情要客观地看待和对待周围的事情。扫黄打非的一个主要的目的就是防止黄色网站对青少年的不良影响，从一定程度上来说，国家这近两个月以来的努力取得了一定的效果，不过从长远来看，想要从根本上解决这个问题就应该釜底抽薪。

由于青少年对性和男女关系的认识缺乏，同时，虽然成年人对性知识掌握得较多，但是由于封建传统关系或者碍于社会舆论环境，无法向青少年传递足够充实的有关性方面的知识。这就不得不造成很多孩子冲动地去点击那些黄色陷阱，大部分青少年对于这方面的认识正如老子所描述的，是一种"下士闻道，大笑之"（第四十一章）的状态。

老子的"无为"思想，就是要让我们能够正确地对待性方面的知识，让青少年了解这些对于他们来说神秘的领域。其实，在欲望这方面，老子的道家思想并不是主张让人们禁欲，其主张的思念是"少私寡欲"。老子就曾说过："故令有所属，见素抱朴，少私寡欲。"（第十九章）"所谓少私寡欲，仅仅强调去除过分的欲望和需求，要保证维持自然生命的物质条件。道家把素朴恬淡的精神境界与肉体之身视为不可分割的统一体，道家并不存在着非要抬高人的精神境界而贬低人的肉体之身的禁欲主义倾向。"[1]老子把"欲"方面的事情看作人类所必需的，正如马斯洛所言的最底层的需求。

---

① 那薇：《道家的直觉与现代精神》，北京：中国社会科学出版社，1994年版，第174页。

　　所以我们在传授这方面的知识的时候，不必把它看作无法教授或者传授的知识。只有正确地传输了这方面的知识，成年人和青少年才能够正确地对待性方面的知识，这样就能够"圣人为腹不为目"（第十二章），从而实现"圣人后其身而身先，外其身而身存，非以其无私邪？故能成其私"（第七章）的结果。积极对青少年进行性知识方面的推广和普及，揭开青少年对这方法的混沌的认识，同时对他们的心理进行辅导教育。并将这些教育的普及度向纵向和横向发展，这样在很大程度上就可以增强青少年对性的了解，提高他们对黄色网络的预防力和抵御力。

　　"无为"也是一种自我管理的方法。"道"所主张的人的内心自我反省其最终目的就是想让人们能够返璞归真，恢复人性。这就要求人们要正确地对待性知识，能够分辨利与害，这样就能比较好地实现自我管理。

　　如果能够做到"无为"，以人民的意志、以社会的发展趋势为标准，以事情的发展规律为原则，这样就可以使人民"甘其食，美其服，乐其俗，安其居"（第八十章）。如果政府能够正确地实施顺应民心的政策，能够使人们安居乐业，"侯王若能守之，万物将自宾。天地相合以降甘露，民莫之令而自均"（第三十二章），"不欲以静，天下将自定"（第三十七章）。这就是老子思想中的完美的"玄同"世界，在人们心里这就是一个安静、纯洁的世界。我们一起努力，一定能走进这个世界。

　　　　　　　　　　　　　　　　　　　　　（本章执笔：李振　谢清果）

第四章　老子的隐性传播思想

　　植入式广告手法最大的优点就在于其舍弃传统的侵入式、强加式的传播手法，能有效地避免消费者产生负面情绪，进而达到"随风潜入夜，润物细无声"的效果。本章从老子传播思想中"我无为，人自化""柔弱胜刚强""以百姓心为心""不知常，妄作凶"等四个角度来探讨植入式广告的精髓，并结合央视春晚广告进行分析，以引起我们对该广告形式的重新省思。

　　一年一度的春节联欢晚会作为全国人民的年夜盛典，其知名度及其所蕴含的意义吸引着世界每位华人的目光。2008 年，刘谦因在春晚上变了一个小小的魔术，迅速蹿红全国。小沈阳也因在《不差钱》的突出表现而一夜成名。惊人的"春晚效应"让每位想出名的人眼红。企业更是不会错过这个大好时机来宣传自己的产品，提高自己的知名度，以及拉近与广大消费者的距离。可作为一个特殊的综艺节目，把观众逗乐才是春晚的首要任务。过多的商业因素介入，观众必然会有意见。况且平时大家就已厌烦在电视节目中间不断插播广告的做法了。那应该采取何种手段才能既满足电视台借机赚取收益，又能使企业达到宣传目的而又不让消费者厌烦呢？植入式广告在这时自然成了明目张胆的低调传播手法。

　　植入式广告，又称阈下知觉广告（Produet-Placement Advertising）或隐性广告。它通过人们的无意识反应将产品图片、品牌名称或其他营销刺激物呈现给受众，希望他们能在潜意识中对接收到的信息进行加工，并做出购买反应。这种广告手法最大的优点就在于其舍弃传统的侵入式，强加式的传播，能有效地避免消费者产生负面情绪，进而达到"随风潜入夜，润物细无声"的效果。[①] 而这种潜移默化的广告效果与老子的传播思想有着许多共通的地方。

---

　　① 林升栋，林升梁：《隐藏的说客——西方阈下知觉广告经典作品回顾及评论》，《中国广告》2005年第 4 期。

第一节　"我无为，人自化"的互动传播理念

说起隐性广告，在我们看来老子可谓该广告形式的鼻祖。老子通过"纸媒"将其产品"道家思想"传与后人。

《道德经》开篇曰："道可道，非常道，名可名，非常名。"（第一章）老子认识到了"道"虽"可道""可名"，但非"常道""常名"。一方面他承认"夫唯不可识""绳绳不可名"，明白"道之出口，淡乎其无味，视之不足见，听之不足闻，用之不足既"（第三十五章），但另一方面却还积极地"强为之容""强为之名"来描述"得道"的状态："豫焉若冬涉川，犹兮若畏四邻，俨兮其若容，涣兮若冰之将释，敦兮其若朴，旷兮其若谷，混兮其若浊。"（第十五章）其语言的模糊性与不确定性，引得每一位读者都来揣测其中的含义，争论并探讨老子所谓的"道"究竟为何物，并给予自己的理解。这种承认"道"的存在，却称其说不清点不透的做法，充分调动了读者的感官与想象，从而使得该书流传至今，其魅力经久不衰。这种用暗指之法指引受众自己去尝试体悟"道"①的语言逻辑本身为他自身的思想传播做了一个很好的广告，虽然该书从头到尾都未夸其思想有多精妙。

隐性广告也是如此。宣传时并不会直截了当地将产品名称等宣传意图表现出来，而是借用节目或剧情本身的需要将其融入某种情节中。在提供了噱头以后，就任由读者去发挥想象。当年的春晚小品《一句话的事》，当小品接近尾声，郭冬临拿外套为牛莉穿上的时候，由于外套的标签没拆下来，无意间被大家发现。这个穿帮镜头引得大家纷纷猜想牛莉穿的那件外套到底是什么牌子的，竟然在演出时连标签也不去掉。一查原来是美国"普拉达（PRADA）"的，要两万多美金一件。与此相关"香奈儿"粉色半袖裙子以及"夏普"手机都被搜索了出来。这种无心之举，着实让这些牌子火了一把。同样被搜索的还有王菲唱《传奇》时所佩戴的"美瞳"隐形眼镜，"Alexander McQueen"条纹连衣裙。可这些品牌的商家并没有在春晚上投放广告。

这就叫作"处无为之事，行不言之教"，"不自见故明；不自是故彰；不自伐故有功"（第二十二章）。而这种"为不为，而无不为"的传播效果，就是老子的"我无为而民自化"的互动传播理念的最好证明。

第二节　"柔弱胜刚强"的传播手法

"上善若水。水善利万物而不争，处众人之所恶，故几于道。"（第八章）世界上

---

① 吴景星，姜飞：《"传—受"博弈过程的本土化诠释——中国道家"可传而不可受"思想对传播研究的启示》，《新闻与传播研究》2009 年第 4 期。

最柔的东西莫过于水，然而它却能穿透最为坚硬的东西，例如滴水穿石。所以说弱能胜强，柔可克刚。而相对于普通大众而言，媒体总是处于强势地位。尤其是广播、报纸、电视等传统媒体，以及一些新兴的移动传媒，楼宇电视等。观众有时不得不听或看某些硬性广告。可老子说"江海所以能为百谷王者，以其善下之"（第六十六章）。想要让观众心悦诚服地接受广告所传递的信息就必须采取一种温和的、让大家喜闻乐见的形式，而不应自以为处于强势而肆意传播。

对于春晚，争议最大的节目要数赵本山主演的小品《捐款》。其广告内容和方式让大家目瞪口呆。"搜狐视频""搜狗输入法"被屡屡提及，并且把"搜狗输入法"的功能通过一问一答的嬉笑方式彻底地讲解了一番。"不光电脑上有，手机上也有。"这种明显的融入手法着实让观众捏了一把汗。

隐形广告有三种基本形式：镜头特写、产品名称直接出现在台词中、在作品中扮演一定的角色。① 可这些形式得以实现的前提是与情景自然的融合，化无形于有形之中，而不是生硬地不合逻辑地出现在某种艺术类型中。

如果说"搜狗"还有噱头与笑点的话，那贫穷的被捐助者怎么会去买高达一千多块钱的"国窖 1573"来答谢献爱心的人？这种违背常理的植入手法无疑是在挑战观众的智商和忍耐度。而相对于小品《五十块钱》，虽然演员穿了一件印有"鲁花"的 logo，也引起了不小的争议，可总算与情景相符，不至于太令人生厌。

冯小刚的电影《天下无贼》中，诺基亚手机、佳能摄像机等多种品牌皆有出现。可导演是把他们的功能融入片中，让人在潜意识下注意到了这个品牌，并了解了该产品的功能。但同时并没有对影片的观赏造成不良影响，也没有对该品牌产生反感。这种传播手法才是成功的隐性广告。

"强大处下，柔弱处上"，"夫唯不争，故天下莫能与之争"。隐性广告的精髓就在于避免强加式的传播而甘居下地，不能因处于强势地位就不顾观众的感受。老子也有云："将欲歙之，必固张之；将欲弱之，必固强之；将欲废之，必固兴之；将欲夺之，必固与之。"（第三十六章）只有"终不自为大"，才"能成其大"，才能达到老子所言的"夫唯弗居，是以不去"的"柔弱胜刚强"效果。

第三节 "以百姓心为心"的思考角度

老子有言："圣人无常心，以百姓心为心。""欲上民，必以言下之；欲先民，必以身后之。"若想达到理想的传播效果，把信息有效地传达至消费者，就不能只从自

---

① 林升栋，林升梁：《探究影视剧中的隐性广告》，《广告大观（综合版）》2005 年第 5 期。

我的角度出发，而应充分考虑到他们的所需所求，以及他们喜闻乐见的传播方式。

现今媒介数量的激增以及媒介形式的多样化，为广告宣传提供了多种渠道与方式。有的商家不顾及顾客是否愿意、乐意接受其想要传递的信息，很多时候采取强制性的措施使广告无处不在，无孔不入。眼花缭乱的广告有时使观众无所适从。于是有人用"严禁在广告中插播电视"来表达自己的愤怒。这种两败俱伤的一时之效并不是双方想要的结果。而植入式广告就是考虑到某些广告形式的反效果而采取了隐蔽的形式。

"中国平安保险股份有限公司"是央视春晚比较成功的一个植入式广告。"中国平安，平安中国"，虽然观众一眼就知道其是为"中国平安保险股份有限公司"做的广告，可新年大家盼的就是平安吉祥。中国也需要在新的一年平平安安。这跟该保险公司的核心业务与理念结合得恰到好处。与小品《捐款》中的"国窖1573"相比，这种讨巧的一语双关的做法并不会让大家感到不适。这也许就是老子所谓的"处上而民不重，处前而民不害"的广告传播效果。

第四节 "不知常，妄作凶"的传播尺度

老子曰："复命曰常，知常曰明，不知常，妄作凶。"（第十六章）这句话是在告诫我们做事要懂得并自觉遵循自然规律，要知常守常，如果一意孤行，"持而盈之"，"揣而锐之"，"富贵而骄"，违背常理，就会"自遗其咎"，"不得其死"，遭到惩罚。

广告作为拉动经济增长的一种方式自然有其存在的合理性。可这种不顾及大众情感，不遵守传播规律的做法，必然会引起观众的愤怒与不满。"知常容，容乃公，公乃王"，才能"没身不殆"，终身不出危险，就如老子所言"吾言甚易知，甚易行。天下莫能知，莫能行"（第七十章）。可见自觉遵守传播规律仍任重而道远。

隐性广告在中国虽已有所运用，而其传播理念的精髓也并未被我们很好地掌握。"执古之道，以御今之有。能知古始，是谓道纪。"春晚给予我们的启示以及老子的隐性传播思想值得每一位传媒人在当今的传播环境下认真审思。

（本章执笔：陈豫晓 谢清果）

第五章　老子论"名"的传播智慧

我们从《道德经》首句的新句读方式出发，进而认为该句其实可以解读为人类社会发展的三个阶段：名可，名非和常名。而这三个阶段又与人类的传播活动息息相关，即从原始人的"名可"，到近代人（传统社会）的"名非"，正是该阶段精神和物质相脱离的现象推动着媒介的历史演变，其目标便是"常名"的传播学理想目标。

《道德经》第一章讲道："道可道，非常道；名可名，非常名。无，名天地之始；有，名万物之母。故常无，欲以观其妙；常有，欲以观其徼。此两者同，出而异名，同谓之玄。玄之又玄，众妙之门。"以上说法，是我们经常见到的对该章的断句方式①。然而，学界却少有人将第一章句读为："道可，道非，常道；名可，名非，常名。无，名天地之始；有，名万物之母。故常，无欲以观其妙；常，有欲以观其徼。此两者同，出而异名，同谓之玄。玄之又玄，众妙之门。"②此两者的显著区别在于首句。

为什么说后一种句读，最能体现《道德经》的本意？我们先把这个问题放一放，先来谈谈"道"字，这是《道德经》，乃至整个东方文化最重要的一个范畴，此范畴不清楚，对东方文化的阐释，会失去一切根基。

我们认为"道"是鲜活的生命之源、鲜活的生命力之源。没有它，这宇宙就是死寂的，甚至没有宇宙及生命这一说。"道"根本不是《易》中说的什么"形而上"，什么规律、法则之类。这种说法只是照抄了朱熹的"太极只是天地万物之理"的观念，而把朱熹的"理"字改成了现代人了解的术语"规律、法则"之类。而这种人为的"理论化"是有其原因的："当前，机械化的历史远远走在了精神发展的前头，

---

① 常见的断句还有："无名，天地之始；有名，万物之母。故常无欲，以观其妙；常有欲，以观其徼。"

② 春牧：《周末读〈老子〉》，上海：学林出版社，2008年版，第20页。

官方发言人操心的是其他的事情，他们靠着理论获得了锦绣前程，但是，在理论还没有出卖其灵魂之前，他们就把理论给消灭了。"①

这在本质上是绝对错误的。"道"是一切生命力之源，是活生生的东西，它无时无刻不转化为万相。而这万相的存在实际上就是"无常"，"无常"的运动构成了"道"，人类总是习惯于截取这运动中的片段，然后把它们归纳为法则、原理，然而这些都不是"道"，只不过是道的"点缀"。

如果仔细读通《道德经》第一章的全文，一定会发现，老子说"道"时，几乎无一处不是指的生命活动本身。

老子从"道"说到"道可""道非"；再说到"名""名可""名非""常名"；又说到"天地""万物"，都是生命的运动。接下来更是直指生命体而说的，"有欲""无欲"直到"众妙之门"说的全部都是生命活动。更明确地说，是指的生命的整体活动，或是整体的生命活动。

而我们讲的生命是指"宇宙—生命"这个大系统，不仅包括人类意识到的生命活动，而且还包括没有意识到但确实存在的"宇宙—生命"系统的活动。人作为"生命"最完美的载体，只能去"体道""悟道"，但绝对谈不上去"用道"。

关尹子说："道终不可得，彼可得者名德不名道。道终不可行，彼可行者，名行不名道。圣人以可得可行者，所以善吾生，以不可得不可行者，所以善吾死。"②

庄子说："知天之所为，知人之所为者，至矣。"（《庄子·大宗师》）

道教《阴符经》首句言："观天之道，执天之行，尽矣。"

人们不能"用道"，只能以自己的身体官能去"体道""悟道"，而与此同时人的行为本身又只是"道"的贯彻与执行，始终脱离不了"道"。

庄子接着又说："知天之所为者，天而生也，知人之所为者，以其知之所以养其知之所不知。"（《庄子·大宗师》）

这句话充分说明了人类"以其知之"的盲目性，这种井底之蛙的做法，只会使其"知之""养"其所不知，而其所不知的就认为是不存在的。

而孔子的话也有异曲同工之妙："知之为知之，不知为不知，是知也。"（《论语·为政》）

虽然这句话已经被后来的人歪曲了其真意，变成了有关学习态度的教条，然而真理的光辉是遮掩不了的，通过比照我们发现，其与庄子的观点不谋而合，而庄子

① 马克斯·霍克海默·西奥多·阿道尔诺：《启蒙辩证法》，渠敬东，曹卫东译，上海：上海人民出版社，2003 年版，前言第 2 页。

② 乐后圣总编，张清华编，《道经精华关尹子亢仓子》，长春：时代文艺出版社，2003 年版，第 9 页。

的那句话却无法被人扭曲为道德教条。

　　"道"之所行不能为人所知，为人所知的那部分无非是其中的"片段""点缀"，而这些"片段"背后的无尽的"无知"则是人们无法体悟的，然而人们的"所知"也确实是"道"的组成部分，因此"道可，道非，常道"。

　　知"不知"，亦是"知"，也正是"真知"的组成部分。正如老子所言："知不知，上矣。"

　　讲到这里关于《道德经》第一句的断句方式应该是非常明了了，然而我们有必要在此处再做一些训诂学方面的补充说明。我们常见的第一种断句方式很多历史学者都认为是不合理的，原因就在于前秦古文中"道"字只作名词使用，没有作动词"言""说""讲"的先例。在先秦古文中"言""说""讲"诸类内容的表达，多用"曰""云"这样的专用动词。因此把《道德经》首句断为"道可道，非常道"是非常牵强的。而根据写作的对称惯例，则后一句也可断为"名可，名非，常名"。

第一节　"名可"与传播

　　南怀瑾先生在《道家、密宗与东方神秘学》一书中的第六章"声音的奥妙"与第七章"声音对人体神妙的作用"中，从历史到宗教，从物理到生理，讲了很多关于密宗"咒语"的作用。南怀瑾先生说："从尊敬修法的观念而来，（密宗）认为世界的文字语言，都是虚妄不实、变动不居的假法，只有佛菩萨等神秘的咒语，才是真实不虚，通于人天之间极为奥妙的至言。是否果真如此，那是一个非常复杂的问题，皆待将来神秘科学去研究探讨。"[①]

　　南先生对此没有下定论，但介绍普贤如来的三字根本咒"嗡、啊、吽"时，他是充分肯定了这三音对人身体的作用的。

　　在说到"啊"字时，他说此"啊"字是开口音，是世界一切生命开始时散发的音声，并说"阿弥陀佛"的净土念诵，便是从这里生发出来的。

　　时至今日，婴儿落地的第一音仍是此音。正是此音，老子称其为"名"，由此可见此"啊"是"名可"之名，而非人之为人后的"名相"之"名"，老子称为"名非"，即"名"与"物"脱离的"名"。

　　关于"名可"，当代的人类文化学为我们提供了这方面的极其丰富的资料。法国人布留尔的《原始思维》、英国人弗雷泽的《金枝》以及泰勒等人的作品，都为我们展示出了一幅幅极为生动的史前人文化的生动画面。尤其是布留尔的《原始思维》

---

　　①　南怀瑾：《道家、密宗与东方神秘学》，香港：中国世界语出版社，1994年版，第31页。

一书关于原始语言有这样的一段介绍："原始民族的语言，永远是精确地按照事物和行动呈现在眼睛里和耳朵里的那种形式来表现关于它们的观念……它们（原始语言）不去描写感知着的主体所获得的印象，而去描写客体在空间中的形状、轮廓、位置、运动、动作方式，一句话，描写那种能够感知和描绘的东西。"①

"原始人的这种语言方式，即尽可能回避主观评价、主观印象对客观现象界的干扰的语言方式，在一定水平上，一定的范围内，就是巫术的"咒语"。"咒语"的最大特点便是不可以语言逻辑解释，似乎只有音和音节。"咒语"是人类原始文化中极普遍的一种现象，人类社会几乎所有民族与种族都经历了一个极漫长的"咒语"时代。这个时代，用老子的语言来说，便是追求"名可"的时代。修"咒语"者最重要的特点就是对于崇拜物的绝对执着，不执着就不会有任何功效。这种执着恰是一种"不执着"，因为"咒语"是不可解的，是回避主观干扰客观现象的。在原始文化中，由于人类对语言是这样一种心理定式，"咒语"也就不是什么还需学习的东西，不仅人人皆会，而且有的人随便说出的话，本身就是"咒语"。这种文化遗迹，在我们中国人现今的生活中仍然存在。中国人见面喜欢说"恭喜发财"之类的好话，而厌恶说"死""贫"之类的话就是明证。②

普林斯顿大学的心理学家詹尼斯认为，语言的第一步应是将兴奋叫喊进行修饰，使其代表某种特殊意义（让我们想象某位洞穴居民在剑齿虎靠近时所发出的"哇唏"声）。他在一次会议上做报告时解释说："他所发出的信号在强度上或许与危险的强度相仿——末尾音位强度相似。……老虎如果站得较远，则叫喊的强度就较弱，末尾音位也不同。换言之，那是较软性的一声'哇唏'，于是这些末尾便成为首批修饰远近距离的模态语。下一步的发展是某种特殊的喊声及其末尾音位被区分出来赋予其他意义，句法语言于是逐步形成。"

詹氏认为，再下一阶段的发展应是命令的时代，命令的前身可能就是由叫声区分出来的某些模态语。例如，在狩猎聚会中"咿"或许代表"靠过来些"，"呜"则代表"走远点"之意。随命令发展的是名词，飞禽走兽的名称最早，其次为事物，最后才是关于人类的名称。接着再发展出动词及语言的其他各部，丰富了句式的变化。③

东方文化史这样肯定这种"名可"现象的。

老子说："天下皆知美之为美，斯恶矣；皆知善之为善，斯不善矣。"（第二章）

"为美""为善"正是人们主观定义的，而正是由于这种主观教条的存在，遮蔽

---

① [法]列维·布留尔：《原始思维》，北京：商务印书馆，1981年版，第150页。

② 董子竹：《老子我说——与南怀瑾商榷》，武昌：长江文艺出版社，2002年版，第9页。

③ 黄匡宇：《电视新闻语言学》，北京：中国广播电视出版社，2000年版，第184页。

了人们对于事物本真现象的探索。

释迦牟尼说的"知见立知，即无明本，知见无见，斯即涅槃"①是和老子一个意思。

在"名可"阶段，语言在传播的过程中，不存在主观评价、主观印象对客观现象界的干扰，因此它最能反映真实的客观情况。原始社会的这种"名可"传播现象是与当时的社会生活相适应的，在原始社会，自然条件恶劣，人类的生活时时处于危险之中，迫切需要一种工具来传递信息，以帮助他们更好地适应环境，语言由此诞生。语言的使命在其诞生之时就已经确定了，即帮助人们传递生存、生活所必需的信息，因此客观、真实地反映现实就成了必需的要求。

第二节　"名非"与传播

历史证明，仅仅只有"名可"的历史运动，并不能达到"常名"的达道层次，其中必定要经历一个漫长的"名非"阶段，即我们今天这样的时代。在这个时代，"名"与"物"分离了，主客体分离了，精神与物质分离了。当这些"分离"发生的时候，传播，则更加丰富和系统地出现在了人类的生活之中。而此时的传播活动、传播现象则已经与原始社会的传播大为不同。具有了"名非"思维的人类，逐步将传播活动演绎得更加生动和频繁。随着媒体技术的进一步发展，精神与物质则进一步脱离，传播活动在更大的范围内更加便捷地进行着。例如，如果我们把声带也当作一种媒介的话，从最初的声带震动，人类开始利用口语来传递思想和信息，在丰富的句法结构及人类主观思维的作用下，口语已经在一定程度上脱离了所要描述的事物，然而，口语却是最为接近事物本真面貌的一种媒介。苏格拉底在《裴多篇》里转述埃及透特神和阿蒙神的对话。阿蒙神说："费德鲁斯，我觉得，遗憾的是，文字就像图画；因为画家的作品表现了生活态度，然而你若问他们一个问题，他们总是保持严肃的沉默。说话也是这样的情况。你可能想象，说话人有智慧。但是，如果你想知道点什么，并向一个说话人提问，他做出的回答总是千篇一律，万变不离其宗的。"②

接着，为了沟通的便利和文化的继承，产生了文字媒介，其表现形式有书本、报纸、杂志，以至互联网时代下的电子文字，以上诸类，都在信息传播方面扮演了

---

① 《御录经海一滴》卷二，中华大藏经编辑局编：《中华大藏经汉文部分82》，北京：中华书局，1994年版，第16页。

② [加]哈罗德·伊尼斯：《帝国与传播》，何道宽译，北京：中国人民大学出版社，2003年版，第56—57页。

重要的角色，使得信息的传播突破了人类生理机能的限制，得以更广地传播和更久地保存，然而与此同时，信息与其所要描述的对象之间则有可能更进一步地分离。举一个例子，人人都不会错过与自己喜欢的作家面对面沟通的机会，为什么？即使你有该作家的全集，对该作家的观点耳熟能详，然而你不会错过一个与之面对面交流的机会，从而真正了解其所思所想。接着我们还是引用透特神与阿蒙神的对话，阿蒙神说："你发明的文字使习字人的心灵患上健忘症，因为他们不再使用自己的记忆；他们会相信外在的文字，记不得自己。你发明的这个特别有效的东西不能够帮助记忆，只能是帮助回忆。你传授给学生的不是真理，而是近似真理的东西；他们能记住许多东西，但是学不到任何东西；他们似乎什么都懂，但实际上什么也不懂；他们是令人讨厌的伙伴，有智慧的展示，无实际的货色。"

随着人们对信息需求的增强，媒介进一步发展，出现了电子媒介，如电视，广播，电影等等。这些媒介传递信息的特点是，转瞬即逝且都诉诸画面和音声。而随着拍摄技术的发展以及相关硬件设施的进一步改进，电子媒介在尽量为我们展示真实场景的同时，却也带来了其副产品：假象。一些假象甚至是专业人士有意为之，比如利用拍摄技巧展现出一些耸人听闻的假新闻，再比如电影中无数特效的运用，一方面在带给人们信息惊喜的同时，却也都蒙蔽了人们对真实世界的认识。互联网时代的到来，揭开了人类历史的新篇章，它实现了媒介的大融合，而随之而来的则是假象的大爆发。无数修图工具、视频编辑工具的发展使得呈现在我们面前的画面都戴上了一层虚假的面纱，我们无法判断自己亲眼所见是否为真。还有一些假象是在互联网带给我们便利的同时伴生的。"在互联网的早期，麻省理工学院的传媒与科技专家尼古拉斯·尼葛洛庞帝就语言'the daily me'（我的日报）的出现，一个完全个人化的报纸，我们每个人都可以在其中挑选我们喜欢的主题和看法。对于我们中的某些人而言，the daily me 是一个真正的机会，也是风险，有时会给商业和民主带来不幸的后果。核心问题涉及信息茧房：我们只听我们选择的东西和愉悦我们的东西的通讯领域。"到此时，信息与其所要描述的客观事物本身则实现了真正的脱离，甚至可以人为地控制其脱离的程度，"名非"至此达到了巅峰。①

然而"名非"并不是什么错，现实生活中尽是"名非"思维下产生的伟大成果，自然科学就是其最典型的代表。"所有的自然科学家，都必须从客观世界中抽象出概念、法则、规律、定义、定理，根据这些东西，综合、分析、演绎、判断，最后得出'科学'的结论。这样，物质界、精神界都相对稳定，人们就可以利用科学技术

---

① 凯斯·R.桑斯坦：《信息乌托邦》，毕竞悦译，北京：法律出版社，2007年版，导论部分第7页。

回溯生命运动的本来面目。"①"名非"正是人们达到"常名"必须经历的一个历史阶段，这个阶段虽然漫长，但是我们总会跨过去。爱因斯坦、海森堡、波尔这样一些伟大的科学家，已经为"名非"思维敲起了丧钟。因此我们坚信，人类一定会越过"名非"阶段，达到"常名"。

第三节 "常名"与传播

南怀瑾先生在《道家、密宗与东方神秘学》中说："音声在物理世界中的作用，到目前为止，除了自然科学已经了解的声学的原理和应用以外，至于宇宙间的生命与音声的关系，以及植物和矿物等有无音波辐射和反应等问题，都还是尚未发掘的领域。音声对于人类和其他动物的作用，早已被人所知。但人类对于音声的学识，耳熟能详的，还只知能沟通人与人之间、人与动物之间的思想、情感等。至于利用音声促使人与动物等的生命，得以启发生机，或者感受死亡的秘密等，在目前的科学知识范围里，还是一片空白，尚有待新的研究和努力。"②"古今中外所有的音声之学，也只是为了文字言语上的应用而加以研究，并未真能做到更进一步的探讨。在物理科学上，虽然对声学与光学的研究，已经有了超过前人的成就，但是也只限于在传播人类文化、思想、情感上的作用。甚至，最新的科学，正在追求银河系的音波作用，但所研究的目标，也还没有转移到探讨音声与宇宙万有生命关系的神秘功能，可是至少比过去大有进步，在人类的知识范围里，总算已经知道宇宙间还有许多音声的存在，而且用人类的耳朵，绝对是无法听见的事实。例如频率过高与频率太低的一波，人们都无法听到，这已是大家知道的事实。所以老子所说'大音希声'，也很自然地巧合于科学的道理了。"③

南先生的这两段论述或许能够对我们的传播学研究有所启示，习惯于"名非"思维的传播科学家们一直以来都在概念、名相的牢笼里故步自封，提出了无数传播理论与学说，而随着时代的进步，许多学说本身又都被推翻、颠覆，或许要想真正使传播这门学问焕发生机，唯有改变"名非"这种思维方式。

"道"证"道"的过程，必须经历"名可"（原始文化）、"名非"（现代文化）的过程，这两个过程就整体说，都可称之为"常名"，也就是说在这个过程中，人类的思维可以逐渐接近"常名"。近一个世纪的科学进步，尤其是以爱因斯坦、海森堡、波尔为代表的前沿物理学家的思维，为"名非"思维打开了一个缺口。人们已经察

---

① 董子竹：《老子我说——与南怀瑾商榷》，武汉：长江文艺出版社，2002年版，第10页。

② 南怀瑾：《道家、密宗与东方神秘学》，香港：中国世界语出版社，1994年版，第31页。

③ 南怀瑾：《道家、密宗与东方神秘学》，香港：中国世界语出版社，1994年版，第29页。

觉到主客分离、精神物质分离、概念与物相分离，不是宇宙的根本特征。人类曾经历过"名物两可"的时代，现在又要走完"名物两非"的时代，"名物一如"的时代正在叩打人类的大门。

（本章执笔：王丹　谢清果）

第六章 老子论"信"的传播伦理智慧

老子的《道德经》一直是中国传统文化中的瑰宝。书中涉及的内容包罗万象，其中关于诚信思想的内容可谓独树一帜。本章将从《道德经》关于诚信思想的具体论述入手，结合传统文化影响下的中国式传播学的理论内涵和具体特点，从当代中国的一系列具体事例出发，去探寻和研究老子传播学中关于诚信的问题。

第一节 老子的诚信思想述要

中华民族上下五千年文明流传下来的遗产，尽管汗牛充栋，但论及能总括中华民族基本传统、思想与精神"一言以蔽之"者，毋庸置疑，当首推先秦诸子的一系列学说和著作。作为道家创始人的老子，其思想的深刻性和前瞻性及对后世的影响为其在这一系列先贤中留下了自己的位置。相传老子生在中国历史上社会剧烈动荡的时代，曾做过周朝的藏书吏，管理档案工作，因此有机会博览群书。加之他善于思考，深究哲理，因此对当时的社会现象有着深刻的见解，提出了许多改革当时社会混乱状况的主张。难能可贵的是他不仅不局限于对社会现实的研究，还探讨了宇宙的起源和物质的结构及运动的形态等一系列问题，并把对自然现象的观察引用到社会生活中，其中最为核心的是他根据自然界万物运行的客观规律，提出了"道"的理论，由此构建了道家的经典理论体系。

老子的思想集中体现在他的集大成之作《道德经》中。《道德经》可以说是道家的经典理论著作，该书精炼为九九八十一章，以简洁优美的五千文字洋洋洒洒、深邃博大地构造出了一个朴素、自然、豁达、飘逸的宇宙观、人生观、方法论的宏大框架。这本书与儒、释相融汇，铸成三位一体的华夏文明的基本载体，影响所至遍布中国几千年的历史发展。

一本《道德经》可谓内涵丰富，涉及的范围包罗万象。这其中就有一个很重要的命题——诚信。其实先秦诸子对于"诚信"的论述是相当多的。儒家的"仁"与"礼"的思想就对个人的诚信问题进行了重点的阐述，把其作为个人修身养性的重要方面；墨家的"兼爱"思想就提到了关于"群体诚信"的问题，并把其作为实现"天下同"的重要途径；法家的代表人物韩非子对于诚信问题也格外关注，把其作为"依法治国"不可缺少的部分。不仅如此，各派学者对于"诚信"的经典语录也比比皆是。如：法家著作《管子·势》篇中的："贤者诚信以仁之，惠慈以爱之。"儒家著作《孟子·离娄》中说："诚者天之道，思诚者人之道也。"正是这些思想家的不懈努力，才使得"诚信"思想成了中华民族传统中不可或缺的一部分。

作为中华民族传统的一块瑰宝，《道德经》中关于"诚信"的论述可称得上鞭辟入里。更为重要的是，它对于"诚信"问题的论述是与它的核心价值观、世界观紧密结合起来，构成一个完整精密的思想体系。《道德经》一书的核心命题是关于"道"的学说。如第一章中的"道可道，非常道；名可名，非常名"、第二十五章中的"人法地，地法天，天法道，道法自然"。它把"道"不仅视为一种宇宙的起源，更为重要的是它把"道"的思想衍生出一种世间万事万物的运行法则和客观规律。在提出自然本体论的基础上，老子在书中进一步阐述了关于"道"的方法论思想，归结为一种"自然无为"。如第二十五章的"道法自然"、第三十七章的"道常无为，而无不为"、第六十四章的"为者败之，执者失之。是以圣人无为故无败，无执故无失"。正如后世道家另一代表人物庄子所提到的"天之自高，地之自厚，夫何修也？"老子把"道"的实现寄托于"自然无为"之上。但我们也应该更加深入地去理解老子思想的理论内涵。我们不应该仅仅看到他所阐述的"无为而治"的观念，因为他提倡的是一种以"无为"为本，行"有为"之治的思想，具有鲜明的入世倾向和现实意义。老子这种辩证的、相辅相成的思想在《道德经》中也有着充分的体现。如第二章中"有无相生，难易相成。长短相形，高下相倾。音声相和，前后相随"。老子的这种思想倾向不仅反映在治世之道上，对于人的一系列行为规范也做了具体的说明。如第二十二章的"大成若缺，大盈若冲，大直若屈，大巧若拙，大辩若讷"。后世的苏轼为了使得表达更为完整特意加了"大勇若怯，大智若愚"二句。还有如第四十章中的"反者，道之动；弱者，道之用"、第七十八章中的"天下莫柔弱于水，而攻坚强者莫之能胜，以其无以易之"。我们也许可以称道家智慧是竞争时代的人生智慧。道家以"自然"为核心原则的智慧是人格修养应坚持的最重要的原则之一，它所阐述的关于心性修养的内容对于我们现在的实际生活有着相当大的借鉴作用。而其中关于诚信方面的叙说更是值得我们深入研究和思考。

其一，"信言不美，美言不信"（第八十一章）——"诚信"的判断标准和理解范畴。

我们对于这句话的理解，核心应该放在"美"与"信"这两个字。正如我们经常所说的"忠言逆耳利于行，良药苦口利于病"。那些对我们有所帮助的，包含着客观真理的话往往并不是那么容易让人接受。与之相反，那些表面夸夸其谈，甚至刻意去美化堆砌的华丽词句，往往只不过是"海市蜃楼"。

其二，"居善地，心善渊，与善仁，言善信，正善治，事善能，动善时"（第八章）——"诚信"的表达方式和行为规范。

这句话对"诚信"问题的论述集中体现在"言善信"这三个字上。它的意思是：我们在说一些话，特别是当我们在做出承诺的时候，我们的话应该使人心悦诚服，深信不疑。在现实生活中，我们应尽可能做到"言出必行，一诺千金"。这不仅是为人处世应有的一种态度，更是我们必须遵循的一种社会规范。

其三，"夫轻诺必寡信"（第六十三章）——"诚信"的客观标准和实现方式。

它的意思是说：那些轻易对人做出承诺的人，可能存在着信用不佳的问题，不一定值得信任。实际上，它用了反讽的方式来表达对于"诚信"的看法。所谓轻易地做出承诺，特别是当我们对那些没有根据和实现能力的事件做出承诺时，往往带来的只是更多的诚信缺失。

通过以上分析，我们可以清楚看到老子对于"诚信"问题的关注一直贯穿于《道德经》始终。这表达出老子对"有为之治"的重视，把它看作实现其"自然无为"思想的重要方式，从而最终实现"孔德之容，唯道是从"的理想境界。"道之为物，惟恍惟惚。惚兮恍兮，其中有象；恍兮惚兮，其中有物。窈兮冥兮，其中有精。其精甚真，其中有信。自古及今，其名不去，以阅众甫。吾何以知众甫之状哉？以此。"人在"恍惚"中能知象、物、精、信！

第二节　老子诚信思想有助于增强国际传播力

从传播学的发展轨迹中我们可以清楚看到，传播学最早出现在美国，很多研究活动和研究成果都是基于美国自身的现实国情。所以对于引进这门学科的其他国家来说，传播学是一个"舶来品"。如果传播学不与一定的历史、社会、文化条件相吻合，不在一定的民族土壤上生长出来，不与所在国家的传播实践相结合并为之服务，而只是简单地照搬照抄，那必然会遭到人们的拒绝，甚至反对。越是本土的，就越是世界的。因此对于中国传播学而言，传播学的本土化建设既可以增强其学科个性和民族特点，也可以推进其走出国门、走向世界，适应传播学研究的国际化趋势，更重要的是可以为中国大众所接受，成为他们的精神食粮。中国传播学只有在针对中国国情、联系传播实际的基础上，从中国传统文化中去吸取营养，适应中国的社会特征、文化积淀和受众的心理态势、意识取向等条件，才能真正在中国大地上生根、开花和结果，才能真正融入中国的主流文化，成为中国社会的有机组成部分，也因此才能参与国际传播研究的沟通与交流，并为国际传播学术做出贡献。

比较传播学的中西方差异我们可以看出，西式的传播学对于信息传播过程中的"自由"问题更加关注。如法国大革命时期的《人权和公民权宣言》就明确提出了"言论和出版自由"；西方历史上的许多思想家和政治家也对于所谓的"新闻自由"多有论述：如法国的孟德斯鸠、英国的洛克和密尔等。在西方，大众对于信息传播和报道的关注更多地集中于"新闻报道的自由度"，集中体现在新闻媒体是否可以恰如其分地对新闻事件具有知情权，如美国的"水门事件"、英国的"戴安娜王妃车祸事件"。因此在西方人的视角中，大众传媒被认为是"第四行政渠道"，并被称为"无冕之王"。在西方价值观中，更多追求的是一种权力的制约与平衡，强调社会力量对政府的监督，特别是通过对于"自由"的追求衍生出所谓的"对抗机制"，从而引导舆论对于公共机构进行强有力的控制。因而它们更多地强调"新闻自由"。与西方有所不同的是，中国传统文化更多的是对"和谐共生"的重视。它追求的不是一种对抗，而是一种和解。它要求的是国家和政府给予民众一种公信力，使民众在一定程度上拥有知情权，并引导舆论在协调稳定的氛围下逐步推进，最终达到一种社会和谐的局面。也因此，这决定了在传统文化浸透下中国式传播学对于"诚信"问题的重视。关于这个问题，各派思想家也进行了一定程度的阐述，如儒家"中和""天人合一"的思想，墨家"兼爱""大同"的思想。

老子的《道德经》对于这个问题也是多有论述的，如第三章中提到的"常使民无知无欲，为无为，则无不治"、第五十六章中的"知者不言，言者不知。塞其兑，闭其门。挫其锐，解其纷。和其光，同其尘，是谓玄同"、第七十章中的"夫唯无知，是以不我知，知我者希，则我者贵，是以圣人被褐而怀玉"。从《道德经》中的这些论述中，并结合书中对于"诚信"问题的分析，我们不难看出，传统文化中的侧重点应该在于"信"而非"知"，犹如老子思想中"无为"与"有为"的辩证关系一样。它实际上要求的是作为最高的统治者，应该去建立一种协调稳定的机制，从而来引导民众的"知"与"欲"，它所追求的是一种"和光同尘"的境界，想要达到一种社会和谐的目的。这也决定了中国式的传播学对于"诚信"问题的重视，它更多的是要求在信息传播的过程中，国家与政府的公信力，增强舆论引导的针对性和实效性。

从现实角度上看，关注信息传播中的诚信问题，增强舆论引导的针对性和实效性，是由国内外形势所决定的。从国际看，当前世界范围内各种思想文化交流、交融、交锋更加频繁，"西强我弱"的国际舆论格局还没有根本改变，新闻舆论领域的斗争更趋激烈、更趋复杂。一些西方媒体不但以其价值观和利益选择设置新闻议题、主导国际舆论，而且企图以其价值观"规范"我国，加强对我国的"软遏制"。从国内看，随着我国经济社会持续快速发展、人民生活水平不断提高，我国已进入文化消费的快速增长期，人们精神文化的需求更加旺盛，文化消费多层次、多方面、多样化的特征更加明显，信息的多元化已经是一种客观存在。我国经济体制的变革、社会结构的变动、利益格局的调整带来了人们思想观念的深刻变化，人们思想活动的独立性、选择性、多变性、差异性明显增强，从而使得引导社会舆论的任务更加繁重、责任更加重大。在这种情况下，新闻宣传工作必须从提高包括国家软实力在内的综合国力、掌握意识形态领域斗争主动权的战略高度，充分认识提高舆论引导能力的重大意义，做到对内顺应人民群众的新期待，增强民族凝聚力和向心力，为推进党和国家事业发展凝聚强大精神力量；对外适应国际形势的新变化，维护经济全球化条件下的国家文化安全，增强中华文化的国际影响力，为我国发展营造良好的舆论环境。

经过上面的一系列分析，我们可以从中推断出：中国式的传播学所强调的重点在"诚信"上。而在这方面，我们有着正反两面的经验和教训。

2003 年中的 SARS 危机中，在疫情信息的传播过程中，我们不能够忘记我国政府在处理信息公开过程中存在的不足和问题。在这次事件中最为典型的就是有关 SARS 疫情的相关信息最早并不是由政府主管部门公开的，而是由社会媒体披露的，并且在最初阶段也很少能够听到来自政府的声音，这成为事件初期导致部分地区社会恐慌的重要原因。从这次"非典"所造成的社会危机，我们不难看出，这实际上是一种"信息危机"。突如其来的"非典"疫情使得上至政府官员，下至平民百姓都在恐慌这到底是何种怪病？病源又来自哪里？此时的信息处于一种严重的不对称状态。更为严重的是，在 4 月初的北京，相关媒体还刻意隐瞒事态的真相，这不仅导致了有关卫生防疫部门不能迅速地采取措施遏制疫情的发展，更为严重的是给社会带来了极为恶劣的影响，造成政府公信度的降低。由此可见，在社会危机时期，建立一种有效的、诚信的危机处理信息机制是十分必要的。

经过了 2003 年的 SARS 危机后，我国的新闻媒体开始从整体上意识到信息公开和信息诚信的重要意义。当年汶川地震就是一个很好的事例。这次汶川地震的报道，多数媒体打破了惯性态势，反应之迅速、报道规模之大、报道力度之强、报道信息之准确都是历史上罕见的。特别值得一提的是，这次汶川地震发生在国务院《信息公开条例》5 月 1 日生效之后。除了报道快速、及时以外，信息的公开以及信息传播过程中对于诚信的重视也是这次地震报道的一个显著特点。与以往强化信息控制的做法有所不同，中外记者在四川的新闻采访活动受到的限制不多，国务院带头，每天公布关于震灾的伤亡数字、救援进展等各方面的情况，民众可以通过媒体随时获得有关灾区的各种真实信息。媒体对于"地震预报的质疑""学校房屋质量的责难""救助中出现的各种具体问题"等以往视为敏感的话题都有一定的报道，尽管不占主导地位，但还是或多或少地存在着。这次关于地震的报道，我国媒体总体上反应迅速，信息公开程度较高。由于我们的信息发布及时而详尽，境外媒体报道的信息源多数来自中国传媒，因而我们掌握了报道基调。社会恐慌的真正根源并非来自灾难本身，而是信息的不确定和不平衡。此次大地震虽然伤亡十分严重，但社会上基本没有多少谣言传播，举国上下团结一心抗震救灾，媒体的传播收到了良好的正面效果。其实，信息透明了，并非社会就会混乱，反而能减少谣言和惊恐现象，更有利于保持社会的稳定，也增强了政府的公信力，使政府和人民、军队和地方、灾区和全国，万众一心地去从事抗震救灾的工作，支持灾区的重建。

彼得斯曾经说过："交流是没有保证的冒险。凭借符号去建立联系的任何尝试，都是一场赌博，无论其发生的规模是大还是小。……我们的问题不应该是我们能够交流吗？而是应该问：我们能够相互爱护，能够公正而宽厚地彼此相待。"的确，要真正做到交流者之间的亲密无间，就要求我们在交流的过程中，特别是在信息传播的过程中关注"诚信"的问题。在当代的信息社会中，信息描述了世界从反应、感觉到反应的特征。信息不是物质，不是能量，而是一种新的运动形式，它具有很大的左右世界的力量。因而，发布信息的及时、信息的可信度、透明度都会影响信息的运动方向。简言之，如何把握好信息传播过程中的诚信问题，已经成为传播学中越来越受到关注的核心问题。我们已经不能再靠封闭环境中获得的那些局部的、手工业条件下的"经验"来管理现代的信息传播了，而是应该通过更为科学的态度和更为系统的研究去拓展对于信息传播的认识。在这其中，对于"诚信"的关注也越来越成为不可缺少的一部分，也正是通过对于"诚信"问题的关注，我们对于信息传播过程才有了更为深刻的认识。

（本章执笔：黎翔　谢清果）

第七章　老子思想与和谐媒介生态的营造

老子的思想，以道为最高目标和最终准则，以无为为为政的最高法则，其"和"的思想暗合我国和谐社会的建设目标。对于与政治历来密切相关的传播媒介，理解老子自由与和谐的中心意指，必能帮助我们更为深刻地理解和谐社会中和谐的媒介生态。

实现人与人之间、人与社会之间、人与自然之间以及人自身的全面和谐，这是构建社会主义和谐社会重大命题的目标指向。"和"的思想，由来已久、源远流长，在我国古代的整个历史长河中时时闪烁着智慧的火花。在这其中，老子的思想不能不说是一朵奇葩。

老子的思想，以道为最高目标和最终准则，把无为当作为政的最高法则，其"和"的思想暗合我国和谐社会的建设目标。对于与政治历来密切相关的传播媒介，理解老子自由与和谐的中心意指，必能帮助我们更为深刻地理解和谐社会中和谐的媒介生态。

本章所说的媒介生态，意指媒介所应该具备的生存状态和所应该扮演的社会角色状态。此处说"社会角色"，而不用通常被提起的传播媒介的"社会责任"，是受到了老子"无为"思想启发的。从老子的观点看来，"责任"似乎总带着一丝主动、争斗的嫌疑，而"角色"的履行更多了一点顺势而为的自然心态。有人说，老子的思想是济世良方。本文的目的，便在于挖掘老子的传播智慧，对现代社会中现代媒体所面临的一些问题，得出一些曲径通幽的解决之道。

第一节　老子与传媒自由

众所周知，老子的思想是以"道"为核心演化而成的思想体系，"道"是为万物的源生和归宿，道法自然的无为之道是为人、为事、为政乃至为国的行为准则。那么，什么是道法自然呢? 所谓"道法自然"的"自然"并不是指"Nature"，又不是指"道之自然性"而是指"大地万物之自然性"。换句话说，"道"是效法"天、地、人"二者之自然性质而动。① 也即，所谓的道法自然，便是按照万物的自然性质而动，"以万物之自然为自然，以百姓之自由为自由"②。"太上，不知有之；其次，亲而誉之；其次，畏之；其次，侮之。信不足焉，有不信焉。悠兮其贵言。功成事遂，百姓皆谓：'我自然'。"(第十七章)"道之尊，德之贵，夫莫之命而常自然。"(第五十一章)

换句话说，老子的理想世界，应是一个任由社会按照自然之道发展的无为的世界，在这个世界里，每个人按照自然之道顺其自然，而政权应该给予人们自行其是的充分自由，越少干扰的政权越接近于老子的理想社会。从这里我们可以看出，老子的思想，从本质上来讲，是一种追求人类自由的思想。而这，也是本文预设的理论起点。这样"不知有之"和"百姓皆谓：我自然"的态度，可以说是我国关于民主和自由的最早的论述之一了。在徐培汀、裘正义所著的《中国新闻传播学史》中有这样的论述：大众传播机构，以"为民喉舌""反映民意"为己任，成为现代社会民主政治的重要力量。考察传播思想的渊源，有必要追溯到先人最初的民主思想。……老子认为，"圣人无常心，以百姓心为心"。……是主张个人自由的表现，正是道家无为思想在政治主张上的具体化。③ 可见，从传播学的角度看来，老子的这些思想，对于我们对现代传媒的考量和思考，具有无比重要的启示作用。

从传播学的观点看老子的"自然"的自由之道，老子在《道德经》中对于自然之道的具体阐释具有深远的意义。在老子看来，圣人"以辅万物之自然而不敢为"(第六十四章)，关键在于"不敢为"。而对于大众传播媒介而言，"不敢为"三个字与传媒自由相结合，便有了深层次的意义。对于大众传媒应不应该介入社会生活、对于社会生活的干涉应该到什么程度这个问题，历来是传播学界争论不休的话题。从这个角度看来，不论是"多言数穷"、还是"不敢为"，老子并不是反传播的，他反对的，是传播媒介对于社会生活的过度干涉。

与老子思想不谋而合的，是被称为西方新闻思想关键转折点和社会责任论奠基篇的美国新闻自由委员会的报告《一个自由而负责任的新闻界》。它的重大贡献之一是将"言论自由"和"新闻自由"的主体由新闻从业人员扩展到了所有的受众，换言之是所有的公众。"当我们使用'新闻自由'这个短语时，我们仅仅涉及有利害

---

① 林泰显：《老子政治观与社会伦理观研究》，中国社会科学院研究生院硕士学位论文，2000 年，第 14 页。

② 林泰显：《老子政治观与社会伦理观研究》，中国社会科学院研究生院硕士学位论文，2000 年，第 14 页。

③ 徐培汀、裘正义：《中国新闻传播学说史》，重庆：重庆出版社，1994 年版，第 24—26 页。

关系的一方；'新闻界'这个术语指借助接触大量受众的媒介的新闻、意见等的发布者。但是，既然没有人喜欢对着真空说出新闻或意见，那么发布者必须存在至少一个有利害关系的他方，即作为新闻、意见等的消费者——读者或听众；我们将用受众来指代集体意义上的消费者。"[①]"在一个共同体中，哪里有两方，哪里就总是有第三方——共同体本身。"[②]二者思想的关键契合点在于，他们都认为，新闻自由、传媒自由的关键主体是所有公众的自由，他们才是媒介自由真正的主人。

不论是在哲学界还是在传播学界，认为老子"反传播"的观点比比皆是，其实，老子反对的并不是传播本身，他反对的是传播对于社会和人的自然性的过度干涉和扭曲。在老子看来，传播的主体权利应该是属于社会公众的，不论是政府还是传播者本身，都没有权利对社会公众的传播进行过度的干涉。换句话说，传播媒介，应该是属于社会公众的，它们所承载的，应该能反映社会公众的自然本性，而不是传播者或者政府认为社会公众所应获得或接受的传播内容。

这样的自然自由观和传播自由观，对于我们的传播理论，不能不说是一次反思关照自身的契机。在这样的自由观的对照下，传播媒介们以"社会公器"自居，力图介入社会发展进程的观点似乎显得太过刻意和霸权。在老子看来，圣人"处无为之事，行不言之教；万物作而不为始，生而不有，为而不恃，功成而弗居。夫唯弗居，是以不去"（第二章）。将老子的思想放到传播学的视野中观照，我们会发现，在老子理想社会中的媒介，也必然是自然而自由的媒介。

在传播学的视域中通观老子《道德经》，本文大胆地为老子自由而自然的传播媒介生态寻找到几个基本界定，以具体地阐释和定义老子的自由媒介观：

首先，这种自由的传播生态意味着媒介不设定标准；其次，这种自由的传播生态也意味着媒介不具备为社会设定目标的权利，不论这种目标是政治的还是经济的。下文将对这两种基本界定进行详细的论述。

第二节　老子与榜样传播

什么是榜样传播？在本章的考量范围之内，榜样传播的最典型的形式便是典型报道。从传统上来说，典型报道是一种以教育和启迪大众为新闻理念、以代表性材料诉求一般性现实的宣传报道样式。[③]典型报道的社会功能，最为重要的无过于社会

---

① [美]新闻自由委员会：《一个自由而负责的新闻界》，展江、王征、王涛译，北京：中国人民大学出版社，2004 年版，第 65 页。

② [美]新闻自由委员会：《一个自由而负责的新闻界》，展江、王征、王涛译，北京：中国人民大学出版社，2004 年版，第 66 页。

③ 杜骏飞：《典型报道理论经验与创新》，《新闻战线》2001 年第 7 期。

整合与榜样示范。主要目的是"提供一套为大多数人所认同的价值系统，……以保证公民的社会行为方向大致趋同"①。

这就与老子的自由的传播观大相径庭。在老子看来，为任何事情设定人为的标准都是对自然之道的破坏，为公众预设价值体系、行为准则和行为方向，这是对于人类自然之性和人类自由的破坏。因此，老子是反对榜样传播的。

在榜样传播的这个问题上，老子的论述直接到有点惊世骇俗，他写道："天地不仁，以万物为刍狗，圣人不仁，以百姓为刍狗。天地之间，其犹橐籥乎？虚而不屈，动而愈出。多言数穷，不如守中。"（第五章）在老子看来，一度被视为人类终极道德的"仁"，并不是天地的法则，不是天地的行为准则，更不是人类的行为目标。天地"不仁"，任由万物自然发展。而圣人，这在老子的思想体系中代表了人类最完美境界的统治者理应按照天地的法则为国为政，任百姓自由发展。这样的论述对于儒家传统的最高典型——仁，提出了根本性的质疑，也对于儒家榜样传播的传统进行了根本性的批判：若是最高的榜样都不存在，榜样传播的典型更是无本之木。

在《道德经》第二章中，老子言："天下皆知美之为美，斯恶已；皆知善之为善，斯不善已。"老子认为，世界上的一切事物都是变动和相对的，一切的观念都是在对待的关系中产生的，而对待的关系是经常变动的。因此，对于事物标准的人为设定充满了主观的执着和专断的判断，引起了无休止的纷争。

在老子看来，"礼"是最为违背道的："上德不德，是以有德；下德不失德，是以无德。上德无为而无以为。下德为之而有以为。上仁为之而无以为，上义为之而有以为。上礼为之而莫之应，则攘臂而扔之。故失道而后德，失德而后仁，失仁而后义，失义而后礼。夫礼者，忠信之薄而乱之首。前识者，道之华而愚之始。是以大丈夫处其厚，不居其薄。处其实，不居其华。故去彼取此。"老子之所以这样断言，因为"礼"是一整套的行为准则，在方方面面设定了人们为人处世的标准。

从传播的视野看来，老子是非常反对"榜样传播"的。

首先，榜样的传播用一种人为预设的标准规定了是非善恶，这是对于人类自由的最大的戕害。老子认为"有无相生，难易相成，长短相较（形），高下相倾，音声相和，前后相随"，这才是自然的状态。而各种观念论点情况互相混合自然杂处，也才是自由的传媒所应该给予受众的基本尊重。这样广博包容的传播观，恰恰暗合了如今我们社会关于建设和谐社会的基本观点。"和"的包容性和宽容性在老子的传播观中体现得淋漓尽致。

其次，预设的标准往往会让人们为达到这样的标准而"争斗"，而伪的表面标准

① 孙玮：《典型报道的社会功能》，《新闻大学》1997 年第 1 期。

又往往会赢得一时的胜利。在谈论到这个问题的时候，南怀瑾先生所举"楚王好细腰，宫中多饿死"便是一个很好的例子。[①] 而在这个问题上，我们有过相当惨痛的经验和教训，"大跃进"、浮夸风为中国带来的伤痛历历在目。因此，老子说："不尚贤，使民不争。"上位者的好恶很容易造成巨大的影响，而当这种好恶通过无处不在的传播媒介传播并发扬开去的时候，对于社会的影响力更是不可估量，殷鉴不远，身为传播者不可不慎。

第三节　老子与政治媒体

从老子的自由观审视媒介生态，会发现，在老子的自由观的观照下，媒介无权为社会设定目标。这一论点，无疑是与媒介"议程设置"的理论正好相悖的。议程设置理论认为，媒介为受众选择关照的焦点，决定受众讨论的议题和关心的重点。但是在老子看来，这无疑是对道法自然的自由的伤害。

因此《道德经》云："不贵难得之货，使民不为盗。"（第三章）这里的盗，南怀瑾先生将其解释为庄子后来在《胠箧篇》中所提到的"彼窃钩者诛，窃国者为诸侯"的"盗机理论"。[②] 通俗点说，所谓难得之货，乃是政治权位。

大众媒体携不可挡之势，对大众的影响力不容置疑。若大众传媒将政治话语作为唯一话语，那"难得之货"可想而知会成为众人争夺的对象。在那场史无前例的"文化大革命"的十年浩劫中，大众传媒结合政治力量，将阶级斗争鼓吹成社会生活的唯一内容和目标，且不说对于公众自由的伤害，对于社会文明的进程，也是一次极大的损伤。

为了不愿看到这样的局面，老子甚至提出绝圣弃智、绝学无忧的论点。"古之善为道者，非以明民，将以愚之。民之难治，以其智多。故以智治国，国之贼；不以智治国，国之福。知此两者亦稽式。常知稽式，是谓'玄德'。玄德深矣，远矣，与物反矣，然后乃至大顺。"（第六十五章）这里的"明民"与"愚民"、以智治国和不以智治国，说的都是应该让人类远离政治的勾心斗角。然从这一点来看，如今的台湾媒体颇为令人失望。尤其在"总统选举"期间，大众传媒上充斥着各种各样的政治手腕的分析、政治力量的制衡、政治冲突的较量、政治集团间的合纵连横……所有的这一切将社会生活泛政治化、将社会活动泛阴谋化的举动，都与老子的思想背道而驰，何其谬矣。

---

① 南怀瑾：《老子他说》，上海：复旦大学出版社，2002 年版，第 58 页。

② 南怀瑾：《老子他说》，上海：复旦大学出版社，2002 年版，第 89 页。

第四节　老子与消费社会

根据道法自然的老子自由观，媒介无权为社会设定目标，这里面，也包含经济目标。根据现代很多批判理论学派的观点，我们现在已经进入了一个消费的社会。在这个社会中，我们被大众传媒所蛊惑，煽动起我们并非真实的需求，并为这种需求所虏获，成为物质的奴隶。物质，成为我们生存的唯一目标和最终价值。我们被物质所异化，丧失了自由，学者们为此忧心忡忡。在消费社会中，大众传媒扮演的角色可谓相当不光彩。它们将自己成功地转化成了文化工业生产的流水线，在这条流水线中，大量的、缺乏创造性的文化产品被生产出来，不论是这条流水线的构成方式、它的产品的中心内容、它的产品的扩散方式，都充满了商业和物质的气息。在这样的文化工业及其产品的长期熏陶之下，商品成了现代社会的上帝，人们生存的唯一目的就是购买商品和消费商品，人类自由的堡垒彻底地陷落。

而老子似乎已经凭借惊人的智慧预见到了这一情景。早在数千年前，《道德经》便提出："不见可欲，使民心不乱。"（第三章）这为我们的传播媒介敲响了警钟。现代传媒所为我们展示的很多奢靡的生活状态，他们所鼓励的很多物质欲求，早已超出了人类真实需要的范畴。在老子看来，这样的鼓舞是违背了自然之道的。人的需要和社会的需要只能由人的自然之性中自然产生，任何引诱和唆使的手段都是不可取的。传媒并不具备煽动诱使或者无限放大人类天性中任何一种自然性质的权利，这样的做法，与追求自由的社会职能，无疑是背道而驰的。

从传播学的视野来看，老子的传播思想给予我们至少三点启迪：传媒若要在人类自由解放的伟大事业中履行自己的角色，需要学习"道法自然"的无为之道——不擅自人为预设价值标准、不将设定社会目标作为当然之权。

一言以蔽之，老子对于传播的观点与老子对于政治、自然、宇宙的观点在本质上是一致的。它是一种遵循自然之道的无为的观点。它乐于包容和宽容所有的存在，并且认为只有这样才是正常的；它乐于赋予人的"自然之性"以最大的自由，让人类能够根据自然天性自由发展。

老子的思想是人类浩瀚历史长河中不可多得的瑰宝，将它们与我们的传播理论和实践相结合，有助于我们更好地反思当前的媒介生态，理解媒介的社会角色，解决现存的媒介和社会的问题。将老子的思想与传播学的理论相结合，对于我们思考媒介在现今建设和谐社会的社会主题中所承担的社会责任和所应该扮演的正确角色，具有十分重要的指导意义。

（本章执笔：张俊婷　谢清果）

第八章　老子的传播观念与方法

传播不仅是一种客观存在，也是一种现实需要。在当今的信息社会里，传播对政治、经济、文化的影响比过去任何时代都要巨大，它带来了科技的进步，推动了社会发展。对于传播学来说，老子的思想也构成了对中国古代传播史的研究中不可或缺的重要组成部分。老子主张回归自然，顺应自然，反对一切人为的东西，所以它也反对在传播中运用技巧。老子对于传播的看法在当时是有一定道理的，即使在今天，它还可以帮助人们辩证地看问题。特别在竞争社会和网络世界里，不言、不辩、不争、绝学、无为等思想，又有着特殊的精神治疗意义。

第一节　老子的温和传播观念

不少人认为老子的传播思想是消极的，实际上老子并非传播的反对者，他所倡导的是"行不言之教"，而在政令传播中对清静无为的大力提倡事实上是基于当时"恶的时代"，对私欲横流、不顾百姓死活的统治阶层的一种反抗和劝诫，绝不能简单地理解为消极以及愚民无为的同时，我们可以看出，从事物的另一方面看，老子传播思想对民间传播渠道的态度也是相当宽松的，应该说道家在传播思想上是较为温和的。

一、老子"道"的传播意蕴

老子《道德经》第一章："道可道，非常道，名可名，非常名。"一般情况下，这句话被解释为"道"之真义，即无可述，无可视，无可触，是一种自然之境界，是大智慧所蕴之处。应该说，"道"这一定义，在某种程度上，更贴切地概括了人类的本原，是优于唯物主义的描述。站在传播学的角度去考虑，老子的传播思想，其精华恰恰在于"可道，可名"之上。因为传播是一个过程，是信息在受众之间传递、接受的循环。这个过程从本质上来看，是物质的载体——信息在社会上传递，但从形式上来看，则是精神的力量在起推动作用，因为促使传播不断发展的，是受众的需要，以及传媒的选择，这两个过程都满足了精神需求，是精神生产活动，而非物质生产。

老子认为，能说出来的东西，就不是"道"。在世界本原这个角度上，他所认为的本体，即"道"，应该是只能意会不能言传的。而这个玄妙的东西，它能够造出万物，并能不断繁衍，是一种自然力量的内驱。如同传播的过程一样，无论是"把关人"（传播过程中隐含的对传播内容选择加工的主体）的选择，还是受众的接受，这都是心理过程，表面上无法看清楚，也只能意会而不能言传。对应传播所使用的人类语言的意义，它正符合了语言特性，它是思想的物质外壳，内涵是思想，因此不可"名"，不能把握其形、色、状。

"道"家精神内涵的实体，在传播上对应的是信息。信息这一概念，在不同领域有不同的解释，总体来看，它是交流的实质，是无形的，但含蕴深刻。不过在传播过程中，信息的力量是强大的，由于信息的主体含义不同，因而直接影响到传播的效果和社会舆论效果。这涉及"把关人"的具体身份地位和文化程度，也涉及大众心理及背景。这样看来，信息这一概念，并非独立存在的，而是处在一定的意识形态之下，其关键因素是对话语权的掌控。

我们的话语权都掌握在权力机构手中，尤其是记者，被认为最有话语权的人，因为身份特殊，处于传播媒介中，是一种舆论工具。而老子的传播思想在这里带有强烈的普世思想，人人都可以成为传播者。

今天，当我们推行一种看得开、想得透的信息给大家时，就会有更多的人愿意接受。当然，统治了几千年的儒家学说并非已经过时，因为在传播中，必须有不同类别的信息同时出现，以满足受众的需要，但是，更广泛的，应该是让大家能够对同一种现象，有各自的正确认识，要顺应自然，而不是让大家都追求同一种认同。

老子对于传播的慎重，甚至是怀疑、否定的看法。

他否定口头传播、文字传播和人际交往。他在第二十三章中提出"希言自然"，也就是叫人少宣传、少说教，而让世间的一切皆顺其自然。

"信不足焉，有不信焉！"（第二十三章）

"不出户，知天下，不窥牖，见天道，其出弥远，其知弥少。"（第四十七章）

"知者不言，言者不知。"（第五十六章）

"信言不美，美言不信。"（第八十一章）

"古之善为道者，非以明民，将以愚之。"（第六十五章）

"鸡犬之声相闻，老死不相往来。"（第八十章）

从这些我们可以看出，老子对于语言是持怀疑态度的，对社会传播更是非常慎重。他认为，一切语言反而壅塞人的智慧的感悟能力，语言并没有调节宇宙秩序的意义，只能妨碍人们体验终极的天道。语言只是工具而不是目的。既然语言不能直接追寻"道"，那么只能靠神秘的内心体验来接近"道"。老子坚持语言直觉的超验性，他对语言和经验都表示怀疑。

老子认为"言"是不可或缺的，但语言符号在一定的时空环境中有其局限，会带来人们对思想的曲解和误读。所以他认为"道当不名"，也就是说，对于道的深刻理解，绝不仅仅靠语言传播来做到，"道"这样一种无所不包、越时空的精神应当用更为多元化的方式，不仅仅局限于语言传播的范畴之内，而应当以更加广阔的视野和更加多元化的方式去认知、去体验。

从这些论述中可以看出，老子对传播是抱有否定的态度的，认为事物有着自己的规律，应该让事物随着自己的传播规律去发展，去传播。人们没有必要为了达到自己理想的效果，或者自己的私利，而去进行功利性的传播。

老子反对刻意传播，认为自然规律存在于世间一切事物之中，所以不需传播，而不合自然的东西即使刻意传播也不起作用。所以老子主张"行不言之教"，他对智者的要求就是"不言"。他认为真正有智慧的人是不对人进行说教的，而喜欢说教的人实际上并不聪明，用他的话说就是"知者不言，言者不知"（第五十六章）。特别对于当时的统治者，老子是反对他们繁令扰民的，他说"悠兮，其贵言功成事遂百姓皆谓我自然"（第十七章）。统治者悠闲而处，少发政令，这样，事情办成了，老百姓还会说我们原本就应该是这个样子。老子自甘卑下地说："俗人昭昭，我独昏昏。俗人察察，我独闷闷。"当然他这个话是讲给那些自认为一切事理皆明白的传播者听的。言下之意是说，传播者不一定比受传者高明，所以我们不应苛察别人，而应对人宽宏。

不可否认，老子对传播的这种"老死不相往来"的态度大大延缓了信息传播和社会发展的进程。

二、老子的政令传播智慧

老子对从上而下的政令传播方面的态度是消极的。他认为在政治领域，最好的传播便是不传播，也就是不强求、少说教。

比如《道德经》第六十五章中写到"民之难治"，就是因为其上"智多"。在老子看来，统治者的自私自利、妄动妄为是造成人们饥困的根源。这就不难理解，老子所说的"是以圣人处无为之事，行不言之教，万物作而弗始，生而弗有，为而不恃，功成而弗居。夫唯弗居，是以不去"。老子其实是告诫当时的统治者，要学习"圣人"，在政治领域，最好的传播便是不传播，也就是不强求，少说教。联系当时纷乱残酷的社会状况，统治者一味追求声色犬马之乐，生活淫佚放荡，为求一己之私而鱼肉百姓，朝令夕改，使百姓不堪重负，道家的政令传播方面的"消极"事实上是对当时统治者暴虐无道的统治的一种抗争，略有矫枉过正之意。在自上而下的传播系统中，强调守静、无知，可以理解为对当时统治者的政令传播方式乃至统治方式的不满，所谓"其政闷闷，其民淳淳；其政察察，其政缺缺"。统治者越是苛酷，人民就越是狡狯。而要弃除人民的智巧伪诈，首先要统治者清静无为。

三、老子的内向传播智慧

虽然在一定程度上，在从上而下垂直的政令传播系统中，道家思想中确实存在消极的因素，但在一种平行的，以及对自身的内向的传播中，道家给予了相当的关注，其思想是积极的。

这一点体现在他们对传播技巧的追求上，也体现在他们对以"言"载"道"的不懈努力中。老子在自己的著作中以各种方式阐明自己的主张，以求得最好的传播效果，他对于传播技巧本身，也有自己的论述和独到的认识。同时，道家虽然认为"道当不名"，但他们始终也未放弃过以"言"载"道"的追求。《道德经》中认为"善言无瑕谪"，还认为"言善信，正善治"。这样一种"不言"与"言"的矛盾事实上发源于道家对于语言符号的暧昧性的认识，而这种认识并未使他们走上反语言传播道路，而是使他们在对语言符号的运用过程中，更为自觉，也更为谨慎。"贵言"、"谨言"、"善言"成为他们不懈的追求。

老子还说："以身观身，以家观家，以乡观乡，以邦观邦，以天下观天下。吾何发知天下然哉？以此。"由此可见他对认识世界、认识自我的一种不倦的追求。

第二节　老子的传播方法观

老子《道德经》第二十二篇中有"夫唯不争，故莫能与之争也"。不强求，不力争，不要有什么功利性的传播，这样就没有人与他争了。

一、语言符号的多义性

语言传播只是传播方式的一种，由于语言符号有暧昧性和多义性，这种暧昧性和多义性有时会成为人们之间沟通意义的障碍。《道德经》常被人尊为文章的极致，正是由于他们对于语言传播的局限的深刻和清醒的认识，他们因此而成为语言大师。

在他的著作中，语词的多义性、表达的隐喻性、意义的可增生性，使语言具有一种奇特的萌发力，新生力和持续不断的创造力。老子所倡导的"行不言之教"使他在对传播方式和技巧的探求走上了一个新的高度，正是这种对语言符号的局限性的认识使他在传播过程中对传播方式和技巧的应用更加自觉和纯熟。但从道家有关语言传播的整体来看，道家显示出来的语言观应当说是超语言学而非反语言学的。这种超语言学的特点的具体表现就是"即言即不言"，"即辩即不辩"也就是"即言即道"。"即言"就是从未放弃使用语言，而且贵言、善言、寓言、重言者是道家对语言文体的独特创造，他们主张以最简洁的语言，以意象语言在表达无限丰富的意蕴。

二、对非语言传播的重视

老子对非语言传播领域给予了充分的重视。正所谓"行不言之教""言"是不可或缺的，但语言符号在一定的时空环境中有其局限，会带来人们对思想的曲解和误读。所以，他认为"可名"者非"常名"，也就是说，对于道的深刻体认，绝不仅仅靠语言传播来做到"道"这样一种无所不包、越时空的精神应当用更为多元化的方式，不仅仅局限于语言传播的范畴之内，而应当以更加广阔的视野和更加多样化的方式去认知、去体验。

三、老子反对在传播中刻意运用技巧

老子反对在传播中刻意运用技巧，他说"大巧若拙，大辩若讷"（第四十五章）。在他看来，最高明的技巧好似没有技巧，最杰出的辩才好似不善言辞。老子说"信言不美，美言不信；善者不辩，辩者不善；知者不博，博者不知"（第八十章），这些话是说华美的言辞并不真诚，好辩的传者没有善心，自以为聪明的人知识并不广博。

四、关注社会传播的负面影响

老子已经认识到社会传播的一些负面影响，认为事物会随着自己潜在的规律去行进，如果人为地去加快它的速度和效率，势必会带来一些不良的反应。对于传播也是如此，事物随着自己的规律被人们所认识和接纳。如果要求过于激进的话，过多地宣传、曝光，会带来许多适得其反的后果。对于某一件事情过多的宣传，往往会引起人们怀疑它本身的真实性。而且不规范的传播行为容易扰乱社会的安定。同时，他也认为社会传播存在着诸多弊端，如"美言""轻诺"等。

但是我们知道，从总体上来说老子并没有否定传播。他提出"塞其兑，闭其门"（第五十二章），意在启发世人要注重人的感觉器官可能容易受外界影响，进而干扰自己的清明之境，因此要懂得适时堵住了传播干扰道的言论，关闭了传播歪道的途径，以营造健康积极向上的社会文化传播环境。

总之，老子的《道德经》作为中国传统文化的重要组成部分，在传播思想发展史上也占有重要的地位，他对非语言传播以及语言符号的暧昧性、多义性的认识，他们对于传播技巧的贡献等等，都给后人留下了丰富的资源，需要我们进一步去分析和发掘。

（本章执笔：杨芝宁　谢清果）

第九章　心灵、自我与社会

——米德与老子传播思想比较

从传播学的视角看，古今中西的思想在面对心灵、自我与社会这一永恒主题上常常会有许多跨越历史的共鸣。米德与老子就在自我沟通与人际交往等方面，有着异曲同工之妙。

实用主义是 19 世纪末以来在美国最流行的一个哲学流派，也是现代美国众多哲学中对美国的社会生活和思想文化影响最大的哲学流派。作为 19 世纪 20 世纪之交实用主义芝加哥学派创始人之一的乔治·赫伯特·米德，也是美国实用主义哲学阵营中的主将。他的一生中虽有过学习和研究心理学的经历，但即使在那时，他的学习和研究也是以实用主义哲学为背景、以社会哲学问题为研究取向的。因此，可以说，米德一直是一位从实用主义哲学出发、通过社会心理学研究来关注社会现实问题的社会哲学家。

米德深受达尔文进化论思想的影响，以当时盛行的实用主义哲学的基本立场为出发点，考察了自我形成的机制；另一方面，他又在自己的研究中汲取了行为主义一些主要观点，探讨了自我建构的基础。[1] 参阅米德的相关著作不难发现，他一直把"人"放在至关重要的地位上，同时深刻地探讨人的"社会性"。譬如他所论述的"自我"，事实上已经呈现出个体进化生成社会性个体的双向动态过程。而他有关人际传播的思想，也实际上从一个哲学的高度论述了个体与社会互动的关系和原则。[2]

从美国回到中国。在中国，老子是使哲学真正从传统的古代宗教中"解放"出来的第一人。他的"道生一，一生二，二生三，三生万物"，虽仅十三个字，就否定

---

① 李美辉：《米德自我概念的社会学转向》，《石家庄学院学报》2005 年第 5 期。

② ［美］乔治·赫伯特·米德：《心灵、自我与社会》，北京：华夏出版社，1999 年版，第 428 页

了在他之前已形成的"宇宙是由神创造"的观点，在我国古代思想史上具有划时代的意义。^①作为春秋时期的大思想家，他的哲学思想和由他创立的道家学派，不但对我国古代思想文化的发展做出了重要贡献，而且对我国两千多年来思想文化的发展，也产生了深远的影响。美国《纽约时报》甚至曾列老子为世界十大古代作家之首。而其传世之作《老子》（也称《道德经》）更是道家的主要经典著作，也是研究老子哲学思想的直接材料，虽短短五千多字，已被日、苏联、德、英等国视为古代哲学中的经典而翻译出版。

《道德经》一书是一个唯物主义体系，具有朴素辩证法思想。全书只八十一章，"人"一词就出现八十四次。可见与米德关注"人"一样，"人"也是《道德经》的核心课题。而老子在关于人类真善本性的朴实张扬，关于人类自由和解放的思想，关于构建人际关系的目标，关于如何实现更本真、更平等的人际沟通，关于如何塑造更完善的个体等问题上的论述，可以说，既体现出中华民族传统的儒家思想的精华，也与当代西方诸多学者的思想有共通之处。

本章谨就老子与米德这两位哲学大师在人内传播、人际传播等方面的思想共鸣做一比较。

第一节   社会实践是认知与自我认知的前提

知行问题是中国哲学史上特有的一对范畴。古代的哲学家大多都十分关注知行问题，比如荀子的"知之不若行之"、程朱的"知先行后"、王夫之的"行可以兼知，知可以兼行"、孙中山的"知难行易"，还有王阳明的"知行合一"等等。这种知行关系，也体现在米德有关认知与自我认知的论述中，只是同样的思想本质下，有着迥异的表达方式。

米德认为，任何自我都是建立在行为活动的基础之上的，离开行为活动，抽象地谈论自我，是没有意义的。因此，米德的自我概念建立在注重行动、注重获得效果的方法之上。人们总是通过行动去认识客观世界，并且改造客观世界，自我是世世代代活动的结果，其中每一代都在前一代所达到的基础上继续发展这一概念的内涵。正因如此，他认为自我的内容是不断变化的。^②

老子同样认为，在自我认知与人际交往上离不开社会实践，离不开客观世界。

在自我认知上，只有"不自见者""不自是者""不自伐者""不自矜者"，才能达到"明""彰""有功"和"长"的境界。也就是说，只有谦虚立世，客观地认识

---

① 田云刚、张元浩：《老子人本思想研究》，北京：中国社会科学出版社，2005 年。

② 李美辉：《米德自我概念的社会学转向》，《石家庄学院学报》2005 年第 5 期。

自己，才能达到以退为进的人生状态；在与人交往上，只有不自以为是，恃才傲物和固执己见，才能达到"天下莫能与之争"的境界。这是对社会生活经验最深刻的认识和总结，体现了从现实事物正面窥视反面，且从反面透视其正面的智慧，也是在传统认知领域上的一大突破。

　　在与人沟通和交流方面，老子认为："独立"的品格是个体交往的一个基本立足点，同时，交往双方的心理健康也是和谐人际关系形成的基础。但是光有"独立不改"的基本素质是不够的，因为，春夏秋冬四季更替、生老病死万物流转，一切关系的建立都有其存在的条件，人际交往的方式、方法也没有固定的套路，它们一切以时间、地点、情境为转移。如果个体认为某种方法一定能达到某个目标，那便是"有为"和"执着"，其结果只能是"为者败之；执者失之"。①只有顺应时代的变化，以变通的眼光身体力行，才能做到"无为，故无败；无执，故无失"，尤其对于君王来说，才能达到"修之身"与"修之天下"统一的境界。

第二节　自我与社会互动是提升自己的必要条件

　　米德认为自我是在与他人、环境、社会基于自身的这外在与内在的两类互动中产生的。概言之，米德兴趣的焦点是社会互动中的自我。正如柯林斯所言，对米德来说，"自我不是悬空存在的静态统一体，而是动态的、历史的过程，包含了主客体的关系并且是在与其他自我的互动中产生的。我们对在持续不断的社会过程中的我们自己认识得越清楚，我们的类意识就增加得越多"。②米德认为自我概念是由个人在动态的社会关系中，或是在一种有组织的共同体中所处的一定地位上产生的自我意识构成的。同时，自我是可塑的，是一种未完成的存在物，它不会停留在某种已经变成的东西上；自我的未完成，蕴含着可塑性和创造性，因而人总是处在不断的自我塑造和自我创造之中。人通过自己的活动，不断生产和创造属于自己的新的世界，从而也不断塑造自己的新的形象，不断创造自己的新的存在状况和新的规定性。这是一个没有止境的自我的进化发展过程。因此，人对自我的内向认识也是没有止境的。

　　在老子看来，圣人是对自我有充分认识的人。老子说："知人者智，自知者明。胜人者有力，自胜者强。"（第三十章）从这几句话可以看出老子认为认识别人容易，要想认识自己难，战胜别人容易，要想战胜自己难。同时，老子认为圣人是一个开放的体系，对万事万物有更大的包容性。老子看到许多人的人格是封闭的，即常以

———————————
　　①　石英高成新：《老子人际思想初探》，《中共山西省委党校学报》2007年第5期。
　　②　李美辉：《米德自我概念的社会学转向》，《石家庄学院学报》2005年第5期。

自己为标准去衡量一切，属于自己的或与自己的观念相似的是好的，而排斥与之不同者，这样只能是固步自封，永远发展不了，甚至使自己的精神空间越来越小。基于此，老子提出了"愚"（质朴）这样一个人格塑造方法，帮助人们消除自我中心主义，使心灵更加开放。再比如他的"圣人常无心，以百姓之心为心。善者，吴善之；不善者，吴亦善之，德善。信者，吴信之；不信者，吴亦信之，德信"（《老子》第三十章）。足见圣人之博大胸襟。老子还主张"人法地，地法天，天法道，道法自然"（第二十五章）。人应当效法大地，或者说人应以大地为法则。大地的意义在其宏大、厚朴和生机，因此它能无所不包，无所不纳，运行不止，生机勃勃；进而言之，人的价值和尊严，人的生命意义也是存在于这样一个动态的、包容的、历史的过程中，要成为"自知者"，必须产生积极的社会互动。

第三节　人际交往需摆脱个人主义

米德从经验方面出发，对自我进行了描述：自我并非只是社会态度的空洞的组织体。自我的两个部分——即"主我"与"客我"，都必须与社会经验相联系。自我通过合作活动、交流沟通而产生，因在比较中同化认知与自我认知成为可能。只要个体能够在他自己的本性中导致这些有组织的反应，并且因此而采取其他人针对他本人的态度，就能够发展自我意识，发展这种有机体对它自身的反应。[①] 所以，可以这么说，自我以一般化的他人的形式，根据各种社会价值限制、塑造社会个体的思想和行为，使其能够实现内在的自我调节和社会控制。

米德的思想与库利"我想象你的思想，特别是你对我的思想的想象，和你所想象的我对你的思想的想象"的阐述有异曲同工之处。当然，这种"想象"已包含了一种内在的行动驱动力，成为指导人际往来的一种行为准则——即在人际交往中保持相互协调与合作的态度。只有如此，才能最大限度地展示一个不让人们失望的自我；也只有如此，才能形成既有个性又遵循社会秩序的自我，使社会在个体多样化的基础上保持稳定。

对于个人来说，究竟采取怎样的生活态度及行动方式才能生存发展得更快更好？老子提出了一种"曲""枉""凹""敝""少"的行为原则。这不是字面意义上理解的懦弱和服从，而是一种善于变通的、善于适应社会的态度。就像柳树一样，无论在任何时间、场合、条件下，永远是飘忽不定，却总是以柔克刚。这种"能屈能伸"的态度一直是被老子提倡和赞赏的[②]。同样，这也是维系群体长期和谐和稳定的法宝。

---

① [美]乔治·赫伯特·米德：《心灵、自我与社会》，北京：华夏出版社，1999年版，第341页。
② 邹牧仑：《道德经旁说》，深圳：海天出版社，2003年版，第139页。

从本质上说，他和米德所阐释的"协调""合作""适应"的精髓是一致的，虽然多了一些"委曲求全"的成分，但这却是使社会能以保全、使人际关系得以长久的法宝。顺畅的人际沟通、良好的人际交往都有赖于这种摒弃了自私和小我的"无声的合作"。

第四节　达成良好的人际沟通需要遵循伦理规范

米德认为，每一个希望自己的行为合乎伦理道德的人类个体，都必须使自己实现与有组织的社会行为模式的整合。由于个体是通过他的自我结构来反映或者说理解这种行为模式的，所以，后者使他变成了一个具有自我意识的人格。正像正确、善良、有德行的行为与这种社会行为模式相一致那样，个体所进行的错误、邪恶，或者有罪行的行为举止，是与这种有组织的、使他作为一个自我而成为现在这个样子的社会行为模式相矛盾的。[①]因而，真、善、美的理念体现在每一个遵循社会模式、欲与社会中的他人结成良好互动关系的个体身上的。

老子亦认为，人际交往的行为模式中应有一套能融入社会的规范和准则。首先，老子认为人与人的沟通交流应该本着减少纠纷的原则，交往要"挫其锐，解其纷"，同时处世不要有偏见，不要争论，不要互相干涉，顺其自然才是王道。也就是"和其光，同其尘"。同时，老子认为："江海所以能为百谷王者，以其善下之，故能为百谷王。"在人际交往中，也必须有这种谦恭居下的态度。尤其是君王，要想站在百姓前面，就必须把自己放在百姓的后面；要想在人民之上做君王，就必须在语言上表示谦下。[②]

当然，这种作为"百谷王"者的包容不是一时情绪激动的风格发扬或爱心彰显，而应是个体基于对宇宙万物规律和人生、社会的生死流变真相的深刻把握，即所谓"知常"。在"知常"的人心中没有绝对的善恶、正邪、美丑、亲疏之分，因而对于万事万物才能做到"不弃"。老子说："圣人常善救人，故无弃人；常善救物，故无弃物。"这就是说，圣人不但是"不弃"而且还要"救"，"救"就是充分发挥万物的功能，就是转化，就是化腐朽为神奇。可见，"不弃"就是"容"，转而能"救"就是"大容"。[③]个体若有这种"容"的气度和胸襟，才能成为一个无愧于社会的人，一个受人欢迎的人。

米德与老子强调的重点虽不相同——前者强调与社会伦理规范相融的这种状态，

---

①　[美]乔治·赫伯特·米德：《心灵、自我与社会》，北京：华夏出版社，1999年版，第344页。
②　邢仁忠：《老子的社会稳定思想》，《济南大学学报》2002年第4期。
③　石英、高成新：《老子人际思想初探》，《中共山西省委党校学报》2007年第5期。

后者强调具体的行为规则，如"道法自然""不弃""善救"的德性——但都表明了在人际沟通中，真、善、美的品行会带来一个前所未有的和谐的交往局面。

老子出生于公元前571年，米德出生在1863年；一个是中国伟大的哲学家、思想家、政治家及道家学派的创始人，一个是美国的哲学家、社会学家、社会心理学家及符号互动论的奠基人；两者出生的时代不同，各自的国界不同，学术背景也没有太多的共通点——然而，他们在传播思想上透露得如此广大的相似，却是一个奇异的值得探究的宝库。本章仅就两位圣贤在自我认知、人际沟通等方面的思想做了一个共性方面的整理，所提出的观点和例子还只是冰山一角，却期待从米德与老子早已振聋发聩的哲学思想中管窥到中国与西方、古代与现代传播思想的默契。

（本章执笔：杨芳　谢清果）

第十章　老子的公关理念初探

　　"水"是老子思想框架中的一个重要标识，老子作为道家学派的创始人，他的五千言《道德经》蕴藏着丰富的公关智慧，本文就以水为切入点去探析老子的公关思想，认为"善利"乃公关活动的伦理前提，"真诚"乃公关活动的基本态度，"处下"乃公共关系的准则，"以柔克刚"乃公关制胜的法宝。

　　公共关系成为一种专门的职业诞生于西方国家虽是 20 世纪初的事，而追根溯源可以发现，公共关系的应用，中国古已有之，早在我国的春秋战国时期，公共关系就应用于当时的社会中。诸子百家中，道家是其中的具有重要影响力的代表。老子作为道家学派的创始人，其《道德经》五千言其实也蕴含着丰富的公关理念和公关智慧，当中很多观念和主张对于现代公共关系活动也有着积极的现实意义。建构具有中国特色的公共关系理论一直是中国公关学者孜孜以求的重要目标，在力倡公关学本土化的今天，我们有必要多角度地探讨老子的公关思想。

　　老子的思想博大精深，他把具有丰富哲学内容和政治内容的思想都归之于一个最高范畴——"道"之下。当我们力求把握老子之"道"的精髓和特点时，发现其影响至深的哲学精见竟是水性的化身。[①] 老子对于"水"有着特别的钟爱，对水的感悟和理解非常深刻。老子多处以水或与水有关的物象来比况、阐发"道"的精深和妙用。比如"上善若水。水善利万物而不争，处众人之所恶，故几于道"（第八章）、"江海之所以能为百谷王者，以其善下之"（第六十六章）、"天下莫柔弱于水，而攻坚强者莫之能胜，以其无以易之"（第七十八章）等等。有人说：老子的哲学就是水性哲学。如果我们把水作为老子思想框架中的一个重要标识，从这个角度去探析老子的公关思想，则会受到很多有益的启示。

---

　　① 　金戈：《老子与水》，《海河水利》2001 年第 4 期。

第一节　善利：公关活动的伦理前提

在老子看来，道生成万物，而且还养护万物，正所谓"道生一，一生二，二生三，三生万物"，（第四十二章）"道生之，德畜之。长之育之，亭之毒之，养之覆之"（第五十一章）。

老子认为"水"的基本特征是善利万物的，"水善利万物而不争"。为了说明水的善利，老子列举了七种表现："居善地，心善渊，与善仁，言善信，政善治，事善能，动善时"（第八章）。在这里，老子把水的品行人性化了，他认为最善的人应该具备七种水德，最完善的人格也应具有这种心态与行为："处众人之所恶。"他具有骆驼般的精神，能尽其所能地贡献自己的力量去帮助别人，但不和别人争功争名争利。

尽管老子的本意是用水性来比喻上德者的人格，但它也同样适用于公关活动的主体。换言之，在公共活动中，必须把满足公众的需求作为一个基本准则。一个组织机构的公众对象均是与该组织机构目标和发展具有一定利益关系或有影响、有制约力的个人、群体或组织。这种以一定利益关系为纽带建立起来的双方关系，要求其相互支持。只有利益的一致才能赢得支持，才能求得共同发展，建立良好的公关关系才有牢靠的基础。老子说"既以为人己愈有，既以与人己愈多"（第八十一章），不断帮助别人，而不私自占有，主动帮助社会公众创造一个和谐互助的社会环境，才有利于组织完成自身的既定任务。公关关系既对自身组织负责，也对公众负责。

反之，如果离开这些基本的前提，为一己私利而进行鼓吹，不但终将失败，而且也称不上公关关系。老子告诫我们："同于德者，德亦乐得之；同于失者，失亦乐得之。信不足焉，有不信焉。"（第二十三章）善于利惠他人，对公众利益的维护与增进，不但是公共关系活动成功的保证，也是当代公共关系活动的最高伦理标准。[①]

第二节　真诚：公关活动的基本态度

水是至清至纯，无色无味的物质。水，以其清澈可人，远可以入画境，近可以作妆台；横可以成流泉，竖可以悬飞瀑。正是因其透明澄净，所以才能直入人心。同理，在公关实践中，操作者要像一泓清泉那样，做到对客户、对公众坦诚相待，开诚布公；信息处理准确透明，概念传达迅捷洗练。只有保持这种坦诚无华的心态和行为准则，才能达到公关所要追求的最终效果。[②]

---

① 纪华强编著：《公关关系的基本原理与实务》，北京：高等教育出版社，2006 年版，第 16 页。
② 吴旭：国际公关中的三个"黄金律"，2006-08-29，http://academic.mediachina.net/article.php?id=5083。

老子提倡真诚，反对华而不实，反对在公共活动中说假话，说空话。老子明确表示："信言不美，美言不信。善者不辩；辩者不善。"（第八十一章）道家的另一位代表人物庄子也说道："真者，精诚之至也。不精不诚，不能动人。"（《庄子·渔父》）不真诚的"美言"往往掩盖着一己之私，掩盖着"不善"的动机。在公关传播中如果以这样的态度去对待公众，必定得不到信任，因而其公关效果也会大打折扣。

老子说："夫物芸芸，各复归其根。归根曰静，是谓复命。"（第十六章）"归根"就是要回到一切存在的根源，向公众实事求是地报告事实。老子坚决反对公关活动中的智巧嗜欲、虚伪欺诈，主张"绝智弃辩""绝伪弃诈""绝巧弃利"（第十九章），回归真诚透明的境地。

公共关系是应用性、实践性很强的一项工作。尽管公关关系十分讲究传播艺术、沟通技巧，但它的开展只能以事实为基础，只能以科学的调查研究、以对事实的掌握为基本条件。[①]尤其在危机公关中，要想取得公众和新闻媒介的信任，必须采取真诚、坦率的态度，越是隐瞒真相越会引起更大的怀疑。苏联在处理切尔诺贝利核事故时没有将全部真相公之于众，结果引起欧洲国家更大的恐慌。

第三节　处下：公共关系的准则

在老子看来，水具有处下的特性。"水善利万物而不争，处众人之所恶，故几于道"（第八章），"譬道之在天下，犹川谷之于江海"（第三十二章），"江海之所以能为百谷王者，以其善下之"（第六十六章），老子喜欢用水来比喻道的处下居后，万物归往，提出了处下、谦退、不争的处世之道。人往高处走，水向低处流，这是常理，所以老子说水"处众人之所恶"。因为水有向低处流这一"处下"的天性，而水"几于道"，说明"水"同"道"一样具有"处下"的特性，像江海的水由百川溪谷的汇聚而成一样为万物所依归。江海能为百谷之王，正因为它处下，成为众多河流汇聚的地方。这些就是老子哲学中"处下"的基本含义。老子欣赏水"处下"的品格，讲了一连串人生哲学的行为准则，这无疑对我们处理公共关系问题具有十分重要的认识价值和启迪作用。

在公共关系中，"处下"意味着组织要把公众的根本利益放在首位，所谓"圣人常无心，以百姓心为心"（第四十九章），要有政治家的眼光，要看到社会整体发展、良好的社会环境对组织发展的重要性。一方面要多行善事，尽自己所能关心社会的公共事业，参与社会服务。另一方面，当局部利益与全局利益、短期利益与长远利

---

① 居延安：《公共关系学》，上海：复旦大学出版社，2008年版，第151页。

益发生冲突时，要着眼于社会整体利益制定自身的公关计划。而且，在组织遭遇危机时，坚持"公众利益至上"原则是摆脱危机的最好策略。1982年9月，美国的强生公司突然间被置于死亡边缘，原因是发生有人服用强生"泰诺"胶囊中毒的事故。后经调查发现，是有人故意投毒嫁祸给强生，而且受污染的药片总共不超过75片。然而强生主动警告消费者勿使用任何泰诺产品，随后决定在全球范围内回收先前生产的两批产品，并在指定地点销毁。强生没有掩盖事实，而是奉行"顾客安全至上"信念，全力配合官方处理，与媒体合作。成功的善后处理赢得了消费者和社会舆论的同情和赞赏。

老子说："欲上民，必以言下之；欲先民，必以身后之。"（第六十六章）组织要想得到众人的爱戴和尊重，就应该在众人面前表现谦下，要把众人的利益放在前面，把自己的利益放在后面。将"处下"作为处理公共关系的准则，更容易获得稳定和谐的组织发展环境，从而达到"处上而民不重，处前而民不害，是以天下乐推而不厌"（第六十六章）的境界。

第四节　以柔克刚：公关制胜的法宝

水具有至柔至弱的特性，然而老子却一再强调柔能克刚："天下莫柔弱于水，而攻坚强者莫之能胜，以其无以易之。弱之胜强，柔之胜刚"，"天下之至柔，驰骋天下之至坚"（第四十三章），"强大处下，柔弱处上"（第七十六章）。就是说，世间没有比水更柔弱的，然而攻击坚强的东西，没有什么能胜过水的。水性至柔，却无坚不摧。事实上，道的作用正是呈现出柔弱的特征，"弱者道之用"（第四十章），所以"柔弱胜刚强"成为普遍的自然法则。

在刚强与柔弱的对峙中，老子之所以宁愿居于柔弱的一端，是因为老子看到"坚强者死之徒，柔弱者生之徒"（第七十六章）。老子认为事物的发展到某种极限的程度时，就改变了原有的状况，而转变成它的反面了。这就是古语所说的"物极必反"的观念；事物达到强的顶峰、盛的极致时，也就是向下衰落的转捩点。[①] 所以老子说"持而盈之，不如其已。揣而锐之，不可长保。"（第九章）了解这种"物盛必衰"的道理，对于许多事情，当可先着一步，防患于未然，也可优先掌握情势，转危为安。在公共活动中，危机是一种对组织有严重危害性的事件。危机事件的处理不但事关重大，而且具有相当大的难度。老子告诉我们，预防才是危机管理的最明智策略。他明确地说："其安易持，其未兆易谋。其脆易泮，其微易散。为之于未有，治之于

---

① 陈鼓应：《老子注译及评介》，北京：中华书局，1984年版，第30页。

未乱。"（第六十四章）就是说要见微知著，谋定在先，在有利的条件下要避免向不利的方向转化，即"知雄守雌"，要在祸乱没有发生之前就处理妥当。老子真不愧是伟大的先哲，不知有多少组织或企业在危机中遭受重创，甚至毁于一旦，但老子却早在二千五百多年前就提醒了我们预防危机的重要性。

老子强调的"柔弱"并不是通常所说的软弱无力的意思，而是具有一种内在的、柔韧的生命力，保持一种不断发展、成长的生机，因此必定能战胜"强大"。真正的强者总是善于隐藏自己的锋芒，掌握一种外圆内方、绵里藏针的管理、公关技巧。让别人的攻击因为没有着力点而不能发挥作用，反之自己只需轻轻一击就可以令竞争对手受到重创，这才是真正的公关高手应该做的事情。因此，深谙此理的组织机构就应该做到"方而不割，廉而不刿，直而不肆，光而不耀"（第五十八章），就是说虽然方正、清廉、正直、光明，但不伤害人。不割、不刿、不肆、不耀，正是做到了不锋芒毕露，不自恃刚强。

反观之，企业组织在协调公共关系的过程中，如果一味恪守刚强，恃强傲物，很可能会造成自我膨胀的心态，以自我为中心，以组织利益为出发点，必然招致公众的厌恶和唾弃。2006年，富士康公司与上海文广集团旗下《第一财经日报》产生诉讼争端，而另一桩由大陆普通消费者与台湾知名笔记本电脑生产企业华硕公司的产品质量之争，亦搅得举国上下嘘声一片。在上述两宗细节不尽相同而性质却极其相近的案件里，作为以雄厚资本为依托的一线台商富士康与华硕，其刚性有余、柔性不足。面对作为相对弱势群体的媒体记者以及消费者，企业如何摆正自我心态，如何面对公关挑战，确实值得商榷。

柔弱胜刚强的命题，是老子在自然之水和其他柔弱事物具有比刚强更有生命力的启示下提出的重要思想，这中间包含着深邃的辩证法观念，它告诉我们：事物往往是以成对的矛盾形式出现，矛盾的双方在一定的条件可以互相转化。因此，组织机构一定要着力把握这一原则，力求在不利的条件下争取有利的公关结果，"曲则全，枉则直，洼则盈，敝则新，少则得"（第二十二章）。柔弱胜刚强，这种辩证法思想无疑对我们的公关关系活动具有特殊的指导意义。

其实，如果是按照水的百变无形、滋润万物的特点来继续探究的话，我们还能在老子的思想中发现更多对我们有益的公关启示。但是万变不离其宗，将"上善若水"的境界作为整个公共关系业界的追求目标也是合适恰当的。对于创建有中国特色的公关学和公关事业，可以说中国传统历史文化资源是极其丰富的，除道家之外，还有博大精深的儒家思想、杂家的吕不韦《吕氏春秋》、纵横家的鬼子等人著作。我们所要做的是：如何对这些博大精深的中国传统文化做出"取其精华、剔其糟粕"

的继承，对于优秀传统文化赋予新的生命力，让老祖宗的经典智慧融入现代生活，吸收到现代管理中。以创建中国的公关学，发展具有中国特色的公关事业。

（本章执笔：毕冬梅）

第十一章 "小国寡民"的分众传播意蕴

"小国寡民。使有什佰之器而不用；使民重死而不远徙；虽有舟舆，无所乘之，虽有甲兵，无所陈之。使民复结绳而用之。甘其食，美其服，乐其俗，安其居，邻国相望，鸡犬之声相闻，民至老死，不相往来。"这是《老子》第八十章的内容。对于这一章，人们大都认为这是老子思想中消极落后的一面，认为小国寡民，民至老死，不相往来，是对原始社会的向往。社会发展到今天，我们重新再来解读"小国寡民"，就会发现其中蕴含的意义，远非"消极落后"所能概括，它实际上是老子对文明发展异化的超前思索，与当今社会传播事业的分众化趋势有相似之处。

第一节 分众传播视角下的"小国寡民"

老子描绘的"小国寡民"是这样的一幅图景：

有一个人口不多的小国，虽然拥有武器但始终都用不到，人民安居乐业、富足饱满，以致怕有危险而不愿迁居到远方。虽有舟船可用，但没人要搭乘；虽有盔甲武器等防卫的武器，却因为没有机会使用而不知道该放在哪里。该国人民仿佛回到古时候，以结绳的方法记载一下曾经发生的事情就够了，其他的用品及工具仿佛都是多余之物。人民对于自己已经拥有维生的食物、借以保暖的衣物、安全的居住环境及生活的方式跟习惯，都感到满足。即使用肉眼就能看见邻近国家的活动情形，大家养的鸡叫声也都互相听得到（距离很近），但是两边的人民从出生到死亡之间，却因为没有必要及需求而互不往来。

这是老子心中的思想社会。

在这个理想社会中，小小的国家里，人口不多，虽有交通工具，没有人使用；人们满足于自己的世界里，老死不相往来。这样的场景与当今的传播社会很相似。传播技术高度发达的今天，人们足不出户而知天下事，距离正在失去意义，先进的传播技术正在把整个世界变成小小的地球村。大众传播正在发生着变革，受众开始"物以类聚"。传播业者以最快的速度找出受众潜在的、尚未满足的需求，并激活它、培养它、满足它，同时不断将受众进行分类，受众也不知不觉地自我分类、定位。

从远古时代的口口相传，到报刊的出现，到广播、电视的发明，再到现如今的互联网，人类社会由最初的窄播发展到影响力巨大的大众传播。随着传播事业的不断发展，现代传播事业从大众传播模式走向了分众化的传播模式。

美国未来学家阿尔文·托夫勒提出"分众"这个概念时，还仅仅是在学界讨论的时尚名词。今天，生产和科技的发展将人类社会推进到分众时代，在社会发生时代转变的潮流下，作为社会主要构成要件之一的大众媒体也发生了根本性的变革：报纸的多版组、本土化和厚报化，电视的频道专业化、栏目个性化；广播的"窄播"化，媒体本身的分众化定位。国际互联网的诞生和普及，将分众时代推进到一个新阶段，分众传播成为主流传播模式。

分众时代是与大众时代相对的概念，指公众的观念、思想各有不同，不再受总体舆论的影响。分众时代消费者行为的特征是消费的主动性、选择性、互动性。

在分众时代，媒体受众按照一定规则，如教育背景、兴趣爱好、社团活动等，在媒体及其互动平台上聚集在一起，由此出现了专业性频道、报刊以及特色网络论坛等。各色各样的粉丝团以可怕的数字在增长着。

第二节 "小国寡民"与传媒业的发展趋势

现代传播的分众化趋势俨然一幅"小国寡民"的图景。

但是分众化趋势并没有出现"老死不相往来"的现象，而是呈现互动活跃的盛景。各专业化频道并不是采取"闭关守国"的政策，而是积极展开分工合作，优势互补，满足受众的多种口味。

正是在这种情况下，传媒业者非常重视媒介市场调研、受众分析、传播效果研究、发行量、收视率和媒介策划、媒介战略等，受众的各种需求得到极大的满足和激发。

与此同时，受众并不局限于某个"小国"，而是穿梭于各个"小国"之间，博采众长，各取所需。每个网络公民，在论坛上自由地发表自己的见解和看法，发扬民主自治的精神，促进社会的发展。

从另一个意义上说，网络等媒体的高度发达，也导致现代社会的人类紧闭家门，沉浸在拟态的媒介环境中，现实生活中的人际交往慢慢减少甚至排斥，这并不是老子所预想的"老死不相往来"。

以新的角度解读老子"小国寡民",对于我们当今的社会发展,对于传播事业来说,有着重要的意义。我们要不断反思人类社会的发展进程,以古为鉴,从中吸取精华,促进传播事业的健康有序发展。

（本章执笔：刘美君　谢清果）

第五篇　老子人际传播思想研究

第一章　老子人际传播思想研究的可能性

从字面上看，《道德经》五千言中，并没有直接以传播观念为主题，但从其思想的底蕴来看，《道德经》与西方传播思想史的奠基之作《交流的无奈——传播思想史》在一些传播思想问题上却是貌离而神合。为此，这里主要从人文思想特点以及思维模式两个方面来比较分析两者的异同，进而阐明老子人际传播思想研究的可能性。

当今学术界对现存的《道德经》版本之间所反映的思想存在着许多争议，但是，从总体上来讲，以《道德经》作为基本的道家所追寻的是人与自然的关系①，这与注重人与人之间伦理关系的儒家有着很大的区别。因而，从直接的行为层面来看，道家思想与人际传播之间的关系似乎并非那么紧密。但是，如果从间接的思想层面上来看，道家思想与人际传播之间，依然存在颇多值得探讨的意味。

作为传播思想史的奠基之作，彼得斯所写作的《交流的无奈——传播思想史》与以往传播史的著作都不相同，他并不是从传播学本身来研究传播思想史，而是历数柏拉图以下的各个哲学家的思想观点中与"交流"有关的观念，加以分析、整理、总结、概括，得出了交流并非心灵的共享，交流失败也并非交流的失败的观点。他认为，人与人之间的交流要保有边界，分享并不是越多越好。他的这种思想就把传播抑或交流上升到了一种哲学的思辨层面。因此，从总体上来说，这种对待交流的反传统的哲学视角与《道德经》有着异曲同工之妙，两者风格上的整体契合，为在细微层面上研究两者的关系提供了可行性。

第一节　老子的人文自然思想特质呈现出其独特的人际传播思想

人际传播，从一个层面来说，就是人与人之间的交流，库利说，交流在这里的

① 聂中庆：《郭店楚简〈老子〉研究》，北京：中华书局，2004年版，第146页。

意义，是人的关系存在和发展的机制①。因此，要研究人际传播，首先是要关心作为个体的人的生存。而老子的《道德经》中就包含丰富的自然人文情怀，从而能够阐明研究老子人际传播的可能性。

一、老子以自然为善的人文思想与彼得斯的生存关怀

对老子的人文关怀思想进行总结和研究的代表人物应该算是刘笑敢先生，他明确地提出了老子的人文自然总纲。他通过对"人法地，地法天，天法道，道法自然""百姓皆谓我自然""是故圣人能辅万物之自然"中的"自然"的考察，总结出来老子人文自然思想的内涵。他认为老子之自然并非自然界之自然，"老子之自然是事物存在的一种状态，当我们谈到自然时，可以指自然界的情况，但在更多情况下，特别是在老子哲学中，自然显然是指人类以及人类社会的状态，道家讲自然，其关心的焦点并不是自然，而是人类社会的生存状态"②。而詹石窗先生也在《道教和谐观与人类整体生存》以《道德经》为线索，考察了道家对于人类整体生存的关怀。他说："就现实的层面而言，生存不仅表现为个体的生存，而且表现为整体的联结。"③而人际传播就是人与人连接成整体的纽带，因此，人际传播研究也应该体现出对个体生存的关心，由此看来，把老子与人际传播结合起来研究就在情理之中了。同时，彼得斯在《交流的无奈——传播思想史》中承认他关于"交流"的观念更多的也是集中于对人的生存状况的关心。他说："本书的中心思想比较严峻，里面提出的交流问题根本上是难以驾驭的问题。communication 一词，无论其含义是什么，绝对不是改进一条线路或更加袒露心扉，而是涉及人生存状况的一个扭结，剪不断，理还乱。"④此两者的契合也为以老子和彼得斯为例来研究老子人际传播的可能性提供了合理性依据。老子对于人的关怀主要体现在"无弃人"的"善"的伦理观念上。

二、老子"无弃人"的"善"与彼得斯的宽容

今本《道德经》第五十四章说："善建者不拔，善抱者不脱，以祭祀不辍"，祭祀不辍含有子孙延绵不绝的意思，代表着宗庙的香火茂盛。这与中国根深蒂固的"不孝有三，无后为大"（《孟子，离娄上》）的传宗接代观念是一致的，因此，老子思想中也带有浓厚的时代特征，即宗族社会观念的渗透，宗族社会中传宗接代的观念所

---

① ［美］彼得斯著，何道宽译：《交流的无奈——传播思想史》，北京：华夏出版社，2003 年版，第8 页。

② 刘笑敢：《老子人文自然总纲》，《哲学研究》2004 年第 12 期。

③ 詹石窗：《道教和谐观与人类整体生存》，《中国宗教》2006 年第 7 期。

④ ［美］彼得斯著，何道宽译：《交流的无奈——传播思想史》，北京：华夏出版社，2003 年版，第24 页。

反映出来的就是对人的生存状态的关怀。反推这一段话，就可知，祭祀不辍的前提条件是"善建""善抱"，而"善建"与"善抱"都是以"道"为指归的①，而老子所希冀的圣人的理想人格就是得道之人。由此，可以看出，以"道"为核心的老子哲学思想之中，深刻地反映着对于人的关怀，对于人的生存状态的关怀。这种通过祭祀文化而反映出来的人文关怀思想还特别体现在老子所谓的"善"的观念之中，通过"善"，老子所要表达的是一种"无弃人"的人文关怀思想。

今本《道德经》第二十章说："是以圣人常善救人，故无弃人，常善救物，故无弃物。是谓袭明。"从字面意思上可以看出，这反映了老子对于人的生存的保有和尊重，从深层次来说，这种对人的关怀也是有根有据。"善"是老子的重要哲学思想之一，"善"上羊，下口，"羊"是一种太牢、少牢②都用到的祭祀牺牲，因此，与"羊大为美"的美一样，善就与祭祀联系在了一起，而在中国古代，存在着一种"羊神判"的祭祀形式。先民们进行"羊神判"的时候，未被羊角抵触的一方为胜称"善"，被羊角抵触的一方为败称"恶"，败的一方被处死之后，连同"割脖洒血"的羊一起，用一种称作"鸱夷"的兽皮包裹起来，然后放逐于水流中，表示祛除污秽而洁净③。这样，羊神判就与水联系在了一起。而老子说"上善若水"，水是上善，是高于羊神判所审判出来的善。老子为什么会这样说呢？很明显，这是因为，连羊神判所审判出来的不善的人都能被水所净化洁净，那么水的宽容品质，当然高于羊神判本身的价值品质。因为，这种祭祀形式的结果就是把所谓的不善之人处死，这就是一种弃人的行为和态度，是对于人的生命价值的不尊重。由此看出，老子对于这样残酷的祭祀形式持有反对态度，他反对这种道德特权，而赞扬水的包容特质。老子口中的"上善若水"里的"善"能像水一样包容、洁净这些罪人，使其重生，因此，才有第二十章的"是以圣人常善救人，故无弃人"的不弃人的思想，这里的不弃，也并非指不放弃，里面包含着重生的概念。因为，"上善若水，水善利万物而不争，处众人之所恶，故几于道"，水和道是最为接近的，而道是"道生一，一生二，二生三，三生万物"的起始和根源，它具有"周行而不殆，可以为天下母"的生万物，循环往复的性质。因此，"几于道"的上善之水也应该有这种性质，"上善若水"之"善"也具有令万物新生的性质，所以，这里的"是以圣人常善救人，故无弃人"中的不弃便包含了重生的意蕴。这样说来，从"上善若水"的层面来讲，老子的"无弃人"便包含着对于人的生存的关心以及对于人实施拯救的思想。因此，这种"善"就不再是传统的价值判断的标准，而是一种属性，其反对的就是一种道德特权。

---

① 詹石窗，杨燕：《老子对祭祀文化的哲学升华》，《哲学研究》2007年第2期。
② 太牢：牛、羊、猪；少牢：羊、猪。
③ 詹石窗，杨燕：《老子对祭祀文化的哲学升华》，《哲学研究》2007年第2期。

这一种"善"的非传统的观点，并非老子的独创。反对传统的交流是心灵共享的观点，认为"我们需要有办法来尊重彼此心灵的边界，我们彼此的要求也应该有适当的边界，而不是渴望桥梁，悲叹壁垒"①的彼得斯也认为，"如果把共享内心生活看作未污染的善，那就是把思想建立在对人心不严密的描绘之上"②。可见，同老子一样，彼得斯所谓的"善"也并不是一种世俗所见的价值判断，而是更接近一种属性，其反对的也是一种道德特权，而且彼得斯明确地表明了自己写作这本书的目的："它又独辟蹊径，寻找一条新的思路，既避免对话的道德特权，又避免交流失败的哀婉情绪"③。他反对把交流失败看成"交流的失败"，他说："我发现，有一种关于'交流'的理直气壮的暴虐令人不安。这个字可以用来恐吓'交流失败'的人，然而实际上，人家只是想退出游戏而已。巴特比、爱默生和克尔凯郭尔都是交流失败的人——他们因此而名垂青史。"④而这种追求完美交流的暴虐的原因在彼得斯看来是缺乏宽容，他说"共享并非是一个仁慈的概念"，那些"围绕交流观念的流行讨论中，通常缺乏一种宽恕的品格"⑤。而这种宽恕的观点，在他看来，很大程度上体现为同情。他在附录中引用了休谟《人性论》中一段话来表达了自己对于人与人之间的同情心、宽恕心的关注："人性中最值得注意的莫过于对他人的同情，莫过于通过交流接受他人的秉性和情感，无论其如何与自己不同甚至与自己对立。"⑥这种对待交流中的人的宽容与同情的观点与上文中所论证的"是以圣人常善救人，故无弃人"的"无弃人"的"善"的观点是如此地不谋而合。虽然，老子并没有专门讨论传播思想，但是，通过与西方传播思想史大师彼得斯的比较，可以看出，两者的思想有很多共同之处，可谓"貌离而神合"，因此，研究老子人际传播思想研究是十分可行的。另外，老子所生活的年代比彼得斯早了几千年，几千年前的中国古人便已经有了对待传播主体——"人"的无弃人的宽容同情的观点，这说明中国传播思想史的研究也是十分必要和可行的。

三、老子的"不言"与彼得斯的宽容

人是会说话的动物，人与人之间的交流就离不开语言这种工具来传递信息。而在《道德经》中，老子也多次提到"言"，如第二章："是以圣人处无为之事，行不言之教"，第五章："多言数穷，不如守中"，第二十七章中说道："善行无辙迹，善言

---

① 詹石窗，杨燕：《老子对祭祀文化的哲学升华》，《哲学研究》2007 年第 2 期，第 60 页。
② 同上，第 251 页。
③ 同上，序言第 1 页。
④ 同上，第 251 页。
⑤ 同上。
⑥ 同上，第 257 页。

无瑕滴",第四十三章:"不言之教,无为之益,天下希及之"等。这些篇章中都说明"言"作为一个概念,在老子思想之中占有十分重要的地位,但是,"言"是不是就是今人所说的日常说话的话语呢?显然不是,因为,子曰:"从我于陈、蔡者,皆不及门也。德行:颜渊、闵子骞、冉伯牛、仲弓。言语:宰我、子贡。政事:冉有、季路。文学:子游、子夏"[①]。《史记》中把孔子的主要门徒分作德行、政事、言语、文学四个门类。而"言语"的代表性人物便是子贡和宰我。据张岱年的《孔子百科辞典》记载,宰我"能言善辩,以言语著称,从孔子周游列国,在游历期间,常受孔子派遣,使于齐、楚……担任过临淄大夫"[②]。宰我周游列国,使于齐、楚,担任临淄大夫是为了什么?当然是为了发挥其能言善辩的言语功能游说各国君主,推广孔子的政治主张。这样看来,这里的孔子所谓的"言辞"就不再只是一般性的能言善辩的话语,而是与政治紧密地联系在了一起。宰我能言善辩,列为言辞之中的贤人,其实反映出宰我具有极高的政治敏感度。无独有偶,《春秋左传·襄公二十四年》中对于"德""言",也有与孔门四德同样排列顺序的表述:"豹闻之:太上有立德,其次有立功,其次有立言,虽久不废,此之谓不朽。"[③]洪亮吉对"其次有立言"诂为"史佚、周任、臧文仲当之,言如此之类,乃是立言也"[④]。同时,杜预注解的《春秋左传集解》当中,对于"其次有立言"也是如此解释为"史佚、周任、臧文仲。佚,音逸。任,音壬"[⑤]。两种集解都提到了"史佚、周任、臧文仲"三个人。据《史记·晋世家第九》记载史佚的言语是有言:"史佚因请择日立叔虞。成王曰:'吾与之戏耳。'史佚曰:'天子无戏言。言则史书之,礼成之,乐歌之'。"[⑥]这就说明,"言"在古代可能是和"礼""乐"一样都属于规章制度一类。由此推论,老子的"不言""善言""多言数穷,不如守中"之中的"言",可能暗含着政治规范和主张的意思,所以他才说"法令滋彰,盗贼多有"。因此,可以这么说,"不言"也包含着反对约束性规范过多的意思,因此,老子才主张:"太上,不知有之;其次,亲而誉之;其次,畏之;其次,侮之"(第十七章)。这是因为,在封建社会中,制定规范的都是特权阶级,因此,制定的规范也都是为了维护自身的利益,维护自身利益肯定是以牺牲别人利益为代价的,那么,对于自身利益的维护越多,别人受的损害就越大,这是一种狭隘的观念,不是宽容的态度。由此,可以反推,老子的"不言""善言"的思想正是为了表达对人宽容的观点。无独有偶,彼得斯认为把交流看成共享的观点使得"交流

---

① (宋)朱熹:《论语集注》,济南:齐鲁书社,1992年版,第103页。
② 张岱年主编:《孔子百科辞典》,上海:上海辞书出版社,2010年版,第276页。
③ (清)洪亮吉撰,李解民点校:《春秋左传诂》,北京:中华书局,1987年版,第566页。
④ 同上。
⑤ (晋)杜预注解,孔颖达疏:《春秋左传集解》,上海:上海人民出版社,1977年版,第1021页。
⑥ 宫源海主编:《德法之治与齐国政权研究》,济南:齐鲁书社,2004年版,第48页。

已经成为政客和官僚、技术专家和治疗专家的财产，他们一个劲地想证明，自己是与人交流的行家里手，所以这个词的流行已经超过了它的清晰度"①，所以，他认为，"在围绕交流观念的流行讨论中，通常缺乏一种宽恕的品格"②，而交流的理想境界是这样一个境界："超越丢人的意见分歧的唯一出路，就是从这种分歧中得到快乐"③，这也就是庄子所说的"物无非彼，物无非是"（《庄子·齐物论》）的思想，这些都说明彼得斯对待"交流"的宽容的态度。由此看出，老子"不言"之中所体现的宽容思想与彼得斯认为交流比尊重差异和鸿沟的宽容思想也是途殊同归的两种思想观念。这就为进一步研究老子与彼得斯的传播观念提供了思想基础。

综上所述，从思想内容层面来看，老子与彼得斯确实有很多的共通之处，因此，研究老子人际传播思想就在一定程度上具有合理的学理基础。

第二节　老子思维模式反映其人际传播思想的价值取向

一、感通思维模式体现出沟通诉求与人际传播

詹石窗先生在《老子对祭祀文化的哲学升华》一文中以《道德经》第五十四章"善建者不拔，善抱者不脱，子孙以祭祀不辍"为基本考证了《道德经》与祭祀之间的紧密关系。可以看出，在这一章之中，老子认为对于"善建者"和"善抱者"的赞扬和承认，是要通过子孙祭祀不辍体现出来。而"祭祀"是一种人神之间相互沟通的行为，这种人神的沟通又往往是个人与特定神的精神的交流，所以，这种人神互通的祭祀活动也体现着老子的天人感通的思维模式。詹石窗先生说："所谓感通思维，是遵循大道周行法则的一种思维方式，感通是宇宙万物生育生长的基本表现，事物没有阴阳感应，就不能流通，甚至积压坏死……社会诸群体如果不能进行思想沟通，那就不能相互了解，甚至造成误会，发生你死我活的争斗。"④因此，"感通思维"落实到人的层面，便是要求人与人要进行交流，只不过这种交流以特有的人神交流体现出来，无论是哪种版本，这种感通的思维模式，在《道德经》当中都是普遍存在的，像第十四章中说的"视之不见，名曰夷；听之不闻，名曰希；搏之不得，名曰微。此三者不可致诘，故混而为一。其上不皦，其下不昧，绳绳兮，不可名，复归于无物。是谓无状之状，无物之象，是谓恍惚。迎之不见其首，随之不见其后"。

---

① ［美］彼得斯著，何道宽译：《交流的无奈——传播思想史》，北京：华夏出版社，2003年版，序言第6页。

② 同上，第251页。

③ 同上，序言第25页。

④ 詹石窗：《道教和谐观与人类整体生存》，《中国宗教》2006年第7期。

在这一章当中，"视"的主体是人或者动物，"听"的主体也是人或者动物，而最后，人不看，不听，就可与"混沌"为一体，而"混沌"是什么？老子在第二十五章中明确说："有物混成，先天地生。寂兮寥兮，独立而不改，周行而不殆，可以为天下母。吾不知其名，强字之曰道，强为之名曰大。"因此，混沌在一定程度上就是指"道"。在此章老子又说："人法地，地法天，天法道，道法自然。"天地都是法道的，而道又是混成的，因此，天地也是混成的，这样，天地之间是感通的。而上文已论述的，人与道之间也存在着感通的关系，故而，天、地、人三者之间也是一种感通的关系，这种关系就反映了老子"感通"的思维模式。而这种思维模式落实到实际中，就是祭祀文化在《道德经》之中的渗透，因为祭祀就是一种人神不同的行为方式。这种感通的思维模式对于人类生存也是很重要的，正如詹石窗先生所说，事物如果没有阴阳感应，就不能流通，甚至积压坏死。同样，人与人之间如果没有思想的交流与沟通，不能相互理解，误会越来越多，那么，整个社会也会积压坏死[①]。但是，这种对待交流的感通思维模式也并不是老子所特有的，彼得斯就专门谈到过沟通人与灵的交流的招魂术思想与媒灵在传播思想史中的作用和地位。两者有着共同之处：皆关注生者与死者之间的交流。所不同的是，老子把祭祀活动所传达的人神交流的思想升华为了对于生者的道德和人格要求，也就是"神判"。所谓"神判"就是将人类无法自行处理的事件交给神来审判定夺，从而显示其公平合理。在上古先民的观念世界里，由于神没有形状，无法由人的外在感官直接感知，祭祀活动中的"神判"实际上是通过种种媒介来进行的：例如烧一盆汤水，由当事人对神盟誓，然后伸手"试汤"，以辨真假，《论语·季氏》中有"见不善如探汤"的说法，当是此等"神判"的遗存[②]。同样，彼得斯所谓的招魂术也需要各种各样的媒介，他说："到了19世纪80年代中期，幽灵就不再局限于发出叩击声，灵媒们采用了各种媒介去弥合阴阳两界的鸿沟，包括掀翻桌子、写字、说话、画画、唱歌、跳舞、置换有生命和无生命的客体、乐器尤其是吉他等等。"[③]但是，彼得斯指出，"借助一个灵媒或敏感的人，人们常常代表一位悲痛的家属在此召唤亡灵"[④]，由此看出，借助于诸多媒介的灵媒仅仅是一种生者与死者进行对话与交流的中介，并不是如中国的"神判"那样，起到一种价值判断，以及对生者行为规范的作用。再者，从彼得斯那里可以看出，招魂术所希冀的效果仅仅是表达生者的悲痛，没有崇敬、祭拜的感情，这与中国以

---

① 詹石窗：《道教和谐观与人类整体生存》，《中国宗教》2006 年第 7 期。

② 詹石窗，杨燕：《老子对祭祀文化的哲学升华》，《哲学研究》，2007 年第 2 期。

③ ［美］彼得斯著，何道宽译：《交流的无奈——传播思想史》，北京：华夏出版社，2003 年版，第 85 页。

④ 同上。

祭祀为代表的感通思维模式是不一样的，中国的祭祀所要表达的恰恰不是悲痛，而是对于亡者或者神明的崇敬。所以，在西方传播思想史中占有重要地位的招魂术仅仅作为一种弥合阴阳两界的交流方式存在，而中国的祭祀感通文化除了要表达沟通的意味之外，其中所带有的价值判断，已经扩展为了中国人公共生存的一种基本规则。由上文的论证可以看出老子思想与祭祀文化的紧密关系，因此，研究老子的人际传播思想不仅是可行的，还应该作为中国传播思想史的重要部分加以重点研究。

二、整体性思维模式体现人际传播的社会共有价值取向

感通的思维模式，从另一个角度来看，也反映了老子所持有的整体思维模式。所谓整体思维指的是从事物的全部构成角度来认识其面貌特征、功能以及事物之间相互联系的一种思维方式。这种思维方式在中国具有十分悠久的历史。[1] 远古时代，中国人对于开天辟地的看法就是这种整体思维方式的反映："天地混沌如鸡子，盘古生其中；万八千岁，天地开辟，阳清为天，阴浊为地；盘古在其中，一日九交，神于天，圣于地。天日高一丈，地日厚一丈，盘古日长一丈。如此万八千岁，天数极高，地数极深，盘古极长，后乃有三皇。"[2] "天地混沌如鸡子"，鸡蛋里面的蛋清和蛋黄虽然不完全不同的，但是，两者和谐地混合在一起，构成了一个鸡蛋整体，这第一句话就表明中国古人的整体思维方式。而"阳清为天，阴浊为地"，就更是说明了现在的天地本来是一个整体，即使现在分离了，但是，还是要用整体的思维来看待。

这种整体的思维方式与西方哲学的主客分离思维完全不一样。老子所继承的整体的思维模式主要体现在"有无相生"的关系之中。对于有无之间的关系，学术界一直强调无的作用，一直注重"有生于无"的观点。例如许抗生就认为："'当其无，有车之用。当其无，有器之用。当其无，有室之用'，这三句话中的车、器、室三者皆为实体之有，然而这三者之'有'之所以能发挥自己的作用（车之用、器之用、室之用），皆依赖于自己的对立面'无'（车中之无，器中之无）而发挥自己的作用的，没有'无'的存在也就不可能有自己实体的作用。在这里老子的思想是很深刻的。人们一般只会看到实体'有'的作用（'有之以为利'），而往往很少去考虑'有'之所以能发挥作用还得依靠'无'才能起作用的情况。"[3] 现在看来，这种观点过分强调了无的作用，带有片面性，是否符合老子的本意，还有待商榷，因为老子在第二章当中就已经提出："有无相生，难易相成，长短相形，高下相倾，音声相和，前后相随，恒也。"很明显，有与无并没有重要性上的分别，而且，随着郭店楚简的出

---

① 詹石窗：《道教和谐观与人类整体生存》，《中国宗教》2006 年第 7 期。
② 廖群：《神话录踪》，上海：上海古籍出版社，1996 年版，第 16 页。
③ 许抗生：《试论老子的辩证否定式思维方式》，《周口师范学院学报》2006 年第 1 期。

土，有无相生的思想更是得到了证明。楚简中论述："反也者，道动也。弱也者，道之用也。天下之物生于有，生于无。"这就与今本中的"天下之物生于有，有生于无"有着根本的不同。所以，就此看出，"有生于无"的命题应该值得商榷，可以说，"有""无"是统一于"道"的，两者并不存在本末先后贵贱的问题①。如果这样还是比较抽象的话，那么《道德经》第十一章就车、房，以及器皿来具体实在地说明有无相生的道理："三十辐共一毂，当其无，有车之用。埏埴以为器，当其无，有器之用。凿户牖以为室，当其无，有室之用。"试想，房子没有墙壁就不成为房子，同样，房子没有房中的空旷的空间，也不能成为房子，墙壁和空间能说哪个先，哪个后吗？没有墙壁就没有空间，没有空间也就没有墙壁，这就从实际生活中解释了有无相生的道理。而有无相生的结果是什么？有无相生的结果就是车、房、器皿等等这些有实用价值的整体，所以，才是"天下之物生于有，生于无"。因此，有无相生的思想正是体现了一种整体的思维模式。万物是生于有，生于无，但是，万物是如何连接成为一个社会整体的呢？无论是从社会学上来说，还是从传播学上来说，人类社会正是依靠人与人之间的沟通和传播才能连接为一个整体，因此，从老子所具有的整体思维模式来看，研究老子与人际传播之间的关系也是有理有据的。

彼得斯对待交流也持有这种整体的思维模式，他写作这本书的目的是"对交流是心有灵犀的梦想进行批判"②。他说，"把交流当作心灵共享的观点是行不通的；然而并不是说，我们就不能进行美妙的合作"③，"事实刚好相反，互相接触最美妙的境界，是撒播，而不是痛苦的分享"④。他说："只有在稀罕而绝佳的场合，对话才能够兴起，撒播就是造就这种场合的基础。"⑤而彼得斯反对传统上把对话看作交流的最好的方式的观点，因为"在许多人的想象中，对话仍然占有压倒的优势，他们认为对话就可能是最好的交流"⑥，但是"用更好的交流去填补交流的沟壑，可能会榨干团结和爱心的精华"⑦，因为，对话这种"交流的梦想对个人的隐私太缺乏尊敬。非人格性的面具可以是保护心灵隐私的围墙"⑧。由此看来，彼得斯反对那种榨干团结和爱心精华的心灵共享式的对话，而赞同能够造就人与人对话场合的撒播。所以，综上这些观点就可以推断出，和老子一样，对待人的生存问题，对待人的交流问题，彼得斯也

① 聂中庆：《郭店楚简〈老子〉研究》，北京：中华书局，2004年版，第152页。
② [美]彼得斯著，何道宽译：《交流的无奈——传播思想史》，北京：华夏出版社，2003年版，序言第1页。
③ 同上，第18页。
④ 同上，第25页。
⑤ 同上，第52页。
⑥ 同上。
⑦ 同上，第51页。
⑧ 同上。

是坚持着一种整体的全人类的思维模式，虽然这种二者对于整体性的表达不同，但是，从思维模式来看，两者是契合的。

因此，我们认为，从表面上看，《道德经》五千言中，并没有直接涉及传播的观念，但是，通过上述对老子与彼得斯思想的比较分析可以看出，不论是从老子的思想内容方面，还是从其思维模式方面比较分析，对于老子人际传播思想的研究不仅必要，而且很有价值。

（本章执笔：杨芳　谢清果）

第二章　交流的无奈：老子与彼得斯的不谋而合

　　来自不同时代、不同国度的老子与彼得斯在各自的代表著作中不谋而合地表达了对于交流所持有的无奈的观点，更为巧合的是，两者都以乐观的态度看待这种无奈的交流，都希望以"仁爱"来解救人类交流的困境。不同的是，彼得斯解决方法在于"己之所欲，请施于人"，而老子则以大音希声、大辩若讷、以静制动等方式调控自我而实现交流的超越。也许，这并不仅仅只是一种巧合而已，而是智慧的思想碰撞出的美妙火花。

　　作为约翰·彼得斯的代表作，《交流的无奈》原书的题目是 *Speaking into the air: A history of the idea of communication*，直译为"向空气说话"，意译为"交流的无奈"。作者意在说明交流始终是以失败告终，人与人之间不可能实现心灵的沟通，交流不是要共享意识，而是要协调行动，以思考公正这个话题。这种观点对于受到正统传播学影响的中国人来说，无疑是一次巨大的思想撞击，无论是心理学，还是社会学，都一直在坚持着这样的观点：交流是致效的。以至于，对于一些患有心理疾病的人的治疗，也是采用谈话的方式，希望通过宣泄与沟通来达到治疗的目的，心理医生也往往是竭尽心力地希望能走进患者的内心，以实现治疗的目的。但是，这一切都是枉谈，世界上没有完全相同的两片树叶，人与人也是如此，人与人之间是存在着严重的隔阂和差异的。"自我披露"并不一定是一种建立亲密关系的良好方式，就如同"洋葱理论"所揭示的那样，了解得越深，可能会流下更多的眼泪。而且巴克斯特也说过，人际关系的发展，并非简单地由浅入深的单向式发展。它可能是在不同的轨道上发展，其中包括欺骗、撒谎等不同的交流方式。这就是人与人交流的不可把握，越是小心翼翼，越可能传递错误的信息，致使交流失败。①

　　这种观点启示我们重新审视传播学的主流思想。从本质上来说，他们研究的最

---

　　①　鲁曙明：《沟通交际学》，北京：中国人民大学出版社，2008 年版，第 107 页。

终目的都是在解决"交流的失败"这个问题，无论是简单的传播模式，还是复杂的传播模式，目的都是为了使传播致效。但是，如果从反面来思考这个问题，就可以看出来，所有有关传播致效的研究的前提条件就是社会生活中无时无刻不存在着交流的失败，如果没有交流的失败，传播学也就没有存在的必要性，因为疾病与治疗方法穿的是连裆裤。这是一种补偿性的理想，其力量的依托，就在于它与失败形成的反差之中。交流失败是丑事，可它首先是推动交流观念的力量。①

第一节　意义与心灵：彼得斯对交流无奈的思考

一、无法改变的天然失败

从彼得斯的角度看整个传播思想史，会发现众多的传播思想家都承认交流的无奈和失败。这是因为每个人都是无可复制的独立存在，语言永远是一种符号，是信息的外壳，是替我们说话的工具，人类传播基本上只能借助这种外壳，而不是信息意义本身的交流。正如奥格登和理查兹所认为的那样：语言是必须有缺陷的工具。每个人的内心都是一个世界，而我们的喉舌就是我们内心世界的把关人，是连接内心与外界的媒介，正如李普曼提到的"拟态环境"一样，我们整个人正是因为有了自身喉舌的把关，其所传播的信息都是有选择的，并非全部的信息，因此所塑造的环境也并非我们真实的内心世界。这是一种与受众无关的看法，不过，我们往往把传播的失效归结于与受众交流得不够好。从根本上来说，语言这种符号在人们的生活中就相当于公交车、超市、电影院一样，是一种公共设施，是人们生存的必需品，只不过是一种软性的公共设施，是独立于人心之外，却能够为人类所利用的一种工具。换句话说，它永远都无法传递人类的所有的信息，它只是独立的公共设施而已。人们在语言符号提供的可能范围内进行交流，但是，至于交流的效果如何，这就要看人的内心是怎样的。

然而，这种归因难道不是搬起石头砸自己的脚吗？难道不是用一个问题来解释另一个问题吗？我们从来就没有想过传播者自身这一媒介的存在，由于这种媒介的存在，我们往往会出现语词的背叛，往往言不由衷，往往词不达意，这就注定了交流永远都是失败的，因为语言只是一种维持存在的工具，是交流的手段，是在远古时代就存在着的，至今未改变的生存工具。对于这种语词的背叛，奥格登和理查兹提出了解决的办法："大多数情况下，语词的背叛只能够用定义来控制；可供定义的

---

① [美]J.D.彼得斯著，何道宽译：《交流的无奈——传播思想史》，北京：华夏出版社，2003年版，第5页。

用语很多，差距的风险就越小。只要我们不假定符号本身具有自己的意义，只要不给世界赋予无数虚构的实体，语词背叛的可能性就越小。"①这是一个令人可笑的解决办法。众所周知，对于意义的定义是"意义是人类以符号形式传递和交流的精神内容"；对于符号的定义是"符号是信息的外在形式和物质载体"；而信息是"精神内容与物质载体的统一体"，也就是符号与意义的统一体。在整个传播过程中，所运行的物质是信息，信息既离不开符号也离不开意义，意义离开了符号便不能表达，而符号离开了意义只不过是一些莫名其妙的物质，两者都不能单独引起社会互动行为。②法国符号学家罗兰·巴尔特也认为：符号学中我们会遇到一些符号系统，对其意义我们也不了解或不能肯定。③由此可以看出，奥格登和理查兹所说的不假定符号本身具有自己的意义的观点是不可能成立的，只要有交流，我们总是在假定符号本身具有自己的意义。因此，彼得斯说："任何人说话都必须为他绝对驾驭不了的东西负责——这个绝对驾驭的东西，就是自己的言行在对方心灵中所起的作用。自我或世界的真实再现不仅不可能，而且永远不可能充分。"④

二、彼得斯弥补交流无奈的方法：己之所欲，请施于人

如上文所述，交流的失败是命中注定的。但是，伴随着不断的失败的交流，人类已经走过了数万年的时间，这其实说明了，交流的失败并不是一件坏事。正如威廉·詹姆斯所说的那样，我们永远不可能像天使一样交流，这是一个悲惨的事实，但又是幸运的事实。⑤针对这样的观点，彼得斯也认为："我们再次重申，交流失败并不意味着，我们就是孤魂野鬼，渴望搜寻灵魂伴侣的鬼魂野鬼；而是意味着，我们有新的办法彼此联系，共同开辟新的天地。我强调，交流的梦想多亏了鬼魂和神奇的爱欲，这就是说，我要用它矫正一个仍然活跃的老生常谈：'手段的扩展导致思想的扩展。'⑥当今社会，随着技术的发展，人们把实现美好交流的愿望寄托在这些技术手段之上，但是，彼得斯给我们当头一棒：手段的扩展不会导致思想的扩展。交流的缺陷仰仗于技术，可是任何技术都不能十全十美，新的技术带来新的问题，于是苛求更新的技术。……当下的互联网被寄予厚望，探测器对其他星球生命的不断探询，

①　[美]J.D.彼得斯著，何道宽译：《交流的无奈——传播思想史》，北京：华夏出版社，2003年版，第5页。
②　郭庆光：《传播学教程》，北京：中国人民大学出版社，2007年版，第3页。
③　[法]罗兰·巴尔特著：《符号学原理》，李幼蒸译，北京：中国人民大学出版社，2008年版，第49页。
④　[美]J.D.彼得斯著：《交流的无奈——传播思想史》，何道宽译，北京：华夏出版社，2003年版，第11页。
⑤　同上，第251页。
⑥　同上，第24页。

显示人类对交流的渴望和坚信，同时也反映人们对技术的自信。其实，彼得斯的观点就是指作为工具的交流是不可能使彼此的思想进行互动的，最多只是思想的独舞。而真正能使思想互动和人类发展的是基督教中所推崇的仁爱，因此他在《交流的无奈》这本书结束篇——"手拉手"中，并没有提出解决失败的交流的方法，而是意图归结于宗教，通过基督教的仁爱来维持生存，也就是：己之所欲，请施于人——就是说，你的表现，不是让自己原原本本地再现，而是让他人受到关爱。① 因此，作者把这一章命名为"手拉手"，而不是"心连心"，他告诉我们，有爱就要付诸行动，而不只是说说而已，因为说说而已就是交流的失败。但是，我们每个人的爱又是有限的，我们只能对我们比较亲密的人进行关爱。其实，这已经足够了，只要是我们每个人都能对身边亲密的人表现关爱，那么，整个世界也就是充满光明和爱的世界。人类还是有继续生存下去的可能，因为我们不仅是符号的存在，而且还是感情的存在。

第二节　天然的失败：老子对交流的无奈的省思

《交流的无奈》是一部研究国外的传播思想史的著作。在中国传播思想史的视域中，《道德经》也是一部堪称传播思想史上有悖于儒家传播观的经典之作。通过研读《道德经》，我们不难发现其中对人际交流所持的观点是以少言寡语为特点，类似于彼得斯的"交流的无奈"的观点。而另一位思想家孔子则认为交流是致效的，因此他以广泛的"撒播"为主要的传播途径，认为只要传播，就会达到自己想要的效果②。这其实反映了两个学派在怎样看待人这个问题上的分歧：儒家更强调的是大众传播，自身是站在一个媒介机器的角度；而道家更强调的是人际传播，更加关心个人的情况，这与彼得斯的《交流的无奈》所持有的观点是一致的。但是《道德经》中所体现出来的人际传播的是圣人与平民进行的交流，而没有强调处于平等地位的两者之间的传播，在这种关系不对等的人际传播之中，我们很少能看到互动以及反馈的存在，所看到的就是君王如何"言"才能成为一个圣人，平民则处在一种没有任何话语权的地位。其实，这不仅仅反映了老子的一种阶级立场，更是从深层次上反映出老子对于"交流"这种活动的鄙视，同彼得斯一样，老子认为交流最终是会走向失败的。因此，他在《道德经》第十七章中说："太上，下知有之；其次，亲而

---

① ［美］J.D.彼得斯著：《交流的无奈——传播思想史》，何道宽译，北京：华夏出版社，2003年版，第252页。

② 殷晓蓉：《交流语境下的传播思想史——解读彼得斯的〈交流的无奈〉》，《复旦大学学报》2008年，第30页。

誉之；其次，畏之；其次，侮之；信不足焉，有不信焉。"（第十七章）老子说，最上等的就是老百姓仅仅是知道有他就足够了，其他的没有必要知道；而次等的，是老百姓亲爱而赞誉他；再次等的，老百姓敬畏他；更次等的，是老百姓轻侮他；这是治世之道的三个层次，也是人际传播的三个层次。除了第一个层次之外，老子在另外两个层次中的用语："誉""畏""侮"，这三个词都是带有感情色彩的含有传播交流意味的词汇用语。只有最高的层次中不含有互相交流的词汇，就仅仅是知道而已。老子在第八十章中也提到自己关于理想的"小国寡民"社会的场景："甘其食，美其服，乐其俗，安其居。邻邦相望，鸡犬之声相闻，民至老死，不相往来。"（第八十章）其实这都是在传递着老子的不想交流、不愿交流的想法。相反，如果渴望交流，渴望联系，这说明了我们社会关系的缺失，正如我们口渴的时候要喝水、肚子饿的时候要吃饭的生理反应一样。这就说明老子同样感受到了交流很无奈，注定要失败，所以他如此表述自己理想中的治世之道以及自己心目中的理想之国。

在第七十章当中，对于交流的无奈，老子发出了这样的感慨："吾言甚易知，甚易行，而天下莫之能知，莫之能行。"（第七十章）我的言论十分容易知道，十分容易实行，然而，天下之人没有能够知道，没有能够实行。这不就是彼得斯所说的"speaking into the air"，即"对着空气说话"吗？但是，对于交流的失败，老子所希望的是保持自身的初衷，因此他说："知我者希，则我者贵。是以圣人被褐而怀玉。"（第七十章）知道我的人越少，向我学习的人就越尊贵啊！所以圣人被褐衣而身怀美玉。这也就更映衬出老子对于交流的态度：命定的失败，自己独善其身。正因为持有此观点，老子才在《道德经》的第四十一章中说"大音希声，大象无形"（第四十一章），而在第二十三章中老子也这样说"希言自然"，稀少的言论是一种自然的状态。老子在整部《道德经》中所想表达的就是希望一切复归自然的状态，而对于交流的自然状态，老子很明确地表述为"希言自然""大音希声"。这就更加反映出老子对于交流无奈的肯定。只不过，我们也不能因此而认为老子完全否定人类交流，老子是凭借其"正言若反""反者道之动"的独特思维方式来启发世人对"交流"应保持谨慎的态度，而不是要真正逃避交流。否则，他就不会强调"言善信""善言者无瑕谪"这样的观点。

第三节　大辩若讷：老子对交流失败的求解

老子对于交流的无奈的求解并不是一厢情愿的，而是有特定时代原因的，这些原因在《道德经》中有精辟的阐述。

首先，老子在《道德经》第七十三章中这样说："天之道，不争而善胜，不言而善应，不召而自来。"（第七十三章）天道是如何运行的，是不竞争而善于取胜，不用语言而善于感应，不召唤而自动来到。在老子看来，不竞争、不言语、不召唤，这些是宇宙自然的大道，而在这三方面大道特性中，都与交流有关系。首先是与"不争"的关系，实现"交流"的最优化效果；其次，以"不言"而获取"善应"效果；其次是以"不召"而取得"自来"的效应。在老子看来，宇宙自然的大道本身就是这样的，是"道可道，非常道；名可名，非常名"（第一章），道与名，万事万物，是有它自身的意义的，是可以表达的，但是，天之道不是说，而是感应，是"不言而善应"的一种感应。但是，老子在本章的表述，只是一个概括性的哲学观念，在第六十六章中，老子则具体地说明了奉行不争、不言、不召的天道的原因："是以圣人之欲上民也，必以其言下之；欲先民也，必以其身后之。故处上而民不重，处前而民不善，天下皆乐推而不厌也。非以其不争欤？故天下莫能与之争。"老子认为的不争、不言、不召的目的就是为了使"天下乐推而不厌也"，也就是为了"不召而自来""不争而善胜""不言而善应"，同时，"天下乐推而不厌"既是行天之道的目的，同样也是行天之道的原因。

其次，老子在第六十三章中提出："夫轻诺必寡信，多易必多难。是以圣人犹难之，故终无难矣。"（第六十三章）缺少信用、凡事都认为容易的人必定多遇困难。圣人尚且重视困难，因此终究没有困难。其实这也就是老子自己所说的"哀者胜"的道理。在交流中，轻易完成的沟通，往往是不可信的，只有把交流当成一种终究会失败的事情来看待，可能会通过努力来得到自己想要的结果，因此，老子根据自己的"哀者胜"的思想体系，认为交流是无比艰难的。因此，老子在《道德经》第四十五章提到"大辩若讷"，最雄辩的，好似口吃一样，这种说法实在是有违常理，但是，细想一下，老子为何会说"大辩若讷"呢？《道德经》中也给出了回答，那就是"人多伎巧，奇物滋起"（第五十七章）。在辩论的过程中，要想获得胜利，往往会耍一下小聪明，常常会歪曲一些事实为我所用，总是想着如何战胜对手，也就是会用一些"伎巧"，但是老子是不喜欢这些"伎巧"的。在第十九章中，老子也这样说："绝圣弃智，民利百倍；绝仁弃义，民复孝慈；绝巧弃利，盗贼无有。"（第十九章）老子是崇尚"绝圣弃智""绝巧弃利"的，也就是放弃那些伎俩、手段，使人性复归婴儿般的纯真、自然。所以，老子才会说"大辩若讷"。"大辩若讷"也是保全自身的一种方式，因为，老子秉持的观点就是"柔弱胜刚强"，违背这一观点的后果就是"强梁者不得其死"（第四十二章）。正是因为"大辩若讷"，所以交流才应该是失败的，也许只有交流的失败，才能使人性复归美好的自然之态。这是由于交流往往是在说服，或多或少地希望对方接受自己的观点，这就含有一定辩解的意味，只有当人们之间不需要说服式交流的时候，才能真正实现宽容与平等，也就是"鸡犬之声相闻，民至老死，不相往来"。这样的观点在西方的《圣经》马太福音第三章第三十七节中也有体现："你们的话，是，就说是；不是，就说不是；若再多说，就是处于邪恶。"

第三，在老子看来，深度的交流并非一件有利的事情，这种观点，与上文提到的巴恩斯坦的观点有着某些方面的一致性，两者都不认为分享交流得越深，彼此的情意越深，越会朝着良好的方向发展，也就是说，两者都不相信交流或者传播在沟通人与人的心智方面的作用。对于这一点，老子在《道德经》中这样提出："其政闷闷，其民淳淳；其政察察，其民缺缺。"（第五十八章）它的政治昏闷浑噩，它的人民淳然淳朴；它的政治明察秋毫，它的人民缺然亏损。其实，这与上文提到的"大辩若讷"的观点是一脉相承的，也是在强调一种大智若愚的治世之道。正如《汉书·东方朔传》中所说的"而水至清则无鱼，人至察则无徒"一样，交流得太深，就会心生畏惧，管理得太细，就会心生怨恨。这也就如同戈夫曼的"印象管理"中所阐述的神秘化表演一样——神秘化表演是与别人保持一定的距离，使别人产生一种崇敬心理的表演。比如，在西方一些国家的军队中，军官与士兵不在同一个食堂就餐，以防止相互之间过于熟悉，避免作战时士兵可能会不听军官的话。在戈夫曼看来，对于一个人越熟悉，就越容易轻视他。[1]这也就是《道德经》中的"其政闷闷"，是一种神秘化的印象管理。从本质上来讲，这种神秘化的印象管理是拒绝交流的，是从本质上看不起交流，认为交流是无效的。

第四，老子提到"知者不言，言者不知"（第五十六章），以及"善言无瑕谪"（第二十七章）。"善言"是老子所希望"言"能达到的一种高的境界，根据老子的"反者，道之动"的观点，未达到"善言"的理想状态的言论，就是存在着瑕疵的，也就是我们常说的"言多必失"。其实，用现代的传播观来看待老子的这个思想，他所表达的就是符号的有限性与意义的无限性之间的永恒矛盾所导致的交流的天然失败。老子认为符号是有限的，意义是无限的，"多言"会"数穷"，它们之间不能对等，"道可道，非常道；名可名，非常名"（第一章），这种道义的无限性与符号的有限性是无法协调的。而彼得斯也认为语言承载的内容并非说话者的真正意图，表达的意义受语境、道德、伦理等问题的影响。[2]"信言不美，美言不信"（第八十一章），《道德经》也表达了与彼得斯同样的意思：传播者通过语言媒介传达的意思可以不是其内心的真正意图。[3]这两位不同地域的思想家都认为语言与意义之间无法进行完美

① 陈燕：《人际传播：社会交换论与符号互动论的比较性研究》，安徽大学硕士生毕业论文，2005年，第33页。
② 谢清果：《和老子学传播》，北京：宗教文化出版社，2010年版，第295页。
③ 同上。

的匹配是产生交流无奈的一个重要原因。

交流是无奈的，且注定失败的。但是，面对交流的无奈，如同彼得斯一样，老子对这样的无奈并非持悲观的态度，反而是比较乐观的态度，因为对于老子而言，交流的失败是必然的天道，而且，在《道德经》的第六十九章中，老子验证了自己的观点："故抗兵相若，则哀者胜矣。"为何"哀者胜"？这是因为"祸莫大于无敌，无敌几亡吾宝矣"。哀兵是眼中有敌人，是时刻不敢轻视敌人，所以才会胜利。老子的用兵之道其实也是一种处世的交流之道，正如彼得斯所认为的一样，人们只有认识到只凭借交流是无法达到心灵的共鸣的时候，才能够寻求不同的方式来维持相互之间的关系，维持自身的发展，使人类能够长久地存在下去。正所谓是"反者，道之动，弱者，道之用"（第四十章）呀！

第四节　守静：老子破解交流失败的方法

针对这种状况，用来弥补交流的无奈的其他方法主要有哪些呢？殷晓蓉认为："交流转向的基本路径：不是以自我为中心，而是以对方为中心；不是按照自己的形象和喜好来塑造他人，影响他人，而是认识他人的特性；不是固守自身思想的传递，而是选择一种能让对方理解的说话方式。"[①] 这些基本路径的共同思想就是彼得斯所坚持的仁爱。与彼得斯一样，老子所认为的一种补充的方法就是人与人之间的关爱。老子认为，语言只是一种为了维持生存的工具，老子说："美言可以市"（第六十二章），这其中的一个"市"字也就是"买"，真实地揭露出了语言的本质，就是一种用来交换的工具，这同美国社会学家霍曼斯的"社会交换理论"的传播观有着极其相似的地方，前提都是人与人之间是利益的存在，语言只是一种交换利益的工具。为了解决这种问题，老子在道德经中提出了"善"的观念，也就是彼得斯所说的仁爱，也就是能够做到"居善地，心善渊，与善仁，言善信，正善治，事善能，动善时"（第八章），而什么样才是"善"呢？老子认为"上善若水"，最好的善举，应该像水一样柔弱，而非刚强，是润物细无声的滋润，同时也是内化为每个人生存的必需品，就如同人不喝水就会死一样，最高的善德，应该是一种不行善就会无法生存的必需品。只要人人都能向善，即使是交流如何失败，我们彼此之间也能感到对方的诚信和真挚的感情，就像是"不言而善应"一样，这个"善"具体该如何执行呢？老子所持的观点就是《道德经》第四十九章中所说的"圣人无常心，以百姓心为心。善者，善之；不善者，亦善之；德善也"（第四十九章）。在人际关系的处理之中，

---

① 殷晓蓉：《交流语境下的传播思想史——解读彼得斯的〈交流的无奈〉》，《复旦大学学报》2008年第3期。

不能顽固地坚持自己的观点，应该多站在受众的角度上考虑。为何"不善者，亦善之"，原因就在于在圣人的眼中，根本就不存在不善的概念，在他的眼中，一切都是善的，以此来感化人，就能够实现比较和谐的环境。

除了和彼得斯一样的观点以外，老子还提出了自己独有的解决方法。首先是"知止"。老子在《道德经》第三十二章中提出："始制有名。名亦知止，夫亦将知止。知止所以不殆。"（第三十二章）这就正如上文所述的奥格登和理查兹所述的一样，想要解决语词背叛的问题，就是不能假设符号本身有它的意义，也就是老子所说的这样：开始交流，随着就是"有名"。名既然有了，那也就将要知止。知止所以不会危殆。在知道了是什么之后，就停止，不要在符号上面加入太多的感情和意义的色彩，这正是"大辩若讷""大音希声"的道理。但是，人与人的交流，为了能够说服他人，往往传播者将自己定义的意义赋予符号，这样，自然无法实现良好的交流，但是，人的欲望能够免除吗？不能。马斯洛告诉我们，人们的内心，无论强大到何种地步，都还是不能消灭自己的欲望。《道德经》这部书也是在讨论应该如何压制欲望以达到"无为"的问题，但是它的落脚点却是"有为"。这就说明了，欲望不可泯灭，从而交流终究失败，人们所要做的是知止，知道"适可而止"，"过犹不及"。这个"知止"在一定程度上也可以理解为"守中"。在《道德经》第五章中，老子提到"多言数穷，不若守于中"（第五章），过多的交流会使人气乏，不如适可而止地守中。在《道德经》的第二十九章中，作者也提出了这样的观点"是以圣人去甚，去奢，去泰。"（第二十九章）要想成为圣人，就要去掉过分，去掉奢侈，去掉极端，总体来看，也就是要"守中"。但是，"守中"是一个虚无缥缈的概念，如何"守中"？老子的解释就是"静"。在《道德经》第二十六章中，作者提到"轻则失本，躁则失君"。在第十六章中，老子说："夫物芸芸，各复归于其根，归根曰静，静曰复命，复命曰常，知常曰明。不知常，妄作凶。""归根曰静"，万物众生，最终归于安静，这就是老子所谓的"守中"的解释——清静无为，分析事物的运行规律，凡事三思而后行，交流也是一样。就如同老子在《道德经》十五章中说的："孰能浊而能静之，徐清？孰能安而动之，徐生？"。

综上所述，东方的《道德经》的作者老子，与西方的《交流的无奈》的作者彼得斯，对于交流有着相似的看法，两者都认为交流从本质上来说，是无奈的，是失败的，但是这并未妨碍两人对于这个世界交流的信心，因为，正如赛内加所说的一样：无论我们认为自己已变得多么高明和安全，自然灾难和人为灾难始终是我们生命的一部分。在他们看来，交流只是生活的必不可少的一部分，交流的无奈与灾难一样，同样是生命的一部分，也正是这种交流的无奈，才迫使人们找寻其他的彼此联系心意的方式，这其中比较重要的就是彼此的关爱，这也是两位思想家所秉持的观点。正如伏尔泰所说"我不赞同你的观点,但是我誓死捍卫你说话的权利",这句话说明交流是无奈的,但正是因为宽容和友爱,我们人类才能更好地交流下去。

（本章执笔：杨芳　谢清果）

第三章　自我理论视阈下的老子思想

　　从人际传播中的"自我"理论出发来观照《道德经》，不难发现其中蕴含着丰富的人际传播思想。就人际传播中的"自我"塑造而言，老子智慧中包含着柔弱的自我概念、不争的自我意识以及处下的自我价值三个维度。总而言之，老子的人际传播思想是反自我中心的。老子启发世人在人际交流中当注重规范"自我"，即要自言，希言和信言，换言之，可以先自我表露，但话要少说，要守信。放眼当代，老子的人际传播思想，对化解人际冲突、提高人际传播效果有着宝贵的启示作用。

　　西方传播学始于20世纪五六十年代。本土的传播学研究，起步较晚，由于引自西方的缘由，在理论和实证方面都以西方理论作为探讨和研究的基础。国内关于人际传播的探讨，总体而言呈现为总结性的描述研究。陈力丹总结了人际传播研究的几个方面：他人是认识自己的镜子、"我—他"的传播研究、"我—你"的传播研究、社会关系影响人际传播、传播能力、倾听与回应等。[①] 另一些学者则在此基础上部分融入了一些中国传统文化的特色，提出了华夏传播学的概念，并初步构建了一个框架，以期促使"传播学中国化"或"本土化"。

　　把老子思想与当代西方传播学理论相联系的研究，始于近几年。《道德经》作为一种哲学思想，其"无为"思想于为政与处世等方面都有极大的指导意义。目前已出版的专著仅见《和老子学传播》一书，该书从传播学的视角系统地研究老子，从传播动机、传播策略和传播效果三个方面剖析了老子传播思想的总纲——"以正治国，以奇用兵，以无事取天下"。在语言传播方面，作者对道家语言传播主体的求真意向、传播过程的求善准则以及传播效果的求美旨趣做了深入的论述；在人际传播方面，《和老子学传播》的相关章节探讨了老子的人际传播方式及效果[②]；还有学者从

---

　　① 陈力丹：《试论人际传播》，《西南民族大学学报》2006年第10期。

　　② 谢清果：《和老子学传播——老子的沟通智慧》，北京：宗教文化出版社，2010年版，第169页。

"慈"的角度考察《道德经》人际关系的基本思想，例如陈晓春认为老子的人际关系思想中蕴含了"不争""少私寡欲"和"宽容"的三个主张，这些都是《道德经》中"慈"这一基本观念在调节人与人关系上的具体体现，三者实际上都围绕着一个中心，这就是反自我中心的观点。①

威尔伯·施拉姆的《传播学概论》开篇写道："我们研究传播的同时也研究人：研究人与人的关系、人与他所属的团体、组织和社会的关系，研究人怎样受影响，以及互相影响。要了解人类传播，必须了解人是怎样相互建立起联系的。"②老子生活的时代没有现代意义上的大众传播媒介，但是，正如施拉姆所言，"人类传播是自人类诞生起就存在的，传播是社会存在的基础"；也如查尔斯·库利所称，传播是"人类关系赖以存在和发展的机制"③。老子的哲学思想中反映了许多个体的自我认知和人格修养等方面的思想，比如他用水的特性来比喻上德之人、圣人的人格，那么这些思想体现了哪些人际传播观呢？

在分析前人文献的基础上，本研究选取了人际传播中的"自我"理论视角，来探析老子《道德经》中蕴含的人际传播思想，结合古代人际沟通案例，试图针对当下的人际关系冲突提出解决之道。

第一节　老子人际传播思想中的"自我"塑造

关于人际传播（interpersonal communication）的定义，根据不同的维度，国内外学者们有着不同的阐释。例如，基于传播意义的角度，麦克罗斯基认为人际传播是"一个人运用语言或副语言信息在另一个人心中引发意义的过程"；基于社会化的角度，哈特利把人际传播定位为"两个个体之间面对面的、能反映个体特征及其社会关系的传播活动"。④国内学者如段京肃、罗锐认为："人际传播是指个体与个体之间的信息传播，包括面对面的交流和非面对面的交流（如通过书信、电话等媒介进行的交流）。"⑤人是一种社会性的动物，任何人的生存都离不开和他人之间的交往。在人们之间的交往活动中，人们相互之间传递和交换着知识、意见、情感、愿望、观念等信息，从而产生了人与人之间的互相认知、互相吸引、互相作用的社会关系网络。

而早在18世纪，亚历山大·蒲伯就曾说过："无所期待的人是幸福的，因为他永

---

① 陈晓春：《从"慈"看〈道德经〉人际关系的基本思想》，《乐山师范学院学报》2001年第1期。
② [美]威尔伯·施拉姆、威廉·波特：《传播学概论》，北京：新华出版社，1985年版，第4页。
③ [美]威尔伯·施拉姆、威廉·波特：《传播学概论》，北京：新华出版社，1985年版，第3页。
④ 薛可，余明阳：《人际传播学》，上海：同济大学出版社，2007年版，第9—11页。
⑤ 段京肃，罗锐：《基础传播学》，兰州：兰州大学出版社，1996年，第91页。

远不会尝到失望的滋味。"人们对人际关系确实心怀种种期望，同时，我们为了满足自我利益而需要建立各种关系，当这些关系达不到期望的状态时，人际冲突就不可避免地会发生。或者说，在社会交换理论领域下，如霍曼斯所提出的"寻衅—认可"命题说：假如某人受到了意料之外的惩罚，或未获得意料之中的回报，就可能发生冲突。① 弗罗斯特与威尔莫特给人际冲突下的定义是："相互依赖的双方或两方以上之间的公开的争斗，他们发现彼此的目标不一，他们之间的关系回报不大，或者在实现目标时受到他方的干扰。他们处在既相互合作又相互对抗的位置。"② 如此，要避免人际冲突，人们就得首先对人际关系有所认识，即进行人际认知，这是建立良好人际关系的基础；其次，也是更重要的，就是对"自我"有一个正确的定位和认知。

约瑟夫·德维托（Joseph A. DeVito）认为，在人际传播过程的各个方面中，自我（The Self）是最重要的。他总结了人际传播中"自我"的三个维度，即：（1）自我概念，即你如何看待自己（Self-concept，the way you see of yourself）；（2）自我意识，即你对自己的洞察和认识（Self-awareness，your insight into and knowledge about yourself）；（3）自我评价，即你对自己赋予的价值（Self-esteem，the value you place on yourself）。③ 而根据自我认知（self-cognition）理论，自我认知是对自己的洞察和理解，包括自我观察和自我评价。自我观察是指对自己的感知、思维和意向等方面的觉察；自我评价是指对自己的想法、期望、行为及人格特征的判断与评估。自我认知是个体心理活动的最高级状态。在余明阳的著述中，所谓的自我认知指的是主观的我对客观自我的评价与认知，是对自己存在的察觉，即认识自己的一切。也就是说，自我认知就是对自己的需要、兴趣、能力、个性、行为及心理状态的认识。④ 一个人只有正确认知自己，才能在社交中不卑不亢，恰当自如地协调人际关系。此外，人际传播中的自我表达是以他人为对象和在特定的社会、文化环境里进行的，如果不顾及他人和社会价值与规范，那么这种表达不但不会收到好的效果，相反会招致误解和造成个人的社会孤立。胡河宁认为，在中国传统文化中，关系假设无所不在，关系假设体现了中国人以自我为中心的价值观取向。⑤

老子是反自我中心的。他用水的特性来比喻上德之人的人格，水最显著的特性是：一、柔；二、居于卑下的地方；三、善利万物而不争。这三个特性同时也适用于人际传播中的"自我"人格塑造。在通读《道德经》的基础上，根据老子关于水

---

① ［美］迈克尔·E.罗洛夫：《人际传播：社会交换论》，上海：上海译文出版社，1991年，第93页。

② 同上，第90页。

③ ［美］约瑟夫·德维托：《人际传播（影印版）》，北京：北京大学出版社，2007年版，第63页。

④ 薛可，余明阳：《人际传播学》，上海：同济大学出版社，2007年版，第16、151页

⑤ 胡河宁：《中国古代人际传播思想中的关系假设》，《安徽史学》，2006年第3期。

的哲学思考，笔者总结了老子关于"自我"塑造的三个重要方面，即柔弱、不争、处下。结合德维托的"自我"三个维度，应用于老子人际传播思想的分析中，则可表述为："柔弱"的自我概念、"不争"的自我意识以及"处下"的自我价值。

一、"柔弱"的自我概念

自我概念，即一个人看待自己的方式。自我概念包括对自己的长处和弱点、能力和限度、愿望（抱负）和世界观的感觉和看法。[①] 根据德维托的论述，人们获得自我概念的来源主要有四个：一是他人对你的印象。库利的"镜中我"理论认为："人们彼此都是一面镜子，映照着对方。"我们通过想象别人对我们的行为和外貌的印象来理解我们自己，因为这里的自我正反映了别人的意见，所以叫作"镜中我"。二是社会对比。当你想要知道自己是怎样的人，你可能会观照周围的人来进行对比，在对比中形成自我的印象。三是文化教育。人际传播在个人社会化过程中起着重要作用。个人的观念社会化包括自我观念的形成和社会观念的形成，包括对他人和社会的基本看法、社会价值和行为规范的接受等等。四是个人的理解与评价。由于每个人的知识体系不同，对不同的事情就会产生不同的理解，并且根据自己的立场和需要做出相关评价，因而就会影响到每个人对自我的认知。由这些来源而产生总体的自我概念。在老子的思想体系里，人际传播中的个体应该持有"柔弱"的自我概念，把自己看作如水一样柔弱的人。

"反者道之动，弱者道之用。"（第四十章）"弱者道之用"的意思是道的作用是柔弱的，"柔弱"即是形容道在运作的时候并不带有压力感，[②] 或者说道的效用表现在柔弱上，柔弱有顺从、接受、被动、无为之意[③]。老子通过其对世间万物本质的认识，对人事的深刻洞察，提出了不同于一般人的观点："人之生也柔弱，其死也坚强。草木之生也柔脆，其死也枯槁。故坚强者死之徒，柔弱者生之徒。是以兵强则灭，木强则折。"（第七十六章）老子认为世间的事物只有柔弱的才能生存下来。强悍的东西容易失去生机，柔韧的东西则充满着生机。这里给我们的启示就是，在人际交往中，我们对待另一方的态度不能太过强悍，而要让自己呈现一种"弱势"的姿态，正如俗话所说的，在大部分的人际沟通中，人们都是"吃软不吃硬"的。如果对别人指手画脚，或者要求他人凡事顺从自己，必然会引起他人的反感；而自我的"柔弱"表现可以使交往顺利进行而不至于中断或不欢而散，因此能够避免潜在的后果，同时也就在人际沟通中能够处于有利的地位。民营企业家冯仑是非常崇尚老子哲学

---

① ［美］约瑟夫·德维托：《人际传播（影印版）》，北京：北京大学出版社，2007年版，第63页。

② 陈鼓应：《老子今注今译》，北京：商务印书馆，2003年版，第228页。

③ 傅佩荣：《细说老子》，上海：上海三联书店，2009年版，第155页。

的，他在《野蛮生长》一书里讲到，刚开始创建公司的那段时期，在与其他公司或地方政府部门的人沟通时，他们都让着对方，只要对方的要求不是太过分，都会做些让步，对方"强"自己"弱"。因而直至今日，他的公司都能运营得很好。此即"强大处下，柔弱处上"之效果。

老子一再地强调这样一种似水的柔。"天下莫柔弱于水，而攻坚强者莫之能胜，以其无以易之。"（第七十八章）但是老子认为"弱之胜强，柔之胜刚"这种道理"天下莫不知，莫能行"，就是说当时的人都知道柔弱的作用，但都没有在实践中遵循。放到眼下也是如此，甚至是"天下莫能知，莫能行"的普遍状况。人们在人际交往中大都不自觉地逞强，因此发生各种冲突，比如争吵、打架，甚至带来身心伤害。只要看看这类暴力、犯罪新闻在媒体上报道的数量，就可见在实际社会中之多。老子以其对人事与物性深入的观察，了解到看似柔弱的东西，由于它的内藏内敛，往往较富韧性。因而，在人际传播中，让自己呈现一个"柔弱"的形象，未尝不可；但在柔弱的外表下，我们的内心是坚韧的，立场是坚定的，意志是不可战胜的，就如同水那样绵延不绝，川流不息。

同时，需要理解的是，弱者并非消极无奈，而是顺着返回的趋势所展现的"无目的"的状态。换言之，弱看似"无目的"，其实却是配合一切既定条件所采取的唯一路线。这不只是柔弱，而是清楚看透趋势后就顺应它。[1]"天下之至柔，驰骋天下之至坚，无有人无间。是以知无为之有益。"（第四十三章）天下最柔弱的东西，能够驾驭天下最坚强的东西。这一无形的力量，能穿透没有间隙的东西。《庄子·养生主》里有这么一则寓言，说的是屠夫宰牛的故事。屠夫宰牛，其动作和音声，没有一样不合乎节拍的，文惠君赞其技巧出神入化，他答道：我喜欢的不只是手艺，还有道。当初我刚学杀牛的时候，看见的是一只完整的牛，三年后，在我眼中的已不是全牛，而是牛体的关节；而今杀牛，我再也不用眼耳来操纵，而只运用"神"顺着这牛体的结构，以刀开骨节连接的空隙。不碰筋骨和肌肉相连处，更别说去碰大骨了。让自己的形象柔化，在人际中稍微处于弱势，是老子用高大的树木在狂风暴雨中容易被折断，也更大可能被人砍掉这样的自然法则所喻示的道理，而柔弱的小草从不会遭到暴风雨的致命打击，也可以"野火烧不尽，春风吹又生"。同时，屠夫宰牛"无厚入有间"也告诉我们，遵从着人际传播中让自我"柔弱"的准则，最终必定是"柔弱胜刚强"（第三十六章）。

---

[1]　傅佩荣：《细说老子》，上海：上海三联书店，2009 年版，第 155 页。

二、"不争"的自我意识

自我意识,即一个人对自己的洞察和认识。自我意识代表了一个人在多大程度上了解自己。[①]根据乔哈瑞窗格模型(the Johari Window Model),自我意识可以分为四个区域:开放区、盲区、隐藏区和未知区。在关于自我的信息区域内,开放区是指你自己知道而且他人也知道的关于你自己的信息;盲区是指你自己不知道但他人知道的;隐藏区是指你自己知道但他人不知道的;未知区则是你自己和他人都不知道的。隐藏区即包括在人际交往中你不想向对方展现的信息。[②]"上善若水。水善利万物而不争。"(第八章)在老子的人际传播思想中,"不争"即是隐藏可能会引起争执和矛盾的信息。老子教人以不争的姿态来避免人际交往中的纷争。

上善的人好像水一样,表面上看,"不争"是取消自我主体性,反对自我作为主体的积极进取的一面,实际上,是以消解自我中心主义的方式确定更高层次的一种"为"。我们的确也看到,人世所有的纷争都与人执着于一己之私、难以超越"小我"有密切的关系。试想,人在与他人之关系中如果能够超越一己之私,多一分宽容与爱心,人际关系中就会减少许许多多的矛盾与冲突,我们就会更有作为。[③]姚淦铭先生在百家讲坛《老子与人际关系的智慧》一讲中讲到了六尺巷的典故,可以说是对老子人际关系思想阐述的一个很生动的例子。六尺巷是安徽省桐城的一处历史名胜,据《桐城县志》记载,康熙时期文华殿大学士兼礼部尚书张英的家人在重修府邸时,因院墙与邻居吴氏发生争执,于是写信给当时在京做官的张英,要求他让当地官府帮其家人撑腰。而张英回馈给老家人的是一首诗:"一纸书来只为墙,让他三尺又何妨。长城万里今犹在,不见当年秦始皇。"家人见书,主动在争执线上退让了三尺,下垒建墙,而邻居也深受感动,退地三尺,建宅置院,六尺之巷因此而成。主动退让,换来了邻里关系的和谐和他人的赞美。

根据米德的定义,自我意识指的是作为一个对象的自我的识别和出现。[④]他给出了一个具体的例子:如果我们对反对我们的某个人的冒犯能持一种客观的中立者态度,即站在情境之外评价这种冒犯,我们便达到这样一种境界:不是愤恨他们,而是理解他们,这样的理解即是宽恕。在人际传播中,也就是不与对方争论,不站在自身的立场对他人进行评判,而更像是置之度外。如张英之不争以让人,对双方而言都会受惠。

"善用人者,为之下",善于用人的人,对人谦下,这就是"不争之德"(第六十

---

① [美]约瑟夫·德维托:《人际传播(影印版)》,北京:北京大学出版社,2007年版,第65页。
② 同上。
③ 陈晓春:《从"慈"看〈道德经〉人际关系的基本思想》,《乐山师范学院学报》2001年第1期。
④ [美]乔治·H.米德:《心灵,自我与社会》,上海:上海世纪出版社,2005年版,第132页。

八章）。在老子的洞察中，人要保持这样一种"不争"的自我意识。由于不争，"不自见，故明；不自是，故彰；不自伐，故有功；不自矜，故能长（第二十二章）。不明白这一道理的人，其结果将是"自见者不明；自是者不彰；自伐者无功；自矜者不长"（第二十四章）。自逞己见的，就看不明白本质；自以为是的，就会遮蔽了真相；自我夸耀的，反而没有功劳；恃才傲物的，反而不得长久。要达到很好的人际传播效果，就必须不以自我为中心，要主动"不争"，并且自己认同这种"不争之德"。由此，人就在良好的人际关系中找到自我的舒适状态，"夫唯不争，故无尤"（第八章）。

"挫其锐，解其纷，和其光，同其尘"（第五十六章），这是老子描绘的理想的自我人格形态。不露锋芒，消解纷扰，含敛光耀，混同尘世，从而达到"玄同"的最高境界。[①] 老子所坚持的自我人格也告诉我们，人应当消除自我的固蔽，化解一切的封闭隔阂，超越于世俗偏狭的人伦关系之局限，以开阔的心胸和无所偏的心境去对待一切人物。由此，自我在某种意义上进入了它自己的情境领域，也不会使自己成为其情境的对立面，因而能达到"以其不争，故天下莫能与之争"（第六十六章）的境界。

三、"处下"的自我价值

自我评价，即你赋予自己的价值。自我认识的超越状态在于个体认识到自己整个思维和记忆的状况，并能够将自己的心理活动进行控制，而达到一种忘我的境地或者说无我的境地。这个状态中，这个自我已经认识到我是谁、我和我的思想、记忆的关系。于是这个自我很可能被抛弃或者摆放到一个特定的位置或空间，可以全观自己的心理状态和整个自我的运作并有控制能力，而不是整个的自我或者我都处于这个思想和记忆之中。

居于卑下的地方，是水的特性。"水善利万物而不争，处众人之所恶。"（第八章）在老子的思想中，自我应该摆在一个"处下"的位置。"居善地"，即教人如水一样善于自出而甘居下地；"心善渊"，就是要求人们像水一样善于容纳百川，深沉渊默。反之，即"揣而锐之，不可长保"（第九章）。锋芒毕露，容易招致嫉妒而遭陷害，锐势难保长久。中国古代的不少大臣因居功而最后身首异处，乃是常态。能够明哲保身的，都是功成名就后自动隐退的智者。"功遂身退，天之道也。"（第九章）老子早已指出这个道理，可惜大部分人都不懂，还是持儒家观点，要为政治事业奋斗终身，"死而后已"。

---

①　陈鼓应：《老子今注今译》，北京：商务印书馆，2003 年版，第 279 页。

　　米德在讲到自我在社会情境中的实现时，认为价值观从自我中产生，并不是把自私的利己主义的性质强加给它们，因为在我们所谈论的正常情境下，个体是对一个共同事业做出他的贡献。[①]"圣人后其身而身先，外其身而身存。"有道的人自己退到后面，反而能赢得爱戴；把自己置之度外，反而能保全性命。郭子仪的立身处世，是真正做到"用之则行，舍之则藏"，不怨天，不尤人的。在与皇帝的沟通中，他能够做到朝廷需要他时，不顾一切，立马行动，而等到皇帝怀疑他时，也是不顾一切，立马回家吃老米饭。[②]他是如此懂得适时"深沉渊默"，所以屡黜屡起，国家不能没有他。他在为国家做出贡献的同时，也实现了自我的价值，不仅生前享有盛名，死后更是流芳千古。在人际交往方面，也有一个故事能够说明他的"处下"价值。监军太监鱼朝恩暗地里挖了郭子仪父亲的坟墓，而郭子仪不但没有报复，反而表示理解，说这个不能怪别人。他的宽恕和包容化解了恩怨，也换来了人们的敬重。为表歉意鱼朝恩邀请他同游章敬寺。当时的宰相元载为了挑拨离间，向郭子仪传达了一个秘密消息，说鱼朝恩要在邀请他同游时谋杀他。但郭子仪没有听信，只带了家里几个虚弱的老佣人赴约，以示处下。鱼朝恩知道事情原委后感叹道："非长公者，能无疑乎？"意思是如果不是这样一个长厚待人的仁者，实在叫人不能不对这样的谣言起疑心。他是如此容纳百川，自甘处下，因而在被罢黜时不至于被人落井下石、加以谗言，所以能够在复杂的政坛人际纠纷中明哲保身。

　　老子说："金玉满堂，莫之能守，富贵而骄，自遗其咎。"（第九章）这个可以从中国的名言"富不过三代"可知。"富二代"的骄奢挥霍无度，使财富终止于"富三代"。有些官二代待人傲慢，自恃"我爸是李刚"，实则是自我认知出现了偏差。反观之，Facebook 创始人扎克伯格从 2003 年作为一个哈佛大二学生辍学至今，其身家已接近 70 亿美元，但是现在他仍然住在公司附近一间租来的小公寓里，开着几年前买的一辆小牌轿车，不彰显自己的金钱、地位。所以他的低调处下换来的是财富的一路上升。

　　"江海之所以能为百谷王者，以其善下之，故能为百谷王。"（第六十六章）虚怀若谷是老子的一贯主张。宽容实际上是从人际关系的角度，肯定了交往中的人必然囿于时空等限制，而必须摆脱自己之一孔之见，积极地吸纳多方面的意见，江海因其不择细流，故能成其大。[③]老子认为人如果能够像水那样自愿"处下"，容纳百川，那么自然能够消解争端，化解人际冲突，同时也培养了人的开阔心胸。在人际传播中自愿让自我"处下"，这样在实际上则可达到"处上"的实际效果。"处众人之所

①　[美]乔治·H.米德：《心灵，自我与社会》，上海：上海世纪出版社，2005 年版，第 166 页。
②　南怀瑾：《老子他说》，北京：国际文化出版公司，1991 年版，第 93 页。
③　陈晓春：《从"慈"看〈道德经〉人际关系的基本思想》，《乐山师范学院学报》，2001 年第 1 期。

恶，故几于道。"处下看似对自己不利，其实最接近于道。从觉察自我、了解自我的性质和运作方式，到抛弃自我或达到无我，是一个超越的过程。

可见，老子的人际传播思想是强调反对以自我为中心的。中国史上历来都是集体主义大于个人主义的，或者说家庭大于自我，国家大于自我，这样的价值观持续到改革开放后西方的个人主义价值观传播到中国才有所改变。那么，中国人是以自我为中心的吗？我们认为，在中国人的价值观里，既有"人不为己天诛地灭"的利己主义，也有"舍生取义"的利他主义典范，即为了社会利益而牺牲个人利益的生活态度和行为。这是一种官方的价值导向。但既然是典范，这样的利他主义者可能还是比利己主义者少。而且，很多的利他可能实际上也是为了自己的利益，比如当官从政可能是为国为民，但可能同时是为了实现自己的抱负并留名史上。为调和这对矛盾，有学者又提出了利己的利他主义。利己的利他主义认为人的本性是利己的，同时又有同情心、与人类成为一体的社会情感、利他人的社会本能。任何人都以追求私利作为行为的出发点。由于利他人的本能，又最终使人以利他人和社会的共同福利作为行为的目标，其行为的结果则使个人利益得以实现。老子提倡"无为"，实乃为了达到"无为则无不为"的效果。所以说，虽然老子不强调自我价值的显露，但是隐藏着"柔弱""不争"的自我概念和自我意识，而其行为结果则是使个人的人格理想得以实现。

第二节　老子化解人际传播冲突的"自我"导向

传播效果向来是传播学领域研究的重点之一。老子的处世哲学，蕴含着丰富的人际交往洞见。从传播学的角度研究老子的思想，也是希冀能够从中获得一些启示，以就人际冲突等人际传播效果问题提出建议。老子对人际关系有着非常独到的见解，他尤其着重在化解人际冲突过程中的"自我"导向。

一、自言之助

詹姆斯·博斯韦尔（James Baldwin）说："为了与他人交流，人必须先自我披露。"在 19 世纪，他就已经提出了自我披露。如果一方做了自我表露，另一方很可能会做相应的自我表露作为回应，这样双方就能增进了解。这就是自我表露式的人际传播。

"水善利万物"（第八章），水从地下自出，滋润万物，雨从天而自降，尽施甘霖，无须别人施以压力。结果水能自成江河。因此，人要如水一样善于"自出"，在人际传播中，即为自言，自我披露。自我披露式的传播为关系双方相互提供确切的信息，从而有助于关系的发展。研究也表明，自我披露确实能获取种种回报。克莱因克在考察这些研究后，总结说进行适度的或充分的自我披露往往可以博取他人的好感，并促使对方进行自我披露。[①] 在人际传播中，适当地进行自我披露可以促进交流，有助于关系的发展。人们可以从彼此的交流中交换有用的信息，同时，也可以从对方的言行反应中形成自我意象，加强自我认知。

但有些自我披露是冒一定风险的，或许会使他人感到威胁。因为，如果自我披露中的表达不恰当，当中含有一些挑衅的言语，那么很有可能会引起对方的反感，甚至引发人际冲突。另一方面，米勒和斯坦伯格提出，因为自我披露中含有对自己不利的信息，它可能会被对方用来排斥或反对披露者。[②] 布劳则认为，因为害怕引起周围人的敌意，或引起反对，人们在交往的初步阶段往往含蓄地暗示自己的独特之处和见解。[③] 因此人们面临着一个困难的抉择：既要提供信息以吸引他人，又不能过度，以免"贬值"。"是以圣人去甚，去奢，去泰。"所以老子所提倡的就是不要走极端，自言要含蓄、有度。

二、希言之效

老子曰："故飘风不终朝，骤雨不终日。"（第二十三章）狂风刮不了一个早晨，暴雨下不了一整天，是谁使它这样的？是天地。大自然的事物都如此，何况人呢？老子以狂风暴雨的特性作为借喻，阐明希言合乎自然的道理。对此傅佩荣理解为：少说话，才能合乎自我的状态。

"天地之间，其犹橐籥乎？虚而不屈，动而愈出。"（第五章）老子用风箱作比喻，空虚但不会穷竭，不需要的时候不摇动它，摇动它就能有源源不断的风力。人际传播中的是非纷争，假如不去理会，便能让它停留在静止的状态，以息事宁人；而愈有行动则纷争愈剧烈发展，很可能引发不必要的冲突。因此这时候则要少言，因为话说得越多，人们越认为是辩解。中国有"多说无益"这一词，西方也有"话说得愈多，误会愈深"的谚语。此亦即老子所言"善者不辩，辩者不善"（第八十一章）之理。

"少则得，多则惑"（第二十二章），意即少取反而获得，多取反而迷惑。同样，少说话，能达到传播目的，多说话，反而让人混乱，达不到应有的传播效果，这也是物极必反的道理。"多言数穷，不如守中"（第五章）的话，并不是完全教人不可

---

① ［美］迈克尔·E.罗洛夫：《人际传播：社会交换论》，上海：上海译文出版社，1991年版，第69页。

② 同上，第70页。

③ 同上，第73页。

开口说话，只是说应当说的，说过便休，不立崖岸。^①因为议论太多，很快就会走投无路，还不如守住虚静的原则。因此老子提倡"言有宗"（第七十章），即言论要有主旨，跟现在所说的言简意赅，抓住重点、适可而止有着一致脉络。少说话，一样可以达到最好的传播效果，这就是老子的"希言"之效。

三、信言之用

"信"是一种承诺，也是一种态度。老子的"言善信"，首先是讲话的内容应该真实可信；其次是要以诚信的态度讲话。^②"信不足焉，有不信焉。"（第二十三章）诚信不足，人们自然不能相信或信任他。这是一个常识。人际传播中，不能充斥着谎言。谎言说得多了也就成真的了，但狼来了的故事也启示着，被骗一次两次之后，人们不会再付出信任，即使第三次你说的是事实。因此在人际传播中要"言善信"，即说话要有信。

由于个体的态度而发生的共同体变化在历史上给人以特别深刻难忘的印象。它使个体变得突出，成为象征性的。^③中国历史上的诸葛亮就是一个象征性的突出人物。其因三顾出山，自始至终践行着对先主的承诺，直至鞠躬尽瘁死而后已，可以说是"与善仁、言善信"（第八章）的楷模。从诸葛亮的言行中，当时的以及后代的人们都以他作为自身的学习对象，在人际交往中实践"信言"的要求。因而，"言善信"，不仅影响自我认知，而且帮助构成和改善自我所处的社会环境。

"信言"代表着一个人的诚信，当一个人的"自我"首先认同诚实的言辞并付诸实践时，人们对他的印象自然也是诚信之人，因此在人际交往中不会互相猜疑，进而能够坦然沟通，获得很好的传播效果。这种效果在商业来往中特别明显。两个企业主之间的合作，或是投资者和受资者之间的洽谈，若能互相信任，便能省去一堆麻烦。国外的企业经营者往往惊诧于国内的商业程序之烦琐，因为我们的条款是基于不互信的基础之上的，这样便要在疑心的前提下考察诸多条件，然后一一印证。观之当下，当诚信经营需要成为一种口号的时候，便意味着普遍不诚信的社会事实了。我们会喜欢坦诚相待同我们进行公平交易的人。所以，真话非常重要，人际传播参与双方都讲真话，就能在更大程度上使传播效果更为有效和更为理想。

一种更为高尚的信，则是"信者，吾信之；不信者，吾亦信之；德信"（第四十九章），这样可使人人守信。守信非常重要，所谓君子一言，驷马难追，"夫轻诺必

---

^① 南怀瑾：《老子他说》，北京：国际文化出版公司，1991年版，第112页。

^② 谢清果：《和老子学传播——老子的沟通智慧》，北京：宗教文化出版社，2010年版，第32—34页。

^③ ［美］乔治·H.米德：《心灵，自我与社会》，上海：上海世纪出版社，2005年版，第170页。

寡信"（第六十三章），随便许下诺言而不遵守，不利于人际传播中双方关系的维持；谨慎地许诺，但言出必行，珍惜自己的信誉，更能给人以信者的形象，从而有助于后续人际传播的顺利进行。

放低自我，心怀他人，这也许是老子对处身现代的我们的重要启示。总的来说，老子的这些有关"自我"的人际传播思想，如果我们能够深入洞悉，并且在实际中注重"自我"的修身力行，塑造"柔弱"的自我形象，形成"不争"和"处下"的自我认知，并且在人际交往中坚持自言、希言和信言的自我导向，当能无形中化解人际冲突，提高人际传播效果。

（本章执笔：陈明媚　谢清果）

第四章　老子的自我认知三阶段

　　《老子》一书，虽仅五千言，却字字珠玑，闪耀中华文明之光；虽并非为传播学而著，却蕴含着丰富的传播思想。这里我们从库利的"镜中我"理论启迪出发，从人际传播中自我认知的角度入手，以期发现二者之间的共通之处，从而进一步探究老子的传播学思想，为良好的自我认知和人际沟通提供行之有效的道家式的方法论。

　　老子在《道德经》中指出："知人者知，自知者明"（第三十三章），意在表明，人处于特定的社会关系之中，"知人""胜人"固然重要，更要有"自知"的能力，推及传播学领域，按照郭庆光对人际传播动机的总结，其中重要的动机之一便是自我认知。也就是说，我们要在社会中有效地建立与他人的社会协作关系，一个基本的前提是要了解自己。①

　　在传播学领域，与人际传播的动机相联系，由美国社会学家库利提出了"镜中我"（the looking-glass self）的概念。库利指出，人的行为在很大程度上取决于对自我的认识，而这种认识主要是通过与他人的社会互动形成的，"人们彼此都是一面镜子，映照着对方"。②因此，人的自我是在与他人的联系中形成的，这种联系包含三个方面：关于他人如何"认识"自己的想象；关于他人如何"评价"自己的想象；自己对他人这些"认识"或"评价"的情感。总的来说，"镜中我"理论的本质是一种人际传播中的自我认知过程。

　　从表面上看，老子似乎是反对传播的，尤其是他"邻国相望，鸡犬之声相闻。民至老死，不相往来"（第八十章）的关于"小国寡民"的表述，更让人误以为他对传播的反对态度。然而，细细品读《老子》，就会发现，正如李敬一所言："老子的话

---

　　① 郭庆光：《传播学教程》，北京：中国人民大学出版社，1999年版，第82页。
　　② [美]查尔斯·霍顿·库利著，包凡一、王源译：《人类本性与社会秩序》，北京：华夏出版社，1999年版，第131页。

在很大程度上是愤激之词，他并不一概反对传播。非但如此，他对进行社会交往和开展人际传播，还是有过不少论述的，也为之提供了许多可资参考的传播经验、传播技巧和方法。"①

孙旭培在《华夏传播论》中指出："中国古人十分强调'观人'。'观人'又可称作'知人'或'识人'。若用现代术语，则不妨称之为'人际观察'。"②这种"人际观察"与库利的"镜中我"颇有相通之处，在此，我们将老子有关人际传播的论述与库利的"镜中我"理论相联系，从人际传播中自我认知的角度出发，以期发现二者之间的共通之处，从而进一步探究老子的传播学思想，为良好的自我认知和人际沟通提供行之有效的道家式的方法论。

第一节　善人者，不善人之师，不善人者，善人之资：关于他人如何"认识"自己的想象

通过他人而得到的对自己的"认识"，属于人际传播自我认知的基本阶段，在此阶段，我们掌握的有关自我的信息仅仅停留在"认识"的层面，并没涉及更进一步的评价阶段，因此，在这个阶段，老子提出了道家人际传播中最为基础的"要妙"，即"善人者，不善人之师，不善人者，善人之资"（第二十七章）。善人是恶人的老师和榜样，恶人也是善人的反面教材和借鉴。这里，老子鼓励人们加强人际互动，以人为鉴，反映出真实的自我，从而为"自我认知"打下坚实的基础。"一般来说，这种以'镜中我'为核心的自我认知状况取决于他人传播的程度，传播活动越活跃，越是多方面的，个人的'镜中我'也就越清晰，对自我的把握也就越客观、越准确。"③

同时，老子还指出"不贵其师"、"不爱其资"、不积极进行人际交往的弊端——"虽智大迷"，这样的人，看似明智，实则糊涂。具体而言，要做到"贵其师""爱其资"，应在人际传播中做到"慈"和"俭"两方面。

一、慈：人际传播中的"宽容"原则

我们在日常生活中都不自觉地有这样的感觉，喜爱喜讯讨厌噩耗，喜欢幽默讨厌抱怨，喜欢赞美讨厌批评，因此，在人际互动中，往往存在这样一种不真实，即自己或他人由于要讨对方开心而说一些溢美之词，从而给我们的自我认知带来误导。

---

① 李敬一：《中国传播史论》，武汉：武汉大学出版社，2003年版，第175页。
② 孙旭培：《华夏传播论》，北京：人民出版社，1997年，第331页。
③ 周广辉：《网络传播中的"镜中我"机制》，《青年记者》2008年第7期。

归根到底，还是因为我们自身不够"宽容"，容不得别人真诚而有力的批评和建议。

　　"慈"这个字是老子的"三宝"中的第一宝（第六十七章），有"柔"的意思。我们将其引申到传播学领域，即在告诫传播者以一种严于律己、宽以待人的态度进行人际交流，切忌只要好听的，只讲好听的。"夫慈，以战则胜，以守则固"（第六十七章），用一种包容的心态进行沟通和交流，就能真正做到"柔弱胜刚强"，从繁杂的信息中得到真实的信息，从而认知真实的自我。也只有拥有这种心态，才能使人际互动更为频繁，使别人更乐意和你沟通，进而更容易从他人的"认识"中感知自我。

　　二、俭：人际传播中的"谨慎"原则

　　"俭"是老子的第二个法宝，与第五十九章的"啬"相对，意为清净节俭，积蓄力量。"俭，故能广"（第六十七章），保持清净节俭，才能拓展事业；"治人事天，莫若啬"（第五十九章），治理百姓，对待自然，最好的办法就是清净节俭，积蓄能量。从人际传播角度，我们可以理解为这里强调的是一种谨言慎行的沟通原则，保持一种清净朴素的交流心态，不取悦于人，不哗众取宠，做到"言有宗，事有君"（第七十章）。这是因为，我们不仅要通过别人的评价来认知自我，同时，我们对于他人来说也是认知的一面"镜子"。"在库利的理论中，人们通过与他人交往，并从他人的反应中来获得自我的概念，这只是问题的一个方面；另一方面，人们的自我概念也不断延伸到作为其组成部分的各种群体中。他人对我是面镜子，我对他人也是面镜子。"① 因此，谨慎地对他人做出反馈也是参与传播的一个基本道德原则。这是老子对人际传播双方更高层次的德的要求。

　　人际互动的双方若都能秉持一"慈"一"俭"的原则，在人际传播中以宽容之心、严谨之态进行交流，那么沟通中的障碍自然就消除了，自我认知的第一步便可以顺利地实现，下面更为深层的认知也有了实现的基础和可能。

第二节　信言不美，美言不信：
关于他人如何"评价"自己的想象

　　他人对自我的"评价"属于自我认知中高一级的阶段，这种"评价"式的想象通常会为形成自我认知起到决定性的作用。因此，如何理解和把握他人的评价、如何从他人评价的镜子中看到真实的自己，是人际传播中的重要动机和意义之一。这

---

① 芮必峰：《人类社会与人际传播——试论米德和库利对传播研究的贡献》，《新闻与传播研究》1995 年第 2 期。

里，我们可以用老子在《道德经》最后一章中的八个字来作为总的指导思想，即"信言不美，美言不信"（第八十一章）。这句话单从字面理解，意为真话不好听，好听的不是真话。对于这一段，任继愈先生有很中肯的评价："这一章包含着一些辩证法思想。老子提出真假、美丑、善恶等矛盾对立的社会现象，并指出某些事物的表明现象与实质的不一致。这比只从表面现象看问题是深入了一层。"①

因此，要跳出他人"表象"式的评价、获得他人"信言"式的评价，在前文提到的积极进行人际互动的基础上，传播主体还要进一步提升在人际传播中的自我表达能力，这是个人的思想、理念真实有效全面地为他人所知晓是他人进行准确"评价"的前提。

所谓自我表达，即传播者"将自己的心情、意志、感情、意见、态度、考虑以及地位、身份等等向他人加以表达的活动"。② 老子对我们人际交往中有效的自我表达从言语和非言语的维度出发，提出了以下两点要求。

一、言语方面：多言数穷，不若守中

老子说，"多言数穷，不如守中"（第五章），又说"希言自然"（第二十三章），"其贵言也"（第十七章），看似是要传播者少说话、少表达，然而，若将其简单地理解为"不言"或"少言"，就大错特错了。"希言""贵言"并不意味着不言，相反，是要传播者在人际沟通中更加审慎和认真，做到"守中"。范应元解释"守中"为："不如同天地守中虚之道，而无偏曲，则万物自然，各得其所，岂有穷哉？"③ 可见，这里是要传播主体多进行深思熟虑之后的表达，以求更加真实有效地展示自我，从而获得可信度更高的"评价"。

二、外观形象方面：方而不割，廉而不刿，直而不肆，光而不耀

外观形象是自我表达的重要手段，它所传达的信息形成人际传播中的第一印象。④ 因此，塑造怎样的外观形象是他人对自我形成"评价"的重要一环。老子主张传播者追求一种无为的圣人形象，即"方而不割，廉而不刿，直而不肆，光而不耀"（第五十八章）。方正却不难为别人，有个性却不伤害别人，正直却不放肆，发出光芒却不刺人眼睛，这是一种外在清净恬淡、与世无争、敦厚质朴的传播者形象，这样的外在形象必然有利于加强人际互动，也必然有助于使对方敢于给予更为真切和中肯

---

① 任继愈：《老子新译》，上海：上海古籍出版社，1978 年版，第 181 页。

② 郭庆光：《传播学教程》，北京：中国人民大学出版社，1999 年版，第 85 页。

③ 张继禹主编：《中华道藏（第十一册）》，北京：华夏出版社，2004 年版，第 503 页。

④ 郭庆光：《传播学教程》，北京：中国人民大学出版社，1999 年版，第 87 页。

的评价。

第三节　知人者智，自知者明：
自己对他人"认知"或"评价"的情感

这一阶段可以视为一种充分人际交往之后的反思与总结，即通过他人的"认知"与"评价"，我们应该达到怎样的自我认知层面，可以视为一种自我互动的过程。在老子眼中，这种最高层面可以用"我欲独异于人"（第二十章）来概括，这也是实现"镜中我"最后和最为关键的一步。

布鲁诺的"自我互动"理论指出，自我互动并不是与他人的社会互动在头脑中简单的再现，而是具有独白的特点。[①]"我独泊兮""我独若遗""我独若昏""我独顽且鄙"，在黄友敬看来，这是老子的自白诗，以至他的气质、气象的外在流露，是他"与道合真"的真人形象、圣人形象的惟妙惟肖的自绘图。[②]同样，这也是自我认知的最高境界，即达到"我欲独异于人"的状态，在众多人际传播中对他人的认识和评价进行总结和提炼，本着遵循规律"而贵食母"的原则，从而得到一个镜中的"真我"形象。那么，怎样才能使自己对他人"认知"或"评价"的情感更为准确和客观，怎样才能在看待这些认知和评价时保持一种平和的心态，这是形成镜中我的关键。

老子在《道德经》中多次提到一个"静"字，如"致虚极，守静笃"（第十六章）、"归根曰静"（第十六章）、"重为轻根，静为躁君"（第二十六章）、"不欲以静，天下将自定"（第三十七章）、"躁胜寒，静胜热，清净为天下正"（第四十五章）等。由此可见，在老子那里，"静"是一种方法，是一种基础性的品行，是达到"无为"境界的首要前提。因此，在判断事物真伪、善恶、好坏时同样适用。对于他人对自我的评价，首先就要做到这个"静"字，冷静客观地看待，保持"宠辱不惊"。老子说："何谓宠辱若惊？宠为上，辱为下，得之若惊，失之若惊，是谓宠辱若惊。"（第十三章）一个人对赞美和批评过分重视都是不可取的，始终保证一种平和的心态才能正视评价的正确与否，所谓"定而后能静，静而后能安，安而后能虑，虑而后能得"。

在"静"的基础上，老子反复强调自我互动过程中的"不自见故明，不自是故彰，不自伐故功，不自矜故长"（第二十二章）。老子以为，要达到自我认知"独异于人"的境界，依靠的不是一种傲慢自大、拒他人于千里之外的心态，而是要本着

---

① 郭庆光：《传播学教程》，北京：中国人民大学出版社，1999年版，第80页。
② 黄友敬：《老子传真》，福州：海峡文艺出版社，1998年版，第141页。

"食母"的原则，以一种客观冷静的态度遵循规律进行分析判断，形成良性的自我互动机制，最后得到一个真实有效的"镜中我"形象。

以上通过对老子有关人际传播中自我认知的传播学解读，我们惊喜地发现，虽然老子生活在两千多年前，但其理论思想仍对当今现实有着重要的指导意义，对当前生活在信息爆炸时代的我们在认识自我、与他人沟通方面，都提供了宝贵的意见和方法，值得我们细细品读和反思。

说到底，老子思想的核心纲领是"无为"二字。同样，在人际传播思想中，他也以此为最高目标和宗旨，以自然为效法对象，"诸多论述暗合到人际平等开放、传播主体形象、'不争'的人际传播道德、'希言自然'的传播能力等人际传播主题"。[①]

正如库利所言："如果我们接受进化论的观点，我们就会发现社会和个人之间的关系是一种有机的关系。就是说，我们发现个人是与人类整体不可分割的，是其中活生生的一分子。"[②]正是人的社会属性决定了任何人都离不开与他人的沟通交往，"这种交流欲，像其他所有本能一样，与社会经验联系在一起，并随着时间的推移，组合成一个不断发展、变化的意识整体"。[③]老子不仅对这种人际交往的必要性早已有所洞察，提出"善人者，不善人之师，不善人者，善人之资"，更为可贵的是，他为我们提供了以"道"为核心的人际传播观——"人法地，地法天，天法道，道法自然"（第二十五章）。老子的这种人际交往的"自然"的原则，似乎是对当今信息充斥和爆炸所带给人们的困惑和迷茫的一种预见，在如此纷繁复杂的信息洪流中，只有秉承着"自然""不争""守静"等的心态，才能在认识自己和认识他人中保持清醒，从而真正提高人际传播的可信度和有效性。

（本章执笔：于宁　谢清果）

---

①　谢清果：《和老子学传播》，北京：宗教文化出版社，2010 年版，第 176 页。
②　[美] 查尔斯·霍顿·库利著，包凡一，王源译：《人类本性与社会秩序》，北京：华夏出版社，1999 年版，第 26 页。
③　同上，第 63 页。

第五章 "我欲独异于人"：老子与库利"镜中我"理论

库利是美国传播学研究的四位鼻祖之一。他认为，传播是人格塑形的建筑材料和生命精神的神奇载体。其"镜中我"理论从"我"的角度，阐述自我的各种社会表现形式，对社会中的"自我"进行了深刻剖析。而在东方，老子的哲学在阐述人际传播和交往方面也有独到的见解。这里我们尝试从库利"镜中我"的角度来阐述老子哲学中关于人际传播的一些重要问题。

人际传播作为传播学的重要分支，为我们研究人与人之间的传播，以及传播中人与人所形成的关系提供了重要的理论支撑。库利指出："我们发现社会和个人是与人类整体不可分割的，是其中活生生的一分子。"① 作为社会中一员的人，在这个社会中无时无刻不与其他的社会成员产生某种形式的交流或者互动。"人的社会生命起源于与他人的交流。社会在它最现实的方面，是人的观念之间的联系。"② 我们从事的任何行为都有特殊的交流价值，如我们的言谈举止、每个人所穿的衣服，衣服的款式、衣服的颜色都在透露"自我"的特殊信息，所以我们人无时无刻无处不在与别人沟通。这些沟通构成了人际传播最基本的部分。同时，人际传播是一种双向沟通过程，人们从交流的过程中不断地得到反馈，以期更好地在这个社会中生存下去。

在人际传播中，"自我"是其中一个重要的概念。在传播学的鼻祖库利看来，"我"包括通用语中主格"我"（I）和宾格"我"。"我们在想象中得知别人对我们的外表、风度、目的、行动、性格、朋友等等的看法，并受这些想法的影响。"③ 他人的

---

① 查尔斯·霍顿·库利，包凡一，王源译：《人类本性与社会秩序》，北京：华夏出版社，1999年版，第26页。

② 同上，第6页。

③ 同上，第131页。

评价以及自我在评价中的认知构成了宾格"我"。库利指出这种社会自我可以被称为反射自我或者镜中自我："人们彼此都是一面镜子映照对方。"① 除了上文指出的我们所穿的衣服透露出"自我"的特殊信息以外，库利指出社会中的自我，也就是"镜中我"，应该是这样："我们在镜子中看我们的脸、身材和衣服，因为我们的兴趣在于这些形象是属于我们的。我们根据这些形象是否符合我们的愿望而产生满意或者不满意的心情。"② 自我作为一种社会产物，库利将它的出现分为三个阶段：对自己的行为给别人造成的印象的知觉、对别人对我们行为的评价的印象，以及对他们的评价的感觉。一句话，我们是在人际传播中通过别人的反映（反馈）来评价自己的行为。与他人的信息交流，犹如一面镜子，能帮助自我概念的形成。③ 在这种人际互动中不断地产生"本我"和"镜中我"，以各种形式呈现出来。库利的"镜中我"理论对人际传播和内向传播理论的产生做出了贡献。

无独有偶，中国古代的先哲老子在其著作中有"我独异于人，而贵食母"（第二十章）的感叹。老子对自我意识有着精辟的论述，在《道德经》二十五章里老子指出："故道大、天大、地大、人亦大。""两千多年来，众多建树颇丰的研究道家学说的专家学者均认为，《老子》全书虽然谈论的是'道'，但其主旨还是'人'，域中四大，人居其一。"④ 它强调自我的珍贵，同时指出对现代人对自我的认识有着重要的启迪，不仅如此，对现代人的价值观念的形成也起着不可替代的作用。本文对老子和库利的人际传播中"自我"观念进行对比，更好地挖掘中国古代哲学里的传播观，同时发扬传统文化和构建现代伦理道德。

第一节　"我欲独异于人"：社会中寻求真理"我"坚持的肯定

"我独异于人，而贵食母。"老子在《道德经》二十章中写道："众人熙熙，如享太牢，如登春台。我独泊兮，其未兆，如婴儿之未孩"。众人都兴高采烈，如同去参加盛大的宴席，如同在春日登台眺望美景。唯独我却淡泊恬静，无动于衷，就像还不会笑的婴孩。老子接着指出："儽儽兮，若无所归。众人皆有余，而我独若怡。我愚人之心也哉，沌沌兮！俗人昭昭，我独昏昏，俗人察察，我独闷闷。"（第二十章）我疲劳懈怠的样子，就像无家可归。众人都有余裕，唯独我若有所失。我有的是一颗愚人之心啊，是在混混沌沌，世俗的人是那么清醒而我却是那么昏昧。老子指出

---

① 查尔斯·霍顿·库利，包凡一，王源译：《人类本性与社会秩序》，北京：华夏出版社，1999 年版，第 131 页。

② 同上，第 131 页。

③ 同上，第 132 页。

④ 曾宪年：《老子的领导思想研究》，长沙：湖南师范大学出版社，2005 年版，第 63 页。

众多的世俗之人与循道的人是相反共存的。老子采取了自嘲的方式，在与世俗的人相比自己是"昏""闷""愚"的。但是老子并没有去选择随波逐流，其中最主要的原因是我始终循"道"，所以看起来与众不同。这里的与众不同不等同于愤世嫉俗与格格不入，是一种超然的心态。

库利在其著作《人类本性与社会秩序》中指出："如果自我及由此产生的自我追求是人类本性中健康、可敬的特点，那么我们称之为利己和自私。"[①] 接着他指出："只要我们赞成某人的想法和目的，那么他无论怎样坚持自我，我们都不会认为他自私自利。"[②] 库利和老子对于社会中自我的坚持的表现有着几乎一致的看法。老子尊崇"道"那些遵循自然规律的东西，为了"道"可以"独异于人"，"众人皆醉我独醒"的悲壮意味，这样才能"处众人之所恶，故几于道"。同样，库利用了一个贤人的例子："我们崇敬的人们，包括那些在我们看来非常好的人们，总是特别地坚持自我。比如马丁……德是自我一个自我感觉极强、固执己见的人，他仇恨反动派，绝对相信自己一贯正确，简直可以说，绝对相信自己的判断。几乎所有的领袖人物都具有这种特点，这也是他们成功的一个重要原因。"[③]

王泽应在其著作《自然与道德》中指出："在老子看来，世俗的人由于得失名利太重非常在意别人的感受和评价，得到别人的宠信会欣喜若狂，失去别人的赞扬或羞辱就会恼羞成怒，故在他们的心目中，'宠为上，辱为下，得之若惊，失之若惊'（第十三章）惊和喜均以小我或一己的得失为转移，其重心在于功名利禄的拥有或失去。当一个人把自己在他人面前的得宠视作自己所获得的一种无上光荣并因此而惊喜万状的时候，那么也许可以说这份惊喜万状的感受仅仅是由于自己的浅薄与无知愚弄自己的结果。"[④] 从这里我们可以看出，老子对"道"的坚持，是一种"自我"即"大我"的坚持。是对自己的价值判断有着明晰的认识基础之上自我的坚持，老子挣脱了世俗观点和肤浅认识的一种自我救赎。所以在自我的观念的建构上老子是伟大的，是所有在社会真理中坚持自我的人的榜样。

第二节 "我欲独异于人"：利己主义和自私的"我"批判

库利认为最受利己主义支配的人是那些身在其中却不自知的人。库利指出："最好当心这种人，他们认为事业、使命、行善、英雄主义或者他们为之奋斗目标与自

---

① 查尔斯·霍顿·库利，包凡一，王源译：《人类本性与社会秩序》，北京：华夏出版社，1999 年版，第 173 页。

② 同上，第 175 页。

③ 同上，第 169 页。

④ 王泽应：《自然与道德》，长沙：湖南大学出版社，1999 年版，第 193 页。

我无关，因而可以不负责任，干出在明确自我意识下会认为是很坏的事情。"① "在我们这个时代，宗教、科学、爱国主义或博爱有时候能使得人们陶醉于欺凌、侵略、诽谤、欺诈等行为中却不得自知。"② 这种自我需要社会道德和规范去约束，当然也需要每个人懂得"自己现在是、将来还会是一个追求自我的人，懂得自己如果走出这个自我，肯定会形成仍需约束的另一个自我"。③ 然而这种自我必须得有社会化的、完美的自我约束。而老子的哲学为我们开启了自我约束和完美人性的法门。"上善若水。水利万物而不争，处众人之所恶，故几于道。居善地，心善渊，与善仁，言善信，正善治，事善能，动善时。夫唯不争，故无尤。"（第八章）社会化的、完美的自我约束莫过于水性，故水几于道。老子对水的颂扬也是对"道"的赞扬，水善利万物而不争，做有利于众人的事情而不争一己之利。愿处众人不愿处的卑下的地方，博爱深沉，顺乎自然，循"道"不胡作妄为。

第三节 "我欲独异于人"："自我"的自觉意识和不自觉意识辨析

老子哲学倡导"无为"已达到"无不为"的境界。"无为"是老子思想的精髓，在《老子》中我们不难找到这样的观点："不自见，故明，不自是，故彰；不自伐，故有功；不自矜，故长。夫唯不争，故天下莫能与之争。"（第二十二章）"以其不争，故天下莫能与之争。"（第六十六章）无为并不是要长时间地保持不自觉的意识，恰恰相反，要有长时间的意识准备才有更大的可能做成功某件事情。《老子》第四十章的开篇便提出"上士闻道，勤而行之"。在"道"的指导下积极去实践，可以取得事半功倍的效果。库利指出："某种方式的抛弃自我或忘掉自我经常是崇高思想和行为特征，这是事实，但要是我完全依赖这些激情的时刻，而不做其他准备，我们就不会有任何创作以及崇高的思想行为……我们有了自觉的意识才会有欲望这样做。没有持久意识努力，没有持久的自我意识的努力，顿悟的时刻就不会到来；没有与此相似的锻炼，任何热情的行为都不会有价值。"④ 自我意识和创造行为是和谐统一的。

---

① 查尔斯·霍顿·库利，包凡一，王源译：《人类本性与社会秩序》，北京：华夏出版社，1999 年版，第 154 页。
② 同上，第 179 页。
③ 同上，第 173 页。
④ 同上，第 177 页。

第四节 "我欲独异于人"：放弃"镜中我"

他人的评价以及自我在评价中的认知构成了"镜中我"。库利指出："我们在想象中得知别人对我们的外表、风度、目的、行动、性格、朋友等等的看法，并受这些想法的影响。"[①] 在这个社会中社会关系是一面镜子，这面镜子无时无刻不在照射自己，我们会依照他人的评价得到的反馈来调整自己的行为，对"本我"施加影响。所以在老子不断地提到放弃"镜中我"，寻求"本我"才能更好地追求"道"。老子在《道德经》的第四十四章中指出："名与身孰亲？身与货孰多？得与亡孰病？是故，甚爱必大费；多藏必厚亡。故知足不辱，知止不殆，可以长久。"名利、得失是"本我"之外的东西。"人的行为在很大程度是对自我的认识，而这种认识主要是通过与其他人的社会互动形成的。"追求最本质的"本我"，要对自我有着非常清楚的认识，这种清楚的认识往往是对自己最本质的东西要有了解。最本质的东西莫过于抽离"镜中我"，追求"本我"。库利说道"完全抛弃掉社会自我，放弃普遍的追求目标，习惯于你在他人眼中的卑微位置，你就会得到安宁。因为你没有担心的东西，也没有你害怕的东西。"只有这样内心才会更加平静，知道自己生命中最重要的东西。对于老子而言，生命中最重要的东西，无非是对"道"的寻求。用更高的价值观来指引自己，内心才会更加平静，在这个社会中才能更好地认识自己。库利在《人类本性与社会秩序》有着几近相同的论述，库利认为："将目光短浅的目标转化为更能符合更高层次的想象是一种迫切需要，是许多人心灵平静的前提条件。"[②] 对"本我"认识要有更高层次价值观的指引，才不会迷失自我。对于老子来说对于"道"的追求，宁愿"独异于人"，而不愿"昭昭、察察"的众人为伍。库利接着说："只要意识有活力，自我本能就不可能被压抑，而可以被引导与普遍、永恒的价值目标和观念结合起来。这些目标和观念比涉及感官的、狭隘和暂时的利益层次要高，并可以超然之上。"[③] 从上文我们可以看出，对于"本我"的认识最关键的因素在于对"本我"的认识，这种认识需要更高层次的价值观的指引，对于老子来说这种更高的价值观则是对"道"的追求。这样才能摆脱"镜中我"的束缚，回归"本我"。所以我们不难理解老子对于"争"的看法："夫唯不争，故无尤。"（第八章）"夫唯不争，故天下莫能与之争……以其不争，故天下莫能与之争。天之道不争而善胜。"（第六十六章）"圣人之道为而不争。"（第八十一章）因为老子有着更高层次的价值观的引导，才会"无

---

① 查尔斯·霍顿·库利，包凡一，王源译：《人类本性与社会秩序》，北京：华夏出版社，1999年版，第131页。

② 同上，第173页。

③ 同上，第173页。

为而制"，最终达到"无为无不为"的境界。

第五节 "我欲独异于人"：回归"本我"

《道德经》中老子似乎对婴儿有着本质的向往和喜爱，在其中不断地提到婴儿的概念，如"复归于婴儿"（第二十八章）、"能如婴儿乎"（第十章）、"我独泊兮其未兆，如婴儿之未孩"（第二十章）。就我理解而言，老子对于婴儿的喜爱来自对"本我"的渴望。婴儿尚未形成"镜中我"不受社会关系的束缚。库利指出："我们已经看到，自我最纠缠人的东西来自他人意识的反映。"摆脱"镜中我"，回归婴儿最初的状态是老子向往的，只有这样才能更好地解放自我，才能我"独泊兮其未兆，如婴儿之未孩"，回复到天真烂漫的孩童时代，无忧无虑。而这正是"本我"的回归。这就可以解释为什么我们感觉为工作心力交瘁的时候，换份工作或者去旅行可以更好地放松自己。是因为是放弃了"镜中我"，并且回归了"本我"。除此之外，老子认为"人生修养的最高境界，是效法道德自然法则，保持人的真朴的本性，像婴儿一样无忧无虑，无知无欲，人性而发，率性而为，永远保有淳朴自然的天性。一个人获得了这种真朴之德，即是达到了与道合一的最高境界"。[①]只有回归"本我"才能对自己有个清晰的认识。

回归"本我"贵在自知。古希腊的苏格拉底、先哲老子都十分强调认识自己，并把认识自己作为一切美德的源头。老子在第四十二章中指出："企者不立，跨者不行，自见者不明，自是者不彰，自伐者无功，自矜者不长。其于道也。"老子认为，首先，"自见"是指只认同自己以自我为中心的自我认识，是一个受外在的利益和关系束缚的自我，这种自我狭隘、自私。其次，"自是"是一种自以为是的认识，蛮横傲慢，不接受外在的观点。再次，"自伐"这种自我的认知是建立在自我私欲膨胀的基础之上的，认为自我的荣耀盖世，无所不能。最后"自矜"是只把自己看作唯一认同的对象，拒绝外在的帮助。在这里我们不难看出，上面的老子所提出的错误的自我认知是建立在"自见""自是""自伐""自矜"的错误的自我认识的基础上的。

至此，老子提出了正确的自我认知观："上善若水。水善利万物而不争，处众人之所恶，故几于道。居善地，心善渊，与善仁，言善信。"这样才是真正的自我认知，也只有这种认知才能从真正的意义上去回归自我。

---

① 高秀昌：《哲人智慧——〈老子〉与中国文化》，开封：河南大学出版社，1995年版。

第六节 "我欲独异于人"：完善"镜中我"

最后，除了有以上放弃"镜中我"和回归"本我"两种选择之外，第三种选择便是完善"镜中我"。怎么样去完善"镜中我"是一个值得我们深思的问题。库利指出："对于社会自我给人带来的耻辱和不安宁的最有力的救正并不是消极地逃脱或消除我，而是积极转化它。"① 我们处在个社会关系中像一张网一样笼罩着我们，我们在其中该去怎么做？库利给出了自己的答案："只要意识还有活力，自我本能就不可能被压抑，而可以被引导与普遍、永恒的价值目标结合起来。这些目标和观念比涉及感官的、狭隘和暂时的利益层次要高，并可以超然其上。"② 我们每个人要想更好地生活在这个世界中，必须有着自己的理想，有着自己崇高的价值目标，才不至于庸人自扰，自寻烦恼。也只有这样才能更好地完善"镜中我"。这样的自我才能更好地适应这个社会。最后库利说道："一个人如果精力充沛，具有能屈能伸的性格，那么他既不会骄傲也不会虚荣，而是平静地活着，不受悲哀和嫉妒等等的情绪折磨。"有着更高的价值追求是我们得以平静生活的重要因素之一。库利的论述让我们对于老子的论述可以有着更加深刻的认识。"众人熙熙，如享太牢，如登春台。我独泊兮，其未兆，如婴儿之未孩。儽儽兮，若无所归。众人皆有余，而我独若遗。我愚人之心也哉，沌沌兮！俗人昭昭，我独昏昏，俗人察察，我独闷闷。我独异于人，以贵食母。"老子有着崇高的价值追求，所以才可以"独异于人"，而这一切源于对"道"的追求！

至此，我们可以看出老子与库利在对社会交往中"自我"的论述有着共通之处。他们遵循"道"即事物的客观规律，"自我"坚持是持颂扬的态度，同时对自私和利己主义者是持批判态度的。不仅如此，老子和库利对自觉意识和创造性活动的互动关系有着一致的看法。除此之外，库利和老子对自我的救赎有着各自的精彩论述。

（本章执笔：钟延波　谢清果）

---

① 查尔斯·霍顿·库利，包凡一，王源译：《人类本性与社会秩序》，北京：华夏出版社，1999 年版，第 179 页。
② 同上。

第六章　心际模仿：塔尔德对老子的模仿

塔尔德的《模仿律》与老子的《道德经》，虽然中西有隔，时代有隔，但是两者有着惊人的相似性。本章主要分五个层面讨论两者的相似性，并从传播学的角度来观察了哲学相似性之中所包含的相似性，验证塔尔德的心际模仿观点，从而开辟研究《道德经》和传播学的新角度。

第一节　从塔尔德的"社会模仿"理论看老子的"不见可欲"思想

1860 年，加布里埃尔·塔尔德的传世著作《模仿律》出版发行。这本是一部研究社会学特别是社会心理学方面的著作。但是，经过美国传播学者的发挥运用，它却成为传播学领域具有奠基性质的著作。在很多经典的传播学领域的经典理论之中，都可以看出这本书的影响，如拉扎斯菲尔德的"两级传播"以及"意见领袖"理论、罗杰斯的"创新扩散"理论、阿尔伯特·班杜拉的"社会学习理论"等。这是为什么呢？这主要是因为塔尔德以敏锐的眼光揭示了人类生理系统以及社会生活中确实存在着的但并没有引起人们重视的一种社会规律，更准确地说应该是一种社会心理规律：这条规律即是模仿，也就是塔尔德在书中反复强调的"社会即模仿"的模仿决定观。既然，这是一条隐藏于人类社会始终的一条规律。那么，在中国的哲学家的思想体系中，是否也同样认识出了这个规律，并不自觉地运用到了传播之中呢？答案是肯定的，因为，生活在公元前 6 世纪的老子，在他的《道德经》中就注意到了这种模仿的社会心理学，而且还运用于传播特别是人际传播之中。

"不尚贤，使民不争；不贵难得之货，使民不为盗；不见可欲，使民心不乱。"（《老子》第三章）两千多年前的老子，就已经深刻地认识到，名利、地位、财富容易引起人们的追逐和贪念，导致社会上巧诈伪作的心智层出不穷。因此，他提倡不标榜贤明，使民众不起争心，不珍惜难得的财货，使民众不起盗心，不炫耀可贪的事物，使民众不被惑乱。

一、"社会模仿"："不见可欲"的社会心理基础

老子"不尚贤""不贵难得之货""不见可欲"的思想，建立在对人的心理的深刻认识基础上。从社会心理学的角度来看，社会上的人存在模仿心理。塔尔德提出的"群体模仿"认为"模仿是最基本的社会现象"，社会上的一切事物不是发明就是模仿，人们会有意或无意地效仿他人的行为。前者指的是个人在不自觉状态下对他人行为的反射性效仿，后者则是基于一定动机或目的的自觉效仿。人在社会化过程中的各种学习，也可以说是一种自觉的或有意识的模仿。[①]

据"社会模仿"理论，人们会在不自觉的状态下，受到他人潜移默化的影响，效仿他人追名逐利的做法；也会基于一定的动机，例如由对他人名利、财富的羡慕而产生的追随他人的动机，然后在此动机的驱使下效仿他人行为，这种有目的性的行为，可能是在社会化的过程中完成的。

两千多年前的老子，已经意识到人的这一本性。一个人追求并获得财富、名利、地位，会让他人也跟着去追求这些物质。"天下皆知美之为美，斯恶矣；皆知善之为善，斯不善矣。"（第二章）当众多人都知道财富、名利、地位之珍贵时，便会导致人们追名逐利，互相争斗，引发社会混乱和冲突。

因此，老子尤其反对统治者"贵难得之货"，认为统治者的贪念、物欲，会逐渐蔓延到整个社会。它将通过自上而下的传播渠道，引起各个阶层人民的效仿；随后将引起同一阶层的人们，尤其是普通百姓之间的平行式传播；最后将在社会中形成舆论，这种舆论反过来又推动了这种效仿行为。在这种传播中，家庭、同辈群体、学校教育、大众传播、社区都会对个人效仿行为产生影响，大众传播的影响尤其显著。大众传播在个人社会化过程中扮演着重要角色，并通过影响家庭、社区、同辈群体的行为来间接影响个人行为。统治者的思想，往往在大众传播媒介中占有统治地位，在大众传播的影响下，统治者的物欲、贪念，很快就经由自上而下的传播、平行式的传播，扩大到整个社会。由此，老子提出了解决的办法，即从根源上消解物欲的扩张，使统治者"无为""无欲"。"无为""无欲"对大众传播媒介同样具有重要的指导意义。

---

①　薛可，余明阳：《人际传播学》，上海：同济大学出版社，2007年版，第80—81页。

二、"为无为"之治

"我无为而民自化","我无欲而民自朴"（五十七章）。老子认为，社会物欲、贪念的消解要从统治者开始，统治者不仅要克制自己的贪欲，还应当以"无为"的方式治理政事。

首先，统治者要做到"不尚贤，使民不争"。"贤"往往意味着好名声，统治者对贤明的追捧，会引发社会上对"名"的争端，因此，统治者对贤明的人，应该"不贵之以禄，不贵之以官"。

其次，统治者应当"不贵难得之货，使民不为盗"。统治者对某些物品的偏爱，会影响人们的价值判断，商人囤积居奇，哄抬物价，使得这些东西显得更加宝贵，当所有人都认为它珍贵却又无法得到的时候，争盗的现象便出现了。

再次，统治者应该"不见可欲，使民心不乱"。"可欲"与"难得之货"一样，皆指财物。"难得之货令人行妨"（第十二章），贪念、欲望会扰乱人的心智，人们为了争夺财富，勾心斗角，互相倾轧，很容易造成社会混乱。

所以，老子一直提倡"见素抱朴，少私寡欲"（第十九章），他认为，统治者除了自身"无为""无欲"外，还要效仿圣人之治，"虚其心，实其腹，弱其志，强其骨"，也就是要使人心灵开阔，生活安饱，意志柔韧，体魄强健。"常使民无知无欲。使夫智者不敢为也。"老子所说的"无知""无欲"，并不是要统治者实行愚民政策，消除人自然的本能欲望，而是要消除民众伪诈的心智和过分的贪念。归结起来，圣人之治，也是一种"为无为"的做法，当统治者不刻意妄为，顺其自然，让百姓自由发展的时候，就可以达到"无不治"的境界。

三、"为无为"对大众传播的指导意义

媒介在构建社会价值观念方面，发挥着重要作用，它通过带动社会舆论，潜移默化地影响人们的思想观念。因此，社会物欲的消解有赖于大众传播媒介的净化。老子对统治者"为无为"的要求，同样可以用来指导大众传播媒介。

首先，"不尚贤"要求大众媒介不标榜贤明，避免一味的正面报道。"有无相生"，正面事例的存在，必然意味着社会上存在不好的一面。况且，正面报道、典型报道，会引发更多人对名声的追逐，它所带来的后果是，人们见义勇为等好人好事，不再是出于内心的向善，而是为了彰显名声的功利目的。甚至有一些人做好事唯恐人不知，要求媒体对其进行报道。

其次，"不贵难得之货""不见可欲"要求大众媒介摒弃拜金主义、物质至上的内容。新闻中对豪门的刻画和追捧，娱乐节目中炫富、享乐的观念，已是数见不鲜的事实。大众媒介应该重新审视自我，弃其糟粕。

再次，大众媒介应该传播能使人心灵开阔、意志柔韧的生活现象，在发挥文化、娱乐等功能的同时，也应注重社会效益，使受众"无知""无欲"。

总体而言，大众传播媒介应该"为无为"，自然而为，避免刻意地夸大事实，或一边倒地宣扬某些事物，要按照传播规律，尽量为受众还原一个真实的社会图景。此外，还要做到"无欲"，不能因政治、经济利益的驱使而丧失了自己的独立性，失去本应发挥的作用。

"我无为而民自化。我好静而民自正。我无事而民自富。我无欲而民自朴。"（五十七章）统治者的"无为""无欲"，"大众媒介的"无为""无欲"，将通过自上而下的、平行式的传播迅速扩散到普通百姓，进而促成一股强大的舆论力量，使得"无为""无欲"的思想深入百姓心间。当"见素抱朴，少私寡欲"成为一种社会风气的时候，就能实现"夜不闭户，路不拾遗"、百姓自由发展的圣人之治。

（本节执笔：沈淑祯）

第二节　塔尔德对老子"胆怯观"的模仿

在《模仿律》这本书中，无论是"模仿""反模仿""非模仿"，塔尔德的核心观念就在于探讨了发明与模仿之间的关系，并针对反对者的意见，提出了自己的反驳。他所秉持的历史观是西方特有的精英、英雄主义的历史观，因为他在书中所明确提出的自己的观点就是"个人犹豫不决停止之时，就是社会的犹豫不决产生之时"。他举了一个更为形象的例子就是早在公元前 4000 年的巴比伦时代，就有人在砖头上用文字和印章记录砖工的名字，还有人写了书，但是，却没有人想到把两者结合起来，而直到公元 11 世纪的北宋毕昇的出现，活字印刷术才出现。这些都证明了塔尔德的精英或英雄史观，虽然他并没有明确地提出，可能连他自己也不清楚吧。因此，对于发明和模仿，他认为，当一个天才进行了合乎时代要求的发明之后，这个发明就会通过模仿辐射开。而且他认为发明也是一种模仿，是在模仿人类蒙昧时期的古老发明。因此，他说："任何时期的重要力量的构造成分，并不是从新发明辐射出来的软弱的模仿，而是对古老发明的模仿；古老的发明更加有力、更加普及，因为它们有足够时间传播开来，深深扎根，称谓风俗、习惯，即生理学所谓的'种族本能'。"塔尔德写这本书的主要目的，并不仅仅是在于揭示一种社会规律和社会现象，而是要让人们认识到这种社会现象，并从中反思和清醒。在本书的第三章中，他把这种社会模仿与梦游症结合起来，这个梦游症也就是后来弗洛伊德所发扬光大的催眠术。他在文中这样反问道："有一些天才性的催眠师称谓范本，其原因也是模仿。如果说梦游者模仿催眠师，并成为媒介去吸引另一个人，这个人又模仿梦游者，如此这般，以至无穷。社会生活难道不就是这样的吗？"对于他的这个观点，不需要解释太多，在他自己的这个反问之中，他已经回答得相当清楚，而且，他相当清醒地分析了这个社会的两种状态：放松与胆怯。他说："要在一个社会里感觉到轻松自如，那就是要学会它的礼仪时尚、使用它的方言、模仿它的姿势，总之就是要放弃抗拒的态度，在许多难以捉摸的影响人的潮流中随波逐流，丝毫不觉得自己已经把自己放逐。"他所描写的这种状态与我们当下的社会人是多么的相似，而这种相似又与在催眠师的引导之下的被催眠者是何等的相像。他们都被剥夺了抗拒的能力和自我思考的能力，成了无意识的奴隶，按照催眠师的吩咐模仿各种行为，或哭，或笑，而这种梦游的状态不正好说明了社会人对于模仿行为的默许吗？因此他说："社会是模仿，模仿仿佛是梦游症。"我们似乎永远也离不开梦游和模仿，因为，即使我们不受同时代的人的控制，从根本上来说，我们也在收到我们祖先的控制。但是，并非全部的社会人都是完全的梦游者，还有部分受制于梦游症的人，这些人的共同特征就是胆怯。在我们通常的认识中，胆怯是一种不被鼓励的社会行为，我们总是被教育要放松，消除紧张，但是，放松的极致是什么？是麻木。因此，塔尔德说："胆怯是强烈的自我意识，是不完全的痴迷状态，好比是深度昏睡之前的昏昏欲睡的状态。"因此，"那些难以磨平棱角的人，顽强反叛同化、真正不善于社交的人，一辈子都会感到胆怯。他们仅仅是部分受制于梦游症。与此相反，那些从来不难为情的人，走进客厅、讲演厅从来不胆怯的人，首次学习科学艺术时一点不觉得头晕转向的人——难道他们不是最善于社交的人吗？难道他们不是最善于模仿的人吗？就是说，他们之所以模仿，既不是由于什么特殊的爱好，也不是由于受控于什么思想而不得不模仿。他们能够倒头就睡，难道这不就是第一流的梦游症吗？"梦游症的一个可怕的后果是什么，那就是他失去了思考的能力，只接受跟他固有的思想一致的信息，只接受催眠师传达来的信息。而想要在一定程度上使自己清醒的一个首要的前提就是："个人必须暂时逃离他所处的社会环境。而这种异常的胆量使他具有超社会性而不是社会性。"就如同近代的中国，那些力主改革的人，无论是孙中山，还是陈天华，他们这些革命志士都有留学国外的背景，这也就充分地证明了塔尔德的观点，只有暂时逃离一个人所处的环境，这个人才能更清晰地"猛回头"而看清原来所处的环境。其实，不仅仅是在近代，2500多年前的老子，就已经在《道德经》中发出了"我独异于人"的感叹，老子没有出过国，没有留过洋，但是，他这种冷静的分析社会的态度，真的可以称之为中国最早的社会学家。他始终崇仰冷静地看待问题的态度。他说："孰能浊而静之，徐清？"他还说："重为轻根，静为躁君。轻则失根，躁则失君。""归根曰静，静曰复命，复命曰常。"（第十五章）这都看出老子和塔尔德一样地冷眼旁观这个世界，在混沌的社会中，以冷静的态度让这个社会慢慢地沉淀，泾渭分明。

而老子认识这个世界的方法，与塔尔德的观点如此相似，都是依靠胆怯，因为在第十五章中，老子这样说："古之善为道者，微妙玄通，深不可测。夫唯不可识，故强为之容：豫兮，若冬涉川；犹兮，若畏四邻；俨兮，其若客；涣兮，其若凌释；敦兮，其若朴；旷兮，其若谷；浑兮，其若浊；孰能浊而静之，徐清？孰能安而动之，徐生？葆此道者，不欲盈。夫唯不盈，是以能蔽而新成。"多么冷静而理性地看待这个有媒介创造的拟态环境！对于这一章，很多人都不明白为什么为道者要如此地谨慎小心，一定要畏惧四邻，一定要像宾客一样警觉呢？为什么如临深渊、如履薄冰一样地活着就是有道者呢？这个困扰着我们多时的问题，竟然被2000多年以后的一位法国的社会学家——塔尔德破解了。正如上述塔尔德所言的一样，"胆怯是一种强烈的自我意识，是还没有完全被催眠师控制的梦游者"，如果引用塔尔德自己的观点来看，这就是模仿，超越时间空间的大脑皮层的照相术，心际之间的模仿。如果说，《模仿律》是塔尔德自己的发明，但是这个发明，正如塔尔德所说，这不是新的发明，而是对于古老发明的模仿。而在这里，这个古老的发明，就是老子在公元前6世纪对于有道之人的"如履薄冰，如临深渊"的清醒认知。在《道德经》的这一章当中，可以看出，老子是十分欣赏这样的有道之人的。在这一章的结尾处，老子说："夫唯不盈，是以能蔽而新成"，唯有不盈满，所以才能够蔽旧而新成。有时真的不敢相信跨越时空的两位哲人能有如此的相似，但这就是事实，老子的这个观点与塔尔德的相似："革新，发现，从家乡和故土的梦境中短暂地清醒过来一个首要的前提就是：个人必须暂时逃离他所处的社会环境。而这种异常的胆量使他具有超社会性而不是社会性。"也就是不能完全地放松，不能完全地接受这个社会的风俗、习惯和模式，这难道不就是老子所说的"不盈满"吗？而且，老子对于这种以"不盈满"的表现形式所体现的深层次的"胆怯""畏惧"心理的认识，比塔尔德又高了一个层次。在《道德经》第二十章中，老子说："人之所畏，亦不可不畏"，要想理解这句话，首先要搞清楚老子说这句话的传播对象。他的传播对象就是南面之君，也就是统治者，当了解了这句话的受众的时候，对这句话就能很好地理解了。老子在这里是想告诫统治者：当整个社会中的民众，而非个别的人都开始出现战战兢兢的胆怯畏惧的情况的时候，统治者就要清醒了，因为这代表着民众的强烈的自我意识的苏醒，他们不再是一群完全受制于催眠术的梦游者，而是一群处于胆怯状态的自我意识复苏的革新者。老子的这个观点对于塔尔德的发展就是他认识到了集体的胆怯和畏惧所产生的后果，而并非像塔尔德一样局限于个人。而在这一章之中，老子把自己的"我独异于人"的思想观点阐述得淋漓尽致，他说："众人熙熙，如享太牢，如春登台。我独泊兮！其未兆，若婴儿之未孩，儡儡兮！若无所归。众人皆有余，我独若遗。我愚人之心也哉！沌沌兮！俗人皆昭昭，我独若昏。俗人皆察察，我独若闷。众人皆有以，我独顽且鄙。"在这一章的后半部分，老子崇尚那种"我独异于人"的观点，似乎是与前半部分的"人之所畏，亦不可不畏"的观点是相矛盾的，但是，一旦了解到《道德经》的传播对象是南面之君的时候，就不会感觉到矛盾了，所有的这些"我独泊兮""我独若遗""我独若昏""我独若闷""我独顽且鄙"。都是说给君王听的，联系"人之所畏，亦不可不畏"这句话，细想而来，这原来是告诫君王要时时处处保持清醒，要时时处处异于人，这样才能更加冷静和清醒地观察这个世界，预料到潜在的危险，并消除于萌芽之中。正如老子在《道德经》第六十九章中所说的："用兵有言，吾不敢为主而为客……故抗兵相若，则哀者胜矣。"哀兵必胜就是这个道理，如同客人一样胆怯而畏惧，就能提高警觉性，从而取得胜利。反思中国各朝各代的灭亡，哪一个不是因为统治者的被催眠而沉迷于无意识、无思考之中而被毁灭的。就算是最后的清朝，也是因为被整个中华的天朝上国的思想给催眠了，而不能睁眼看世界，导致了最终的灭亡。

第三节　塔尔德与老子辩证哲学思想的相似

除了上述的相似性之外，塔尔德与老子之间的相似性，还体现在两者的辩证统一的哲学思想之间的相似性。塔尔德认为两个相互冲突的欲望，仅仅是一个高一级的欲望的表现。老子倡导"反者道之动，弱者道之用""无为而无不为"的观点，而且，他说"有无相生，难易相成，长短相形，高下相随，音声相和，前后相随，恒也"，对于这种辩证思想的运用，老子的看法就是"为学日益，为道日损，损之又损，以至于无为，无为而无不为也"。这句话是老子的辩证思想的机制的发挥、益与损的辩证、损与无为的辩证、无为与无不为的辩证，而且阐明得非常透彻。当表面上学习的知识不断增加的时候，所隐含的应该是道的不断的统一，当道达到抱一的程度的时候，就会无为，无为就是理解了道，理解了道就是无不为。而这种观点，塔尔德在他的书中，也有相应的提及。当然，塔尔德并不是援引老子的观点，而是援引斯宾塞的进化公式。斯宾塞的进化公式是这样的："一切进化都是物质的增益，又是相应的运动的减损。一切消解都是反过来的逆命题。"对于这个观点，塔尔德是赞成的，而且他把他应用到社会学上："生命或社会的每一点发展都是组织化程度的增长，都是功能的相应衰减，这样的衰减使组织增长得到平衡，又使其得到保障。"这与老子的"为学日益，为道日损"的观点是何等相似。

第四节　塔尔德对老子"无意识模仿"的模仿

在老子看来，损之又损的结果就是无为，而这个无为也是整部《道德经》的核心观念，无为真的就是不为吗？答案是否定的，无为就是"为"，而无为的目的就是"我无为而民自化"，这个观点与塔尔德的下对上的模仿是多么相似。无为的目的是为了"民自化"，也就是为了民众效仿我，而且是一种无为形式。也就是无意识的一种模仿，这种无意识的模仿既是老子所倡导的，也是塔尔德的模仿理论中的主旨。塔尔德在《模仿律》这本书中经常强调："我们信我们之所信，并非全是依靠偏见或权威——虽然普遍的轻信，顺从和消极被动远远超过了一般人愿意承认的程度。然而，即使我们的模仿是自愿的、有意识的，即使我们所作所信是最有用、最值得相信的东西，我们的思想和行为还是预先注定的。"这也就是上文所提到的"我们受我们的祖先控制着"。塔尔德尊崇这种无意识的模仿状态，老子也十分尊崇这种无意识模仿状态。在《道德经》中，老子时常把道描写为恍恍惚惚的状态，但是，他就是尊重这种恍恍惚惚如婴儿一般的恍惚状态，因为在这种恍恍惚惚的无意识状态中，是有信息在其中运行的，当老子在意识到这种无意识的模仿状态的重大作用的时候，还劝导利用这种无意识的模仿状态，也就是，老子最核心的思想观念为"无为""执者失之，为者败之""是以圣人处无为之事，行不言之教"。针对这样的"无为"，很自然的，老子反对一些物质的实体，因为在他看来，那些发明和物质是欲望的根源，"不贵难得之货，使民不盗；不见可欲，使民心不乱"，"夫兵者，不祥之器也"，而"国之利器不可以示人"说的正是这种不祥之器的后果。一旦国之利器示人了，那么就会引起不安，就会产生保护自己以及和平的欲望（任何一场战争不都是抱着和平的欲望吗？），那么战争就在所难免。这样的物质决定欲望的观点与塔尔德的非常相似。塔尔德认为人们并不是为了满足他体会到的某种欲望而搞发明，而是认为，发明并不是单纯社会需求的结果，而是其原因。他举了一个简单的例子就是穿衣服是为了端庄的欲望，是在我们穿上衣服之后才产生的，而不是在穿衣服之间就产生的，是衣服给我们带来的。

第五节　塔尔德对老子的"反模仿"观点的模仿

塔尔德举了衣服的例子来证明自己的观点，而《道德经》第五十三章同样举了穿衣服的例子，来说明一旦"有为"之后的后果："大道若夷，而民好径。"人民有大路而不走，而非要走小道不可，这是为什么呢？这不就是塔尔德所说的"反模仿"吗？注意这里是"反模仿"，而不是"非模仿"，因为"非模仿"是两者没有接触，很显然，民与君之间是有接触的。老子在第五十三章中，也解释了这种反模仿形成的原因，其中一条就是因为君王"服文采，带利剑"，穿着美丽的衣服，而且手里还拿着兵器，这样的有形的物质不得不引起民的反感和畏惧，这种有为的行为是"盗夸，非道也！"老子对于"反模仿"的认识，并不是偶然的思考，而是进行了深刻的思索。在五十八章中，老子说："其政闷闷其民淳淳；其政察察，其民缺缺。"而在第二十七章中，老子说："不善人者，善人之资。"而且老子对于这种"反模仿"认识得最深刻的就是把"反模仿"正着用。对于这句话的解释就是，老子所说的"太上，民知有之……悠兮其贵言，功成事遂，百姓皆谓我自然"，我无为但是实际上是有为，在无为的状态之下，功成事遂之后，百姓还能"皆为我自然"，这就是对于"反模仿"登峰造极的运用。但是，遗憾的是，老子没有认识到"非模仿"的存在，这可能是因为传播媒介的限制，使得老子只研究有接触的，而没有研究无接触的"非模仿"吧。

第六节　非语言传播，模仿的共同点

但是这些论述与传播学有何联系呢？如果非要找出上述论点之间的共同点的话，那么这个共同点就是这些论点都涉及了非言语传播。无论是"如临深渊，如履薄冰"的胆怯，是"物质决定欲望"的论证，还是对于"非模仿"的说明，贯穿其中的都是非言语传播、行为、物质、动作，我们几乎看不到什么对话，而仅凭着对于这些非言语的研究，就可以得出丰富的结论，这完全是正确的。因为，老子不提倡语言的交流，他说"多言数穷，不如守中"，而塔尔德的模仿理论所研究的相似性的历史，也同样是对于不能说话的物质的现象的相似性研究。因此，克拉克在为塔尔德的另一本著作作序时说："《模仿律》1890 年出第一版，1895 年出第二版。此时，塔尔德已经完成现象存在的哲学体系。"虽然两位哲人都未曾提到非言语传播在模仿中的作用，但是，在对比中西两位哲人的思想体系之后，作为传播学者，我们不得不说，模仿特别是无意识的模仿在很大程度上是由于非言语的传播造成的，而模仿往往会使非言语传播从时尚变为风俗，最终演变为一种本能，就像微笑这样的一种非言语符号一样，即使是天生的盲人也会微笑得毫无差错，这就是模仿的内化，也就是社会性的模仿与生物性的遗传之间的关系，模仿是遗传的基础，特别是对于非言语符号的遗传。认识到非言语符号与模仿之间的关系，最主要的目的还是运用，是更加清醒的、非梦游症一样的应用，而不是被应用。

写到这里，可以看出在这些思想领域古今中外的惊人相似，正好证明了塔尔德对于博物学者的批判。他批判博物学者常常陶醉于时代的自然主义偏见，他们总是从维纳斯出土的花瓶与贝卢诺出土的文物的相似性中推演出两者之间的亲属关系，而不是无意识的模仿关系。塔尔德与老子没有任何的亲属关系，但是，他们两者思想的一致性不得不证明了模仿，特别是无意识模仿和跨越时空的心际模仿的存在。

（第 2—6 节执笔：杨芳 谢清果）

第七章 老子口语传播智慧的真善美向度

老子对语言及其传播现象有过深刻的洞察。他从对语言的批判性反思中，启发世人舍"言"归"道"，强调口语传播当以淡而无味为最高境界，以人自身为最终皈依。为呈现老子口语传播智慧，本章从真、善、美三个向度上系统地阐述了口语传播智慧，认为"真"是口语传播主体的赤子心态，"善"则是口语传播的艺术追求，而"美"则是口语传播的终极效果。

随着传播学在中国 40 多年的发展，"传播学本土化"的呼声日益高涨，研究中国传统文化的传播智慧，自然成为研究中国传播思想史不能回避的重要对象。其中，《老子》一书就首当其冲。大陆的郭志坤最早在《先秦诸子宣传思想论稿》一书中阐述了老庄的宣传思想。[①] 台湾的关绍箕先生也曾在《中国传播思想史》中以"道家传播思想"为章名，探讨了《老子》《庄子》《列子》等道家作品的传播思想[②]。戴元光在的《20 世纪中国新闻学与传播学·传播学卷》中在"诸子传播思想别论"一节中简要阐述了"老子的传播思想"[③]。武汉大学的李敬一先生也在《中国传播史论》中深刻指出："道家在中国传播思想发展史上第一次提出传播活动中的'真'、'善'、'美'的概念，并且论述了三者之间的关系，这是弥足珍贵的。"[④] 其实，道家传播思想的真善美向度，在《老子》中就已经奠定了。这里，我们着重研究老子的语言传播智慧。张国光先生亦认为，口语现实活动的深层动机在于真善美的融合，"抛开了真，修辞的意义无从依托。抛开了善，修辞的价值取向就会偏离。而抛开了美，修辞就

---

① 郭志坤：《先秦诸子宣传思想论稿》，福州：福建人民出版社，1985 年版。

② 关绍箕：《中国传播思想史》，台北：正中书局，2000 年版。

③ 戴元光：《20 世纪中国新闻学与传播学·传播学卷》，上海：复旦大学出版社，2005 年版，第 25—27 页。

④ 李敬一：《中国传播史论》，武汉：武汉大学出版社，2002 年版，第 187 页。

根本不可能存在"①。而老子对口语传播智慧诚然有过颇有特色的思考。《汉语修辞学
史》一书就认为老子所提出的"希言自然""大辩若讷"和"不言之教"等一系列命
题，强调的是言语修辞的自然取向。此外，老子又提出了"正言若反"等修辞学命
题，在道本体论的语境下形成老子的修辞观是"以自然主义哲学为基本，疾伪恶饰，
主朴尚本"②。另有研究者认为从"语人""语质""语流""语际"等方面论证了《老
子》自身用语合乎语言和谐理论的内在要求③。何庆良和全冠军的同名博士论文《先
秦诸子传播思想研究》④都对道家传播思想有一定研究，只不过专门论述老子语言传
播智慧方面着墨较少。我们也在《和老子学传播》一书第五章"老子语言传播的艺
术神韵"中初步谈到正言、信言、贵言体现传播主体的求真意向；不言、无言、忘
言体现了传播过程的求善准则；"道可道，非常道"表明语言传播效果的臻美取向。⑤
此外，关于老子的语言哲学研究的论文不少，例如马国柱的《论老子语言审美观的
特点及其影响》、时胜勋的《〈老子〉语言思想的内涵与意义》等。它们都为本研究
提供借鉴。

　　诚然，"老子用否定的方法建立的对语言传播的认识，使我们对语言媒介可以有
更清楚的了解，它促使人们对语言传播中言与意的关系、语言的美与真及美与善、
语言传播的最佳效果等等这些问题作进一步的思考"⑥。老子以尊道贵德、虚静无为、
去欲不争、返璞归真为品格，讲究自正自化，从而在内向传播、语言传播、人际传
播、组织传播等方面的思想独树一帜。就拿语言传播而言，老子通过深刻阐释"言"
（"名"）与实、"言"（"名"）与"意"（"道"）关系，来表达了语言在传播中应当秉
持真、善、美价值取向的立场。老子以"道"为自己论说的出发点与归宿点，认为
"道"集真善美于一体，非真不足以言道，非善不足以证道，非美不足以体道（合
道）。从传播的角度而言，"真"是传播的出发点，无论是传播内容，还是传播主体
心态，都应当有精诚之真。"善"是传播过程顺利进行的法宝，传播中必须发生诸多
关系，包括人与自然的关系，人与人、人与社会的关系，人自我身心的关系等，传
播当以"夫两不相伤，故德交归焉"⑦（《老子》第六十章，下只注章数）为善，换
句话说，传播活动当"道法自然"，即顺应自然、社会、人生之本性，而无所忤逆。

　　① 张国光：《融合之境——口语传播修辞新论》，长沙：岳麓书社，2011 年版，第 45 页。

　　② 袁晖，宗廷虎：《汉语修辞学史（修订本）》，太原：山西人民出版社，1995 年版，第 19 页。

　　③ 芦亚楠：《语言和谐理论视角下的〈老子〉修辞研究》，渤海大学硕士学位论文，2012 年。

　　④ 何庆良：《先秦诸子传播思想研究》，中国人民大学博士学位论文，1993 年；全冠军：《先秦诸子
传播思想研究》，北京大学博士学位论文，2005 年。

　　⑤ 谢清果：《和老子学传播》，北京：宗教文化出版社，2010 年版，第 104—139 页。

　　⑥ 张卫中：《老子对语言传播的批判》，《社会科学战线》2002 年第 3 期。

　　⑦ （魏）王弼：《老子注》，《诸子集成》第 3 册，北京：中华书局，1954 年版。本文引用《老子》
一书，均据此版本。

"美"是传播效果的评判原则，美是一种超功利的感受。鱼儿与其有"泉涸，鱼相与处于陆，相呴以湿，相濡以沫"之悲壮，不如彼此体验"相忘于江湖"①之乐。老子认为真正的传播当如没有传播一样，正所谓"不言之教，无为之益，天下希及之"（第四十三章）。

第一节 老子对语言传播现象的哲学思索

老子所处的时代是语言与文字并行的时代，且口语传播异彩纷呈。以至于孔子将言语列为一科。而老子所以对语言抱有批判的姿态，正是深谙语言之道的表现，只有深刻的理解才能深切痛彻地批判。孔子提倡正名，"名不正则言不顺"，试图通过规范"名"，以使言与实相适宜，使语言与权力相适应。而老子则提出"无名"思想，以打破言语霸权，在语言方面要求位于上位的统治者当秉持处下的语言姿态，从而实现良好的沟通目的。《论语》所载为孔子师生对话录，"孔子的语录或可很好地代表普通受教育的口语。周代的文语，……只是一种在口语的文体方面有些修饰的文句"②。而《老子》则具跟《诗经》一样用韵，本质上是一种诗歌体裁的哲理诗，适合于口语吟唱。

一、可道与常道、可名与常名的辩证统一

《道德经》开章明义地说："道可道，非常道；道可名，非常名。"（第一章）这句话中第二个"道"，通常理解为动词性的"说"，而"说"作为表达行为，当可包含口语的言说与书面的述说。只不过，在老子看来，两者都与客观自在的"道"有着天然的距离，即道是可以表述的，但表述出来的"道"并不就是客观自在的道本身。因此，无论是言语与语言都无法穷尽客观对象。

《说文解字》曰："名，自命也。从口从夕。夕者，冥也，冥不相见故以口自名。"③如此看来，"名"的原义当是口头表达，通过发声来超越视觉和空间的局限，以实现沟通。对无时不有、无处不在的道而言，人类的命名行为，就显得笨拙和无奈。

然而，即便在常道与可道、可名与常名之间存在矛盾，道及其价值正在这相矛盾引发的张力中得以传播。老子在第十九章中说："绝圣弃智，民利百倍；绝仁弃义，民复孝慈；绝巧弃利，盗贼无有。此三者，以为文不足，故令有所属，见素抱

---

① 方勇译注：《庄子·大宗师》，北京：中华书局，2010年版，第100页。
② 转引自张玉法：《先秦的传播活动及其影响》，台北：台湾商务印书馆，1993年版，第22—23页。
③ （汉）许慎撰，（宋）徐铉校定：《说文解字》，北京：中华书局，1963年版，第31页下。

朴，少私寡欲。"值得注意的是帛书本和郭店本都为"三言"，而不是"三者"①。三者当是三句完整的话，而三言，则似乎更强调"三绝"本身，至于民利百倍、民复孝慈、无有盗贼，是言的效果。《论语·为政篇》："《诗》三百，一言以蔽之，曰'思无邪'。"②这里的一言，即为一句之意。《说文解字》："直言曰言，论难曰语，从口平声，凡言之属皆从言。"③可见，许慎是从言为心声的角度阐述"言"，认为言当是直心而言，从自己的本心出发，而没有掩饰。不过，这里的"言"在当时的语境更多地指政令教化的言论。《释名·释言语》有言："言，宣也，宣彼此之意也。语，叙也，叙己所欲说述也。"④这种言论在老子看来，仅只是"文"，而不是质。《论语·雍也篇》曰："质胜文则野，文胜质则史。文质彬彬，然后君子。"⑤《广雅·释诂二上》："文，饰也。"而质正在于"见素抱朴，少私寡欲"。可见，老子在作为世人思想修饰的文字（文字可视为"文"的一个方面），固然有其价值，但更重要的在于驾驭文字的人的内心本质，这一点正如《易传·文言》所倡导的"君子进德修业也。忠信，所以进德也；修辞立其诚，所以居业也"⑥。这里强调的修辞当以"诚"，也明确反对过于注意修辞本身，即"文"。苏辙认为此三者"不足"在于"盖将以文治之也，然而天下益以不安，曷不反其本乎？见素抱朴，少私寡欲，而天下各复其性，虽有三者，无所用之矣"⑦。其实，老子对文字的深刻批判莫过于第八十一章所言："小国寡民，使有什伯之器而不用，使民重死而不远徙。虽有舟舆无所乘之；虽有甲兵无所陈之；使民复结绳而用之。甘其食，美其服，乐其俗，安其居。邻国相望，鸡犬之声相闻。民至老死，不相往来。"在这样的社会里，那些人类创造的所谓文明如器械、舟舆、甲兵、文字都有而不用，由于而过着快乐幸福的生活。这里所提的"复结绳而用之"，鲜明地告诉人们回到文字出现以前的契刻时代。文字的出现克服了口语的一些时空障碍，然而也带来了语言与情境的分离，产生了意义盈余与缺失现象。其要义在于倡导回归生活本身，而不是活在语言文字之中。清代学者阮元有言："古人以简册传世者少，以口舌传事者多，以目治事者少，以耳治事者多。同为一言也，转相告语，必有衍误，是必寡其词，协其音，使远近易诵，古今易传。"《吕氏春秋·察传》曰："夫得言不可以不察，数传而白为黑，黑为白。"《吕氏春秋·离谓》曰："乱国之

---

① 参见刘笑敢：《老子古今》（上卷），北京：中国社会科学出版社，2006年版，第230页。

② 杨伯峻译注：《论语译注》，北京：中华书局，2006年版，第12页。

③ （汉）许慎撰，（宋）徐铉校定：《说文解字》，北京：中华书局，1963年版，第51页上。

④ （清）毕沅：《释名疏证》，载顾廷龙主编：《续修四库全书》编纂委员会编：《续修四库全书》[189经部·小学类]，上海：上海古籍出版社，2002年版，第607页。

⑤ 杨伯峻译注：《论语译注》，北京：中华书局，2006年版，第68页。

⑥ （明）来知德撰：《周易集注》，张万彬点校，北京：九州出版社，2004年版，第167页。

⑦ （宋）苏辙：《道德真经注》，上海：华东师范大学出版社，2010年版，第24页。

俗，甚多流言，而不顾其实，务以相毁，务以相誉，毁誉成党，众口熏天，贤不肖不分。"① 可见，老子在当时就对语言传播现象对社会的干扰有着深深的忧虑。他试图通过小国寡民的组织建构消除语言传播的次数与层次，形成扁平的组织结构。组织状态是"太上，下知有之；……悠兮其贵言，功成事遂，百姓皆谓：我自然"（第十七章）。统治者少发言论，百姓自然安居乐业。

二、淡而无味：老子对口语传播境界的基本取向

老子对口语传播的魅力也是有过深刻的描述："执大象，天下往。往而不害，安平太。乐与饵，过客止。道之出口淡乎其无味，视之不足见，听之不足闻，用之不足既。"（第三十五章）值得一提的是，唐代傅奕本和帛书本《老子》中"出口"均为"出言"，如此看来，道在言语上的至高境界为"淡且无味"，淡乃味之正。有味则有偏，道于有所偏重的五味而言，她是区别于五味之味，即淡，即无味之味。这就如同视之不见，听之不闻，抟之不得，而巧用却无穷尽。河上公注曰："道出入于口，淡淡，非如五味有酸咸苦甘辛也。"② 老子在那个动乱的年代对于祸从口出，是有着深切的认知的，因此，他十分强调"希言守中""贵言"，乃至于"不言"等。老子更深知"言"能弘道，"言"又会遮蔽"道"。因此，他讲究言必有道，言必合道，追求道与言合，而无祸端。刘笑敢先生认为："'道之出口，淡乎其无味。'说明道的原则讲起来平淡无奇，没有神圣的外衣，没有庄严的布道，没有诱人的许诺，没有可怖的恐吓。道之终极关怀与百姓人伦日用相贯通、相融会，人们体会多少，就可以享受多少；实践多少，就可以得益多少。不必有献身的承诺，不必有赎罪的忧虑。可以从一己之身做起，可以从家庭做起，也可以扩大到一个机构、一个地区、一个国家，最终的理想是建立全人类的自然的和谐的家园。"③ 道性在语言上的体现为"淡"，用现在的话讲，是以深刻的哲理去启迪人，而不是用华丽的辞藻去取悦人。这就好比糖吃多了会腻，而淡如水则不然。言语不在多，而在于"中"，在于"和"，即，说得恰到好处，又能令人愉悦，促进人际和谐。

三、在人的自我价值实现中关注口语传播

承上所述，老子对"言"（包括口语与文字语言）的论述中已然洞察了符号与意义的关系，语言与人际沟通的关系，语言与施政（组织传播）的关系，甚至还有非语言传播方面的意义，如以水、川谷、婴儿等具象来启迪世人对道之理的感悟，即

---

① 朱传誉：《先秦传播事业概要》，台北：台湾商务印书馆，第105页。
② 王卡点校：《老子道德经河上公章句》，北京：中华书局，1993年版，第139页。
③ 刘笑敢：《老子古今》（上卷），北京：中国社会科学出版社，2006年版，第365页。

"行不言之教"。诚然，如一些口语传播学者所言："口语传播学是回归到以人为主的人，无论沟通的中介或是媒介为何，沟通的主体都是人；故不论是从沟通技巧层面的演讲、辩论、表达、说服、协调与领导，还是从影响社会运作更深层面的修辞与思辨、语言与权力、语言与社会化以及语言与文化等方面来看，口语传播学的核心知识与技能均可视为传播相关学科系所需要的基础知识。"语言体现着言语者的修养，反映着言听两方的关系，言语传递着信息，表达着诉求，它联结着人与人、人与组织、组织与组织，甚至国家与国家，它关系着事情的成败，以至于个人、家庭、组织、国家的安危，能不谨慎吗？老子说："信言不美，美言不信；善者不辩；辩者不善；知者不博，博者不知。"语言根本在于传情达意，因此以信为本，而非在于形式是否"美"。进一步而言，老子不欣赏"辩"，因为"道"在于体悟，不在于辩论，道是可传不可授。辩固然有传的效果，但是否接受则在于个人。况且老子所处的时代能言善辩者往往是基于一己或一国之私利而巧舌如簧，视社会道义于不顾。辩者有很强的求胜之心，而不在意于是否合道。所以，"长久以来口语传播学关注的焦点不在于媒介的接收与使用，或是媒介对阅听人的影响与效果，而是探究在不同的社会情境里（或是媒介中介里），人们如何使用语言符号与他者互动以达到沟通目的，其中，语言、语言的使用、语言的使用者以及互动的情境脉络与意义才是关注的所在。"[①]"言"在老子的视界中是"道"的呈现，它体现着言语者是否有道，或者得道的程度。老子在第六十六章中说："是以欲上民，必以言下之；欲先民，必以身后之。是以圣人处上而民不重，处前而民不害，是以天下乐推而不厌。以其不争，故天下莫能与之争。"圣人作为有道者，他在"上民"的过程中，自觉地"言下之"，这样的领导者在组织管理中营造了良好的企业文化，即以员工为主人，秉持了几于道的水"善下"的品格，从而赢得组织成员的爱戴与拥护。

需要强调的是，老子对口语传播表现出来的谨慎态度，其实也是对传统的继承发扬。作为《道德经》思想源头之一的《金人铭》开头便说："古之慎言人也，戒之哉！无多言，多言多败；无多事，多事多患。安乐以戒，无行所悔。"[②]谨言慎行的思维也是贯穿于《道德经》始终，例如，第六十四章曰："民之从事常于几成而败之。慎终如始，则无败事。"于此强调说话处事都应保有始终如一的认真态度。第十五章也言："古之善为士者，微妙玄通，深不可识。夫唯不可识，故强为之容。豫兮若冬涉川，犹兮若畏四邻，俨兮其若客；涣兮若冰之将释；敦兮其若朴；旷兮其若谷；混兮其若浊。"有道之士在言语处事各方面都注重怀有犹豫、庄严、流散、敦厚、空

---

① 秦琍琍，李佩雯，蔡鸿滨：《口语传播》，上海：复旦大学出版社，2011 年版，第 4、7 页。
② （西汉）孔安国编：《孔子家语·观周第十一》，北京：蓝天出版社，1999 年版，第 34 页。

旷、含混的心态，如此方可谋而后动，宁静以致远。

第二节　真：老子对言语者赤子心态的表征

老子在第四十一章说提出"质真若渝"的观点。他认为作为一个修道者首先本质上要"真"，那么体现在言行举止上才会真，且无论遇到什么困难都会"独立而不改"。可见，老子在传播主体心态上要求"真"，传播内容上要求"真"。老子在第五十四章又提出"修之于身，其德乃真"的论点。在他看来，"真"的把握在于个人，个人要主动去修，去改善自己对事物认识不真，自己表达不真等一系列"遮蔽"我们传播活动真实的情况。因此，传播主体要不断提高修养，力求在德性上做到纯真无瑕。老子还指出道的存在是"其精甚真，其中有信"（第二十一章），那么作为修道者的最高目标就是与道合真。换句话说，修道的最高境界是"全真"，这样，传播主体的修养、传播的内容以及效果都必定是真的，即"真"普及天下，让天下人受其惠。不过，老子在告诫世人传播活动要"真"以外，还告诉人们"真"在现实活动中未必时时就以"真"的形象出现，这是因为"道可道，非常道；名可名，非常名"（第一章），因此，就会出现"质量若渝"的情况，即本是真的东西，在世人看来可能是混乱的，不真切的。不过，这是暂时现象，总有"功成事遂"（第十七章）的时候，这是一种自然现象。

老子提出语言传播的原则当是：在"惟道是从"（第二十一章）与"唯施是畏"（第五十三章）之间保持必要的张力。可以说，语言传播是否"真"，那一方面要看传播主体的言语动机是否真，即是否合道；另一方面要看传播的过程是否把"道"贯彻到底，因为道不可须臾离，可离非道。当然如果从传播效果来看，要让听到"道"人能够"上士闻道，勤而行之"。

老子呼吁世人当效法婴儿，纯洁天真，真实不欺，为后世文学树立了"言为心声""文如其人"的典范。

第三节善：老子对口语传播过程的艺术追求

"善"一词在《老子》一书中出现的频率很高。以第二十七章为例，老子说："善行无辙迹，善言无瑕谪，善数不用筹策，善闭无关楗而不可开。善结无绳约而不可解。是以圣人常善救人，故无弃人。常善救物，故无弃物，是谓袭明。故善人者，不善人之师；不善人者，善人之资。不贵其师，不爱其资，虽智大迷，是谓要妙。"行动、语言、谋划、结盟等一切人类活动都就应当做到"善"，其中就包括传播活动。老子注重语言传播的技艺，他直接提出了"善言"的总目标，即善于说话的就不会有瑕疵。其内涵包括有：

一、"正言"。老子说"正言若反"（第七十八章）。既然"美言"存在一定的危险性，那么，老子强调当注意"正言"。"正"大体指正确、正当、准正（不偏）之义。首先，说话要注意是不是说到点子上，是不是用上了准确的语言，努力让语言与自己心里想的一致。再者，说话时的心态要"正"，不能心怀鬼胎，要有浩然正气，这样说出来的话才会大义凛然。最后，还要注意"正言"也有阅听人理解上的问题。在现实生活中，由于人们尔虞我诈，以致正常的话、正面的话人们听不进去，还以为说的是"反话"。即便如此，为道者还应当坚持自己的信念，始终不渝地说真话，说正话。

二、"信言"。老子提出"言善信"（第八章）。说话者不仅自己要保证说的话要真实，而且说话者要善于让人明白，使人相信。老子曰："信者，吾信之。不信者，吾亦信之，德信。"（第四十九章）语言的初始动力在于沟通，使对方信自己的话。但在人际沟通中，不信的现象又是层出不穷。这里面原因很多，有说者没说清的地方，有听者没领会的地方，等等。面对这样的情况，老子认为应当努力去实现语言令人相信的基本功能，以实现致效的沟通。同时，老子亦强调"信言不美"，这就是强调言语着重在内涵之信诺，而不在乎外表之华丽。对此，吴东权先生分析说："古人受这种战战兢兢、小心翼翼的影响，所以有识之士，大多不肯轻易启齿，惜言如金，此举固然有明哲保身、怕惹是非的乡愿思想，但是为了维护言语的可信度、肯定言语的权威性，而不肯轻易承诺、免得口无遮拦，也是原因之一，因为古人主张'言行一致''言出必行'，倘使说了不做，或是光说不练、讲得多做得少，那就有失君子风度，成为信口开河、毫无信用的小人了，所以'信'字，从人从言，人言为信，基于这个意识，古人每当开口之前，必须先作思考：所言者能否兑现？所说的是否合理？此时此地、该不该开口发言？……这些顾虑绕在脑际，自然就不会轻易说话了。"①

三、"希言"。老子提出"希言自然"（第二十三章）的见解。在他看来，说话要自自然然，话贵精，不贵多。因为"少则得，多则惑"（第二十二章）。话说太多了，容易让人迷惑，还不如说得精当扼要。

四、"贵言"。老子提出："信不足焉，有不信焉。悠兮其贵言。"（第十七章）现实生活中总有些人是这样："中士闻道，若存若亡。下士闻道，大笑之。不笑，不足以为道。"（第四十一章）所以他们有时是听不进有道者之言，有时半信半疑，有时反而大笑为道者。在这些情况下，为道者就应当悠然自得，不用多言，珍惜自己的语言，以待识道者而言，所以老子说："知我者希，则我者贵，是以圣被褐怀玉。"

---

① 吴东权：《先秦的口语传播》，台北："行政院文化建设委员会"，1991年版，第35—36页。

（第七十章）

五、"言有宗"。老子还提出"言有宗，事有君"（第七十章）的要求。他认为要说，就要说得有根据。"执古之道，以御今之有。能知古始，是谓道纪。"（第十四章）"道纪"大体上指纵观历史，把握事情来龙去脉的过程中积淀下来的思考和处理各种事情经验方法，用现代话来讲，可以统称"传统"。老子为了让受者相信自己所说的话，他常常引用圣人的话，比如"故圣人云：我无为而民自化。我好静而民自正。我无事而民自富。我无欲而民自朴"（第五十七章）、"是以圣人云：受国之垢，是谓社稷主；受国不祥，是为天下王"（第七十八章）。还特别注重引用当时流行的各领域中的名言警句，比如"用兵有言"（第六十九章）、"故建言有之"（第四十一章）等等。因此，我们说老子正是十分关注语言传播过程的原则和注意事项，以保证传播的内容客观、全面、准确地传达到受众那儿。

老子要求人们在语言传播的过程中，要注意善于运用多种语言方式来实现意义的传递。不过，无论如何，语言必须秉持"言必及道"原则，以便能起到沟通、和谐人际关系的奇妙作用。

第三节　美：老子对口语传播效果的境界取向

美体现一种价值理性，语言之美强调了语言传递的意义对人和社会产生了潜移默化的影响，润物细无声。

一、美言可以市：老子对语言传播基本效果的认同

老子对语言之美也不是一味否定。他说："美言可以市"（第六十二章），美好的语言可以获得别人的好感、信任等利益。只不过，老子也从反面提出警告："信言不美，美言不信。"（第八十一章）语言是以信实作为前提的，如果好听的话不真实，再华丽的语辞都是有害于道的。老子敏锐地意识到现实世界中"美言不信"的大量存在，因此，他以反讽的方式提醒人们要注意，真实的话可能是朴素的，华丽的语言可能是虚假的。刘勰在《文心雕龙》中就指出："老子疾伪，故称'美言不信'；而五千精妙，则非弃美矣。"①

二、不言：老子对语言传播效果至高境界的追求

不过，如上文所言的人类传播过程注重的原则方法等还只是停留在传播的工具

---

① 周振甫：《文心雕龙今译》，北京：中华书局，1986年版，第288页。

理性,当然其中包括某些传播效果,但这里我们着重关注传播的价值理性和审美意境,那就是沉浸于"道"的体悟之中,忘我、忘言,准确地说,是生成了悟性之境。这种情况,老子称为"不言"。张卫中认为:"从语言传播看,只要一切符合'言'的自然性(即'言'的规律),不在'言'的自然性之外去刻意追求,就能达到最佳的传播效果。这便是老子所谓'不言'的真正内涵。"①《道德经》第六十二章说:"美言可以市,尊行可以加人。……故立天子、置三公,虽有拱璧以先驷马,不如坐进此道。"虽然美言善言可以得到某些好处,但与道相比,坐而悟道是其最高境界。老子认为传播活动当效法天:"天之道不争而善胜,不言而善应,不召而自来,繟然而善谋,天网恢恢,疏而不失。"(第七十三章)天何言哉,四时行焉,万物生焉。人的传播活动如果能够达到"不言之教,无为之益"的效果,那是最理想的,也是合道的境界。人能弘道,非道弘人。"道"靠人去实践,去发扬去传播,但要做到"孔德之容,惟道是从"(第二十一章)。总之,一切传播行动都抱着"为而不争"的心态,即便功成也身退,让人们得到实惠,又感到很自然。因此,我们可以说"不言"既是体道的境界,也是对语言广泛意义的完全统摄,而语言符号此时好像被抽干了意义似的,被弃之不顾。如果执着于语言名相,那就会阻碍对"道"之意的领悟。因此,"不言"是老子语言传播的最佳效果的表征,同时也是一种"美"的享受。此时此刻是谓"知者不言,言者不知"(第五十六章)。可以说,"老子关于口语传播的观念,是本体论与人生论的结合。就前者而言,他主张'小国寡民''民至老死不相往来',好像完全否定了人际交流的必要性。但从人生论的角度着眼,老子恰恰是强调借自然之势以使对方自动转化为对立面,达到'我'的目的。他是以巧妙的方式来实现对效果的有效控制。理解了这一辩证法思想,就明白老子'不言之言'的要义,也才能懂得他的高深莫测的'说'的理论观念"②。

老子曰:"道可道,非常道;道可名,非常名。"(第一章)因此,无论是文本的创作者和文本受众都应当持有"言不尽意"的精神,进入文本,又超越文本,实现创作者与受众意义的融合,甚至超越了文本意义,生成许多新的意义。其实,《老子》这部书传承至今,历久弥新的原因之一就在于此。

(本章执笔:谢清果)

---

① 张卫中:《老子对语言传播的批判》,《社会科学战线》2002 年第 3 期。

② 张伟:《先秦文明与口语传播》,南开大学硕士学位论文,2005 年,第 51 页。

第八章 老子的非言语传播思想

本章主要从传播学中非言语传播的理论角度来解读老子在《道德经》中所表达的"不言之教，无为之益"的深刻内涵，并与人际传播以及大众传播中的实践行为相联系，对老子的非言语传播思想做了一个简单的概括和综述，初步得出了老子思想中非言语的核心理念以及一些主要的特点。

有人类就有传播，传递信息是人生存和发展的需要，在传递信息的过程当中，人们使用着各种各样的符号，这些符号，除了语言之外，还包含着庞大的非语言符号系统，因此，美国心理学家梅瑞宾曾经总结过这样的一个公式：

信息总量 =7% 词语 +38% 副语言 +55% 体态语 [1]

由此也可以看出，非言语传播在信息传递过程中占据着极其重要的地位，这还只是从横向方面表明了非言语传播的重要性，如果从纵向方面来看，它的重要性依然突出，这是由于有声语言的出现在人类的出现 690 万年后才产生 [2]，而在此前漫长的岁月里，人类只能借助各种非语言符号来进行传播。2007 年以色列海法大学进化研究中心的研究员吉利·培勒在先天失明的志愿者进行实验后，发现喜怒哀乐的面部表情是可以遗传的 [3]，这些表情不是习得的，而是经过千万年的进化，已经包含在人类的遗传基因当中的。这些也从纵向上说明了非言语传播在信息传递过程中的重要性。非言语传播重要性的学理探索已经早被西方学者所关注，无论是达尔文的《人类与动物表情》、施拉姆的《大众传播论》，还是马兰德罗《非言语交流》，都对非言

---

① 宋昭勋：《非言语传播学》，上海：复旦大学出版社，2008 年版，第 19 页。
② 上溯 700 万年，人类开始出现。上溯 10 万年，有声语言诞生。（转引自转引自宋昭勋：《非言语传播学》，复旦大学出版社，2008 年第 1 版，第 21 页）。
③ 取自网易新闻中心：http://news.163.com/06/1024/15/2U788RGJ000120GU.html。

语传播做过一些探索。中国政法大学的姜振宇教授所进行的"心理危机微反应"的研究课题则通过对于非言语信息的研究来服务于法制工作。

反观在没有传播学学科的古代，华夏先祖们是否也认识到了非言语传播的重要性呢？答案是肯定的，因为在《毛诗序》中就有言："说之，故言之；言之不足，故嗟叹之；嗟叹之不足，故歌咏之；歌咏之不足，故不如手之舞之足之蹈之也。"而《庄子·至乐》亦载："庄子妻死，惠子吊之，庄子则方箕踞鼓盆而歌。"对死亡的态度，也能以歌的形式表达。再后来，词人柳永的"执手相看泪眼，竟无语凝噎"的凄美诗句也流传至今，离愁别绪尽在一个眼神的非言语符号中。但是，不论《毛诗序》的手舞足蹈，庄子的鼓盆而歌，还是柳永的泪眼婆娑，他们都是在老子之后的人对于非言语的理解和应用，如若探寻老子，就会发现，对于非言语传播的理解和应用充溢在他的力作《道德经》之中。可以说，老子是一位对于非言语传播研究最早也是很透彻的人，在探寻老子的非言语传播的思想的时候，我主要从以下几个方面进行。

第一节　老子眼中的"非言语传播"

如同对于传播的定义多种多样一样，对于非言语传播的定义，也是异彩纷呈。美国学者洛雷塔·A. 马兰德罗与拉里·巴克将非言语交流定义为："是个人发出有可能在他人头脑中产生意义的非言语暗示的加工过程。"美国人类学家、心理学家萨丕尔·爱德华认为："非言语传播是一种不见诸文字、没有人知道，但大家全都理解的精心设计的代码。"而台湾学者李茂政则认为："凡是运用语言符号以外的所有传播行为都被称作非言语传播。"可以看得出来，这些定义都是从"非言"这个角度来对非言语传播做了一种正面的解释和说明，但是仍然是站在"言语"的角度上。同理，在《道德经》当中，老子也是站在"言"的角度对"不言"做了一番论证。老子是一位哲学家，他的思维方式中充满着"福兮，祸之所倚；祸者，福之所伏"的辩证思想。而在这种辩证的思想当中，他的"正言若反""去此取彼"的逆向思维方式更加明显，即使是在构建他的形象思维方式当中，老子运用正反相成手法，来增强形象的感染力。① 因此，老子思维方式的一个总的特点就是习惯于用相反的方式、否定的层次建立起体系来说明对否定意义的肯定。② 正是由于老子的这种思维方式，在《道德经》中没有明确说明什么是"不言"，而是通过对于"言"的否定来达到对于"非言"的肯定。老子在第七十章当中，就对于言发出了这样的感慨："吾言甚易知，

① 谢清果：《老子形象思维及其现代价值》，《福建师范大学学报》2002 年第 1 期。
② 黄承贵，高成：《老子思维方式的特点以及期现代价值》，《安徽大学学报》1999 年第 3 期。

甚易行，而天下莫能之，莫能行。"① 为什么会出现这种曲高和寡的局面呢？老子接着就给出来这样的答案："言有宗，事有君。"② 老子的这种解释与罗兰·巴尔特对于语言的认识有着异曲同工之妙。罗兰·巴尔特认为语言并不是由说话的大众而是由决策集团所制定的。在这里，巴尔特把符号的"任意性"理解为符号是由单方面决定的人为方式建立的，这就是决策集团。同样，符号学家索绪尔也认为语言既是一种社会制度，又是一种价值系统，它是一种进行交流所必需而又与构成其质料无关的规约系统。③ 而老子这里所言的"宗""君"，不就是巴尔特口中的决策集团、索绪尔眼中的规约系统吗？老子通过"吾言甚易知，甚易行，而天下莫能之，莫能行"与"言有宗，事有君"的对比，指出了语言符号与其意义之间联系的随意性特点。正是因为老子认识到了语言符号的这种随意性，才会发出了"天下皆知美之为美，斯恶矣；天下皆知善之为善，斯不善矣"的感叹。从老子的这些认识和感叹中，实际上，我们看出了在那个"周尚文"的时代之中，语言霸权的横行，如若不然，也不会有《国语·召公谏厉王弭谤》中"道路以目"的记载，也不会有"美丑善恶"的强制性划分。因此，老子说："善者吾善之，不善者吾亦善之，德善；信者吾信之，不信者吾亦信之，德信。"套用鲁迅先生的名言就是："世界上本没有善恶，说的人多了，就有了善恶。"因此，老子反问："善之与恶，相去几何？"善与恶，距离到底有多少呢？他回答说："天之所恶，孰知其极？其无正，正复为奇，善复为妖，人之所迷，其故日久。"天道无所谓正邪，正有时是邪，邪有时也是正，人不见环肥燕瘦，各有所爱。因此他说："不善之人，何弃之有，故，立天子，置三公，虽有拱璧，以先驷马，不如坐进此道。"在老子所生活的后周时代，已经设立了比较完善的三公六卿的中央结构，其中就设有纳言一职。《舜典》有言："命汝作纳言，夙夜出纳朕命，惟允。"据《十三经注疏·尚书正义》中记载："纳言，喉舌之官。听下言纳于上，受上言宣于下，必以信。"这里强调了"信"的重要性，说明在当时的情况下，已经有"不信"的存在。为什么呢？因为"信言不美，美言不信"，而"众人熙熙，如享太牢，如春登台"，大家都是趋向于美的东西，就会有不信的存在。在《孟子·梁惠王》中也有这种皇帝身边的"三公"传播失效的描写："左右皆曰贤，未可也；诸大夫皆曰贤，未可也；国人皆曰贤，然后察之。"由此可见，三公凭借其权利，对于言的控制是非常重要的，因此，老子才说"不如坐进此道"，因为"道常无名"，没有名的道不可说，不可说，就不会造成传播的失效。道的化身就是朴，"朴散则为器。圣人用之，则为官长"，"朴虽小，圣人若能守之，万物将自宾"，"万物将自化，吾将镇之以无名之

---

① 本章所引用的《道德经》为帛书本。
② 马王堆出土帛书为："事有宗，言有主。"
③ 李正良：《传播学原理》，北京：中国传媒大学出版社，2007年版，第199页。

朴"，而这个朴，在一定程度上可以理解为是"孤，寡，不谷"这些众人所恶的词汇，因为"侯王无以贵，恐蹶……是以侯王自称孤，寡，不谷"。"人之所恶，唯孤，寡，不谷。而王公以为称。"以孤、寡、不谷这些来自称的话，就没有高贵而言，没有高贵而言，就不会有"无以贵"的恐慌，"孤，寡，不谷"，仅仅是名称而已，在老子眼中，就有如此强大的魔力。从这里，就不难看出老子对于语言力量的理解。

　　面对这种由于语言符号与意义之间的随意性所导致的语言权利主义，老子也很无奈，所以，他会发出这样纠结的感慨："道可道，非常道；名可名，非常名"。意义是如此丰富，语言是如此苍白，"道之出口，淡乎其味"，但是，没有交流，又是不行的，因为"有名，万物之始，无名，万物之母。……两者同出而异名，同谓之玄，玄之又玄，众妙之门"。面对这样的无奈，老子所提出的解决之道就是"事无事，为无为，味无味"，"无为而无不为"地进行交流，具体来说就是要"悠兮，其贵言"，"多言数穷，不如守中"。但是更好的一种解决方式，就是行"不言之教，无为之意"，这是因为"天之道，不争而善任，不言而善应，不召而自来……天网恢恢，疏而不漏"，"天之道，损不足以奉有余"。孔子也坚持这样的观点，在《论语·阳货》中有言："子曰：'天何言哉？四时行焉，百姓生焉，天何言哉？'"由天之道而引出的人之道就是"不尚贤，使民不争；不贵难得之货，使民心不乱"。而人之道呢？"人之道，损不足以奉有余"，所以，老子才会说"善言，无瑕谪"，没有瑕谪，就没有不足，没有不足，就不必被人道拿来进行不公平的分配，因此，老子口中的"不言"是一种无名的天道。"道常无名"，这种无名的道，却是"道之为物，惟恍惟惚，惚兮恍兮，其中有象，恍兮惚兮，其中有物，窈兮冥兮，其中有精，其精甚真，其中有信。自古及今，其名不去，以阅众甫，我何以知众甫之状哉？以此"。很明显，在老子的眼中，这种无名之道，无言之教，是有象，有物，有精，有信的。也就是说，这些无言之教当中，包含着丰富的信息，而这些信息呢，是"其精甚真"，也就是这些无言之教之中所传递的信息是非常真切的，可以"以阅众甫，知众甫之状"，可以从这些信息中判断事物的发展状况。老子对于无名之道，无言之教的真实性的理解，与泰勒在《人际传播新论》中的研究结果不谋而合。通过对于非言语的观察和研究，泰勒指出："当词语与非词语讯息相互矛盾的时候，人们更倾向于相信非言语的讯息"。① 这也是弗洛伊德所坚持的观点——非言语行为通常来自人的潜意识，而人通常是更容易控制自己的意识，而不是潜意识，正是因为这样，非言语行为所传播的信息才会更精确。所以，老子说"其精甚真"。只有行"不言之教，无为之益"，才能够"我无为而民自化，我好静而民自富，我无欲而民自朴"，才能："和其光，同其

---

　　① ［美］泰勒等著，朱进东译：《人际传播新论》，南京：南京大学出版社，1992 年版，第 64 页。

尘"，才能"不可得而亲，不可得而疏，不可得而利，不可得而害，不可得而贵，不可得而贱"，由此，就没有亲疏贵贱之分，也就是解决了上文中所说的"天下皆知美之为美，斯恶矣；天下皆知美之为美，斯不善矣"的困惑了。但是，正如老子自己所言："多言数穷，不如守中。"按照反者道之动的观点，不言，无名，都是另一种言和另一种名，对于他们，也不能发挥到极致，因为"大曰远，远曰逝，逝曰反"，凡事过了就不及了，正所谓"其无正，正复为奇，善复为妖"。老子也认为："名与身孰亲？身与货孰多？得与亡孰病？是故，甚爱比大废，多藏必厚亡。"老子并没有告诉人们名与身到底是哪一个更亲，因为，无论把哪一个看得太重，都会导致大废和厚亡，所以，老子希望达到的就是知足和知止："知足不辱，知止不殆，可以长久。"因此，"始制有名，有名曰止，知止而不殆"。从本质来说，老子仍然是持有"执两用中"的中庸思想，白居易的"言者不如知者默，此语吾闻于老君。若道老君是知者，缘何自著五千文"仅仅是对《道德经》的片面理解，没有理解老子的"知止"的"中"的思想。

归纳上述的分析，就可以看出，老子对于非言语的传播的理解实际上是建立在对于言语传播的理解的基础之上，正如同来自自己所说的："知其雄，守其雌，为天下溪，为天下溪。常德不离，复归于婴儿。知其白，守其黑，为天下式。为天下式，常德不忒，复归于无极。知其荣，守其辱，为天下谷，为天下谷，常德乃足。"由上述的分析，也可以看得出，老子是在充分地论述了"言"的基础上得出的对于"不言"的理解，两者是相互呼应的，像前面说"天下皆知美之为美，斯恶矣，天下皆知善之为善，斯不善矣"，后面就说"知者不言，言者不知。塞其兑，闭其门，挫其锐，解其纷，和其光，同其尘，是谓玄同。故，不可得而亲，不可得而疏，不可得而利，不可得而害，不可得而贵，不可得而贱。故为天下贵"。

综上所述，我试着为老子的非言语思想下一个定义即："非言语是道的一种表现形式，是不同于语言霸权的一种客观准确的表达方式，在非语言当中，包含着较为确切的信息，虽然不见诸文字，但是是一种"不言而善应"的大家都理解的系统。"由此看出，与当时的文字崇拜的观点不同，老子所崇尚的是非言的无为之道，因为在《道德经》的最后，他把自己的理想王国描绘为："小国寡民，使有什伯之器而不用；使民重死而不远徙；虽有舟舆，无所乘之；虽有甲兵，无所陈之。使民复结绳而用之。甘其食，美其服，安其居，乐其俗。邻国相望，鸡犬之声相闻，民至老死，不相往来。"什伯之器是什么？据《一切经音义》中记载："什，众也，杂也，会数之名也。孳生之物谓之什物。"而在现在汉语中"家伙什"也是经常用的词，因此，什伯之器，应该是居家用品^①，在老子所生活的时代，这些什物就是煮饭的"鼎"、蒸饭的"鬲"以及盛饭的"簋"、饮酒的"爵"等等，在商周的奴隶时代，这些什物都是标志贵族等级的器物。在没有纸张的年代里，在这些器物的内壁，或底部就会刻一些文字，考古学上称为钟鼎文^②，像毛公鼎上所刻的文字就是对于战事、契约、占卜祭祀的描述。因此，可以说，这些什伯之器就是语言符号的载体，应该说是历史的进步。但是，老子却说："使有什伯之器而不用"，他所希望的是"使民复结绳而用之"。结绳而用之是文字出现以前的时代。孔安国在《尚书序》中有言："古者伏羲氏之王天下也，始画八卦，造书契，以代结绳之政，由是文籍生焉。"唐时李鼎祚在《周易集解》中也有言："古者无文字。其有誓约之事，事大，大其绳，事小，小其绳。"由此可见，结绳记事是早于八卦，书契的上古时代，是没有文字的时代。从用什伯之器而来划分等级，刻下文字与用结绳记事这种非语言来交流记事的两种愿望的对比中，就更能看出老子对于不言的尊崇。如果用现在的话来说，老子的这种思想其实是一种文明传播的悖论思想，即认为："文明在物质、技术以及媒介层面的进步，常常打乱了固有的文明传播秩序，尤其是文化信息的骤然增加与分歧杂乱，使原本共享共信的文明价值被怀疑并否定，最终文明成为传播、扩张的牺牲品，文明由于传播的失衡，偏向，混乱和悖论而坠入战乱，崩溃等非文明的野蛮状态。"^③

由上述可以看出，老子是尊崇"不言"的，而且他还认识到了非言语的重要的传播作用，非言语中含有十分丰富的信息，因此他才说："鱼不可脱于渊，国之利器不可以示人"，国家的利器不能随便展示出来，一旦展示出来，就如同鱼离开了水一样，那么结果就是任人鱼肉了。所以，现在的军事基地是不允许媒体随便采访的。20世纪50年代日本能够成功地中标大庆油田的采油设备的招标，就是仅凭《人民画报》上所刊登的一幅王进喜在鹅毛大雪里的照片里所隐含的丰富的信息所推断出来大庆油田的地理环境，综合各方面的信息，来设计这次招标的采油设备，才有可能中标的，这个案例充分说明了非言语传播的重要作用。我们并不是孤立地生活着，周边还有很多人在虎视眈眈地看着我们，因此，国家的利器不能随便展示出来，而是要"以身观身，以家观家，以乡观乡，以天下观天下"。

第二节　老子对非言语传播的功能和意义的理解

既然老子尊崇"不言"，也认识到了非言语在传播中的重要作用，那么在老子的

---

①　根据任继愈在《老子绎续》中考证。

②　陶圣建：《鼎、簋和钟鼎文》，《历史学习》2005年第10期。

③　毛峰：《传播学概论》，长沙：中南大学出版社，2006年，第31页。

眼中，非语言具有什么样的功能和意义呢？首先，我们认识一下由当代学者所总结出的非语言传播的各种功能和意义。香港树仁大学新闻与传播系教授宋昭勋在其著作《非言语传播概论》中，把非言语传播的功能分为两大类：一、独立表意功能。二、伴随语言功能。在第一种功能当中，作者又把它分为了替代功能和美学功能，在第二种功能中，作者也把它细分为补充、强化功能，否定功能以及调控功能。而李正良在其主编的《传播学原理》一书中，把非语言符号的功能归为六点，分别是：补充作用、替代作用、强调作用、否定作用、重复作用、调节作用。其他的对于非语言符号的功能的认识也超不出上述的这两种范围。综上这两种观点，可以把非语言符号的功能概括为：补充、强化功能，替代功能，否定功能，调控功能这四类。那么，在老子的思想当中，非言语传播的功能和意义又是怎样的呢？

一、老子关于非言语传播的否定功能

所谓的非言语传播的否定功能就是我们经常所说的"言行不一"。当言语符号与非言语符号发生矛盾的时候，人们倾向于相信非言语符号所承载的信息，而不相信言语符号。正是因为这样，老子才说："载营抱魄，能无离乎；专气致柔，能婴儿乎？"憋着自己的气，故意装出柔弱的样子，不是真正的赤子之心，真正的婴儿是"未知牝牡之合，而朘怒，精之至也。终日号而不嗄，和之至也"。真正的赤子之心，是这样的，不会专气至柔，而是终日号而不嗄。一旦进行有意识的控制了，那么就会"心使气曰强，物壮则老，谓之不道，不道早已"，就会不道，促使其死亡了。专气而致柔，就不是真正的婴儿，这不就揭示了非言语传播的否定功能吗？老子对于非言语的否定功能的认识不仅仅体现在这一个方面。在第七十章中，老子就说："夫唯无知，是以不我知，知我者希，则我者贵，是以圣人，被褐怀玉。"人们所看见的是圣人身上的破衣，看不见的是圣人怀里的美玉，总是被外表所迷惑，因此，老子说："五色令人目盲，五音令人耳聋，五味令人口爽，驰骋畋猎令人心发狂，难得之货令人行妨，是以圣人为腹不为目。"这一件破衣，是一种非言语符号，它的出现，在皆注其耳目的百姓眼中就否定了美玉的存在，老子从"正言若反"的肯定角度揭示出了非言语传播的否定功能，带着一种哲学的思辨。正是由于老子自己明白非言语传播的这种否定的功能，他才告诉人们："明道若昧，进道若退，夷道若类，上德若谷，大白若辱……大器晚成，大音希声，大象无形"，才多次强调："不自见故明，不自是故彰，不自矜故长"，才提倡弱骨实腹，才会强调内观的重要性："知人者智，自知者明""以身观身，以家观家，以乡观乡，以国观国，以天下观天下，吾何以知其然哉？以此"。只有自己内省自己，"知其白，守其黑，知其荣，守其辱"，才会拨云见日，不会被外部世界所迷惑。老子对于非言语传播的否定功能的认识是很全

面的，他不仅以哲学的思维揭示了非言语传播的否定功能，指出了以内省来应对"言行不一"的迷惑，而且还在《道德经》中表达了自己对于"言行一致"的肯定和希望。他说："致数誉无誉，不欲琭琭如玉，珞珞如石。"既然被褐怀玉的圣人不为人所了解，那么，还不如表里如一地做一枚普通的顽石，而不是去追求高贵的美玉。这难道不也是解答了那些"怀才不遇"的士人的苦闷吗？

二、老子关于非言语所具有的替代语言的功能

所谓的替代功能就是指用非言语的方式来替代言语信息进行交往[①]，就像张艺谋的《金陵十三钗》中玉墨的背影，孟书娟称之为会说话的背影，一个背影的镜头，不言不语，却道出了千言万语。在《道德经》第四十一章中，老子把非言语传播的替代功能发挥得淋漓尽致，他说："上士闻道，勤而行之；中士闻道，若存若亡；下士闻道，大笑之。不笑不足以为道！故建言有之：'明道若昧，进道若退，夷道若类，上德若谷。大白若辱，广德若不足，建德若偷，质真若渝，大方无隅，大器晚成，大音希声，大象无形。'道隐无名，夫唯道，善贷且成。""不笑不足以为道"，这个"笑"，无论是嘲笑，还是会心一笑，都无法用言语来代替这个笑来表现老子的道。在"笑"中，下士的形象跃然纸上，而道的无名也凸显出来，由此，老子才会说"大音无声，大象无形"，无声即有声，无形即有形，老子用否定之否定的哲学思辨道出了非言语传播的替代语言的功能，而且，这种替代性是无法被替代的。上述的这一点是老子明确指出的非言语的不可替代的替代功能。其实，在《道德经》中，老子还无意识地流露出了对于非言语的替代功能的认识。在《道德经》第三十一章中，老子说："夫唯兵者不祥之器，物或恶之，故有道者不处。君子居则贵左，用兵则贵右。兵者不详之器，不得已而用之，恬淡为上。胜而不美。而美之者，是乐杀人。夫乐杀人者，则不可得志于天下矣。吉事尚左，凶事尚右。偏将军居左，上将军居右，言以丧礼处之。杀人之众，以悲哀莅之，战胜以丧礼处之。"在这一章的叙述当中，老子不断地提到左、右的问题。左，右只是用来表示方位的非言语符号，老子却把它和"君子""兵""吉事""丧事""偏将军""上将军"联系在一起，而且，可以看得出，这些联系都是约定俗成的，理所当然的。在朝野之上，立于右边的，不用介绍，大家就知道是上将军，立于左边的，不用介绍，大家也都知道是偏将军，这不正体现了非言语符号的代替功能吗？老子没有明说，却在不经意的描述中，流露出了对于非言语符号替代功能的深刻认识，这就是非言语符号往往被赋予特定的含义而成为规范制度，起到不可替代的作用。针对非言语符号的替代功能的不可替

---

① 宋昭勋：《非言语传播学》，上海：复旦大学出版社，2008 年版，第 46 页。

代性，老子也提出了自己的担忧："执大象，天下往，往而不害，安平泰，乐于饵，过客止"，"五色令人目盲，五音令人耳聋，五味令人口爽"。这些非言语符号被赋予意义之后，形成了符号消费，是会带来灾祸的。因此，老子提倡"不尚贤，使民不争；不贵难得之货，市民不为盗；不见可欲，使民心不乱"，"视之不足见，听之不足闻，用之不足既"，这也就是不给非言语符号赋予太多的意义，使其与言语符号的随意性分隔开，做到弱骨实腹，发挥非言语符号的天然替代作用，也就是老子在最后所说的"甘其食，美其服，乐其居，邻国相望，鸡犬之声相闻，民至老死，不相往来"。虽然民不往来，但是鸡犬之声，这种非言语符号本身就替代了言语，传播了无尽丰富的信息，留下无尽的想象空间。

三、老子关于非言语传播的补充、强化功能

补充、强化功能是指利用非言语传播方式来补充言语信息，加强言语语势，使语言更加生动，形象，有力。[①]老子在第二十六章中有言曰："重为轻根，静为躁君。是以，圣人终日行，不理辎重。虽有荣观，燕处超然。奈何万乘之主，而以身轻天下？轻则失根，躁则失君。"圣人终日走路，不离开载有粮秣的辎重，否则，就会失去根基，失去主宰。这里的辎重这种非言语符号就是圣人的标志，它的意义就在于强调圣人的身份和地位，使圣人的标志更加明显，如果没有了这些非言语符号的补充和强调，就会出现"神无以灵，将恐歇；谷无以盈，将恐竭；侯王无以高贵，将恐蹶"。侯王失去了强调他的高贵的物品，就会灭亡。正如《左传·宣公三年》中所记载的"楚子问鼎之轻重大小"的故事一样，鼎是侯王等级的象征，一般人不敢问鼎，但是楚庄王的这个问鼎，就代表着楚庄王对周朝的不敬和示威，从周朝方面来讲，就是代表着失去了鼎的无人撼动的尊贵地位，无以贵，而恐蹶，而后，历史证明，周朝真的就灭亡了。所以老子才说"侯王无以贵，将恐蹶"。对于非语言符号的这种强化、补充作用，老子的态度却是"不如坐进此道"，这是因为"物壮则老"，"强梁者不得其死"，"坚强处下，柔弱处上"。在老子看来，始终柔弱，就不会有由坚强沦落为柔弱的可能性，就像没有开始，就没有结束一样，因此，老子倡导虚极。他坚持侯王以孤、寡、不谷自称，因为这些是"人之所恶"的，人之所恶的东西，就不会再有厌恶生成。如果侯王以高贵自谕，那么，就会为人民的诟病留下话柄，只有以人们所厌恶的词语自谕，才会"善行，无辙迹；善言，无暇谪"，不会为侮之落下话柄，这也就是"天下莫柔弱于水，而攻坚强者莫之能胜，其无易也"。水之所以能攻坚强，就是因为坚强之物里面包含着死亡的因素，有空隙，可以为水的

---

① 宋昭勋：《非言语传播学》，上海：复旦大学出版社，2008 年版，第 47 页。

深入提供便利，而水，随物赋形，只有它渗透强物，强物不能渗透到它里面。所以，老子在《道德经》中多次提到水之道，提倡虚极和无，无就不会留下痕迹，也不会有消亡的可能。因此老子说："天长地久，天地之所以能长且久者，以其不自生，故能长生。""立天子，置三公，虽有拱璧，以先驷马，不如坐进此道。"那些用来补充、强化天子地位的三公、拱璧，还有驷马这些非语言符号都是坚强的实物，都是自生的符号，都被赋予了自生的意义，天子一旦持有这些，终有一天会被"问鼎"，会失去这些，而成为"无以贵"的人。为了防止这样的情况出现，老子主张无为，无欲。"我无为而民自化，我无欲而民自朴""不贵难得之货，使民不盗"，没有尊贵卑贱的象征符，民众就永远不会有丧失的可能性，就不会有被"问鼎"的危险。由上述可以看得出老子认识到了非语言符号的强化，补充的作用，并在《道德经》中倡导把这种作用发挥在适当的水平之中，也就是"始制有名。名亦既有，夫亦将知之，知止可以不殆"。

四、老子关于非言语传播的调控功能

非语言传播的调节作用是指非语言传播常常可以调节和控制双方之间的相互关系。例如，在想要和一个不太熟的朋友建立更加亲密的关系时，就可以利用和她一起走路时挽着她的胳膊的方式来实现。在《道德经》中，老子并没有明确指出非言语传播的调控作用，但是从他对于动静关系的论述中可以扩展到非言语的调控功能之上。他说："孰能浊以止？静之徐清。孰能安以久？动之徐生。保此道者不欲盈。夫唯不盈，故能蔽而新成。""躁胜寒，静胜热，清静而为天下先。"老子不主张把动或者静的任何一方面单独发挥到极致，因为，动发挥得太多，就会浊，而精发挥得太多，就会死，因此，浊的时候，就要静，而快要死的时候，就要动，才能徐生。从这里就可以看出老子的天道循环的运动的哲学辩证观点。哲学是一切学科的基础，因此，老子的这种辩证的观点也是可以应用在非言语传播与言语传播之间辩证的调控关系之上的。虽然老子并没有直言非言语传播的调控作用，但从老子的辩证思想中进行推演，也是合情合理的。

五、老子对于非言语功能和意义的独特理解。

以上对于《道德经》中所体现的非言语功能和意义的论述，其实就是用已有的研究成果来把散落在《道德经》中的思想珍珠一粒一粒地捡起和分类。那么，老子有没有对于非言语功能和意义的自我理解呢？答案是肯定的。这个自我理解主要体现在老子对于非言语的判断、预测功能的认识。老子在第二十四中就说："企者不立，跨者不行。"踮起脚尖的人，是站不稳的；两步并作一步走的人，是走不远的。

由企和跨这两种肢体的非言语符号就可以判断和预测这个人的发展，而且，老子对于非言语的预测、判断功能的认识还不仅仅停留在这个层面，而是上升到哲学层次。在同一章之中，老子接着说："自见者不明；自是者不彰；自伐者无功；自矜者不长。"从一个人各种各样的神态之中，老子就可以推断出这个人的品性，这就仅仅是从肢体动作来判断未来，上升到了由神情状态来判断一个人的品性的问题了。正是因为老子认识到了非言语的这种判断、预测的功能，所以，他才会在第七十九章中说"有德司契，无德司彻"。据陈鼓应考证，契是周代的合同，而彻是周代的税收 [1]。老子在第七十五章中说："民之饥，以其上食税之多，是以饥。"由此看来，掌握税收的人是有无德的可能性的。而"契"是一种贷款合同，是要求以信为基础的，因此，"夫唯道，善贷且成"。由上述的论证，结合老子"正言若反"的总体思想，就可以推断出：持有契的人，很有可能是有德的人；而持有彻的人，却很有可能是无德的人"。这就是非语言的判断、预测功能的体现和运用。在《道德经》中，这种功能的运用，不仅体现在这一章当中。在第五十三章中，老子说："大道甚夷，而人好径。朝甚除，田甚芜，食甚虚；服文采，带利剑，厌饮食，财货有余；是谓盗夸。非道也哉。"这不就是后来《孟子·梁惠王》中所说的"庖有肥肉，厩有肥马；民有饥色，路有饿殍，此率兽而食人也"，杜甫所说的"朱门酒肉臭，路有冻死骨"的鼻祖吗？"梁惠王处在什么样的时代？那是个"道路以目"的变态时代，而杜甫处在什么样的时代？那是一个烽火四起的"天宝"年间，安史之乱正是这个时候发生的。因此，在这种"朝甚除"与"田甚芜"的非言语对比之中，就可以判断出时代特征，就可以看出这些统治者并不是有道的人，而是赤裸裸的盗贼呀。因此，老子说："民之轻死，以其求生之厚，是以轻死"，而"民不畏死，奈何以死惧之？若使民常畏死，而为奇者，吾将得而杀之，孰敢？"这就是老子眼中的非语言的预测和判断的功能，这种功能不仅超出了个人的范围，而且还上升为对整个社会的发展状态进行判断的范围。

第三节　老子非言语传播思想的当代价值

上述是对于《道德经》中的非言语传播的概论性的探索，这种探索不仅有利于对散落在传统文化中的华夏传播思想进行归纳总结，而且，对于当下也有一定的启示意义。这主要体现在：

第一，通过上面的论述来看，非言语传播包含了极其丰富的信息。对于个人来讲，在人际传播中，一个极其微小的动作、眼神，或者其他的非言语符号会传播给

---

[1]　据陈鼓应在《老子今注今译》中考证。

他人，形成他人眼中的自我形象。因此，非言语符号对于塑造自己的个人形象会起到十分重要的作用。同样地，老子也非常重视这种个人形象的塑造。他告诉我们真正圣人的形象是这样的："古之善为士者，微妙玄通，深不可识。夫唯不可识，故强为之容：'豫兮，若冬涉川；犹兮，若畏四邻；俨兮其若客；涣兮，若冰之将释；敦兮，其若朴；旷兮，其若谷；混兮，其若浊。孰能浊以静之徐清？孰能安以动之徐生？保此道者，不欲盈。夫唯不盈，故能弊而新成。"从上面可以看出，善为士者，是时时刻刻地监测着外部环境的变化以来观察自己，改变策略以适应整个环境的要求，冰将释的时候，就要小心谨慎了。要去别人家里做客，就要恪守为客的行为准则了，等等。所以，这就是在启示现在的人，既然非言语有如此多的功能，我们就要时常监测自己所处环境的变化，来调节自己的非语言行为适应整个环境的变化。比如说，在美国，见面拥抱是很正常的，但是，在中国，这就不是正常的。中国人讲究"发乎情，止乎礼"，人与人之间的交谈距离在不同的社会环境之下也是不一样的，因此，就要"以身观身，以家观家，以乡观乡，以邦观邦，以天下观天下"，入乡随俗，"夫两不相伤，故德交归焉"。非言语符号的灵活性不仅仅要求人要随机应变，而且还要求人能够以此来建立起自己独特的形象。因此，老子说："众人熙熙，如享太牢，如春登台。我独泊兮，其未兆，如婴儿之未孩；傫傫兮，若无所归。众人皆有余，而我独若遗。我愚人之心也哉！沌沌兮！俗人昭昭，我独昏昏。俗人察察，我独闷闷。澹兮其若海，飂兮若无止。众人皆有以，而我独顽似鄙。我独异于人，而贵食母。"这就是要建立自己的品牌和个性，用这些闷闷、昏昏、沌沌的状态来建立自己的品牌。

第二，上述的第一点是老子的非言语传播对于个人的现代意义。同样地，作为大众传播媒介，媒体同样也有着自己的性格特质，也是需要用心经营的。广播中的音色，电视中的色彩、画面，报纸的排版、题花、漫画 [1]，以及网站的设计，甚至所刊登的广告都包含着丰富的信息。因此，非言语传播在其中的运用对于表达观点，塑造受众对于媒介的刻板印象相当重要。新闻是追求客观的，最好不在其中表达自己的观点，但是，完全可以通过排版的方式来表达自己的观点。例如，辛亥年，武昌起义期间，革命党所办的《国风日报》由于报道了武昌起义的事件而被清廷勒令禁止刊登有关武昌起义的事件。于是，在第二天的报纸中，《国风日报》开了头版一整版的天窗。同样地，开天窗还被中国报刊的编辑应用到1949年前应对国民党白色恐怖的报刊审查当中。这些开天窗的行为只有中国的媒体才会懂得运用，因为，他们懂得老子的"有之以为利，无之以为用"的"无为而无不为"的道理。什么都不

---

① 宋昭勋：《非言语传播学》，上海：复旦大学出版社，2008 年版，第 124 页。

用说，在当时的社会背景下，受众就什么都明白了，"此时无声胜有声"，没有刊登任何内容，就无从审查，邪恶力量也只能让其刊登发行。这是《道德经》的"不言之教，无为之益"在大众媒介上的最高层次的运用，真正地理解并践行了"善行无辙迹，善言无瑕谪，善数不用筹策，善闭不用关楗而不可开；善结无绳约而不可解"。那些邪恶势力如果禁止这样的开天窗，无疑是越描越浓，承认自己的恶劣行径，如果不禁止，又很无奈，这就是"善闭不用关楗而不可开；善结无绳约而不可解"。这就是"多言数穷，不如守中"，这就是"大象无形，大音希声"，这就是舍得，有舍才有得。半个世纪甚至一个世纪以前的报人能把老子的思想理解得如此透彻，应用得这样酣畅淋漓，这就是华夏文明的思想在国人心中的深厚积淀。

以上从《道德经》中老子对于非言语的认识，对非言语的功能和意义的感悟以及老子的非言语思想在当代的运用对于《道德经》中的非言语传播思想做了一个概论，还不够深入，只希望打开一扇门，能够为沧海拾珠，串起华夏传播的美丽项链。

（本章执笔：杨芳　谢清果）

第九章　老子的"柔弱"之术与人际交往的水德智慧

　　老子出生于素有"泽国"之称的楚国。他对滋养和培育了他的水有着特殊的感悟和思索。"尚水"情结在《道德经》中有着充分的体现。老子"贵柔"，强调"柔之能胜刚"，水正是寓强于柔的代表。有鉴于此，我们通过阐释老子论水之德的思想，来着重剖析"柔弱"之术的深刻意蕴并探讨其"柔弱"之术对于人际交往的指导意义。

　　水乃万物之源。在老子看来，水是最接近于"道"的，它几乎能涵盖"道"的所有特性。而"贵柔"思想是老子思想的精髓之一，他在《道德经》中对于"贵柔"思想的阐释十分精辟，老子曰："弱者，道之用。"他认为，道在发挥作用的时候，用的就是柔弱的办法。与此同时，水又是柔弱的代表，老子曰："天下莫柔弱于水。"水滴石穿，柔能克刚；上善若水，不争之德；水往低处流，善处低位。这些既是水之道，也是柔弱之术，更是我们在人际交往中可以借鉴的哲理。

第一节　水的以柔克刚与人际交往中的宽容意识

　　老子曰："天下莫柔弱于水，而攻坚强者莫之能胜，其无以易之。弱之胜强，柔之胜刚，天下莫不知莫能行。"（第七十八章）"天下莫柔弱于水"是说天下没有比水更柔弱的东西了。因为它已经柔得不能再柔，弱得不能再弱。你把它放在圆容器里，它就是圆的；把它放在方容器里，它就是方的；你把它加热能把它煮沸，你把它冷冻能把它凝固。然而，它"攻坚莫之能胜"，即冲击起坚强的东西来，任何坚强的东西也抵挡不过它，因为它可以决堤冲坝、穿石毁物。况且正因为水的柔弱，所以它能穿越于最坚硬的东西之上，进入任何狭小的间隙之中。老子在这里似暗含"做人应效法水之精神，以柔和宽容之心待人，以滴水穿石之力对待一切困难"。

　　老子一反常人争强好胜的心态，认为水柔能穿石，舌柔能胜齿，柔弱胜刚强。柔，并非怯懦，而是一种以退为进的选择，一种骄敌之志而暗蓄力量的极高计谋。

自己示弱，可以让敌人不注意，而得保全。太"刚"者，锋芒太盛，容易招惹是非，暴露自己之不足，为"柔"者所败！大柔非柔，至刚无刚。

水的"以柔克刚"的"柔弱"之术反映到人际交往上就是要坚持宽容的原则。

宽容，即对非原则性问题不斤斤计较，与人交往时能够宽容大度、以德报怨。由于种种原因，在人际交往中，难免会产生一些不愉快的事情，甚至产生一些矛盾冲突。这时候我们就要学会宽容别人，不斤斤计较，正所谓退一步海阔天空。人不犯我，我不犯人。人先犯我，礼让三分。不要因为一些小事而陷入人际纠纷，这样我们会浪费很多时间，同时也变得很自私自利，变得很渺小。他吵，我们不吵；他凶，我们不凶；他骂，我们不骂。只要我们胸怀宽广，容纳他人，发火的一方也会自觉无趣。宽容克制并不是软弱、怯懦的表现。相反，它是有度量的表现，是建立良好人际关系的润滑剂，能"化干戈为玉帛"，取得更好的沟通效果。

两个人因为一点小事顶起嘴来，争得脸红脖子粗，互不相让。可想而知，最后两个人都不会得到什么好结果，即使表面上一方可能达到他（她）想要的结果，但实际上两人都会因为此事很不愉快，两败俱伤。而如果其中一方不去与对方争吵，又会失去什么呢？对方再大的怨气都会慢慢消了的。等到对方平静下来，再就事论事，则有可能会达到预期的结果。

负荆请罪的故事就是对坚持宽容原则的最好阐释。蔺相如因为"完璧归赵"有功而被封为上卿，位在廉颇之上。廉颇很不服气，扬言要当面羞辱蔺相如。蔺相如得知后，尽量回避、容让，不与廉颇发生冲突。蔺相如的门客以为他畏惧廉颇。然而蔺相如说："秦国不敢侵略我们赵国，是因为有我和廉将军。我对廉将军容忍、退让，是把国家的危难放在前面，把个人的私仇放在后面啊！"这话被廉颇听到，便有了廉颇"负荆请罪"的故事。正因为蔺相如的宽容、忍让，才促成了将相和的局面，不仅铸就了一段千古佳话，而且更重要的是维护了赵国的完整统一。

第二节　水的不争之德与人际交往中的诚信观念

老子曰："上善若水。水善利万物而不争，处众人之所恶，故几于道。居善地，心善渊，与善仁，言善信，政善治，事善能，动善时。夫唯不争，故无尤。"（第八章）此句即说最高的善像水那样。水善于帮助万物而不争利，它停留在众人所不喜欢的地方，所以最接近"道"。居住要（像水那样）安于卑下，存心要（像水那样）深沉，交友要（像水那样）相亲，言语要（像水那样）真诚，为政要（像水那样）有条有理，办事要（像水那样）无所不能，行为要（像水那样）待机而动。正因为他（像水那样）于物无争，才不犯过失。

老子分析水，赞美水。对于我们来说，水是不可或缺的物质。它"居善地"，到最能发挥作用的地方去；它"心善渊"，心灵清澈、纯净；它"与善仁"，与人、与物真诚、慈爱；它"言善信"，讲信用；它"政善治"，为政井井有条；它"事善能"，处事灵活；它"动善时"，把握天时、地利、人和。由于水具有上述不争之德，故"以其不争，天下莫能与之争"（第六十六章）。

老子还说："知其雄，守其雌，为天下溪。为天下溪，常德不离，复归于婴儿。知其白，守其黑，为天下式。为天下式，常德不忒，复归于无极。知其荣，守其辱，为天下谷。为天下谷，常德乃足，复归于朴。朴散则为器，圣人用之，则为官长，故大制不割。"（第二十八章）老子认为，上好的善，应该是知善并且守善，像流水一样低处却向善，像溪谷一样低洼却虚怀，只有敢于处下和保持虚怀，才能有更宽广的心胸容纳万事万物，"圣人用之则为官长"。这也正是水无所不利、利而不争和甘于处下的写照——以不争成就了自己。老子也由此进一步认识到善的动机可以带来善的结果。

水的"不争之德"的柔弱之术具体运用到人际交往就是要坚持真诚和信用的原则。

第一，真诚，即以诚待人。老子曰："修之于身，其德乃真。"（第五十四章）悟道之真必体现于修身之上。只有诚以待人，胸无城府，才能产生感情的共鸣，才能收获真正的友谊。没有人会喜欢虚情假意，多少夸夸其谈都会败下阵来。真诚是人际交往的最基本的要求，所有的人际交往的手段、技巧都应该是建立在真诚交往的基础之上的。尔虞我诈的欺骗和虚伪的敷衍都是对人际关系的亵渎。真诚不是写在脸上的，而是发自内心的，伪装出来的真诚比真正的欺骗更令人讨厌。三顾茅庐的故事众所周知。刘备正是用自己的真诚打动了诸葛亮，使得诸葛亮为其"鞠躬尽瘁，死而后已"，诸葛亮出山倾尽全力辅佐刘备，建立了蜀汉政权，促成了"三足鼎立"局面的出现。

第二，信用。老子曰："信者信之，不信者亦信之，德信。"（第四十九章）他强调人际交往当以信传信，以自己的态信去感召他人，最终达到彼此诚信的效果。诚信指一个人诚实、不欺、信守诺言。交往离不开信用。古人有"一言既出，驷马难追"的格言，现在有以诚实为本的原则，不要轻易许诺，一旦许诺、要设法实现，以免失信于人。朋友之间，言必信，行必果。端庄而不过于矜持，谦虚而不矫饰诈伪，不讨好位尊者，不藐视位卑者显示自己的自信心，取得别人的信赖。

我们都熟悉"季布守诺"和"狼来了"的故事。这两个故事告诉我们：一个人诚实有信，自然得道多助，能获得大家的尊重和友谊。反过来，如果贪图一时的安逸或小便宜而失信于人，表面上是得到了"实惠"，但与此同时也毁了自己的声誉。而声誉比物质重要得多。因此，失信于人，无异于丢了西瓜捡芝麻，得不偿失。

第三节　水的善于处下与人际交往中的谦虚情怀

老子曰："江海所以能为百谷王者，以其善下之，故能为百谷王。"（第六十六章）江海之所以能成为一切小河流的领袖，由于它安于处在众多小河流的下游，所以能成为众多小河流的领袖。

老子以"水"作喻，奉劝领导者在任何时候都要谦虚地把自己摆在大家的下边，唯有如此才能巩固自己的地位。

老子还说："生而不有，为而不恃，长而不宰。"（第十章）生养了万物而不占有，推动了万物而不自以为尽了力，涵盖万物而不干扰。这体现的正是功成不居的谦虚态度。古人言"谦受益"，只有时刻保持谦虚学习的心，才能获得大家的认可；"满招损"，要切记"企者不立，跨者不行，自见者不明，自是者不彰，自伐者无功，自矜者不长"（第二十四章），故"夫唯不争，故天下莫能与之争"（第二十二章）。

水的"善于处下"的"柔弱"之术也可以运用到人际交往中去。它告诉我们在人际交往中要谦虚，不要骄傲自大，目中无人。

谦虚是一种美德。谦虚好学者，人们乐于与他交往；反之，骄傲自大，目中无人者，人们避而远之。在人际交往中，我们一定要谦虚好学，戒骄戒躁，取人之长，补己之短。切勿狂妄自大，目光短浅。

曾经有一个自认为习佛已经很有心得的人，去寺庙找一个高僧论佛。高僧请他入座，并泡了一壶茶。还没等高僧开口，这个自认为很有心得的人就开始滔滔不绝地发表自己的观点。高僧也不说话，只给客人倒茶，把茶倒满了，那人还在发表自己的高见。高僧就笑笑，继续往杯子里倒茶，茶水都漫在了桌子上。那人一看，忙制止高僧说："水都漫出来了。"高僧笑着回答说："是啊，水都满出来了，你不先把自己杯子里的水倒空，我怎么能把我的水倒进来呢？"这个公案告诉我们要做一个谦虚的人，放低自己的位置，让更多的水流进来。

其实，古今中外，名流大家，大都是谦虚之人。朱舜水说："满盈者，不损何为？慎之！慎之！"牛顿说："如果说我能看得更远一些，那是因为我站在巨人的肩膀上。"历史与现实告诉我们要做一个谦虚的人，谦虚使人进步，骄傲使人落后。

水，很普通，随处可见。水，很平凡，随时可用。然伟大出自平凡，水其实并不简单。水亦有水的哲学。因此，要在人际交往中善用水的"柔弱"之术以取得良好的人际沟通效果。

（本章执笔：朱楠　谢清果）

第十章　老子传道中的说服策略及技巧

老子"玄之又玄""正言若反"的说服思想居然能穿越时空抵达众多受众心灵，深刻影响了中国人的文化和思维。从传播学的视角来看，老子传道的效果可谓神奇。这里着重以《道德经》中第四十一章为例，解读老子传道的说服智慧。老子的说服策略主要体现在如何明确传播目的、定位诉求对象、精炼诉求内容、创新诉求方式，而说服技巧主要体现在诉求方式上，即引经据典，增强信源的可信性；双面诉求，反面论证；类比论证，以理服人；具象传播，易读易解。

传播效果是指传播行为在受传者身上引起的心理、态度和行为的变化，包括认知、情感、行为三个层面。[①] 从认知层面讲，"道可道，非常道""玄之又玄"，如此抽象玄妙的道家哲学却被世人奉为经典、反复寻味；从情感层面讲，"无为而治""以柔胜刚"，如此违背常理的道家思想却能穿越时空、深入人心；从行为层面讲，"明道若昧""进道若退"，如此艰辛坎坷的修道之路却能吸引众多求道者勤而行之、坚持不懈。由此可见"道"的传播效果令人惊叹。老子被奉为道家的创始人、道教的始祖，[②] 其说服策略及技巧对"道"的广泛传播起到了积极推进甚至是决定性的作用。《道德经》这部道教的不朽经典，是老子思想和智慧的结晶，其中不仅蕴藏着"道"的深刻哲理，也集中体现了老子的传播思想与智慧。窥一斑而知全豹，本章着重以《道德经》中第四十一章为例，解读老子传道的说服策略及技巧。

第一节　明确传播目的：以道教化天下

任何成功的传播，都必须具有明确的传播目的。一切传播行为和技巧都必须服

---

① 郭庆光：《传播学教程》，北京：中国人民大学出版社，1999 年版。

② 黄友敬：《老子传真》，香港：儒商出版社，2003 年版。

从并服务于传播目的。一言以蔽之,老子传道的目的是"以道教化天下"。道家产生的历史背景是春秋战国时期的战乱纷争。在那个混乱动荡的时代,各种传统的社会秩序、道德规范都面临崩溃瓦解。儒家想借仁、义、礼来规范世人行为,构建社会秩序。但曾经担任周守藏室之史的老子,"居周久之,见周之衰,乃遂去"①(《史记·老子韩非列传》),亲眼看到了周朝衰败的过程,洞察到"故大道废焉,有仁义"(第十八章),所谓的"仁、义、礼"是"忠信之薄而乱之首"(第三十八章)。在由仁义礼建构的等级森严的社会里,人们受到束缚而不可能得到真正的自由及解放。

在老子看来,"道"是本然的客观存在,"道生一,一生二,二生三,三生万物"(第四十二章),是未掺杂任何人为因素的自然状态;"德"是人们遵行这种自然规律而参与人为因素的作用和结果,"道生之,而德蓄之"(《道德经》第五十一章)。②只有"道"才是合乎自然、顺应人性的,因此他提倡"道法自然、无为而治",希望"以道教化天下",即倡导世人通过求道修身成为"善利万物而不争"(第八章)的有德之人,实现个人内心世界和社会的安宁与和平。以道教化天下包括两个层面,第一个层面是安顿性灵,实现内心和谐;第二个层面是治国安邦,实现社会和谐。老子认为人应该与人为善、与世无争,正如"上善若水,善利万物而不争"(第八章),只有"夫唯不争"(第八章),才能够活得轻松、没有失望和抱怨;应该心底无私、清心寡欲,只有"生而不有,为而不恃,功成而弗居"(第二章),才能明哲保身、过得洒脱。关于治国安邦,老子提倡无为而治、顺其自然,"治大国,若烹小鲜"(第六十章),只有不折腾,才能让民众"甘其食,美其服,乐其俗,安其居"(八十章);忠告统治者要关怀百姓、以身作则,"以百姓之心为心"(四十九章)","我无为,而民自化;我好静,而民自正;我无事,而民自富;我无欲,而民自朴"(五十七章),只有这样才能实现国富民强,社会和谐。

第二节　定位诉求对象

优美的琴声诉诸知音,那是"高山流水",让其心潮澎湃;而对于不懂音律的人,那是"对牛弹琴",丝毫激不起心中的涟漪。同样的琴声传递给不同的听众,能达到的传播效果是有显著区别的。虽然音乐、文字、图片等符号组成的信息本身具有意义,但是由于个人经验、文化素质、价值取向、自我需求等差异,不同的信息接受者对相同信息的解读是有差异的。因此,同样的"道"传达于不同的接收者,将对其认知、情感、行为产生不同的影响。所以,准确定位"道"的目标受众是实现最

---

① (汉)司马迁:《史记》,北京:中华书局,1959年版。

② 许彦龙:《论〈道德经〉"德经"篇中"礼"的批判指向》,《北京教育学院学报》2010年第2期。

佳传播效果的前提。

老子将"道"的目标受众定位在士，即知识分子，而不是一般的老百姓。人以群分，大分为三，有"上士""中士""下士"。"上士闻道，勤而行之；中士闻道，若存若亡；下士闻道，大笑之。"（四十一章）它的意思是"上士听说道，勤奋不懈地实行它；中士听说道，好像存在又好像消亡；下士听说道，大大嘲笑它"。[1] 老子将"上士"作为理想的目标受众，这类人具有大智慧、崇高的理想，能在求道的路上"持之以恒、不畏艰辛"，是"自强者胜"（三十二章）中的"自强者"，这类人听闻道后能深信不疑、"勤而行之"；中士由于沉迷陷溺于私欲之中不能自拔，缺乏坚韧而不能持之以恒，常常中途而废，因此对道是"疑信参半"；而"下士"自囿于世俗的成见，乃道的绝缘体，他们认为"道"是荒谬可笑的。[2]

第三节　精炼诉求信息

确定诉求重点、精练编码信息是传播中的重要环节。只有提供清楚、有用的信息，才可能让受众正确理解传播者的意图。道德经五千言，字字珠玑。第四十一章中的短短 36 个字，就精辟概括了求道的方法、求道的意义和得道者的形象。

一、求道的方法

求道是一个非常艰辛、曲折的过程，不仅需要坚持不懈，还要掌握正确的方法，以防误入歧途、急功近利。关于求道的方法，老子提出了三个要点，即"明道若昧，进道若退，夷道若纇"（第四十一章）。

所谓"明道若昧"，意思是不断探明"道"的规律，却好像昏昧无知，但这不是真的愚昧，而是"大智若愚"。为什么明证于道时，反而会倍感自己愚昧无知呢？因为"道无止境""学海无涯"，个人对事物的已有认知比起那些未知的领域，简直是沧海一粟。若一个人在求道路上，稍有收获就沾沾自喜、自以为是，就会固步自封、浅尝辄止，不能继续探明"道"的真意，达到"道"的至高境界。所谓"不自见，故明"（第二十二章），只有不自以为、不满足于一知半解、善于不断自我否定的求道者，才能真正明证于道。

"进道若退"是老子在忠告求道者要懂得以退为进，不要急功近利，急躁冒进，而要在若退、守退上下功夫，善于处下，正如"江海之所以能为百谷王者，以其善下之，故能为百谷王"（第六十六章）。求道不是为了扬名立万，即便是日进于道，

---

① 黄友敬：《老子传真》，香港：儒商出版社，2003 年版。
② 同上。

也要懂得谦卑自守，"居其实，而不居其华"（第三十八章），"和其光，同其尘"（第五十六章）。

"夷道若纇"是指行走在平坦的大道上，却好像崎岖不平。在老子看来，"谨慎小心"和"心怀敬畏"是求道者的必备素质，从事大道的人应该是"豫兮！其若冬涉川；犹兮！其若畏四邻"（第十五章）。为什么求道中要如此谨慎，如履薄冰呢？一是要防止世俗观念的侵扰，人总是有劣根性，要克服人性的弱点和世俗的牵绊就必须提高警惕性；二是"道"本身曲径通幽、幽深玄奥，并非表面所见的那般一马平川，而是隐藏着许多满荆棘和沼泽，求道之人要心怀敬畏，不断上下求索。

二、求道的意义

历尽千辛万苦，求"道"意义何在？对于"道"的受众来说，这是一个至关重要的问题。在老子看来，"道生之，而德蓄之；是以万物莫不尊道而贵德"（第五十一章）。也就是说"道"内化于"德"，"道"的作用通过"德"体现出来，"德"是形而上的"道"落在现象界的中介。因此，求道对于世人的目的和意义在于培养真正有德之人，即"上德若谷，广德若不足，建德若偷"（第四十一章）；也只有当求道之人真正拥有高尚德行时，才算是真正得"道"。但这种德是有别于世俗的理解，是像谦卑的溪谷一样崇高的德，只有虚怀若谷，才能海纳百川、容善容德；是广阔无边、道莅天下，却还觉得自己做得不足的德；是为善不欲人知、道化自然的德。老子认为"故失道而后德，失德而后仁，失仁而后义，失义而后礼"（第三十八章），"道"是宇宙间的最高法则，而"德"紧随其后，接着才是仁、义、礼。当万物都遵道贵德时，才能真正实现内心和外界的和谐，这就印证了老子传"道"目的，即以"道"教化天下。

三、得道者形象

第四十一章的结尾句"道褒无名。夫唯道，善始且善成"点名全文宗旨，描述了得道者的形象应该是褒扬无名的状态、善始善终，达到心中只有"道"，而无其他私心杂念的境界。这就给了修道者一个参考的标准。"道可道，非常道；名可名，非常名"（第一章），万事万物有了"名"后，就有概念和范畴，其本性将受到束缚、本质受到曲解。这里的名可以理解为"名分""功名"。得道者与世俗之人不同之处，在于不被"名"所连累，不为欲所羁绊，才能真正获得心灵的解放，达到逍遥自在的"道"境。得道之人，绝不是虎头蛇尾、三天打鱼两天晒网，而应该秉承"善始善成"的宗旨，意志坚定，对"道"的追求矢志不渝。

这些信息对于"道"的目标受众来说，是非常丰富清晰有用的，包括为什么要求道、怎么求道及求道会达到一个什么样的境界。"求道的意义"给受众提供了一个接受"道"的理由，而"求道的方法和得道者的形象"告知受众一个践行"道"的路径和参考标准，这就为"上士"理解、接受"道"的思想法则及明确传播者意图提供了清晰明了的信息。

第四节　创新诉求方式

"正言若反"是老子的思维方式，"明道若昧，进道若退，夷道若纇""上德若谷，广德若不足，建德若偷"，这些违背常规认知的怎样才能说服受众理解和相信？幽深玄奥是"道"的本质特征，"道褒无名""玄之又玄，众妙之门"（第一章），这般抽象模糊的概念怎样才能让受众有感性具体的认知？面对如此高难度的信息传播，老子可谓深谙说服的策略和技巧，单就这一章而言，就折射出许多令人拍案叫绝的诉求方式。

一、引经据典，增强信源的可信性

一般来说，增强信源的可信性有利于提升受众对信息的信任度。例如权威的医学专家发布"吃苹果有利于预防某种疾病"，这比你身边的朋友说同样的话具有更高的可信性（除非你的朋友也是医学方面的专家），因为医学专家对健康饮食知识的了解和掌握高于普通大众。因此，在信息传播中为了增强受众对信息的信任度，我们经常会援引可靠的信息来源，其中引经据典是增强信源可信性的一种有效方式。老子在《道德经》中屡屡称述的《建言》、"用兵之言"、"圣人之言曰"，这些乃中华先祖历代修道的结晶，[①] 凝结了前人修道悟道的经验和智慧。这就表明了老子所传之"道"并非信口雌黄、故作惊人之语，而是有根有据；也不是囿于个人经验、陈一己之言，而是继承了前人的思想智慧。这在一定程度上提升了"道"的可信度。

二、双面诉求，反面论证

双面诉求是指在信息传递中，不仅向受众提供有利于证明自己观点的证据，也提供不利证据，即双面论据。正确使用双面论证，可以获得意想不到的效果。[②] 霍夫兰曾在第二次世界大战期间进行过"单面与双面宣传"实验，实验证明单面诉求和双面诉求没有绝对的优劣之分，但对于文化程度高者，双面论据的信息宣传更为有效；对那些原先的态度与宣传的信息不一致的士兵，双面论据更能说服他们改变态

① 黄友敬：《老子传真》，香港：儒商出版社，2003 年版。
② 黄合水：《广告心理学》，北京：高等教育出版社，2005 年版。

度。①也就是说，当传播对象拥有较高的文化程度或传播内容违背常理、难以被认可时，双面诉求更容易取得良好的说服效果。而"道"的目标受众是文化程度高的"上士"，其内容常常违背常理、"正言若反"，所以恰好满足了双面诉求的条件。

老子在这一章中就巧妙使用双面诉求的方式，提出"下士闻道，大笑之"，并通过"不笑，不足以为道"反面证明了"道"的价值和意义。如果说世人可分为"上士""中士""下士"，那按照常理，受世俗观念影响的"下士"恐怕是占绝大多数。但"道"是突破世俗偏见和常理的，因此"道"在传播之初将遭受大部分人的讥讽和嘲笑，是意料之中的事。老子没有回避"从众效应"可能带来的负面影响，首先指出"道"将遭受"下士们"的嘲笑和鄙视，接着话锋一转，一针见血地道明"不笑，不足以为道"。在老子看来，"道"如果不被囿于世俗偏见的"下士"们嘲笑，那就称不上是真正的"道"。换句话说，正是"下士的嘲笑与怀疑"，反衬了"道"的意义与价值，正所谓"阳春白雪、曲高和寡"。此外，在反面证明中，老子也利用了人性中自尊虚荣的普遍心理。正如皇帝的新装中，骗子告诉大家只有愚蠢人才看不见"皇帝的新装"，谁也不愿意承认自己是愚蠢人，所以都在拼命夸奖皇帝的衣服是多么华丽，虽然皇帝身上什么都没穿。同理可得，谁又愿意将自己归为"下士"？这就在某种程度上增强了"道"对目标受众的吸引力。

无论是求道方法中的"明道若昧，进道若退，夷道若颣"，还是修道意义中的"上德若谷，广德若不足，建德若偷"，老子对"道"的阐述中充满了矛盾、违背常理的逻辑。这些与受众原有认知不一样的信息必然会导致其认知冲突。若要改变受众的原有认知，就必须提供强有力的证据。于是老子列举了一系列相互矛盾、相互转化的客观存在，例如"大方无隅，大器晚成，大音希声，大象无形"等，即最大的区域，没有边隅；最大的才器，是无须陶铸的；最大的声音，是听不见的；最大的形象，是没有形状的。②用我们可以感知体验的事实论证事物运动的规律是朝着其对立面相互转化的，启迪人们辩证看待事物的对立面，以此说服人们认可"正言若反"的"道"。

三、具象传播，易读易解

抽象的概念往往有多种解读的可能性，难以让人理解和把握传者的本意。因此，在传递信息时，要尽可能使用一些人们熟悉的、具体的形象来诠释抽象概念的内涵，也就是具象传播思维。老子在传道中非常注重信息的易读易解性，"以'象'尽

①　罗亚莉：《宣传方式与宣传有效性的社会心理学分析》，《求实》2006 年第 3 期。
②　黄友敬：《老子传真》，香港：儒商出版社，2003 年版。

'意'、以有形见无形的具象传播思维是老子论'道'的一种主要表达方式"①。单从第四十一章看，"上德若谷""大器晚成""大音希声""大象无形"等语句中都包含着生动具体的形象，将抽象的"道"与"德"的本质属性生动呈现，启发人们应该在无形、无声中把握"道"的内涵、拥有"虚怀若谷"的"上德"。而纵观《老子》五千言，比喻、比兴等具象传播方式俯拾皆是。比喻、比兴总是建立在想象的基础上，产生出某种视觉效果，也就是"象"，使老子抽象的思辨获得形象生动的间接表达。②

（本章执笔：曹艳辉　谢清果）

① 谢清果：《和老子学传播——老子的沟通智慧》，北京：宗教文化出版社，2010 年版。
② 李锋，刘睿：《论老子比喻方法及其哲学意义》，《中国道教》，2004 年第 1 期。

第十一章　老子思想与求职面试的自我表现技巧探析

自我表现是人际交往中个人印象管理的重要手段。研究发现老子思想中蕴含着丰富深刻、辩证灵活的自我表现策略技巧和艺术，主要体现在"言有宗，事有君"的真诚表现策略、"曲则全，枉则直"的虚无表现策略、"我独异于人"的夸张表现技巧、"知止不殆"的收敛表现技巧、"将欲夺之，必固与之"的投好表现艺术。老子的自我表现智慧有助于求职者在面试情境中巧妙运用。

文化非一朝一夕之成就，而是经过长期沉淀而作用于人的心灵和精神，因此文化改革和文化发展离不开对中国传统文化的传承。目前我国对传统文化的传承依旧存在着许多误区，正如中国社科院研究员和著名文化学者李河指出："只要文化产业一上马，各地就会一窝蜂地修城建庙，把传统文化供在庙里是没有意义的，延续传统文化，需要使传统文化现代化。"① 对中国传统文化的传承不是为了恋旧或炫耀，简单陈列我们曾有过哪些引以为傲的历史文化，而是要真正关怀到现实需要，有助于我们解决现实问题，内化于我们的现实生活，这样才能让文化传承焕发魅力、永葆青春。

"老子《道德经》千古奇文，虽已历经 2500 年，至今依然焕发出无穷的魅力。历史上无数的文人墨客、科学泰斗、商界巨擘、帝王将相和人民大众，都从中得到智慧的启迪，创造各自不朽的功业。"② 面试常常是人生事业的转折点，本文旨在立足求职面试情境中自我表现的现实需要，探析老子的"自我表现"观，并结合具体的面试案例解析老子思想的灵活运用。

自我表现又称自我呈现（self-presentation），即个体在人际交往中，借助自己的

---

① 周怀宗：《文化更要文明地传播　让传统"融入"现代生活》，2010 年 06 月 04 日，取自中国经济网：http://www.ce.cn/culture/opinion/201006/04/t20100604_21480568.shtml。

② 谢清果：《老子形象思维及其现代价值》，《福建师范大学学报》（哲学社会科学版）2002 年第 1 期。

言语、表情、姿态，以自我满意的方式表现自己的过程。① 这种有意识地通过自我言行控制他人形成自己期望印象（desired impression）的过程就是自我呈现。② 人生就像一个舞台，自我表现是人际交往的基本功，是赢得自我期望印象的重要手段。而印象管理是面试中的普遍现象，在这样高压力的人际交往情境中，自我表现的重要性和挑战性就显得尤为突出。如何在短时间的面试中让人印象深刻，如何在暗藏玄机的问答中游刃有余，如何在众多竞争者中脱颖而出？老子思辨灵活的"自我表现"观或许能为我们提供一些可供参考的自我表现策略和艺术。

第一节　真诚表现："言有宗，事有君"

自我表现是一种有意识的我控制行为，带有鲜明的功利主义色彩，常常为了展示自我满意的形象而对自己的言语、行为、外貌等进行包装修饰。但这种包装修饰需要有一定的尺度来规范，那就是建立在真实客观信息的基础上表现自我，也就是"真诚表现"，这样才能取信于人。

老子曰："言有宗，事有君"（第七十章），意思是"言论要有根有据，陈述事实要有可以查证的人物"。只有这样，才能让人际交往中的自我表现做到"善言无瑕谪"（第二十七章）、"言善信"（第八章），即言论没有瑕疵过失，不会前后矛盾，值得信任。但在求职面试中，许多应聘者在"自我推销"理念的指引下，常常忽视了真诚原则的重要性。一味地为了美化自我而夸夸其谈或捏造事实，结果事与愿违，给面试官留下不真诚的印象。正如 WB 电视网络公司人力资源部副总监乔迪·霍维茨强调的："做好准备诚实地说明你的信息并让我知道你为什么想为我的公司工作。一种职业的态度是非常重要的。"③

例如面试中，应聘者经常会被问及个人的优缺点。当谈到优点时，许多应聘者会用一大堆诸如"勤奋刻苦、开朗乐观、有领导力、善于交际、有团队精神"之类的形容词来描述自己，但是没有进一步为招聘者提供这些优点的依据，这样的自我表现就显得浮夸，没有说服力。如果你说你"勤奋刻苦"，因为别人加班时间长、勤于业务扩展，使得公司某产品的销售额增长多少个百分点；你觉得自己"领导能力强"，在大学期间担任过学生会主席，成功组织过许多大型活动。这样的你的优点就比较有说服力。当然这些证据不是你随意编造的，而应该是的确存在的，否则当经

---

① 薛可，余明阳：《人际传播学》，上海：同济大学出版社，2007 年版，第 148 页。

② 肖崇好，黄希庭：《自我呈现个体差异的实验研究》，《西南大学学报》（社会科学版）2010 年第 2 期。

③ ［美］莎伦·L.汉娜，道·拉德克等著，刘颖译：《职业生涯设计沟通引领你通往成功》，北京：机械工业出版社，2011 年版，第 169 页。

验丰富的面试官继续询问细节时，难免前后矛盾、漏洞百出。

而当谈到自己的缺点时，有的人自以为聪明，说"自己最大的缺点是没有缺点"，或者评价自己"太老实、太善良、追求完美"，采用明显带有褒义色彩的词汇。"人无完人"，说自己没有缺点或者只强调自己只有优点，要么是对自我认知不够，要么是不够坦诚，圆滑规避问题，这些都难以让面试官对你产生好感。毕竟面试在很大程度上是一场观察一个人如何巧妙地安然脱离困境的游戏，不承认自己优缺点的人是在拒绝"玩这场游戏"①。当然，在面试官前暴露自我缺点，的确是件非常有挑战的事，适当的策略应该是在坦陈自己缺点时，用辩证的思维看待缺点衍生出的优点，如"我的缺点是太追求完美，以至于做事效率不高，我也正在努力协调完美和效率之间的平衡"。老子曰"反者，道之动"（第四十章），"难易相成，长短相较，高下相倾"（第二章），事物的对立面在一定条件下都是可以相互转化且相辅相成的。"知人者智，自知者明"（第三十三章），既看到自己的缺点又能联想到优点，这样的回答比较能让人接受。

正所谓"信不足焉，有不信焉。悠兮其贵言"（第十七章），在求职面试情境中，尤其要谨慎自己的言论，尽可能避免因言论缺乏依据或不符合事实而失信于人。要明白，公司并非要招聘最完美无缺的人，而是要招聘和自己公司、岗位相匹配的人，所以慎重选择自己适合的公司与职位，并在面试中真实诚心展示自己的相关特长、优势，适当表露自己的不足与缺点，更能获得面试官的青睐。

第二节　虚无表现："曲则全，枉则直"

虚无表现是指"人们处于某种心态或在特殊情境下，不方便直接表现自己真实的想法，就往往采用一些间接或相反的表现方式"②。老子曰："曲则全，枉则直。"（第二十二章）所谓"曲则全"就是指人们在说话、做事之时若采取委婉、弯曲的方式更容易达到目的。③ 在某些特定的场合，直接正面地表达内心的想法并非明智之举，容易暴露自我的缺点或者达不到自己想要的效果。这时候采用间接委婉的方式来表现自我，既能让人理解你的意思，又能让自己规避风险，还能让他人为你的机智灵活加分。

面试中常常牵涉到许多敏感的问题，例如"你为什么离职？谈谈你最讨厌的老

---

① [美] 保罗·法尔科恩著，孟俭译：《招聘面试中的96个关键问题》，上海：上海人民出版社，1999年版，第8页。

② 薛可，余明阳：《人际传播学》，上海：同济大学出版社，2007年版，第149页。

③ 石英，高成新：《老子人际思想初探》，《中共山西省委党校学报》2007年第5期。

板或工作？你人生中最困难失意的时候？你期待的薪资是？"等。有的问题看似只是为了简单了解你过去的工作经历，实际上有着更深刻的内涵，招聘者希望从侧面了解应聘者的人生价值观、面对逆境时的态度及解决问题的能力。

你若只是直截了当地抱怨之前的工作或老板是多么不济，即便评论得有依有据，恐怕也难以赢得面试官的好感。因为一个心中充满抱怨而不懂得感恩的员工、一个只关注到他人缺点而没有意识到自己不足的员工，难免让招聘者怀疑其融入团队的能力、理性看待问题的意识及对企业公司的忠诚度等。"善者吾善之；不善者，吾亦善之"（第四十九章），对我好的人和事，我要以善相待；对我不好的人与事，我也要感恩于心。因为"故善人者，不善人之师；不善人者，善人之资"（第二十七章），从一个人的发展来看，好的事物可以作为借鉴学习的榜样；不好的事物，也能够让自己从中吸取经验教训。在面对这类问题时，较为妥当的做法是心怀感恩，肯定他人的可取之处，然后委婉客观地指出问题所在，"不归咎于任何人，又委婉地针砭了组织或个人的弊病"[①]。

你若只是绘声绘色地讲述当时的痛苦经历和绝望心境，而没能让招聘者感受到你在这个过程中恐怕没有哪个招聘者愿意将时间浪费在倾听你的悲惨经历上。如果你的侧重点不是困难本身，而是放在"你看待困难的态度，解决困难的方法和技巧"上面，这些信息对塑造自我满意形象更有帮助。

你若在尚未弄清应聘者愿意支付的薪资水平或尚未确定对方有意向要录用你的情况下就直接报价，常常会让应聘者在薪资谈判中陷于被动的地位或失去工作机会。凯特·温德顿（Kate Wendleton）在《把握面试和薪水谈判》(*Interviewing and Salary Negotiation*) 一书中谈到"薪资谈判的问题都是战略的，而不是战术的"，根据一些成功案例构建了薪资谈判的迂回战略，具体分为"协商工作、战胜竞争对手、获得工作机会、协商薪水"四个步骤。[②]"协商工作"展示的是你能为公司带来的利益价值，你能胜任的工作层次越高，工资协商的筹码就越大；只有当你"战胜竞争对手、获得工作机会"，你才真正具备协商工资的能力；在"协商工资"时，不要只是生硬地说一个你期待的薪资数字，尽可能用"市价一般在某个区间""贵公司能提供的薪资水平是""工资不是问题"之类圆润委婉的话语使气氛变得友好、消解人事经理的顾虑。[③]

① [美]保罗·法尔科恩著，孟俭译：《招聘面试中的96个关键问题》，上海：上海人民出版社，1999年版，第15页。

② [美]凯特·温德顿著，黄若西，洪玮等译：《把握面试和薪水谈判》，北京：中国劳动社会保障出版社，2004年版，第151—161页。

③ 同上。

面试考察一个人的综合素质和应变能力，应聘者经常会遇到各种刁难或敏感的问题。若直言不讳容易让自己陷于被动尴尬的局面；若换个思路和角度，先揣摩招聘者的意图或者换位思考对方的需要，采用"曲则全"的虚无表现方式会收到意想不到的效果。

第三节　夸张表现："我独异于人"

夸张表现是指夸大集中表现出自己的优点或独特点，让人印象深刻。孔雀开屏只能持续一两分钟，却能让全世界惊叹其美丽。面试中的自我表现犹如孔雀开屏，你要在非常短的时间里让面试官印象深刻，最好是让面试官惊喜："你就是我们寻觅等待的人，你就是这个职位最合适的人选。"问题是怎样才能在众多应聘者中脱颖而出？老子有言"众人熙熙，如享太牢、如春登台。我独泊兮其未兆，如婴儿之未孩……俗人昭昭，我独昏昏；俗人察察，我独闷闷……我独异于人，而贵食母"（第二十章），众人意气风发、熙熙然欢乐，好像享受"太牢"盛宴，好像春天登台赏景，而我独自漂泊，好像婴儿还不懂嬉笑……众人昭然明白，独有我好像昏昧无知；众人明察秋毫，独有我闷不作声。为什么我会与众不同，因为我"惟道是从"（第二十一章）。我们看老子是怎么展现自己的与众不同。众人都追求物质上的享乐，而老子追求的是婴儿般的纯真质朴；众人因斤斤计较个人得失而明察秋毫，而老子却因少私寡欲而混沌其心。老子通过自身与众人之间在行为、思想方面的鲜明对比，突出了我与汲汲于功名利禄之众人的不同，让人印象深刻。最后画龙点睛地指出我之所以"与众不同"是因为我"惟道是从"，这就是"我"的核心竞争力呀。

面试常常意味着高强度的竞争，越是有吸引力的公司职位，竞争强度越大。在短短的时间内，只有亮出你与众不同点和核心竞争力的夸张表现才有助于你从众多竞争对手中脱颖而出，给面试官留下深刻的印象。面试中有许多常规性的问题，譬如你为什么选择这个职业领域？你为什么想来我们的公司？如果你只是用陈词滥调或普通的答案回答，譬如"我想当老师，因为我喜爱孩子们"，虽然符合某个特定职位的要求，但这种预想得到的答案面试官都听腻了，不会把你从其他求职者中区分出来。①

求职面试类比于自我营销，你得通过评估自己的个性、特长及招聘单位的需求，找到自己独特的销售主张（USP），并通过信息的选择和集中呈现向招聘者展示你独特的卖点。反复强调的是面试时间的是短暂的，如果在短时间内不能让面试官了然

---

① ［美］莎伦·L.汉娜，道·拉德克等著，刘颖译：《职业生涯设计沟通引领你通往成功》，北京：机械工业出版社，2011年版，第171页。

你在工作态度、职业技能、兴趣特长上的特色，意味着你在面试结束后被面试官淡忘。让自己与众不同的方式分为语言表现和非语言表现。语言表现集中体现在组织答案时是否把握了招聘者的需求、是否有明确的主题、有新颖的观点和具有说服力的论据等。有些应聘者只注重信息的量和忽略信息的质，或缺乏主题，"想到什么说什么"；或缺乏焦点和特色，陈芝麻烂谷子全搬上台面讲，意图让面试官全方位了解自己。非语言表现体现在得体的服装、自信的表情、积极的肢体语言、细节性行为等。譬如着重新颖使人眼前一亮的求职者常常能在第一时间吸引招聘者，留下良好的第一印象；活泼的表情能表达出个人的真实情感，如感兴趣、好奇心、兴奋、愉快、惊讶，也能表现出个人的自信程度，在和招聘人员的交流中，丰富的表情能传递许多信息，让人印象深刻；[1] 而一些注重细节的行为动作常常能反映个人的态度和价值观，让面试官做出决策。

老子曰："以奇用兵"（第五十七章）。范应元解释道："运筹于帷幄之中，决胜于千里之外，以奇异之谋也。"[2] 面试也好比一次没有硝烟的战争，用新奇独特的方式夸张表现自己的独特点和核心竞争力，乃面试之上策也。

第四节　收敛表现："知止不殆"

在面试中，"我独异于人"的夸张表现固然重要，但在某些情境中收敛节制自我的表现行为同样不可或缺。老子曰："知止不殆，可以长久。"（第四十四章）懂得适可而止，才能免于危险、长生久视。

有的应聘者为了表现得与众不同，而选择用唱歌、跳舞等新奇的方式进行自我介绍。这种方式的风险性是非常高的：首先，你的唱歌、跳舞水平是否达到一定的造诣，如果只是一般水平或者还达不到一般水平，那就千万别让才艺表演为自己减分；其次是时间的把握和信息量的掌控，歌声、舞蹈相比正常的语言交流，单位时间内能传递的信息量小，而面试是个非常短暂的过程，在最短的时间内充分展示自我至关重要；再者应聘职位是否特别看重个人才艺，如果不是，就有点画蛇添足之嫌；最后，招聘者是否有欣赏你才艺表演的兴趣和能力，这个也应该纳入考虑范围。不是说新颖的方式要一律规避，但要慎用、用到合适处。老子有言："处其实，不居其华"（第三十八章），如果自我表现方式只是为了哗众取宠，而没有实质内涵，是没有任何意义的。

---

① ［美］莎伦·L.汉娜，道·拉德克等著，刘颖译：《职业生涯设计沟通引领你通往成功》，北京：机械工业出版社，2011 年版，第 157—165 页。

② 黄友敬：《老子传真》，香港：儒商出版社，2003 年版，第 466 页。

有的应聘者为了表现自己的鸿鹄大志，在被问及"个人职业规划"时常常会脱离实际，两三年内就要做到 COO、CFO、CEO 等。"夫轻诺必寡信"（第六十三章），有理想、有抱负当然是招聘者看重的品质，但脱离实际和详细规划的高目标，不仅难以让人信服、觉得你好高骛远，还有可能引起面试官的反感。也许你的面试官在公司奋斗若干年都还只是个面试官，你一个没有任何资历的年青人，就想在两三年内就升到公司最上层职务。"江海之所以能为百谷王者，以其善下之"（第六十六章），谦虚、求实也是招聘者看重的品质。

还有的应聘者只注重自我表现，忽视了自我言行是否让招聘者感受到尊重。每个人脖子上都挂着一个看不见的标牌，上头写着"让我觉得自己很重要"[①]。在面试过程中，展示自我的重要性固然必要，但若能让应聘者觉得自己很重要，常常会在更深层次上打动你的面试官。譬如要善于倾听，不要在对方还没有完全表述清楚自己的意思时，就贸然打断、滔滔不绝；要积极回应，当面试官有录用应聘者意向时，常常会有意向应聘者介绍公司情况或者分享自己的从业经验，这时候不要忙着证明自己能适应这份工作，而是应该用积极夸张的表情表示面试官提供信息对自己非常有用，或者顺着面试官的思路去深入了解公司和工作的详细情况。

老子曰"是以圣人去甚，去奢，去泰"（第二十九章），意思是"去掉过分、浮夸和极端"，[②]适当地收敛表现也是印象管理的重要技巧。

第五节　投好表现："将欲夺之，必固与之"

投好表现是指"个体为了获得他人的好感，根据他人的需要与爱好来投其所好地呈现自我"[③]。投好表现是人际交往中换位思考的表现，应聘者要想成功谋得职位和薪资，就应该思其所需、投其所好。老子曰："将欲歙之，必固张之；将欲弱之，必固强之；将欲废之，必固兴之；将欲夺之，必固与之，是谓微明。"（第三十六章）老子用自然辩证的法则揭示了换位思考的策略，"将要歙聚它，必先扩张它；将要衰弱它，必先强盛它；将要废弃他，必先兴旺它；将要夺取它，必先给予它"，[④]这才是真正的明智之举。在这个强调双赢、多赢的时代，自我表现的视角若只局限于个人的利益目标，而忽视招聘单位的需求偏好，是难以得到招聘者认可的。

投好表现，一方面应该思其所需。公司是以营利为目的组织，能否为公司创造

---

① [美] 马克·郭士顿著，苏西译：《只需倾听》，重庆：重庆出版社，2010 年版，第 70 页。
② 黄友敬：《老子传真》，香港：儒商出版社，2003 年版，第 249 页。
③ 薛可，余明阳：《人际传播学》，上海：同济大学出版社，2007 年版，第 150 页。
④ 黄友敬：《老子传真》，香港：儒商出版社，2003 年版，第 306 页。

价值、带来利润是公司聘任的核心需求。但每个公司都有特定的市场定位、生产服务领域，每个职位也有其特定的职能，这就需要应聘人员具备相应的专业背景、与特定工作相匹配的职业技能和综合素质。面试中的自我表现类似于自我营销，你得了解市场的需求，按照雇主的标准打造自己；没有按照企业的需求打造自己，注定会"偏科"，导致自我营销失败。[①] 了解公司需求有很多渠道，你可以通过人际脉络、企业网站、行业出版物等，多方面了解公司基本资料及应聘职位对员工专业职能、综合素质的需求。信息就是竞争力，当你比面试官对公司的发展愿景、企业文化、组织架构、市场定位、产品营销、公司 SWOT 分析、行业动态等还了解时，面试官估计没有理由会拒绝一个如此诚心实意又颇有洞察力的应聘者。"知人者智，自知者明，胜人者有力"，只有了解对方的需求，展现自己相匹配的才能和素养，才能战胜其他的竞争者，获得期待的工作。

另一方面应该投其所好。"据统计，美国企业的所有聘用中大约有 80% 是基于个性的匹配——即两个人是否能和睦相处并很快互相建立起融洽默契的关系。"[②] 物以类聚、人以群分，应聘者和招聘者在个性爱好、价值取向上的契合度越高，越容易赢得青睐。从人际交往的关系论看，与自己兴趣价值观相同的人生活工作更容易强化自我认同感，避免因认知不协调而造成内心冲突。拓展到组织层面，每个企业公司在长期发展中形成了其独特的文化基因，公司成员因认同组织的价值理念、遵循公司的行为规范而形成集体归属感和团队凝聚力。譬如美国的公司强调个人自由平等、尊重个性张扬、独立创新；而日本的企业则重视员工对企业的忠诚、服从团队、将个人的分歧个性缩减到最小范围。职业经理人在招聘时，会将评判的天平倾斜于和公司主流文化相匹配的应聘者。

正所谓"既以为人，己愈有；既以与人，己愈多"（第八十一章），当你为他人考虑得越多时，别人自然会对你重视，给予你更多机会；当你为他人贡献得越多时，别人自然会对你倚重，给予你更多的报酬。放在求职面试的情境，若要得到你想要的工作，首先应该站在招聘者的视角，展示或先给予招聘者所需要或偏好的能力素质。

求职面试意味着人生的转折点，出色得体的自我表现是印象管理的重要手段。当然，自我表现的方式是不可穷尽的，比较合适的方式是"动善时"（第八章），应根据不同的情境辩证灵活地使用各种策略和技巧。

（本章执笔：曹艳辉 谢清果）

---

① 王海涛，吴梓境等著：《大学毕业年薪 10 万》，北京：中国商业出版社，2010 年版，第 199 页。
② [美] 保罗·法尔科恩著，孟俭译：《招聘面试中的 96 个关键问题》，上海：上海人民出版社，1999 年版，第 81 页。

第十二章 "老死不相往来"的人际交流之境

人活在这个世上，不得不交流，但是，有时，交流又是人不得为而为之的事情，因此，老子才有"邻国相望，鸡犬之声相闻，民至老死，不相往来"的感叹。为此，我们从人与人之间老死不相往来的无奈出发，探讨了面对这种无奈，老子的态度以及"观心"的人际传播策略。

人际传播是人类维持其作为类生存所必需的社会活动。为了更好地进行人际传播，众多学者进行了孜孜不倦的探索，但是，我们不禁要问，社会发展到今天，人际传播已经超越了时空的限制，但是，我们人与人之间实现了最理想的交流了吗？答案是否定的，我们依然面临着不了解自己、不了解他人的痛苦境地，我们不得不交流，却进行着无奈的交流，用言语维持着关系。因此，从人际传播学来看，老子"老死不相往来"的思想就具有非同寻常的意义

第一节 "老死不相往来"何以实为一种人际交流的目的

众多的人际传播理论层出不穷，但是，无论是社会交换理论，还是符号互动理论，抑或人际关系管理理论，这些理论的共同的特点都在于：（1）增加你的人际传播知识；（2）改进你的人际传播技巧[①]，也就是指导人们更好地察言观色，更好地使用各种技巧与别人沟通交流。但是，他们在过分地强调人际传播的工具性的时候，却忽视了对于人的内心情感的观照。正相反，这些理论都是在教会人如何控制自己的感情，从而组织语言来更加合理地表达自己的意思。但是，正如解释学所说的，语言一旦以文本的形式呈现，其意义便非立言者所能限定，文本所载这"言"总是包含

[①] ［美］理查德·L.威瓦尔著，赵微等译：《交际技巧与方法——人际传播入门》，北京：学苑出版社，1989年版，第4页。

着不断延伸的意义空间①。这就是彼得斯口中时所说的交流的无奈,但是,在彼得斯看来,解决这种交流无奈的方式是"手拉手,而不是心连心",也就是"观身"。在进行人际传播时,身体作为保障言语真实性的工具必须在场。与彼得斯一样,带有批判主义色彩和怀疑论风范的老庄也同样认同交流的无奈。庄子在《庄子·内篇·大宗师》中说:"泉涸,鱼相与处于陆,相呴以湿,相濡以沫,不如相忘于江湖。与其誉尧而非桀也,不如两忘而化其道。"他又接着说:"鱼相造乎水,人相造乎道。相造乎水者,穿池而养给;相造乎道者,无事而生定。故曰:鱼相忘乎江湖,人相忘乎道术。"离开了水,鱼才有相濡以沫的辛酸无奈,离开了道,人才有不得不说的交流无奈。与庄子一样,老子在《道德经》第八十章中表达自己理想中的国度时说:"邻邦相望,鸡犬之声相闻,民至老死,不相往来。"这种完全否定交流的表现道家对"人相忘于道术"的向往,只有世间有"道",人才会像水中鱼一样,不需要交流,活得逍遥快活。这种完全否定交流的态度把交流拒绝门外,同时也把有交流可能带来的失败,以及由交流的失败所能带来的一系列的社会问题也拒之门外。这是一种一劳永逸的理想状态,但是,在已经符号化的社会和人身上,这种理想的状态是不可能实现的。正如黑格尔在评价老庄思想时所说的那样:"他的哲学思想是建立在自然个体的基础之上,因此,他们看不到自发产生的理智智能的客观性,因此,就无法应对伴随智能意识而产生的种种社会问题,面对这些社会问题,他们的解决方法就是绝圣弃智,但是,这绝对不是最好的解决办法,一个理智开启的民族不可能丧失理智回到蒙昧时代。"②当然,黑格尔对于老子的理解太过于绝对了,老子所希望回归的并不是丧失理智的时代,他所希望的是回到没有机巧的和谐态。"虽有舟舆,无所乘之;虽有甲兵,无所陈之。使民复结绳而用之。"这并不是指不用舟舆、甲兵,而是说没有用到它们的地方,也就是人们安居乐业,内心没有用它们的想法。然而,这种无法实现的乌托邦式的理想以及由交流所带来的一系列问题就是老庄眼中的相濡以沫式的悲哀。

第二节 "老死不相往来"的人际沟通设想的内在理路

与彼得斯不同的是,对于如何减弱这种交流的无奈感,老庄的思想方法是"观心",而不是"观身",并且老庄眼中的"观心"并不是通常意义上的观他人之心,而是在于观自我之心。如何能够达到"观心"的层面呢?主要有以下两个方面。

---

① 谢清果:《道家语言传播效果的求美旨趣》,《哲学动态》2008 年第 3 期。
② 卿文光:《论黑格尔的中国文化观》,北京:社会科学文献出版社 2005 年版。

一、对儒家社会角色的自我消解

为什么我们对不同的人说话会采取不同的方式？如果拿这个问题问"戏剧理论"的创始人戈夫曼的话，他的回答肯定是这样的：我们之所以这样做，是因为地位是一个人的角色特征，而角色是交往过程中指导我们行为，并赋予其意义的那个系统的组成部分①。是的，我们每个人在社会生活中都扮演着不同的角色，角色的认同也是人社会化过程中的一部分。角色的观念深入人心，特别是在中国，角色的观念更为重要。只是，这西方的角色在我们中国人这里不称为角色，而称之为"伦常"。孙旭培在其所著的《华夏传播论》中，就曾经专门总结过中国人际传播的九大特点，其中之一就是强调伦常②，特别是强调长幼尊卑。中国人在人际传播中对长幼尊卑的在乎延至今日，渗透到整个社会肌体中。中国传统文化中的"尊"的潜在力量使中国人在人际传播中近乎条件反射地寻找彼此的对应关系③。这种长幼尊卑的关系就是基于宗族社会下人与人之间特定的角色关系，每个人都必须无条件地服从，"目无尊长"往往遭遇被逐出宗族社会的后果。儒家根据"仁义道德"所建立起来的维护社会秩序的一种规定，它使人们产生了社会差别意识，产生人看人的尊卑等级定式。这种维护社会秩序的方式有它存在的合理性，但是，正如王怡红在《人与人的相遇——人际传播论》中所说的那样，由于我们所认识的大部分关系，都属于社会角色式的关系。尽管传播者也是由角色关系联结起来的，但从角色的消极层面看，人的关系总达不到那么亲密的程度。人越来越细的角色分工拼凑起个体虚假的自我映像也是极不可靠的④。而所能达到的也只是完成布伯所说的"我"与"它"的信息传递工作，而不能达到"我"与"你"的神性交流。而以老子为代表的道家强调的就是社会角色的淡化，是对于"仁""义""礼"这些道德规范的淡化。《道德经》第十八章说："故大道废焉，有仁义；智慧出焉，有大伪。"第十九章接着说："绝圣弃智，民利百倍；绝仁弃义，民复孝慈；绝巧弃利，盗贼无有。"第三十八章也说："上德，无为而无不为也；上仁，为之而无以为也；上义，为之而有以为也；上礼，为之而莫之应也，则攘臂而扔之。故失道而后德，失德而后仁，失仁而后义，失义而后礼。夫礼者，忠信之薄，而乱之首也。"承袭老子的庄子在《庄子·外篇·山木第二十》中也说："若夫万物之情，人伦之传，则不然。合则离，成则毁，廉则挫，尊则议，有为则亏，贤则谋，不肖则欺，胡可得而必乎哉？"同样，在《庄子·外

---

① ［美］莱斯莉·A. 巴克斯特，唐·O. 布雷斯维特著，殷晓蓉等译：《人际传播：多元视角之下》，上海：上海译文出版社，2010 年版，第 265 页。

② 孙旭培：《华夏传播论》，北京：人民出版社，1997 年版，第 330 页。

③ 倪迅：《试论中国人际传播的若干特点》，收录于余也鲁，郑学檬主编：《从零开始：首届海峡两岸中国传统文化中传的探索座谈会论文集》，厦门：厦门大学出版社，1994 年版，第 150 页。

④ 王怡红：《人与人的相遇——人际传播论》，北京：人民出版社，2003 年版，第 5 页。

篇·骈拇第八》中庄子以"且夫待钩绳规矩而正者,是削其性者也",来说明了自己的"则仁义又奚连连如胶漆绳索而犹乎道德之间为哉,使天下惑也!"的观点,从这些可以窥见,以老子为代表的道家是不赞成儒家所提倡的那套维护人与人之间关系的"仁""义""礼"这样人为的道德准则,这些人为的规范造成了人际传播的外在化、形式化,对于人际关系愈来愈外在化,而自发自主的精神逐渐消失,仅靠一些规范来把人的思想行为定着在固定的形式中,老子的这些感言是十分沉痛的①。正如那薇在比较庄子与海德格尔的思想后所说:"在老庄看来,仁义一旦作为什么显露出来,即'以为有物'②,把'某某东西作为某某东西'③时,仁义就成为多余的、束缚人本性的东西。"④基于这种认识,在自我社会角色淡化方面,老子提出了以下两点:

(一)对君子之交的向往

"君子之交淡如水"语出《庄子·外篇·山木第二十》:"且君子之交淡如水,小人之交甘若醴;君子淡以亲,小人甘以绝。彼无故以合者,则无故以离。"没有原因而结合在一起的朋友,必然没有分开的原因,这就是君子之交淡如水最合理的解释。也就是说"淡如水"就是没有尊卑等级之分,没有因这些角色定位而带来的利益关系之所累,"水"这种意象是道家所崇尚的意象,不仅仅在《庄子》中有,在《道德经》中也比比皆是。《道德经》第八章就说:"上善若水。水善利万物而不争,处众人之所恶,故几于道。"老子心中的"道"是极其模糊和抽象的,但是,如果在现实世界中选一种最接近于道的事物,那就是"几于道"的水了。因此,老子在描述"古之善为士者"的时候,才说"涣兮若冰之将释",融合可亲啊,像冰柱消融⑤。冰是水的另一种表现形式,善为士者给人带来的是春天般温暖清爽之气,既然善为士者是这样的,因此,庄子才说"君子之交淡如水"。这如水的君子就应该有水一样的品性,水是什么样的品性呢?在老子那里,水的品性就是"处众人之所恶",以及"江河之所以为百谷王者,以其善下之,故能为百谷王",也就是说,"处下"是水的特质,这种特质放在人际传播的角度上来说,就是在传受双方不对称的传播情境中,地位高的那一方应该有自我角色弱化的意识,能够"处下",保持一种相对平等的地位,

---

① 陈鼓应:《老子今注今译》,北京:商务印书馆,2003年版,第219页。

② 《庄子·齐物论第二》:"古之人,其知有所至矣。恶乎至?有以为未始有物者,至矣尽矣,不可以加矣。其次以为有物矣,而未使有封也。其次以为有封焉,而未始有是非也。"

③ 海德格尔认为语言陈述中的综合和分解这两种结构在现象上的统一涉及的是"把某某东西作为某某东西"这种现象。

④ 那薇:《天籁之音源自何方——庄子的无心之言与海德格尔的不可说之说》,北京:商务印书馆,2009年版,第56页。

⑤ 陈鼓应:《老子今注今译》,北京:商务印书馆,2003年版,第131页。

来实现淡如水的君子之交。也只有淡如水的君子才能部分地消解建立在社会角色和地位基础之上的价值判断和利益往来。

（二）对赤子之心的复归

虽然老子不赞成"仁""义""礼"，但是，他不赞成的其实是人为制定的规范，老子希望的是人与人之间发自内心的自然的仁义，依靠舆论和权威而来的仁义是非自愿的，非自然的①。《道德经》第八章就说："居善地，心善渊，与善仁，言善信，正善治，事善能，动善时"，"与善仁"，与人相处，要有发自内心的仁慈，这种仁慈是自然而然的发自内心，而不是儒家所提倡的"克己复礼而曰仁"那样，遵循着在礼的控制之下的仁。作为周之守藏室之史的老子，对于古代礼制应该是相当熟悉的，他完全了解礼制的弊端，对于礼制他是坚决反对的，所以才那么决绝地说："夫礼者，忠信之薄，而乱之首。"针对这样的认识，因此老子强调的是"观心"的内向传播。他在《道德经》中第十三章中说："宠辱若惊，贵大患若身。……何谓贵大患若身？吾所以有大患者，为吾有身也。及吾无身，吾与何患！"因此，《道德经》第十二章中才说："是以圣人之治也，为腹不为目。故去彼而取此。"只有时常地忘记自己，观照自己的内心，重视内向传播，才能时刻审视自己的言行是不是符合内心的那个"道"，是不是真诚，传者内心唯有保持"真"质，则语言自然精诚真实，才能打动人。正如《庄子·渔父》曰："真者，精诚之至也。不精不诚，不能打动人。……真在内者，神动于外，是所以贵真也。"不过，道家认为这个"真"是人的天赋本性，是不可改变的，但是，却可能被遮蔽。遮蔽语言的传者与受者双方的往往是机智和知识②。所以，《道德经》第十九章才说"绝圣弃智，民利百倍"，第八十一章才说"善者不辩，辩者不善；知者不博，博者不知"。

如同前文所说的"道"不可名，但是可以以"水"来喻道一样，这里的内心的"真"也不可名。不过，同样，在老子看来，人世间也有一样事物可以用来形容这个真，那就是婴儿。所谓的"真"，在很大程度上等同于婴孩的"赤子之心"。老子在《道德经》第二十章中说："众人熙熙，如享太牢，如春登台。我独泊兮，其未兆，如婴儿之未孩。"③众人都兴高采烈，好想参加丰盛的筵席，又像春天登台眺望春色。我却独个儿淡泊宁静啊，没有形迹，好像不知嬉笑的婴儿。④"赤子之心"真是还不知喜怒哀乐这些人间感情的天然之真，因此，老子在《道德经》第十章中又说："专气

---

① 仝冠军：《先秦诸子传播思想研究》，北京大学博士论文，2005 年，第 190 页。

② 谢清果：《道家语言传播主体的求真意向》，《民办高等教育研究》2008 年第 3 期。

③ 孩：与"咳"同。《说文》："咳，小儿笑也；从口，亥声；孩，古文咳，从子。"

④ 陈鼓应：《老子今注今译》，北京：商务印书馆，2003 年版，第 154—155 页。

至柔，能婴儿乎？"想尽办法地积聚精气以致柔顺，能像婴儿的状态吗？也就是说，在与人交往中的"真诚"是为了真诚而真诚的话，那么，这也不能称之为"真"。

（三）对于"不言"传播效果的追求

这是针对语言对于传播的限制来说的。传播离不开语言符号，上文所述的人与人之间的社会角色关系在很大程度上也是由语言塑造出来的。人际传播需要语言符号来作为信息的载体，内向传播过程中，语言符号也是我们认识自我的工具。但是，当我们在谈论着传播中的符号、信息、意义的时候，作为人所存在的特征的意识和精神去哪里了？该如何传播呢？这也就牵涉到语词有没有意义的问题，很多人的回答当然是语词没有意义，但是，正如彼得斯在《交流的无奈——传播思想史》中所问到的那样："倘若语词没有意识，我们在什么意义上说，人有意识呢？换句话说，意义并不需要一个生命体，语词本身就可以发射意义，就像留声机或照片能够用客观的形式包含意义一样"，"我们成了符号寄生的宿主，就像外来的孢子一样，飘落到四面八方"[①]。皮尔斯更加极端地认为："人只不过是一个涉及一般理念的符号。""每一个一般的理念都具有人的统一的活生生的情感。"[②] 如果是这样的话，那么，我们的精神本身也就是混合了血肉之躯的活生生的符号。这些振聋发聩的话语让我们感觉到了人在交流中的无奈，我们创造了符号，到最后，却成了符号的奴隶，符号竟然成了我们进行心灵观照的枷锁。中国有句俗话叫"一切尽在不言中"，也是看到了语言符号对于人的限制。

二、老子关于"不言"的两种观点

（一）"不言"以"坐进此道"

老子在《道德经》中也一再地强调"不言""希言""贵言"。老子自己也不断地体会着这种语言符号的限制，不然他自己也不会只写五千言。他在《道德经》第十九章中说："绝圣弃智，民利百倍；绝仁弃义，民复孝慈；绝巧弃利，盗贼无有。此三言也，以为文，未足。"用这三句话来表达我的理想，真的是太不够了。言外之意就是，语言符号的有限性与我的思想之间的差距实在是太大了。在第三十五章中也说："道之出言也，淡兮！其无味也。"深奥玄同的道啊，只要一说出口，就变了味道，意思也是语言实在是太有限了，无法完全表达我的道啊！所以，老子才说："悠兮，

---

① [美] 彼得斯著，何道宽译：《交流的无奈——传播思想史》，北京：华夏出版社，2003 年版，第 240—241 页。

② 同上。

其贵言","多言数穷，不如守中","行无为之益，不言之教"，最终达到的"得意而忘言","无言而心悦"的境界。但是，"忘言"与"无言"就是不说话，完全不使用语言吗？答案当然是否定的。通过"忘言"和"无言"而达到"得意"的过程的含义在于对语言的超越，是人对自己存在价值的获得。在语言表述世界的问题上，道家意识到有感性之知、知性之性和悟性之知三个层面。悟性之知其实是"意义的盈余"，它并没有脱离符号承载的感性对象与知性之知，但它无疑是一种超越。道家认为人们陷于前两者太久了，或者说太在乎符号本身了，阻碍了自身精神的超脱，于是提出"不言"的思想①，只有"忘言""不言"才能把人从皮尔斯所说的一般理念的符号之中解脱出来。所以，道家的"忘言""不言"是"坐进此道"，达到精神解放的一种必经的过程。

（二）"不言"而"观心"

在"坐进此道"的过程中，道家所强调的不是对于语言的使用，而是时时刻刻对于自身心灵、精神和情感的观照，也就是"观心"。印度灵修大师克里希那穆提说："当我们有一种感觉时，我们总是喜欢为它命名，我们说它是愉快或痛苦的。但你可曾想过，如果你不命名会怎样？试试看，下一次生气时，不要为它命名，只要觉察那份感觉而不给名称，然后会怎样。"②《庄子·应帝王》也说："至人之用心若镜：不将，不迎，应而不藏，故能胜物不伤。"这种只是观照心灵，不为其命名的思想与老子同出一辙。老子开篇就说："道可道，非常道，名可名，非常名。"他后来在第十四章论述道为何物时又说："视之不见名曰夷；听之不闻名曰希；抟之不得，名曰微，此三者，不可致诘，故混而为一。一者，其上不皦，其下不昧。绳绳兮！不可名，复归于无物，是谓无状之状，无物之象；是谓惚恍。迎之，不见其首；随之，不见其后。"不可名的，就是恍惚，是无状之状，无形之象，这种只能用心灵体会的境界与皮尔斯所述的"第二性"是很接近的。皮尔斯认为，第二性是无理性涉入而未经理解的经验、赤裸的事实。如果从日常理解的世界和事物中，祛除了判断、理性、持久性和规律，我们就获得了纯粹的第二性之存在状态③。这里的第二性难以描述，如果非要描述的话，就像是震惊打破了习惯的那一刹那，以及"得意而忘言"的那一瞬间。而彼得斯在《交流的无奈——传播思想史》中提到的第二性与爱默生的"物品"在原则上是一致的。爱默生说"我完全不能证明我自己感官报告的真实性"，因此，我们都是在自己迷宫中迷失的自我。但是，爱默生又说，不论怎样，总会有东

① 谢清果：《道家语言传播效果的求美旨趣》，《哲学动态》2008 年第 3 期。
② 魏超：《老庄传播思想散论》，北京：中国轻工业出版社，2010 年版，第 242 页。
③ 邱忠善：《论皮尔斯的现象学范畴》，《南昌大学学报（人文社会科学版）》2009 年第 2 期。

西使我们清醒的，我们会被这些东西粗暴地唤醒却又心存感激[1]。这些东西被爱默生称之为"物品"。有时，我们不得不承认，中外思想家的见解是何其相似，老子在《道德经》第十二章中也说："五色使人目盲，五音使人耳聋，五味使人口爽，驰骋畋猎使人心发狂，难得之货使人行妨。是以圣人之治也，为腹不为目。故去彼而取此。""为腹不为目"，观照内心，时时观照那些涌上心头的不可名的"物品"，就能在纷乱的世界中保持清醒的头脑和独立的人格，才能以至真至诚之心与他人进行交流，达到老子所希望的人际传播中求"美"的效果。

第三节 "心善渊"：人际传播中的"观心术"

由上述可见，老子所强调的人际传播中的"观心"与西方人际传播中的情感理论[2]是不一样的。西方人际传播中的情感理论侧重于对人际传播中情感产生与传播的过程进行细致的分类，构建不同的模型，以便使人能够更有效地把握自己情感的产生、发展以及传播。从本质上来说，这仍然是一种工具理性。即使是所谓的情感孤独症[3]也带有一定的利己主义色彩。而老子所强调的"观心"并不是一种理论，而是一种"悟性之知"的心灵旅程，他所希求的是传播中的人心之"致真"，与传播效果之"至美"，而不是希望在与人的明争暗斗中，运用工具技术来战胜他人。

我们被外物迷惑了很久，经常忘记了观照自己的心灵。因此，老子在《道德经》第二十七章中说："故善人者，不善人之师；不善人者，善人之资。不贵其师，不爱其资，虽智大迷，是谓要妙。"怎样才能做到把善人当作自己的老师，把不善人当作自己的借鉴，从而做到"知人者智，自知者明"呢？这就需要与这些人交流，只是交流还不够，还需要在内部进行自我反思，所以，归根究底，谁才是我们自己的老师，答案就是自己的心灵，也就是庄子在《庄子·杂篇·庚桑楚第二十三》中所说的："请尝言移是。是以生为本，以知为师，因以乘是非。"王谦之对此句的集解是："此以我之生为根本，以我之心知为师。"[4]时时以自己内心的真诚为标准审查自己的言行，以期做到"心善渊"，心灵像幽谷深渊里的水一样深沉安静，不辩不争，随和豁达，

---

① ［美］彼得斯著，何道宽译：《交流的无奈——传播思想史》，华夏出版社，2003年版，第144页。

② 这里的情感理论是指：詹姆斯—兰格情感理论以及认知标签理论，详见［美］约瑟夫·A.德维托：《人际传播教程》，余瑞祥等译，北京：中国人民大学出版社，2011年版，第189页。

③ 所谓的情感孤独症是指没有亲密的人与之分享情感。尽管一个人可能有广泛的关系网，却没有人能够达到亲密的水平。在人际传播中，如何能够使人防止或者减少情感孤独也应该成为传播学者关注的问题。详见［美］约瑟夫·A.德维托著，余瑞祥等译，《人际传播教程》，北京：中国人民大学出版社，2011年版，第190页。

④ （清）王谦之：《庄子集解》，陈凡整理，西安：三秦出版社，1998年版，第333页。

包容万象，因此老子在《道德经》第九章中才说："古之善为士者，微妙玄通，深不可识。……旷兮其若谷。"这种"心善渊"的观心之状在《庄子·外篇·山木第二十》的"螳螂捕蝉黄雀在后"的寓言故事中有很好的体现。在栗子林里，庄子看"螳螂捕蝉黄雀在后"这一幕看得入神了，反而忘记了自己也身处这个寓言故事之中，因为看守栗子园的虞人以为庄子要偷栗子而侮辱他，并拿着棍棒赶他出去。所以，庄子才感慨说："吾守形而忘身，观于浊水而迷于清渊。吾闻诸夫子（即老子）曰'入其俗，从其俗'。今吾游于雕陵而忘吾身，异鹊感吾颡，游于栗林而忘真，栗林虞人以吾为戮。""吾守形而忘身"，王谦之集解说："守物形而忘己身"；"观于浊水而迷于清渊"，王谦之集解说："知物类之逐利，而不悟己之当避嫌"①。人们常说"当局者迷，旁观者清"。但是，老庄告诉我们，有时候我们清的只是别人的迷，而对于自己的心，如果不通过观心，依然是"观于浊水而迷于清渊"。因此，自作聪明的人往往认不清自己，对自己糊涂一些，"不自见"，"不自是"，"不自彰"，可能会对自己有更清醒的认识，因此，老子才说："众人察察，我独昏昏；众人昭昭，我独闷闷"。

　　这种"昏昏""闷闷"的"心善渊"之状是说像心中有山水、胸中有丘壑那样海纳百川地把万物都为己所有吗？并不是的，这样的认识仍是把人心放在彼岸，而观照万物。实际上，道家所寻求的"心善渊"其实是海德格尔所追求的宝石从诗人手中不断落入命运之神的深渊之中不断"弃绝"②的过程，因此，在"心善渊"之中，所有的存在者都不含藏其中，"且夫博之不必知，辩之不必慧，圣人以断之矣"。圣人弃绝的是把学问的广博作为真知，把辩论作为智慧的世俗观念③，心中空空似无所存，但又任凭世间万物在心的空间中进进出出，来来去去，让心真正体悟到自身的存在，而不是他者的存在。因此，老子在《道德经》第四章中说："渊兮，似万物之宗；湛兮，似或存。吾不知谁之子，象帝之先。"这句话难道是真的在表达老子对于天地万物的本源的探索吗？如果这样理解的话，就误杀老子了。老子并不是在探求，只是表明一种状态，一种在不断"弃绝"的"忘"中所达到的让自己不知自己，不知天地，不知天地本源的无知状态。因此，这里的"吾"并非是提问者与观察者的主体，而是从始至终出离自身、敞开自身，让万物得以显现、得以澄明的"吾"，"吾"有能力让道这个名称回复到它未被说出的状态④，但是，这样恢复到"不言"的"让"并非是处于一种无奈，而是处于"心善渊"的指引和摒弃聪明才智的决断能力，

　　① 同上，第279页。
　　② 海德格尔所说的弃绝，并不是一种否定，而是一种转变，是指弃绝必须让自己进入的领域，即命名那个进入词和物之间，现在已经被经验到的关联的指令。
　　③ 那薇：《天籁之音源自何方——庄子的无心之言与海德格尔的不可说之说》，北京：商务印书馆，2009年版，第247页。
　　④ 同上，第250页。

顺从"我"进入语言，和语言进入"我"的"无心之言"的"渊深"境界。

老子的"邻国相望，鸡犬之声，民至老死，不相往来"以及庄子的"相濡以沫，不如相忘乎江湖"或许只是一种美好而不现实的理想。但是，正如全冠军所言："虽然老子的主张不合时宜，不切实际，但是他对所谓人类文明的另一面的关照、对人类社会对自然人性的戕害的揭露，对我们理解当下大众传播产业对受众的操作和异化还是很有启发意义的。"在这个脆弱的星球上，人与人之间必须"相濡以沫"地生存着。但是，在这纷繁复杂的光影世界中，我们更应该不时地停下来，闭上眼睛，塞住耳朵，静静地反思自己，看看自己的心灵，是不是做到了仰不愧于天，俯不愧于地的真诚和友善。正如《道德经》第十四章所言："孰能浊而静之，徐清？孰能安而动之，徐生？葆此道者，不欲盈。夫唯不盈，是以能敝而新成。"不必单纯盲目地追求满足自己的各种欲望，时常停下来，静下来，听听自己内心的声音，是否真诚，是否善良。从另外一方面上来说，这不是无奈的：我们一直处在把自我作为主题对于所谓的客体语言进行命名的遮蔽之中，老子这种异于常人思维习惯的振聋发聩之言就如同伤口的破裂之痛让我们感觉到自身的存在对于我们的价值一样，他能够使我们从自我遮蔽当中显现出来，清醒过来，以"无名之朴"进入自心，游心乎万物之初。

（本章执笔：林啸　谢清果）

第十三章 老子的人际异化批判及其突破

老子思想对人际异化现象有一系列主张，主要表现为对人际交往中礼乐异化、科技异化、权力异化以及智巧异化的批判。其重视人际交往的精神属性、自我主体、和谐共处的观念，为缓解当代社会的人际异化，建立个人与个人、个人与社会之间的积极关系，具有重要启迪意义。

第一节 人际异化的概念及其与老子思想联系

一、异化与人际异化界定

关于异化的界定目前并不明确。一般意义上，社会学与哲学范畴内的异化被认为"是指主体在发展的过程中，由于自身的活动而产生出自己的对立面（客体），而这个客体又成为一种外在的，异己的力量转过来反对主体自身"[1]。长期以来，异化被认为是社会经济与技术发展的产物，其透露的主要矛盾在于文明与人性之间的冲突，具体表现为马克思所说的"死的物对活的人的统治"[2]。这里所说的"物"应当不只是单一纯粹的客观事物，还包括个人所处的整体外部环境。斯本格勒也认为，异化现象是在文明的转变中加剧的，"因为在文明中占统治地位的是冷酷无情的理性压抑着个人的创造性和个性，从而导致内在的孤独、敌对的隔离、残酷的竞争以及战争"[3]。

可见，异化的核心仍在于其"社会性"概念，是人与社会、人与人相互接触之中诞生的产物。本文所讨论的人际异化主要指人际交往中出现的这样一种情形：个体在社会性互动环境中，自觉或不自觉地遭受到自由与权利的丧失或者被迫转移。

---

① 辽宁省历史唯物主义研究会：《异化与人：国内哲学界五年来关于异化、人性、人道主义问题的论文》，1983 年 9 月 5 日，第 1 页。

② 马克思：《1844 年经济学—哲学手稿》，北京：人民出版社，1979 年版，第 39 页。

③ 郭冲辰：《技术异化论》，沈阳：东北大学出版社，2004 年版，第 4 页。

人际在个体化与社会化之间的对立中被割裂了，社会规范无法维持人们交往所需的心灵慰藉，人与人由此产生疏离感。

二、老子的人际异化观

生于春秋时代的老子面对当时"礼崩乐坏"的社会现实，对人际异化有着深刻体悟。老子对人际异化是持批判态度的，认为对欲望的无尽追求是导致人际异化的重要原因，诸侯之间争权夺利，战火连天、民不聊生的社会悲剧无一不是人们为了私利己欲所导致的。因此，老子主张"故常无欲，以观其妙"（第一章），用清静恬淡的境界来对抗物欲施加在人性上的压力。他"赋予'道'以母性的特征"①，认为人是自然的一部分，人际交往是天道运行的一部分，任何偏离常"道"的人际行为都违背人性最初意义。

人际异化过程反映的就是人类文明发展的过程，在某种意义上，异化有其必然性。老子曾说："反者，道之动"（第四十章），把事物向自身反面发展看作自然规律的一部分，放在人际异化上来看，他强调了这种社会前进中所无法避免的矛盾，从而"提醒人们注意这样一个事实，即人类需要的无限性同物质的有限性永远可能处于矛盾的对立面"②。总的来说，老子眼中的人际异化是人性在后天社会化过程中受到文明的挤压，因"欲"而偏离"自然之道"的过程。他将道法自然、因循而为作为人与人相处的指导思想，以"无名之朴"来镇压人际分裂、自我异化。其无为而治的自然主义哲学在某种意义上就是一种反异化思想。

第二节　老子人际异化批判的表现

老子的人际异化批判主要集中在对世俗规范与物质文明的反抗上。值得注意的是，老子并不排斥文明的进步，也并不反对必要的社会规范存在。他反对的是人们对于文明成果的使用不当，并提醒人们积极反思现存人际社会规范中可能存在的一些问题。本文主要从以下四个方面来探讨老子思想中所体现的人际异化批判：

一、礼乐异化：批判人在传统规范内的分化关系

老子曾长期担任"周守藏室之史"，可谓深谙礼制。与儒家"尚礼"的做法不同，老子在基本立场上是反对礼乐的。他在《道德经》中提出："故失道而后德，失德而后仁，失仁而后义，失义而后礼。夫礼者，忠信之薄而乱之首。"（第三十八章）

---

① 詹石窗、杨燕：《老子对祭祀文化的哲学升华》，《哲学研究》2007 年第 2 期。
② 石英、高成新：《老子人际思想初探》，《中共山西省委党校学报》2007 年第 5 期。

作为规范而存在的礼意味着礼的施受双方是有差别的，人们对礼乐的遵从造成了人与人之间的区别和等级之分，从而在不平等的社会氛围中加速了人与人之间的疏离，促进了人际异化的趋势。按照老子说法，"各种具体的礼法技巧无所不用其极，妄图造出一个美好的世界，但却聪明反被聪明误，因为它失去了'本性'和'自然'"①。不过，老子对于礼乐并不是一味地反对，而是强调礼乐也应当顺应"道"的存在。他谈到"大音希声，大象无形"（第四十一章），认为最高境界的音乐是天籁，而不是人为的靡靡之音。在某种意义上，老子排斥烦琐又空洞的礼乐体制，是对以礼乐为代表的世俗规范导致的人际异化批判。他倾向的是更顺应人性的人际传播模式，用"无为"的自然人性文化态度来诠释"人性是自然的，不需要礼义来教化，人类社会秩序也是自然的，不需要用有为的方法来治理"②。

二、科技异化：批判人对器物力量的负面利用

科技是人类文明的重要象征，它本身不具有"原罪"，也不与人际异化有直接关联。但是，人们是否在遵循自然规律与社会道义的基础上使用科技，则极大地影响科技正面意义的发挥以及科技在人际异化中的负面作用。

老子并不反对科技，但对待科技的使用持审慎态度，认为"邦之利器不可以示人"（第三十六章）。因为"'利器'的存在是对万物自然存在、人性自由舒展和社会和平安定的潜在破坏"，③科技虽然于社会有利，但其本也有可能转化成负面工具，"兵者，不祥之器。物或恶之，故有道不处"（第三十一章）。这里批判的就是人们利用兵器大动干戈，带来危险后果。"有道不处"暗含的意思是，顺应天道、和谐交往的人是不会借用科技的力量来左右他人的，对于科技的使用应该是有节制的使用、有规则的使用，否则，原本推动人类社会的"利器"就会成为文明的"不祥之器"。老子对于科技异化批判的着力点并不在于客观的科技事物本身，是在于道德失范、天道相违背后的科技使用不当。其"复结绳而用之"体现的对原始传播手段的提倡也不是对落后文明的执着，而是通过参照原始社会形态，在对比中表达对科技进步背后人心不正的批评与反省。

三、权力异化：批判人与人之间的压迫与排斥

权力建立在人们制定的社会契约之上，是用来服务社会的手段。权力异化不在于权力形式的改变，而是权力性质的改变，表现为权力自身扩张中产生排他性，原

---

① 喻中：《对异化的儒家礼法的超越——道家法哲学新探》，《江苏行政学院学报》2002年第3期。
② 韩强：《王弼与中国文化》，贵阳：贵州人民出版社，2001年版。
③ 谢清果：《道家对科技异化的思考及救治》，《自然辩证法研究》2007年第6期。

本共同的社会契约规范消失了，权力拥有者为了实现自身利益最大化给其他权力承受者带来了利益伤害。老子的权力观建立在否定这种异化带来的权力膨胀与滥用之上。他说："和大怨，必有余怨，焉可以为善？是以执右契，而不以责于人。故有德司契，无德司彻。夫天道无亲，恒与善人。"（第七十九章）老子强调使用权力需要尊重社会契约关系，怀有善心，告诫"那些握有权力和债务的人，不要凭借这些权力苛责于人"①。在人与人之间的权力关系上，老子倾向于淡化个人权力，他从五感切入说："道之出口淡乎其无味，视之不足见，听之不足闻，用之不足既。"（第三十五章）"君王只有淡化个人权力，淡出物质享受，才会把主要精力用于执政为民办实事。"②可见，老子仍然呼吁权力应该尽得其用，过分地使用权力或者透支权力，不仅伤害他人利益，也像感官接受过多刺激一样，对于自身亦是一种异化。

四、智巧异化：批判人自我意识里的防外之心

老子认为，在人际中过多地用"智"是一种欺诈表现，希望人们不要因为智巧之术而泯灭了淳朴之心。其曰："民之难治，以其智多。故以智治国，国之贼。"（第六十五章）统治者与民众之间相互用智，彼此提防，是一种社会悲剧。"老子生当乱世，感于世乱的根源莫过于大家攻心斗智，竞相伪饰，因此呼吁人们扬弃世俗价值的纠纷，而返璞归真。"③用"智"本是人主体能动性的彰显，但在现实人际中却总有一部分人运用知识、运用巧智而作伪。针对这种情况，老子思想中呈现出攻击知识的一面："绝圣弃智，民利百倍。"（第十九章）但是，这不是绝对的反智或者愚民观点，而是警醒人们如果用"巧"不当，还不如绝弃智慧。建议人们应该在保持质朴清正的状态下运用知识，以正面的智慧的作为建立良好的社会人际氛围。

第三节　老子人际异化的解决构想及其当代意义

老子对于人际异化的解决之道依然基于其自然无为的核心哲学主张，他否定物质冲突与世俗目的对于人性的掩盖，而突出"道"与"自我"的重要地位。这种思想一方面提供了对当代物质文明成果与传统人文理念之间矛盾产生的反思，另一方面也契合了社会文化个性发展与全面发展中呼吁的对"人"的意识的尊重。

---

① 姜城：《那一个老子：在道法与自然中求索的生存哲学》，北京：中国华侨出版社，2007 年，第 230 页。

② 张冬生，张晓涪：《周易老子现代解读》，北京：光明日报出版社，2004 年，第 282 页。

③ 何跃青编著：《读老子悟人生》，北京：中国华侨出版社，2007 年版，第 321 页。

一、心善渊，与善仁：讲求人际交往中的精神属性

在当代高度发达的市场经济背景下，人际交往存在的尴尬在于，"商品交换的原则成为社会活动的最基本的准则，一切社会关系，包括人与人的关系都披上了'物—物'关系的外衣"①。老子则在价值观上排斥"物化"，重视"人性"的核心地位，提醒我们对物质与感官的无度追求可能带来道德与人际上的障碍："五色令人目盲，五音令人耳聋，五味令人口爽，驰骋畋猎令人心发狂，难得之货令人行妨。"（第十二章）过多地追求物欲会影响个人的感官，使之"心发狂"。

人们为了"难得之货"而强取豪夺，用尽心机，给人际交往带来极大负面影响。老子主张寡欲，并非否定人类文明中的物质建设。他强调的是度的把握，提醒人们协调物欲与精神的关系，不要让人的本性受到伤害，从而在人际处理上破除功利，达到真情自然。人际异化是社会化的产物，是"物化"作用下对人性的偏离。老子效法自然，依道人性，回归精神属性的观念，对于缓解人际相处中的自利性、物质性，具有重要意义。

可以说，在消费社会，传统的人际活动被添加了新的含义。人与物的关系、人与产品的关系逐渐与日常人际重合，在生活中日趋重要。人际互动中的某些积极要素有时也被当作"产品"需要广泛应用到商业行为之中，比如媒体或者商家利用受众同情心对舆论事件进行炒作。这种建立在营利意图上的欺骗通过大众媒介放大，久而久之可能带来人们在人际中的过分提防，从而导致某种极端情形："大部分人为了利益而失去了个性，自己实际上是一种样子，却不得不显出另一种样子。这就妨碍和束缚了人的天性，只是一味地趋同，导致了人的个性、多样性的丧失，还造成了人与人之间关系的冷漠与疏离。"②市场需要竞争，竞争则必然导致阶层的流动与人们社会位置的垂直分化。个人在严格的劳动分工下为了博取更高的社会地位而努力。在功利性态度的互相角逐中，"人同他人相对立，人与他人是一种外在的敌对关系，每个人都不是把他人看作自己的实现，而是看成自己的障碍和否定"③。

老子思想的核心在于"无为"，倡导"顺应天道"。在人际对待上，他采取的是"上善若水"，遵从本性的态度。其提到"居善地，心善渊，与善仁，言善信，正善治，事善能，动善时"（第八章），劝诫人们与人相交要有仁爱之心、诚信之义，不要过多被世俗目的所左右。他还树立了一个圣人的标准——"圣人常无心，以百姓之心为心。善者，吾善之；不善者，吾亦善之，德善。信者，吾信之；不信者，吾亦信之，德信。"（第四十九章）追寻圣人的精神之旅成为抵御异化、自然得"道"

---

① 唐靖云：《西方马克思主义的异化理论》，《民办高等教育研究》2009年第2期。
② 冯留建：《从卢梭到马克思的异化理论探析》，《商丘师范学院学报》2006年第4期。
③ 马丽丽：《当前我国社会发展的异化与反异化》，《科教导刊》（中旬刊）2011年第1期。

的关键途径，"每一个传者乃至每一个社会成员，都应该以'圣人'为榜样，'为腹不为目'，严格要求自己，自觉抵制物欲的诱惑"①，从而适应复杂的社会关系。

二、独异于人，而贵食母：尊重人际交往中的自我主体

人际异化的核心在于处于社会互动中的自我主体地位的丧失。这种自我丧失包含两层含义：一是在对待他人与主体的关系中，自我无法取得一般意义上的平等地位；二是在对待物质与主体的关系中，自我无法施展自由与个性。

市场经济中劳动分工体系内部的差异产生了阶级之分，人与人之间拥有的财富、名望或者权力上的差异成为人与人之间的重要隔阂。社会分工的进步推动了现实世界与理念世界的分野，人们倾向于放弃自己理性的主观能动性，不敢正视自己的存在，其极端的表现为"偶像崇拜"。这种偶像崇拜的对象不仅仅是个人，还包括更多地具有象征意义的世俗符号。"从某种意义上来说，现代的人们较少崇拜土偶木偶所代表的神力和命运，而另外一些东西如金钱、技术、科学、国家等等概念却有了至上性而变成了偶像，继续统治着人们。"②对"物"的崇拜造成了人对自我主体地位的忽视，人们开始更多地遵从于欲望而非自我理性。正如弗洛姆所言："偶像崇拜的实质在于，偶像是人自己的双手做成的东西，它们是物，而人却向物跪拜，对物尊敬，崇拜他自己创造的东西。"③因此，在追求或者接近偶像的过程中，个体对自我意识的淡漠突出了"物"，而非传统的情感或观念交流，必然导致人际疏远的局面。

老子对于人际异化的解决态度还是以修内为主的，即首先强调的是自我存在与自我修善的重要性。他并不主张一味张扬，标榜个性，所谓"人之所畏，不可不畏"（第二十章）。但是，老子强调自我意义的建构中，人应该保持心灵自由："俗人昭昭，我独昏昏；俗人察察，我独闷闷"（第二十章），指出个体在人际中虽然对于大众意见"不可不畏"，但也应该拥有自我审视和选择的权利，不能让大众的声音淹没自我。他又谈到"躁胜寒，静胜热，清静为天下正"（第四十五章），告诉人们应保持心灵的情虚静守，进而"正"人，以典范作用影响他人，感染他人。他否定物质对于主体的超越，发问道"名与身孰亲？身与货孰多？得与亡孰病？"（第四十四章），以辩证的态度指出，相比于真实的生命境界，名利与财物皆不重要。异化造成对人性的奴役，人们在趋同的商品关系中趋向冰冷化，"人失去了个性，变成了'空

① 李敬一：《中国传播史论》，武汉：武汉大学出版社，2003年版，第178页。
② 鲍俊晓：《偶像崇拜与人的异化》，《理论界》，2011年第9期。
③ E.弗洛姆：《马克思关于人的观念》，取自《西方学者论一八四四年经济学－哲学手稿》，复旦大学哲学系现代西方哲学研究室编译，上海：复旦大学出版社，1983年，第71页。

心人''孤独的人群'"①。而老子看中以道养己，"我独异于人而贵食母"（第二十章），"食母"即为依循天道，在遵从自我意志的原则下与物欲横流的社会划清界限，在保持自我的前提下从而保持人际的独立性与纯洁性。

三、民至老死，不相往来：强调人际交往中的和谐共处

当今，以经济与技术为主导的全球化进程推动着世界各国与各地区深入融合，也不可避免地带来人际与文化认同的对抗与冲突。以数字化、互联网为引领的跨文化人际传播给传统人际关系带来了新的变化。这种变化既包括人际互动广度前所未有的扩大，也暗示着人际中的不稳定要素将大大上升。在网络传播中，消费文化与娱乐文化相互渗透，在大众文化的狂欢浪潮左右的传播空间中，传统的道德原则开始面临诸多挑战，人际传播往往不能沿着应有积极轨道进展。诸如"芙蓉姐姐"与"凤姐"之类的"审丑"事件就是人际相互认知的某种异化表现，处于媒介产品中的个人变成"其他人消遣和娱乐的对象，人与人之间恶意的方面因此延伸"②。

人际异化造成了人与身边的一切相互对抗，并且改变了人际关系的基本原则。失去依托的传统人际关系与全球性文化融合的大背景相互结合，造成了人们普遍心理上的某种"无根感"。大众不得不通过其他手段来证明自我的存在。在一遍遍的娱乐颠覆过程中，人际关系中宁静和谐的一面遭到消解，取而代之的是更多的文化喧嚣和反抗意识。

对于当代人际社会中呈现的多元性和相似性组成的混合面貌，老子思想提供了一种可供借鉴的视角。在老子哲学中，贯穿始终是一种"道"的观念，其对"道"的探索是建立在个体生命与人际群体、社会环境之间的和谐关系之上的。一方面，"道"怀有普世性认同，即人是天道循环的一部分，是人类整体的一部分，人们怀着共同的爱以"托天下"，这使得大范围内的人际和谐相处获得了可能；另一方面，在全球化的互动中，个体生活需要得到尊重与宽容。老子"小国寡民"的论述就为我们提供了一种关于个体性认同的思考。"甘其食，美其服，乐其俗，安其居。邻国相望，鸡犬之声相闻。民至老死，不相往来。"（第八十章）这里的"往来"可以理解为"对抗"，其指出，个人生活在彼此相互联系、相望相闻的过程中，也应该保持自主性。纵使相伴相邻，人际中的个体意愿也能得到充分尊重，不会产生"兵来将往"的冲突感。由此，老子通过诠释人际中普世性与个人性的辩证关系，构建并强调了一种自然和谐的理想人际状态。

人际异化是作为主体的自我在社会环境框架下的活动行为及其结果。受制于时

---

① 何楠：《"异化"在哲学发展中的积极意义》，《江海纵横》2007 年第 5 期。

② 施露：《人际传播中的变异现象分析》，《今传媒》2010 年第 9 期。

代约束，老子不可能预见后世技术环境施加在人际活动中的具体影响。不过，他依然从哲学角度，通过思考人与自身、人与物质、人与人之间的关系，为处理人际异化现象提供了借鉴。这种思想具有极强的时代适应性。它指出了人际关系中不可被"物"所改变的常量，提醒我们在建立与他人协作关系的同时保持自我完善。老子人际思想中对于精神、自然与主体的强调，在某种意义上是对传统人际关系积极层面的回归，它在传统与现实之间架起了桥梁，让我们在思考自我与他者的关系中理解世界，从而扫清异化带来的障碍。

（本章执笔：王昀^① 谢清果）

---

① 王昀，现为华中科技大学新闻与信息传播学院副教授。

第十四章 老子"自知者明"的人际认知观

老子摆脱自我本位的人际认知观对中国传统中"推己及人"的认知方式起到了补充和纠偏的作用，有助于我们理解和尊重个体的差异性，在人际交往中达到"胜人者有力"的沟通效果。"自知者明"是老子人际认知观的基本原则，"知我者希，则我者贵"则是掌控人际认知边界的金律。此外，老子还在健全人际认知结构的价值取向方面做出有价值的探讨，包括对刻板印象的批判和管理、人际互动的洞察及社会认知偏差的警示。

人是社会的人，人与人之间情感的建立、社会规范的形成、文化的传承都离不开人际沟通。因此"人际沟通"所探讨的不仅仅是说话表达的能力和技巧，而是"人之所以为人的道理"。[①] 俗话说"见什么人说什么话"，可见人际沟通是一个主观能动性强、有策略有目的的传播行为，语言表达建立在深层次的心理认知上。沟通人通过人际建构来认知他人，形成印象。[②] 建构主义认为，人们在人际沟通中"说什么、怎么说"，都会有意无意地建立在对自我、他人、社会关系、交往情境等人际认知基础上。即便是陌生人之间的交流，人们也会根据以往经验和自我认知结构，试图"读懂"对方，留意对方的暗示、行动、表情、衣着和表情，以推论出对方是谁（尤其是在当下情境中的角色）、对方在干什么（尤其是我们似乎牵连在其行为中时）、对方在思考什么、感觉怎么样。[③] 人们倾向于和看起来热情友好、和自己相似性高的人交流，然后在交流互动中不断检验和加深对彼此的认知。"秀才遇到兵，有理说不清"则是由于沟通双方缺乏对彼此阅历、知识、需求、兴趣等认知和理解，从而造成交流障碍。由此可见，人际认知的准确性在很大程度上影响着人际沟通的有效性，制

---

① 鲁曙明：《沟通交际学》，北京：中国人民大学出版社，2008 年版，第 89 页。
② 同上，第 97 页。
③ ［美］莱斯莉·巴克斯特，布雷斯韦特编著，殷晓蓉等译：《人际传播：多元视角之下》，上海：上海译文出版社，2010 年版，第 57 页。

约着人际关系的形成和发展。而人际认知的方式则影响着人际认知的准确性。

中国主流文化的人际认知观是"忠恕"，即"己所不欲，勿施于人"（《论语·颜渊》），或者用积极方式来表达是"己之所欲，施之于人"，是一种"推己及人"的认知方式，是根据自己心理体验来比拟他人、判断他人的心理过程。[①] 儒家文化作为中国的主流文化，深刻影响着历代中国人心理、行为、政治、生活、文化等各个方面。所以说，"推己及人"在某种程度上可以概括中国人习惯的认知方式和原则。但这种人际认知方式有利有弊。在等级分明、权责清晰的儒家思想中，个人所扮演的社会角色清晰明了，即女子应该"三从四德"，上级应该做好下级的榜样——"父为子纲、夫为妻纲"，因此相同的群体拥有高度的一致性，个性受到集体规范的压抑，人与人之间的差异性相对较小，"将心比心、推己及人"的确是认知他人最便捷有效的方式。但在个性解放、尊重差异的现代，这种以"自我"为原型的人际认知方式忽视了人与人之间的差异性，容易造成人际认知偏见。在这样的背景条件下，强调主体个性张扬的道家文化对中国主流文化有着互补和纠偏的作用，其在人际认知上也有着独特的见解。

第一节　老子人际认知观的三维度

老子"知人者智，自知者明"的人际认知观，包括自我认知、对他人的认知和自我角色认知三个方面。他所提出的"以身观身""涤除玄览"的自我认知方法，以及其他正确认识他人和自我角色的方法，对人际交往提供了有益的指导。

人际认知，主要指个人对他人、对自己及对人与人关系的认知，是对人际传播中人们之间的相互关系、传播双方各自的特性状况、行为特点的认知。从认知对象上看，还包括角色认知。[②]

两千多年前，老子就提出了"知人者智，自知者明"（第三十三章）的人际认知观，为人们正确认知自我、认知他人以及人与人的关系提供指导。

一、对自我的认知

自我认知就是对自己的需要、兴趣、能力、个性、行为及心理状态的认识，也包括对自己的社会活动和与他人关系的认知。[③]

---

① 景怀斌：《"忠恕"与"通情"——两种人际认知方式的过程与特征》，《孔子研究》2005 年第 5 期。

② 薛可，余明阳：《人际传播学》，上海：同济大学出版社，2007 年版，第 151—154 页。

③ 同上，第 152—158 页。

老子认为"自知者明"，正确地认识自己，是改善自我、提升修养的基础，也是立身践行的基础。只有"自知"者，才能"自胜""自足"，并且勤勉力行。

在老子看来，正确认识自我，是客观地了解和评价自我，既不是自视过高，也不是妄自菲薄。他反对"自见""自是""自彰"等狂妄自大的行为，同时又认为人不能过于自卑，应该正确地认识自己的优点，"动善能"，发挥自己的长处。不过，自我认知并非一件易事，只有通过一定的方法，才能达到正确认识自我的目的：

（一）"以身观身"——通过与他人的比较来认知评价自我

人是一个社会人，"人对自己的认识与评价，都是以社会上其他人对自己的认识和评价为参照的"[①]。人们既可以通过与他人的比较来了解自身的优势和不足；也可以通过他人对自己的评价来了解他人对自己的期望值和满意程度。老子的"以身观身"（《老子》第五十四章）的方法，即是在与他人的互动中，以他人的行为，来观照自身的行为；用他人对自己的态度和评价来认识自我。

（二）"涤除玄览"——通过自我观察、分析来认知评价自我

冷静地分析自我的活动及其成果，有助于正确评价自我。另外，在平静的状态下，进行自我分析，也有助于了解自身的需求、期望及情感态度。自我观察和分析，要先做到"致虚极，守静笃"，只有保持内心的安静，才能认识事物的真相；其次，要"涤除玄览"，"涤除"心中的一切欲望，使心灵处于"澄明"状态时，便能够见道，观照到内心的自我。

事物的本质往往隐藏在朦胧的外表之下，人们只有通过正确的方法，排除干扰，才能把握其中的"真"，认识真实的自我。

二、对他人的认知

对他人的认知，是指与他人交往时通过对他人的外部特征的直觉，进而判断他人的需要、动机、兴趣、情感和个性等心理活动的过程。[②]

"知人者智"，正确认识他人，了解他人的个性、情感、需求，可以更好地指导自己与他人的互动，有助于营造良好的人际关系。"知己知彼，百战不殆"，了解他人，能帮助自己做出更好的决策，从而获得成功。

人是世上最复杂的动物，人们往往无法了解他人复杂和隐秘的心理，知人者需具备敏锐的洞察力和深刻的分析判断能力，才能洞悉他人的心理。

---

① 　同上，第159页。
② 　同上，第151页。

"道之为物，惟恍惟惚。惚兮恍兮，其中有象；恍兮惚兮，其中有物。窈兮冥兮，其中有精。其精甚真，其中有信。"（《老子》第二十一章）看似"惟恍惟惚"的事物，实际上隐藏着许多信息。他人的言语、行为、神情、服饰看似无意识的行为，但却"其中有信"，这些行为模式往往能反映出他人的心理状态。只有透过这些表象，分析其背后所包含的信息，才能了解其中的"道"，即他人的心理。

了解他人，要少说多看，在互动中观察他人的言谈举止。老子反对自我陶醉，滔滔不绝的人，在他看来，"知者不言，言者不知"，智者不急于自我呈现，而是静静地观察别人的一言一行，获取各种信息，以求全面了解他人。

然后，要在观察的直觉基础上，对其进行理性分析。这种理性活动，与老子观"道"的方法是一致的，即"为学日益，为道日损"，在大量积累自己对他人直观感受的基础上，不断排除一些干扰性的因素，把握事物的本根。

最后，正确认识他人，还要排除自己原有的偏见，"为无为"，以自己最自然的状态去感知他人，消除刻板印象、光环效应等因素的影响。

三、自我角色认知

角色认知是指对他人或自己的地位、身份及行为规范的认识与判断。[①] 对人与人关系的认知与角色认知常常是联系在一起的。了解了自己与他人在特定环境中的角色扮演，就能比较准确地把握自己与他人的关系。

人在社会中扮演着多种角色，在各个人生阶段，在不同的情境下扮演的角色都各不相同，并且每一种角色都有不同的社会期待。这种复杂的社会角色扮演，要求人们正确认识自己的每个角色，并根据具体的情境进行转换。

一方面，要"居善地""动善时"，根据时机变化，使自己处在恰当的角色位置上，言行举止都要符合当时的角色，避免出现角色冲突和角色模糊的状况。

另一方面，当个人对角色的自我期待与社会期待相冲突时，应当保持清醒的头脑，找准自己的角色定位。个人应把"尊道贵德"作为角色定位的根本价值取向，当自我期待的角色符合"道"的要求时，应当学习老子"我独异于众人"的心态，"俗人昭昭，我独昏昏；俗人察察，我独闷闷"，坚持自我，不随波逐流。

"知人者智，自知者明。"老子的人际认知观，把知己、知人有效地统一起来，并且，在这种识人的基础上，提出了自我角色认知的方法。这种智慧，不仅对现实生活中的人际交往具有重要的指导意义，而且能帮助人们"自胜""胜人"，在超越

---

① 薛可，余明阳：《人际传播学》，上海：同济大学出版社，2007年版，第153页。

自我，超越他人的过程中走向成功。

（沈淑桢）

第二节 "自知者明"：老子人际认知的基本原则

在强调人的差异性和交流沟通的包容性方面，老子的人际认知观与彼得斯有异曲同工之妙。彼得斯在《交流的无奈》中为人们走出交流的无奈给出的建议是"我们的任务是认识他者的特性，而不是按照自己的喜好和形象去改造他人"[①]。老子有言"我欲独异于人"（第二十章），"知我者希，则我者贵"（第七十章），其意涵在于每个生命个体都有自己独特的、难以被他人知觉的自我，有着不同的需求爱好和价值取向。"自知者明"（第三十三章）告诉世人，如果不能走出自我的立场和本位的局限去理解他人的立场和观点，[②] 人们就不可能真实全面地认知自己和他人；"胜人者有力"（第三十三章）启发人们，如果不能换位思考、以多元价值观去评判有差异化的个人，势必导致理解包容的鸿沟，难以让人心悦诚服。

"自知者明"是人际认知的基本原则，"胜人者有力"是检验认知准确和沟通有效的标准。在人际沟通中，若想"胜人者有力"，即赢得别人的尊重和好感，最基本的原则是摆脱个人本位的偏见和束缚，做到"自知者明"。何谓"自知者明"，具体来说就是"不自见故明，不自是故彰，不自伐故有功，不自矜故长"（第二十二章）。

一、"不自见故明，不自是故彰"的自我认知观

不囿于己见才能明白通晓，不自以为是才能彰显真相。由于受时间、精力、经验等各方面的局限，个人的认知能力不可避免有其局限性，"自知"则在某种程度上可以理解为对自我局限性的认知。个人认知局限经常表现在：我们对自我，尤其是对他人的认知都是通过随意抽样而做出判断，只要有抽样就有误差。假如你和一个同事约好在某一时间见面，结果她因为临时有事迟到了。不巧的是，你们第二次约见时，她又因为临时有事迟到更久。极有可能，你从此对她的印象是"从不守时、不值得信任"。即便有熟悉她的第三人跟你说"她平时都很守时守信，那两次的确是突发意外状况，她心里感到很抱歉"等，你还是很难改变对她的认知偏见。因为基于你的抽样事实，她就是两次约见、两次迟到。可是你忽略了你只是抽取了和她约见的两次，不能代表她一贯的行为作风。而人际认知的偏见容易造成沟通双方的误

---

① ［美］彼得斯编著，何道宽译：《交流的无奈：传播思想史》，北京：华夏出版社，2003年版，第25页。

② 吴予敏编著：《传播与文化研究》，北京：北京大学出版社，2007年版，第26页。

解，影响人际沟通的有效性。"人际中的自我实现预言"（interpersonal self-fulfilling prophecies）认为：当一个观察者认定另外一个人的某些事实，就会采取相应的行为，实现对"某些事实"的预言。假定你认定你的某个朋友是一个敏感的人，你就会尽可能地避免一些敏感的话题，说话之前会迟疑不定。相应地，你的朋友会因为你的焦虑而变得更敏感。经过如此互动，你会对你自己说："她果然是个很敏感的人，什么话都不能说。"[①] 因此，在人与人之中，只有不囿于自己的认知范畴，不自以为自己所见所闻所感就是正确无误的，而是选用多维视角、多个场景去观察认知，才能尽可能减少认知偏见和误解。老子说不固执己见的人才聪明，不自以为是的人才彰显，即获得他人认同。这正是人际认知中最为理性的自我认知状态。

二、"不自伐故有功，不自矜故长"的自我定位观

人际认知的准确性不仅依赖于认知素材的全面真实，还取决于认知者的价值取向。即便是面对相同的事物，不同的人会因价值取向的不同而对事实真相进行不同的建构。"不自伐故有功；不自矜故长"（第二十二章），为什么不自我邀功反而拥有"功"，不居功自傲反而能使"功"长久呢？"功"，就是一种价值评判。只看得到自己的功劳价值，看不到别人的辛苦努力的人难得人心；只以自己的价值标准来衡量功劳，不尊重别人的价值取向的人难以得到别人的信服。正如前文所述，人际沟通是"人之为人"的道理，许多为人处世的道理可以直接应用于人际沟通之中。人是多元的，即便是对待同样的事实，不同的人也会因立场、观念、价值取向等差异，做出不同的解释和评判。当年雀巢推出速溶咖啡，起初的诉求重点是此咖啡速溶方便的特性，结果市场销售情况很不好。公司认真对雀巢咖啡与市场领导者麦氏咖啡的产品进行了对比分析，没有找到答案。最后他们请来了心理学家对消费者的购买行为进行研究，发现大部分的受访者把买了麦氏咖啡的人描绘为一个勤快的主妇，而把买了雀巢咖啡的人描绘成一个懒惰的主妇。[②] 可见，"速溶"这一卖点在营销者看来是独特的销售主张，而在消费者的潜意识里，选择速溶咖啡是懒惰的表现，这就是价值取向决定了认知差异。后来雀巢咖啡针对消费者心理，改变广告诉求策略，不再宣传又快又方便的特点，而是着力宣传新鲜咖啡所具有的美味和香醇，从而逐步改变了消费者的潜意识印象。现在人们一提起雀巢咖啡，就会联想起"味道好极了"这句经典广告语。在供过于求的营销环境中，营销者若想获得利润，一定会想

---

① 参见 Trenholm,S. & Jensen,A.：*Interpersonal communication*，Belmont,CA:Wadsworth2000，4th. ed，p158.

② 参见《心理投射技术的案例——雀巢咖啡的困境》，取自新浪博客：http://blog.sina.com.cn/s/blog_537b8f990100pdpf.html.2011-07-20.

方设法地洞察消费者的心理，传递符合消费者认知的价值观，而不是将自己的认知强加给消费者。但是在日常的人际沟通中，特别是当交往双方的社会地位、身份存在差异时，强势者习惯用自己的价值理念作为人际认知的标准。如父母与子女的沟通中，很多中国父母认为自己所做的一切都是为了孩子，且自己人生阅历丰富，应该积极为孩子规划人生，指导他们该做什么、怎么做，而不是尊重孩子的兴趣和思想。有学者认为："'己所不欲，勿施于人'是合适的，'己欲立而立人，己欲达而达人'是不合适。"[①]每个人对成功、幸福等理解是不一样的，如果交往双方都只以自己的价值取向去认知，势必导致交流的鸿沟。老子提倡"生而不有，为而不恃，功成而弗居"（第二章），"不尚贤，使民不争"（第三章），即从个人层面来说，不要自以为有功于人、把自己当作别人的主导者；从社会层面来说，不要一味宣扬典型、倡导单一的价值观念。其实，人际和谐状态大多源于交往双方重付出轻回报的心态，相反，如果一方自以为对他人有价值，经常要求感激，或者夸耀，那么本来有的价值反而被冲淡，即"无功"，乃至关系无法继续维持，即"不长"。老子正是指出人际关系自我定位的要妙所在。

第三节　"反者道之动"：老子健全人际认知结构的价值取向

理解个体的差异性和局限性，摆脱自我本位的束缚、不囿于己见是健全人际认知体系的基本原则。"认知结构越完善，就越能够娴熟地理解他人、理解关系和行为"[②]，减少人际认知中的偏见。老子对人际认知结构的健全主要体现在对人际刻板印象的批判和管理、人际互动的洞察及对社会认知偏差的警示。其价值内核是"反者道之动"，因为人际认知结构的优化在于不断地进行自我反思与批判。

一、"天下皆知美之为美，斯恶矣"：老子对刻板印象的批判和管理

人际认知偏见中最为典型的是刻板印象。"刻板印象这一概念是1922年李普曼在其著作《公众舆论》中提出的，它是指按照性别、种族、年龄或职业等进行社会分类，形成的关于某类人的固定印象。"[③]刻板印象忽略了个体之间的差异，将人进行分类，确信只要是归属于某一个群体的人，则具有一样的特征和行为，可以说刻板印象是一种以偏概全的认知方式；"一旦某种刻板印象形成，你将只会注意到那些和

---

① 冯浩菲：《关于孔子忠恕思想的界说问题》，《孔子研究》2003年第4期。

② [美]莱斯莉·巴克斯特，布雷斯韦特编著，殷晓蓉等译：《人际传播：多元视角之下》，上海：上海译文出版社，2010年版，第68页。

③ 伍艳，丁道群：《人际认知中刻板印象激活和应用的影响因素剖析》，《社会心理科学》2007年第1—2期。

你原有印象一致的行为,而忽视那些和你认知不一样的行为"①,可见刻板印象是一种难以改变的固有成见。

西方学者对刻板印象的调适着重于个人的认知心理过程,而老子对刻板印象的管理深入到影响认知心理的文化价值层面。Ziva Kunda 和 Steven J.Spencer 总结了以往的研究结果,认为刻板印象的激活和应用会受到知觉者的理解目的、自我增强的目的和避免偏见的动机等因素的调节②。刻板印象有利于简化认知过程,帮助人们对纷繁复杂的交往对象形成简明清晰的印象、快速理解与之交往的对象,特别是当我们接触不太熟悉的人时,更需要凭借刻板印象做出判断,例如法国人是浪漫的、德国人是严谨的。刻板印象也有利于人们增强自我认同感,对和我们文化价值观差异大的群体形成消极的刻板印象,认为自身高人一等,例如崇尚西式生活者认定吃西餐的人比中餐的品位高。这就是认知中的"理解目的"和"自我增强"目的,都受到个人所属文化价值的影响:按照自我的行为习惯和价值取向去理解别人,自然容易得多;以自我价值观作为归类的标准,也自然有利于加强自我认同感。但如此一来,刻板印象就相对容易被激活。而个人本身具有标榜公正、纠正偏见的动机,这也是受到社会文化价值观的影响。由此可见,影响刻板印象激活和应用的因素归根结底受制于文化价值观的影响。

老子对刻板印象的理解是"天下皆知美之为美,斯恶矣"(第二章),也就是说若普天之下都采用单一的标准将人群归类,认为善恶美丑等都有固定不变的模型,那就是件非常糟糕的事情。这句话一针见血地指出了刻板印象形成的机制,且旗帜鲜明地批判了刻板印象的危害性。"有无相生,难易相成,长短相较,高下相倾,音声相和,前后相随"(第二章)万事万物的分类只有一个相对的标准,而没有绝对的框架。无论是"美与丑""善与恶""好与坏",还是"有与无""难与易""高与低"等等,所有的归类都只是在特定情境下才能定义和成立。例如现代审美中,人们在各种瘦身广告、瘦身名模等刺激建构下,将瘦作为美的重要评判标准之一。但是在唐朝,"羊大为美",丰腴才是美的象征。不同的分类评价没有绝对的是非对错,只能说是价值观的差异。"水善利万物而不争,处众人之所恶,故几于道……居善地,心善渊……"(第八章),处下,对于众人来说是鄙弃的"恶地",但对于水来说却是"几于道"的"善地",这就是价值取向对认知的影响力。如果只是以自我的价值观

①　Trenholm,S. & Jensen,A.: *Interpersonal communication*,Belmont,CA:Wadsworth, 2000, 4th.ed, p145-147.

②　参见 Ziva Kunda & Steven J.Spencer, "When Do Stereotypes Come to Mind and When Do They Color Judgement", *A goal-based theoretical frame-work for stereotype activation and application*, Psychological Bulletin,2003(04): p522-544.

念和分类框架去构建其他价值群体的形象，势必造成对其他群体的误解和偏见，导致认知冲突和沟通的不平等。在现代社会，缺乏话语权的弱势群体往往容易被创造主流文化价值观的强势群体描绘出消极、不符合事实的刻板印象，形成和强化不同群体之间的沟通障碍。选择视角不同，看到世界也不同，摒弃自我价值观的狭隘，美的形态存在于各种有差异的个体中。

二、"大巧若拙、大辩若讷"：老子对人际互动的深刻洞察

通过现象看本质是认知遵循的一般路径，他人的着装、言语、表情等现象都是我们认知的基础。人际互动就像一场演出，表演者在舞台上讲述他们的台词，穿上相应的服装，使用合适的道具，来构建符合自身期待的公众形象。[①]根据戈夫曼的戏剧理论，我们都通过彼此的表演来认知对方。但不同的文化背景中，表演的方式是不尽相同的。在有的文化情境中，直白的表演受人欢迎，透过现象可以直观洞察表演目的的本质。而在有的场景中，含蓄的方式更加受人青睐，现象具有掩盖真实本质的特性。所谓"曲则全"就是指人们在做事之时若采取委婉、弯曲的方式更容易达到目的。[②]在中国的传统文化思潮里，内敛迂回的表演方式更能得到社会认可，但行为现象与本质的迷离增加了人际认知的难度。

中华民族崇尚"韬光养晦""温良恭俭让"的处世哲学，讲究处处与人为善，不锋芒毕露。老子对中华民族人性的认知和孔子如出一辙，提倡"挫其锐，解其纷，和其光，同其尘"（第四章），越是声名显赫的人，就越应表现得和众人无异，不让处下的有"社会权利"上的压迫感；越是才华横溢的人，就越应该重视"方而不割，廉而不刿，直而不肆，光而不耀"（第五十八章），不让自己的言语咄咄逼人。中国人的内敛不仅表现为"真人不露相"，还体现在"自我贬低"上。"大巧若拙，大辩若讷"（第四十五章）指真正聪明的人表面好像笨拙，因为谦虚谨慎不自炫耀；真正能言善辩的人表面好像木讷，因为人发言持重而不露锋芒。所以老子夸赞"古之善为士者，微妙玄通，深不可识。……豫兮若冬涉川，犹兮若畏四邻，俨兮其若客……"（第十五章），真正有能力的人是谨小慎微、藏而不露的。[③]

为什么中国人崇尚"表里不一"呢？在老子看来，一是"希言自然。故飘风不终朝，骤雨不终日。……天地尚不能久，而况于人乎？"（第二十三章）天地尚且

---

① ［美］莱斯莉·巴克斯特，布雷斯韦特编著，殷晓蓉等译：《人际传播：多元视角之下》，上海：上海译文出版社，2010年版，第265—266页。

② 参见石英，高成新：《老子人际思想初探》，《中共山西省委党校学报》2007年第5期。

③ 谢清果：《和老子学传播——老子的沟通智慧》，北京：宗教文化出版社，2010年版，第170—172页。

要懂得节制，而况于力量弱小得多的人，所以说"知止不殆，可以长久"（第四十四章）。将自己的成绩摆弄出来受人夸奖，难免沾沾自喜、骄傲自满，减少了前进的动力。二是老子主张柔弱处下的人生哲学。"圣人终不为大，故能成其大"（第六十三章），"是以圣人后其身而身先，外其身而身存"（第七章），可见过度张扬容易伤害他人的尊严、引起别人的反感，而适当地自我隐藏和自我贬低等"示弱"的方式反而能赢得他人的尊重和赞誉。

当然，在中西方文化不断交流、人际互动中"显和露"的表演方式有了相互交融之处，自我展现的西方理念逐渐被中国人接受和使用。但不论文明如何交融，几千年来本土文化传承下的观念依旧深深地影响着人们的言行举止。且这种"表里不一"表现得范围广泛，不仅仅局限在对成功、能力的掩饰上，还有人情面子中的含蓄委婉。例如一个老爷爷对你说："你真有出息啊，都考上大学了，我的孙子就不行啦，高中没毕业就出去闯荡。"如果你的回答是"现在竞争压力这么大，不读大学不行啊，可惜您孙子平时太爱玩了"，估计老爷爷心里多半会不高兴；但如果你的回答是"三百六十行，行行出状元，在社会上学习、积累经验也是成功的途径"，老爷爷听后估计会很开心，说不定还会向你夸赞他的孙子现在在社会上已小有成就。因此，要把握中国人的人际互动，就必须认知"表里不一"的形象建构方式，否则很容易造成认知上的误解。

三、"不尚贤"：老子对社会认知偏差的警示

个人的认知结构是社会化的产物，社会主流价值观将内化为人的认知心理。在现代社会，大众传媒在社会主流价值观的建构上扮演着重要的角色，具有强大的社会教化功能。媒体通过层层把关，选择和突出符合其价值取向的信息，并将其传递给广泛的受众。媒体的价值取向受到媒介从业人员素质、媒体自身利益、所代表的阶级利益等诸多因素的影响。在市场经济利益的驱动下，现代媒体价值取向的低俗化、社会责任感的丧失成为媒介批判的焦点。"道家思想中内蕴的时代忧患意识和社会批判意识是疗救社会弊病，保证社会健康、文明发展的思想武器。"[①] 老子提倡的"不尚贤"（第三章），对当今媒体的社会教化功能依然有着重要的启示作用。

"不尚贤"，是指不去特意标榜宣传典型人物，不过度向受众虚构完美的偶像形象，以免受众产生认知偏差。媒介为吸引受众眼球，对偶像的塑造可谓登峰造极。"虽不能至，心向往之"，媒介过度塑造的完美形象一方面满足了受众对完美偶像的象征性互动心理，另一方面也让受众沉溺在媒介构建的虚拟环境中，扰乱受众正常

---

① 袁媛，王晓清：《娱乐新闻公信力的丧失与道家传播思想的启示》，《新闻前哨》2006 年第 5 期。

的认知心理。粉丝们对偶像的非理性崇拜和占有欲望、影迷们对偶像剧的痴迷和效仿，反映了受众在现实生活中的人际认知障碍。例如现代媒体中收视长红、让众多少女痴迷疯狂的偶像剧，其信息建构大多遵循这样的套路：女主角多为富有个性却身世平平的灰姑娘，男主角不仅才华横溢还帅气多金、完美到无可挑剔；灰姑娘自从遇到男主角后，闪耀变身为人见人爱的公主，生活从此奇迹迭起；爱情仿佛是人生的全部，纯洁浪漫仿佛是爱情的全部，经历小小的挫折后有情人终成眷属。偶像剧为众多现实中的灰姑娘构建了爱情的神话，点燃少女邂逅完美爱情的渴望。但现实中的王子却是可遇不可求，此外人无完人，如同偶像剧中那般完美的男主角和爱情其实并不现实。若人格心智尚未健全的少女沉迷于偶像剧，则极有可能将偶像剧中构建的爱情作为衡量现实爱情的参照，幻想自己遇到如同偶像剧中完美的男主角。这将造成她们对爱情、对恋人形象的认知偏见。

第四节 "知我者希，则我者贵"：人际认知边界的把控

一般认为，人际认知越准确，就越有利于沟通者做出正确传播决策，达到良好的沟通效果；两个人之间的关系越是亲密，相互分享的私密性信息就越多，认知也就越深入，两个人建立的情感就越牢固。但人际认知是否越全面深入透彻就越有利于人际沟通和情感维护呢？老子对人际认知边界的把控，提出了辩证的看法。"知我者希，则我者贵"（第七十章），即认知我的人少，则更能体现出我的高贵，可见其强调了人际认知有时候也要适可而止，"知止不殆，可以长久"（第四十四章）。

为什么要强调认知的边界呢？巴克斯特提出了关系辩证论，强调人际沟通中，人们既希望对方了解自己，又希望保留某些秘密；既希望和同伴分享，又希望拥有独立自主的空间；既希望能够预测对方行动，以求安全感，又希望对方有某种程度的不可预测性，以求刺激和挑战。[①] 由此可见个人对自我被认知、被理解的需求是矛盾的，人需要被他人了解，但不是在任何情境下都希望被人看穿，希望拥有自己的私人空间，特别是对于自身的缺点和隐私，很多时候是不希望被洞察。

老子有言"人之所畏，不可不畏"（第二十章），每个人都有自己的交往禁区，对于他人不愿表露的隐私，冒昧打探揭露，不仅不能加深彼此的理解，而且极有可能招致他人的反感和抵抗。人有好奇心，但一切的探知应该建立在不伤害他人自尊的基础上。"俗人昭昭，我独昏昏；俗人察察，我独闷闷"（第二十章），世人都明察秋毫，而唯有我愚昧无知。老子并非真愚，而是懂得在某些场合"难得糊涂"。如今

---

① 鲁曙明：《沟通交际学》，北京：中国人民大学出版社，2008年版，第98页。

一些婚恋节目中，许多夫妻情侣走上银屏和大家分享他们生活中的冲突矛盾，以寻求解决之道。她们通过他们的叙述可以发现，很多棘手的问题都源自对人际认知边界的把握不够，如"是否应该和另一半分享以往的情感经历""老公是否需要主动坦白'和前女友在一个办公室工作'"等类似的问题。在夫妻情侣这类亲密型人际关系中，彼此都希望多了解对方，也希望多被对方了解。但有些认知欲望却是情感的雷区，如以往的情感经历，分享得越多，可能越加重彼此心中的不安感和嫉妒感，在彼此心里留下难以消解的疙瘩。

此外，交往对象之间的某些不可预见的特性，会增加彼此之间的吸引力，例如有些萍水相逢之人，通过一番促膝长谈，感觉相见恨晚。经过短暂的了解，都对彼此都充满新鲜和好奇，但随着了解的深入和透彻，神秘感将渐渐消失。这也就是老子所谓的"知我者希，则我者贵"（第七十章），保持自身的可持续阅读性和神秘感，也是人际吸引的一种方式。"少则得，多则惑"（第二十二章），并不是所有的人际关系都需要全方位深入了解，局限在某些领域的交流可能更有利于鉴定和维持彼此的关系，如职业关系、网友、火车上认识的陌生人、由某种兴趣爱好而聚集起来的社团成员等，了解太多反而会淡化彼此原有的强烈印象或者束缚彼此的交流空间。

再者，对于和自身的行为、认知差异大的少数群体，如自闭症、同性恋、原生部落等等，最好的相处方式不是以自我的观念去认知对方的异常、去改造对方的世界，而是应该首先学会接纳、和谐共处，"容乃公"（第十六章），以一颗包容之心去公正对待他们的认知系统。"我独异于人"（第二十章），独异于人者，我们之所以觉得他们"怪异"，有时候只是因为他们是少数群体，而我们习惯把大多数群体的认知系统当作"正常"。"鸡犬之声相闻。民至老死，不相往来"（第八十章），如果认知的出发点是为了干涉和歧视，还不如就让不同认知系统的人们相互包容、和谐共处。

老子曰："知者不博，博者不知。"（第八十一章）真正的智者谨守为人处世的边界，不逾越他人的隐私之境，不自诩对他人隐私知道得多。老子教导世人人际关系当"方而不割，廉而不刿，直而不肆，光而不耀"（第五十八章），自己方正有原则，但不苛责别人；自己处事果断但不伤害他人；自己正直但不放肆；自己光彩照人，但不夸耀己能。总之，处事谨慎，在人际交往中不过于显山露水。① 俗话说："水至清则无鱼，人至察则无友。"人际认知在一些领域内并非越全面深入就越有助于人际关系的维护，因为人际认知的边界范围应该视特定交往对象、交往情境、交往目的而定。这也正是老子"自知者明"的智慧有助于世人提升人际认知的显著价值所在。

---

① 谢清果：《和老子学传播——老子的沟通智慧》，北京：宗教文化出版社，2010年版，第180—182页。

　　《道德经》这部道家的不朽经典，是老子思想和智慧的结晶，其中不仅蕴藏着"道"的深刻哲理，也集中体现了老子深邃的传播思想与智慧。"执古之道，以御今之有"（第十四章），从中国传统文化中吸取传播和沟通的智慧，对更好地理解中国特色的传播思想和行为、寻找适合国人需要的传播方式、构建和完善华夏传播知识体系具有理论和实践上的双重价值，探索老子人际认知观的意义也就在于此。

（本章执笔：曹艳辉[①]　谢清果）

---

　　① 曹艳辉，现为湖南大学新闻与传播学院副教授。

第十五章 "既以为人，己愈有"的人际印象思想

　　人们凭着彼此的印象而联系，良好的人际印象是吸引他人与己交往、满足自身需要的重要因素。人际印象的建构不仅需要从"术"的方面进行印象整饰，更需要从"道"的层面开阔心胸、升华自我。在现代名争利斗的人际交往场中，老子提出的"既以为人，己愈有；既以与人，己愈多"思想对消除人际隔阂有着现实的意义，启发世人突破自我利益的局限，以"柔弱不争"的心态建构"愚朴"、"真善"的人际印象。

　　社会心理学家查尔斯·霍顿·库雷在分析人们之间如何相互交往时指出：人们之间的联系并不可能做到真正建立在现实的客观特征基础之上，我们只是凭着彼此的印象而联系（他称之为"个人印象"）。[①] 由于获知信息、维系情感、取得合作等需要，我们离不开人际交往，而良好的人际印象是吸引他人与己交往、满足自身需要的重要因素。

　　关于人际印象的管理，西方许多学者提出过颇有见地的理论，如戈夫曼的戏剧理论阐述了人们在人际交往的舞台上是如何通过得体的言行举止来建构、保持、丧失公众形象的；[②] 社会语言学家布朗和莱文森指出"人们使用礼貌策略，是为了相互维持彼此的'面子'"；[③] 建构理论认为沟通者通过人际建构来认知他人，形成印象。[④] 此外，关于人际印象的管理，西方认知心理学还提出首因效应、光环效应、近因效应等理论。虽然中国学者对人际印象的关注较少，研究者局限于将西方的印象管理理论应用于求职、销售等特殊场合中个人印象的管理。事实上，中国传统文化中蕴

---

①　王政挺著：《传播文化与理解》，北京：人民出版社，1998 年版，第 26 页。

②　[美]莱斯莉·巴克斯特，布雷斯韦特著，殷晓蓉等译：《人际传播：多元视角之下》，上海：上海译文出版社，2010 年版，第 264—268 页。

③　同上，第 335—338 页。

④　鲁曙明：《沟通交际学》，北京：中国人民大学出版社，2008 年版，第 97 页。

藏着许多本土化的人际印象管理智慧。道家创始人老子提出"既以为人，己愈有；既以与人，己愈多"（第八十一章），意在启迪人们突破自我利益的局限，以"柔弱不争"的心态构建"愚""善""公"的人际印象，从而赢得他人的信赖、情感和敬仰。

第一节　愚朴：构建人际形象的真诚心态

我们经常听到人们为结束的一段爱情关系给出这些理由："我从那段关系中一无所获""他不值得我花那么多精力""与她维持关系付出的太多了"。诸如此类的理由含蓄地说明人们在人际交往中常常会基于成本（我们在关系中投入的）和回报（我们在关系中得到的）的看法来决断和行动——这就是社会交换理论的核心观念。① 人是理性的动物，"天下熙熙，皆为利来；天下攘攘，皆为利往"，人际交往中的个人都会有意无意地权衡自己的利益得失。但如果交往的个体只注重自我的利益而不顾他人的得失，就会造成人际冲突或相互排斥，给他人留下"狡猾自私"的印象。在人际交往中，自私自利、暗藏心机、斤斤计较、损人利己者，通常是得不到他人长期认可的。

一、老子对"愚"的推崇

面对人际交往中的利益权衡，老子站在一个更加积极人性的高度，倡导"圣人不积，既以为人，己愈有；既以与人，己愈多"（第八十一章）的理念。圣人不为自己积累资源财富，将他人利益放在自己利益前面。为他人考虑得越多，自己就越觉得富有；给予他人越多，感觉自己得到的也越多。相比"社会交换理论"理性，老子"重付出、不重回报"的观念的确显得"愚"。可老子却非常推崇这种"愚"，并将其作为自我思想道德修养的目标："众人皆有余，而我独若遗。我愚人之心也哉！"（第二十章）智慧的老子为什么会推崇"愚"呢？事实上，"正言若反"（第七十八章）是老子的语言特色，也是其辩证思维的具体体现。他提倡的"愚"并非世人理解的"愚昧、愚蠢或愚忠"，而是"愚朴"。正如陈鼓应等学者所言，老子倡导"愚"是为了使民复归于"朴"。②

---

① [美]莱斯莉·巴克斯特，布雷斯韦特著，殷晓蓉等译：《人际传播：多元视角之下》，上海：上海译文出版社，2010年版，第492页。

② 陈鼓应：《老子注释及评介》，北京：中华书局，1984年版，第315页。

二、"愚朴之心"与"真诚形象"的建构

在人际交往中，保持一颗"不计个人得失、不为名利牵绊"的"愚朴之心"是人际吸引的智慧之举，有利于构建值得信赖的"真诚"的人际印象。一方面，"愚朴"给人的直接印象就是没有心机、不存私心，与"愚朴"之人交往至少不必担心交往对象损人利己。"祸莫大于不知足，咎莫大于欲得"（第四十六章），贪欲是人最难以克服的人性弱点，试想一个人如果拥有"只重付出、不重回报"的愚朴品质，那也容易被认为拥有善良、诚恳等其他高尚的品质，这就是人际印象形成的"光环效应"①。另一方面，"愚朴"并不会让人在人际交往中吃亏。"礼尚往来"是中国人际交往中的优良传统，"投之以桃，报之以李"是通人情的表现，所以给予他人越多，事实上他人回报给你的也会越多。

第二节　真善：保有人际美誉的不二法门

"善"是中华民族崇尚的传统美德。在老子看来，"上善若水，水善利万物而不争"（第八章），最高境界的"善"宛若水之品性，泽被万物却不争名利，②是一种只求付出不求回报、为而不争的"真善"。

一、"常善救人"与人格魅力的彰显

"是以圣人常善救人，故无弃人。常善救物，故无弃物"（第二十七章），也就是说行善的出发点是心怀同情救助之心，是基于万事万物平等的理念，是强烈希望通过尽己所能帮助他人平等享有幸福快乐的权利。希拉里的退职演说之所以能打动亿万受众，是因为她行善的理念。她说："我参加这次竞选是因为我有一个传统的信念：公共事业就是为了帮助人民解决问题、实现其梦想。我的一生中得到过无数次机会和祝福的垂青，我希望同样的机会和祝福会垂青所有的美国人。"她承诺："在镁光灯照亮我之前，我一直在做一件事；在镁光灯离开后，我还是会继续做这件事——努力为所有美国人争取同等的机会。"③所谓"善行无辙迹"（第二十七章），真善的动机不是为了追求回报或者是扬名立万，而是发自内心的人性冲动，与自我荣耀和他人

---

① 美国心理学家凯利（H.Kelly）提出"光环效应"，也称作"晕轮效应"，即一个人的某种品质，或一个物品的某种特性给人以非常好的印象。在这种印象的影响下，人们对这个人的其他品质，或这个物品的其他特性也会给予较好的评价。

② 王越西：《林语堂妙译道德经——以〈老子的智慧〉之"上善若水"篇为例》，《中国科教创新导刊》2011年第2期。

③ 《希拉里·克林顿总统竞选退职演讲》，取自：http://bj.xiezuo100.com/yanjianglei/jingxuanyan-jian/2009/0829/7272.html.

关注无关。

二、"高调行善"与自我形象的贬值

"真善"彰显人格魅力，但自我居功的高调行善不仅不利于自我形象的塑造，反而招惹非议。例如陈光标 10 年来向慈善事业捐款捐物累计突破 14 亿元，但每次义举都有许多人批判其为"作秀、暴力行善"。他无论走到哪里做了什么善事，都会索要荣誉证书，当其做客湖南卫视演播厅时，现场数了三遍，荣誉证书 2300 多本，全国老百姓送的锦旗 3000 多面，藏民送的哈达 16000 多条。[①] 此等高调行善，难免被人质疑其行善动机的不纯，是炒作自己、心理偏激还是商业目的？老子曰："万物作焉而不辞，生而不有，为而不恃，功成而弗居。夫唯弗居，是以不去。"（第二章）天地衣养万物却不将万物占为己有，辛勤作为却不居功自傲，但正是因为有功不居功、功成身退的高贵品质，功劳才会被世人铭记。在现实生活中，世人常常害怕自己的付出被埋没，明里暗里地提醒着对方"我为你做过哪些事情，你应该懂得感恩和回报"，这样不但难以赢得对方感激，反而容易让你的作为动机被归因为获得回报或者谋取一己私利，有损自我形象。

"善建者不拔，善抱者不脱，子孙以祭祀不辍。"（第五十四章）为善者付出了自己的时间、精力、财富，但赢得了他人在情感上的喜爱、尊重和敬佩，这是精神上的得。我们通过人际交往交换的不仅仅是物质，更重要的是情感的维系。从情感交换的角度来看，依旧符合"既以为人，己愈有；既以与人，己愈多"（第八十一章）的法则。人非草木，孰能无情，与人为善的印象是收获人际情感的良方。

第三节　包容：涵养人际境界的道家心法

老子曰："知常容，容乃公，公乃王，王乃天，天乃道，道乃久，没身不殆。"（第十六章）明智通达的人必定懂得包容，懂得包容者方能具备公心，具备公心者方能全面周到，全面周到者方能与天合一，与天合一方能融合于道，融合于道者方能持久不失，终生不会有危险。在老子看来，包容之心是"没身不殆"的前提条件。人无完人，是人就难免会有缺点或过失。在人际交往中，若缺乏包容之心，对他人的缺点明察秋毫、对他人的过失耿耿于怀，常常会令自己陷入人际冲突的危险境地，给别人留下斤斤计较、心胸狭隘的负面印象。但倘若能看淡他人行为对自己利害得失所造成的影响，给予他人以包容，得到的不仅是宽宏大量、气度不凡的正面形象，

---

① 《陈光标谈高调行善称做好事不说会睡不着觉》，取自腾讯网：[2011-11-21].http://news.qq.com/a/20110409/000077.htm.

还有心灵的解脱和身心的健康。这也再次验证老子"既以为人，己愈有"的辩证思想。

一、反思"得与亡孰病"以涵养包容之心

许多哲理的确是"知道容易做到难"，正如老子所言："吾言甚易知，甚易行。天下莫能知，莫能行。"（第七十章）在现实的人际交往中，我们总会遇到一些自我感觉难以容忍宽恕的情境，我们又该以什么样的心态去包容呢？譬如我们身边总有喜欢占小便宜的人，揭穿他人有伤情面，压在心里又感觉堵得慌，感觉吃了哑巴亏。其实仔细分析，让自己耿耿于怀、愤愤不平的并非经济上那点微不足道的损失，而是察觉自己吃亏所造成的心理不平衡。老子曰"得与亡孰病？"（第四十四章）失去并不见得总是坏事，让人占点小便宜也无妨。放下对别人缺点和自我利害得失的计较，蒙受的只是经济物质上的小损失，但得到的却是更为重要的身心愉悦和人际和谐，减少自我在时间精力上的浪费和人际情感上的冲突。又比如我们最难宽恕的莫过于他人对自己的伤害。记住老子说的"祸兮福之所倚，福兮祸之所伏"（第五十八章），感激曾经让你倍感挫折的人，因为他们让你学会了坚强；感激曾经背叛欺骗过你的人，因为他们教会了你成长；感激曾经鞭挞阻挠你的人，因为他们激发了你的斗志……"执者失之"（第二十九章），执着于他人曾经给你的伤害，让自己沉浸在痛苦悲伤的阴影中，无异于拿他人错误惩罚自己；执着于有仇必报，无异于给自己套上仇恨的枷锁，让自己负重前行。

二、"有容乃大"与高贵形象的建构

纵观历史，多少名人豪杰之所以能在世人心中留下心胸宽广的高大形象，赢得敌对者的尊重敬仰，归功于包容人的气度和胸襟。赵之臣相蔺相如宽容了廉颇的妒贤嫉能、无理取闹，处处笑而避之，终于赢得廉颇的认可和钦佩，从而有了"负荆请罪，将相和"的历史佳话。年已花甲的王安石原谅了娇妻对自己的背叛，赠给年方十八的姣娘白银千两，让她跟偷情的仆人成亲，远离他乡。这事成就了"宰相肚里能撑船"的千古美谈。

包容，即包纳他人的缺点与不足，宽容他人的过失与错误。"和大怨，必有余怨"（第七十九章），在人际交往中，多一分包容他人的心胸和气度，不仅能保持自我身心的和谐，还能润滑人际中交往中摩擦和冲突。"路遥知马力，日久见人心"，一个心胸豁达、善于宽恕他人缺点过失者，终能赢得他人的赏识和钦佩，建构其"有容乃大"的高贵形象。

人际交往不仅仅关系语言技巧，而且关乎思想境界。老子"既以为人，己愈有"

思想对于人际印象管理的启示在于：与人相处时不计个人利害得失，与人为善时发自内心，面对他人的缺点过失时包容豁达，将有助于个人在人际交往中塑造持久吸引力的"愚朴""真善""包容"形象。

（本章执笔：曹艳辉　谢清果）

第十六章　老子人际沟通的逆向思维

——架构"交流的无奈"通向"人际的和谐"的桥梁

　　媒介技术的发展、多元个性的张扬、功利欲望的激发，使得这是一个最易沟通的时代，也是一个最难沟通的时代。交流的无奈正困扰着现代人，老子对人际沟通的逆向思维或许能为世人找到人际和谐的出路。对于人际交往中的自我定位，老子主张"柔弱处下"，以此减少人际冲突；针对人际交往动机的异化，老子提出"见素抱朴"，意图净化被功名利所玷污的心灵；基于人们对人际关系的过高期望，老子强调只有抛却过多欲望和期望，才能"知足不辱"。

　　人际沟通对社会人而言，就好比空气和水，不可或缺。信息的交换、自我的确认、情感的交流、信任的建立、规范的形成，都离不开人与人之间的交流与互动。"人际沟通是人之所以为人的道理"[①]，是个人社会化的基础和原动力。人际关系的和谐与否直接影响人类社会生活质量的高低。

　　追求人际和谐是社会人的本能需求，但交流的无奈却困扰着现代人。狄更斯在《双城记》开篇中写道："这是一个最好的时代，这是一个最坏的时代；这是一个智慧的年代，这是一个愚蠢的年代……人们正踏上天堂之路，人们正走向地狱之门。"用此描述当今社会的人际沟通状态，实在是非常贴切的。我们拥有越来越多的沟通设备和手段，但促膝而谈的情境却越来越少；我们忙于应酬的交际圈子不断扩大，但能建立亲密关系的人却越来越少；我们花在人际沟通技巧培训的时间越来越多，但得到的真诚相待却越来越少；我们"见什么人说什么"的应变能力越来越强，但对自我身份的确认感却越来越少；我们殚精竭虑展示自我的方式越来越多，但赢得的理解信任却越来越少……人际沟通中的我们越来越像刺猬人，渴望靠近交流，又怕

---

　　① 　鲁曙明：《沟通交际学》，北京：中国人民大学出版社，2008 年版，第 89 页。

被对方刺伤。正如约翰·彼得斯指出，在信息技术日趋发达的当代，人们却如同在"不同的频道上"，"我们在这里得到的，就是交流的失败"。①

人际沟通是否必须如此艰难复杂，怎样才能走出这个无奈的交流怪圈？"人法地，地法天，天法道，道法自然"（第二十五章），万事万物都有其存在的自然状态和发展的内在法则，看透宇宙、人生、社会的老子思想或许可以为我们指明出路。

第一节　"柔弱处下"：人际交往中的自我定位

人际沟通是人类情感交流、信任建构的重要方式。相比组织传播、大众传播等其他沟通方式，人际沟通效果的实现更依赖人与人之间的平等交流和互动。在人际交往中，交往对象之间可能在社会地位、学历背景、社会资源的支配等方面存在着明显差异，但如果因为这些条件的优势，就将自己定位为"主导者、权威者"，势必招致对方的反感疏远。渴望他人的尊重和赏识固然是人之常情，但"为者败之，执者失之"（第二十九章），过分强调自我的"优势地位"，恐怕难免南辕北辙。在老子看来，与其自我拔高，让自己处在"高处不胜寒"的险境，不如像水一样"柔弱处下"，反而能赢得更多的欢迎和尊重。

一、弱者，道之用

老子曰："弱者，道之用。"（第四十章）柔弱并非懦弱无能，而是避免处处强势，而成为解决人际冲突的良方。在现实的人际沟通中，我们常常会看到夫妻为了一些芝麻大的小事争得面红耳赤，也常常听到情侣互相埋怨对方"咄咄逼人、固执己见"，甚至目睹人们从"言辞锋利"到"大打出手"……世界上没有两片完全相同的树叶，人际沟通中的意见相左其实是再正常不过的事情。何况是在这个多元化的后现代社会，割裂、复杂、变动的特质取代了以往社会的一致、单纯、稳定。②相应地，人际交流中"共通的意义"空间在缩减，即人们在思想观念、社会经验、知识结构等方面的差异性在扩大，绝对的权威在消解。当今社会，人们越来越难以找到一个判断是非对错的统一规范，"公说公有理婆说婆有理"有了合理存在的空间，再加上人类争强好胜的劣根性，人际冲突成为摆在我们面前的严峻问题。彼得斯在叹息交流的无奈之后，开出的处方是"我们的任务是认识他者的特性，而不是按照自己的喜

---

① 彼得斯，何道宽译：《交流的无奈：传播思想史》，北京：华夏出版社，2003年版，第2页。

② 张文强：《从资讯操控到社会知识建构：一种观看公共关系的新方式》，《广告学研究》2001年第17期。

好和形象去改造他人"。① 而老子的胸襟似乎更加宽广，他认为面对冲突，不仅忌讳以居高临下的姿态去挑剔改造他人，所谓"不自见故明"（第二十二章）；而更为有效的是像水那样示弱于人，以"天下之至柔，驰骋天下之至坚"（第四十三章）。在常人看来，示弱意味着没有面子，会沦为输家。可事实上，柔情密语往往是强势者的软肋，是调节人际紧张关系的天然润滑剂。若争执双方有一方主动示弱，或同意对方观点，或请求对方原谅，另一方很有可能心生歉意、换位思考。譬如夫妻争吵，各执己见只会让战火升级、伤害感情，而示弱退让者反而会赢得对方的倾慕和倚赖。所谓"退一步，海阔天空"，以柔弱不争的姿态去面对人际冲突，人生将会减少许多无谓的争执和抱怨。

二、处下

老子曰"高以下为基"（第三十九章），处下不是妄自菲薄，而是懂得虚怀若谷。对于功成名就者，客观上就存在被人敬畏的风险，若再加上"自我定位高贵"，难免成为"孤家寡人"。功成名就者不缺乏交际圈，各种欲有求于他者萦绕身旁，但能够与之真情相待、无话不说者少矣。老子说"挫其锐，解其纷，和其光，同其尘"（第四章），越是身居高位、富有才华者就越应该谦卑自守，让自己融入普通群众中，这样才能真正得到他人的认可。被誉为经营之神的松下幸之助，他对员工不是以居高临下的心态去发号施令，而是以"请"的心态、以"万事拜托"的心态与员工们相处，使员工们感到公司就是自己的家，自己就是公司的主人。只有这样，员工们才能把自己的全部智慧和力量奉献给公司。②"故贵以贱为本，高以下为基"（第三十九章），人不是万能的，纵使一个人的能力再强大，也离不开他人的帮助和团队其他成员的合作。谦虚自守、戒骄戒躁能为其赢得更多的人缘和帮助。而对于尚未功成名就者，谦虚好学者往往会得到更多的机会。《尚书·大禹谟》言："满招损，谦受益，时乃天道。"对于心高气傲、孤芳自赏者，有几个人会甘愿冒着被漠视否决的风险去给其意见或建议，即便他的缺点在旁人看来是那么明显；而对于谦虚处下者，懂得"忠言逆耳利于行""有则改之无则加勉"的道理，尊重每一个为之提供意见或建议的旁人。站在提供意见者的视角，自己的意见能被对方尊重和采用，这本身就是对他的奖励和回报。

在人际交往中，习惯"争强好胜、往高处走"的后现代人，是否能停下脚步，思索"弱之胜强，柔之胜刚"（第七十八章），"江海之所以能为百谷王者，以其善下

---

① 彼得斯，何道宽译：《交流的无奈：传播思想史》，北京：华夏出版社，2003 年版，第 25 页。
② 成杰：《感恩你的工作》，取自：http://www.jiangshi.org/Lect/person/1491/detail/article_f262b38e-991d-41b2-a05b-940ae75160c4.html.

之"（第六十六章）的哲理，重新确定自己的定位呢？"木强则折"，保持人际交往中的柔韧度和弹性离不开"柔弱处下"的蓝海战略。

第二节 "见素抱朴"：人际沟通动机的净化

人际传播的动机是复杂多样的，信息的交换、自我的确认、情感的交流、信任的建立、规范的形成，一言以蔽之，是为了生活得更加幸福。但当今社会，人际沟通的动机却在异化，以致人际交往的焦虑感普遍存在。原本助人幸福的沟通方式，为什么成为疲惫人心的苦差事？"天下熙熙皆为利来，天下攘攘皆为利往"，此语道破人际沟通动机异化的根源，即人的功利心太强，似乎所有的交往都必须有所企图。

一、"如婴儿之未孩"与"一人千面"

因为功利之心，人际沟通变得世故圆滑、八面玲珑，以致人们在冲突角色的扮演中难以自我确认。曾看过这样一幅漫画：一个求职者，当其面对方形人头的老板时，他的头像和简历是方形的；而当其面对圆形人头的老板时，他的头像和简历随之变成圆形，漫画名为"投其所好"。在现实的人际交往中，我们常常为达目的，不惜戴着面具斡旋在不同的交际场合，为"投其所好"而演绎不同的角色。我们为自己编织着一个又一个剧本，创造润色自己要扮演的角色，哪怕是极具冲突、违背真我的角色。在这个人脉资源价值凸显的社会，我们越发懂得传播的技巧，即迎合不同受众的心理需求传递合适的信息，以此赢得受众的青睐。但问题是，我们在达到物化的功利目的之后，我们的精神世界是否还能保持和谐？我们扮演众多相互冲突的角色之后，我们对自我身份的确认是否清晰可见？有多少八面玲珑、一人千面的当代人在焦虑沮丧，我们到底是谁，我们得到的与我们失去的相比，究竟孰多孰少？老子嫣然一笑："众人熙熙，如享太牢、如春登台。我独泊兮其未兆，如婴儿之未孩，傫傫兮若无所归。……我独异于人，而贵食母。"（第二十章）当世人皆为功名利禄的"熙熙攘攘"时，我愿复归孩儿时的纯真质朴，虽在世人看来一无所有，但至少保持了真我的独立和完整。婴儿是多么纯真自然的状态，没有暗藏心机、不懂争名夺利，"如婴儿之未孩"是一种境界，是对人被功利之心所异化的矫正。

二、"言善信"与"信息操控"

因为功利之心，人际沟通充满信息操纵、隐瞒欺骗，由此带来的后果是相互猜忌、信任缺失。格赖斯认为人类交流在某种程度上是通力合作，遵循四个合作原则：一是数量原则，即鉴于当时的情境，按照需要提供必要的信息；二是质量原则，提供真实可信的信息；三是关系原则，即表达与前述话语相关的信息；四是方式原则，即用简洁有序的方式来呈现信息，避免制造模糊不清和模棱两可的信息①。在合作原则的框架下，人际沟通应该是值得信赖的。但现实的人际交往中，合作原则通常只是受者对传者的期待，而传者会利用受者的期待操纵信息，如提供不全面的信息、制造虚假的信息、转移话题等，以此欺骗他人。特纳及其同事（1975）的实证研究结果表明，欺骗性的传播似乎无处不在；信息操纵理论（Information manipulation theory）赞同特纳及其同事的观点，认为我们呈现给他人的大多数信息都涉及某种形式的信息控制或"操纵"。②"言善信"（第八章）是一个人的道德操守，同时也是赢得人际信赖的必要条件。"信不足焉，有不信焉"（第十七章），若为了他人的利益而撒谎，上帝还可以原谅；弱者为了一己私利而欺骗他人，恐怕迟早会沦为那个叫"狼来了"的小孩。俗话说，一个谎言要用十个谎言去遮蔽，人并非天生喜欢撒谎和欺骗，只是过多的欲望遮蔽了理性之美。

黎巴嫩诗人纪伯伦有这样一句诗："我们已经走得太远，以至忘了为什么出发？"③人际交往本身为了得到幸福，但欲壑难填扭曲了我们出发的初衷，陷入了异化的险地。"见素抱朴，少私寡欲"（第十九章）是老子为现代人净化沟通动机开出的一剂良药。

第三节　"知足不辱"：人际关系期望的淡然

人际关系的满意度取决于现实和期待的比较。换句话说，人们对自身人际交往现状的不满抱怨，往往是因为达不到期望的高度。人是理性的动物，每个人都会对自我的人际关系状态有所期望，这种期望值有高有低，并常常以他人作为参照对象。每个社会都有自身的潜规则，有着普世的价值观，在世人眼里，最理想的人际关系莫不是结交范围广、交往层次高、交往程度深。但人各有异，个人成长环境、言语表达能力、性格特质等因素决定了个体在人际沟通中的表现，影响个体人际关系网络的建立。如果人们不能正视客观差异，调节自身期望值，执着于跟他人比较，则难免悲伤失望。对此，强调在人际关系中自我升华的老子启发世人"知足不辱"（第四十四章），意思是知道满足才不会自取其辱、自寻烦恼。

知足常乐的道理虽世人皆知，但怎样才能自我满足？反观人际关系满意度的形

---

① 巴克斯特·A，布雷斯维特·O，殷晓蓉等译：《人际传播：多元视角之下》，上海：上海译文出版社，2010 年版，第 284—291 页。

② 同上。

③ 赵启光：《老子天下第一》，北京：北京大学出版社，2010 年，第 114 页。

成，关键还是在于静己修身、降低期待。"祸莫大于不知足，咎莫大于欲得。故知足之足，常足矣。"（第四十六章）最大的祸害莫过于不知足，最深的罪孽莫过于期待欲望过多。只有知道满足者，才能得到永久的满足。此言不仅道出自我满足的重要性，更深刻揭示了让人难以自足的根源，即欲望过多、期望过高。"天地尚不能久，而况于人乎？"（第二十三章）人生短短数十载，何苦让自己被不能实现的期望所累。且"长短相较，高下相倾"（第二章），长短、高下等相对的概念并不是绝对不变的客观存在，它们在不同的情境下可以相互转化。"广、高、深"也不见得就是评判人际关系好坏的唯一标准。

首先，交际圈并非越大越好。个人的时间、精力总是有限的，随着交往对象的增多，花在单个交往对象的精力和情感难免减少。这也是为什么我们的QQ好友、微信好友、微博粉丝、网络社区好友不断激增，但频繁不间断联系的人却很少，虚拟空间的人际交流越来越多，但现实中的亲密互动却越来越少。自然，交际圈狭窄不见得只给人带来孤寂，行到水穷处，坐看云卷云舒，偶尔的独处也自有其妙处。卸下人际交往中的面具，与自我进行真诚的对话，了解真实的自己，这也是安顿心灵最有效的方式。要知道，人际交往的前提是"自知者明"，一个自我定位都模糊不清的人，很难弄清自己需要什么样的人际关系，只能是人云亦云。

其次，在人际交往对象上应有一颗平常心。我们固然期待"谈笑有鸿儒，往来无白丁"，因为交际对象的身份、地位、学术背景成为衡量交际手腕的标准。但儒雅显达者带给你的快乐和智慧真的会多于白丁吗？有多少攀附权贵、嫁入豪门者，虽外表富丽堂皇，但内心却被多少规矩束缚羁绊？得不到的也许真是最好的，但不一定是适合自己的。相比"变色龙"的伎俩，以一颗真诚之心对待所有与你交往的人会让你收获更多。

再者，交往的深度也应因人而异，并非越深越好。老子是非常推崇"小国寡民"的，希望人们在自己的小国度里"甘其食，美其服，乐其俗，安其居。邻国相望，鸡犬之声相闻。民至老死，不相往来"（第八十章）。人们安于自己的交际圈，没有向外扩张的欲望，不同交际圈的人相互守望、和平与共，人与人之间有形的交流少，但精神上的交流却是富足的。

老子曰："以辅万物之自然而不敢为"（第六十四章），顺其自然，或许才能真正实现人际纯洁与和谐。摒弃争强好胜之傲气，以"柔弱处下"的姿态与人相处；摆脱一人千面、信息操控之圆滑，以"见素抱朴"之动机净化人际沟通的瑕疵；去掉人性攀比的欲望，降低对人际关系过高的期望。心若无尘天地宽，"知足者富"（第三十三章），自我满足者才会真正富有、幸福。

（本章执笔：曹艳辉　谢清果）

参考文献

一、著作类

[1] [德国] 海德格尔 . 存在与时间 [M]. 北京：商务印书馆，2006.

[2] 老子著，王弼注 . 老子 [M]. 上海：上海古籍出版社，1978.

[3] 高亨 . 老子注译 [M]. 郑州：河南人民出版社，1980.

[4] 黄友敬 . 老子传真 [M]. 福州：海峡文艺出版社，1998.

[5] 詹石窗，谢清果 . 中国道家之精神 [M]. 上海：复旦大学出版社，2009.

[6] 司马迁 . 史记 [M]. 上海：商务印书馆，1930.

[7] 班固 . 汉书·艺文志 [M]. 北京：中华书局，1983.

[8] 孔子 . 论语 [M]. 上海：商务印书馆，1929.

[9] 庄周 . 庄子 [M]. 上海：商务印书馆，1930.

[10] 吕不韦 . 吕氏春秋 [M]. 上海：上海古籍出版社，1981.

[11] 许地山 . 道教史 [M]. 北京：北京大学出版社，2009.

[12] 管仲 . 管子 [M]. 上海：商务印书馆，1931.

[13] 朱熹，周易本义 [M]. 北京：九州出版社，2004.

[14] 任继愈 . 老子新译 [M]. 上海：上海古籍出版社，1978.

[15] 冯友兰 . 中国哲学简史 [M]. 天津：天津社会科学院出版社，2007.

[16] 王弼，楼宇烈校释 . 王弼集校释 [M]. 北京：中华书局，2009.

[17] 肖前，李秀林，汪永祥 . 辩证唯物主义原理 [M]. 北京：人民出版社，2006.

[18] [德国] 黑格尔 . 小逻辑 [M]. 北京：商务印书馆，1981.

[19] 詹石窗 . 中国哲学史新编 [M]. 北京：中国书店，2005.

[20] 王健平 . 语言哲学 [M]. 北京：中共中央党校出版社，2003.

[21] 高秀昌，龚力 . 哲人的智慧 [M]. 开封：河南大学出版社，1995.

[22] [美国] Walter J. Ong，何道宽译 . *Orality and Literacy*[M]. 北京：北京大学出版社，2008.

[23] 齐沪扬 . 传播语言学 [M]. 郑州：河南人民出版社，2000.

[24] 李敬一 . 中国传播史 [M]. 武汉：武汉大学出版社，1996.

[25] 郝朴宁，陈路，李丽芳，罗文 . 中国传播史论 [M]. 昆明：云南大学出版社，2005.

[26] 胡春阳 . 话语分析：传播研究的新路径 [M]. 上海：上海世纪出版社，2007.

[27] 阳小华 . 语言·意义·生活世界 [M]. 北京：知识产权出版社，2008.

[28] [法国] Armand· Mattelart, Michele·Mattelart，孙五三译 . 传播学简史 [M]. 北京：中国人民大学出版社，2008.

[29] 王远新 . 古代语言学简史 [M]. 北京：中央民族大学出版社，2006.

[30] 陈原 . 社会语言学 [M]. 上海：学林出版社，1983.

[31] 陈明远 . 语言文字的信息处理 [M]. 上海：知识出版社，1982.

[32] 王云山 . 语言学原理 [M]. 上海：万有文库，1931.

[33] 罗常培 . 语言与文化 [M]. 北京：语文出版社，1996.

[34] [瑞士] 索绪尔著，高明凯译 . 普通语言学教程 [M]. 北京：商务印书馆，1980.

[35] 胡明扬 . 西方语言学名著选读 [M]. 北京：中国人民大学出版社，1988.

[36] [美国] 洛累塔 ·A. 马兰德罗，拉里·巴克，孟小平译 . 非言语交流 [M]. 北京：北京语言学院出版社，1991.

[37] 居延安 . 信息·沟通·传播 [M]. 上海：上海人民出版社，1986.

[38] 金冠军，戴元光 . 中国传播思想史 [M]. 上海：上海交通大学出版社，2005.

[39] 陈鼓应 . 老子今注今译 [M]. 北京：商务印书馆，2005.

[40] 刘笑敢 . 老子今古 [M]. 北京：中国社会科学出版社，1999.

[41] [法国] Bennard Miege 著，陈蕴敏译：传播思想 [M]. 南京：江苏人民出版社，2008.

[42] 周月亮 . 中国古代文化传播史 [M]. 北京：北京广播学院出版社，2000.

[43] 王力 . 中国语言学史 [M]. 太原：山西人民出版社，1961.

[44] [美国] E.M 罗杰斯著，段晓蓉译 . 传播学通史 [M]. 上海：上海译文出版社，2000.

[45] 罗志野 . 语言的力量 [M]. 南京：东南大学出版社，2009.

[46] 李建华 . 困惑的王国 [M]. 石家庄：花山文艺出版社，1989.

[47] 宋昭勋 . 非言语传播学 [M]. 上海：复旦大学出版社，2007.

[48] [美国]　Neil Smith. Chomsky: *Ideas and Ideals*[M]. 北京：中国人民大学出版社，2009.

[49] Shannon, Claude E, and Warren W. Weaver. *The Mathematical Theory of Communication* [M]. Urbana: University of Illinois Press.2002.

[50] 孟子 . 孟子 [M]. 上海：商务印书馆，1930.

[51] 朱熹 . 四书章句集注 [M]. 上海：商务印书馆，1935.

[52] 诸子集成 [M]. 上海：商务印书馆，1935.

[53] 道藏 [M]. 北京：文物出版社，1988.

[54] 列子 [M]. 上海：上海古籍出版社，2007.

[55] 范东生 . 大众传播研究的发展过程 [M]. 北京：人民日报出版社，1983.

[56] [美国] 威尔伯·施拉姆、威廉·波特 . 传播学概论 [M]. 北京：新华出版社，1984.

[57] 戴元光、童兵、金冠军 . 20 世纪中国新闻学与传播学 [M]. 上海：复旦大学出版社，2005.

[58][美] 新闻自由委员会 . 一个自由而负责任的新闻界 [M]. 北京：中国人民大学出版社，2004.

[59] 黄瑞云 . 老子本原 [M]. 北京：人民文学出版社，1995.

[60] 冯达甫译注 . 老子译注 [M]，上海：上海古籍出版社，2007.

[61] 谢清果 . 老子大道思想指要 [M]，北京：宗教文化出版社，2008.

[62] 孙卫华 . 媒体市场化和电视分众 [M]，北京：新华出版社，2007.

[63] 董子竹 . 老子我说——与南怀瑾商榷 [M]，长江文艺出版社，2002.

[64] 陈忠 . 道德经 [M]，长春：吉林文史出版社，2006.

[65] 苏宰西 . 老子别解 [M]，兰州：甘肃教育出版社，2007.

[66] [美国] 斯蒂芬·李特约翰，人类传播理论，史安斌译，北京：清华大学出版社，2004.

[67] [美国] 施拉姆 . 人类传播史 [M]，游梓翔、吴韵仪译，台北：远流出版公司，1994.

[68] 列为·布留尔 . 原始思维 [M]，北京：商务印书馆，1981.

[69] 南怀瑾 . 道家、密宗与东方神秘学 [M]，北京：中国世界语出版社，1994.

[70] [美国] 凯斯·R.桑斯坦 . 信息乌托邦 [M]，毕竞悦译，北京：法律出版社，2007.

[71] [德国] 马克斯·霍克海默，西奥多·阿道尔诺 . 启蒙辩证法 [M] 渠敬东，曹卫东译，上海：上海人民出版社，2003.

[73] [加拿大] 哈罗德·伊尼斯 . 帝国与传播 [M]，何道宽译，北京：中国人民大学出版社，2003.

[74] 朱森溥 . 道德经治国方略解析 [M] 成都：四川人民出版社，2004.

[75] 陈鼓应 . 老子注译及评介 [M] 北京：中华书局，1984.

[76] 高亨 . 老子注译 [M] 郑州：河南人民出版社，1980.

[77] 严遵 . 老子指归 [M] 北京：中华书局，1994.

[78] 张炳玉 . 老子与当代社会 [M]，兰州：甘肃人民出版社，2008.

[79]. 张松辉 . 老子译注与解析 [M]，长沙：岳麓书社，2008.

[80] 许结 . 老子讲读 [M]，上海：华东师范大学出版社，2008.

[81]. 曾宪年 . 老子领导思想研究 [M]，长沙：湖南师范大学出版社，2005.

[82] 周生春 . 老子评注 [M]，南京：凤凰出版社，2007.

[83]. 罗尚贤 . 和谐社会和生态文明时代 [M]，广州：广东经济出版社，2007.

[84] 秦榆 . 老子学院：老子的无为而治 [M]，北京：中国长安出版社，2006.

[85] 清宁子 . 老子道德经通解 [M]，福州：海风出版社，1997.

[86] 刘权 . 老子道德经新探 [M]，北京：中国广播电视出版社，2003.

[87] 杨润根 . 发现老子 [M]，北京：华夏出版社，2003.

[88] 沈善增 . 老子走近青年 [M]，上海：上海人民出版社，2007.

[89] 那薇 . 道家的直觉与现代精神 [M]，北京：中国社会科学出版社，1994.

[90] 卢育三 . 老子释义 [M]，天津：天津古籍出版社，1987.

[91] 任继愈 . 老子新译 [M]，上海：上海古籍出版社，1978.

[92] 尹振环 . 帛书老子释析 [M]，贵阳：贵州人民出版社，1998.

[93] 文选德 . 道德经诠释 [M]，长沙：湖南人民出版社，2005.

[94] 朱谦之 . 老子校释 [M]，北京：中华书局，2008.

[95] 傅云龙 . 中国哲学史上的人性问题 [M]，北京：求实出版社，1982.

[96] 罗义俊 . 老子入门 [M]，上海：上海古籍出版社，2006.

[97] 关世杰 . 国际传播学 [M]，北京：北京大学出版社，2004.

[98] 黄合水 . 广告心理学 [M]，厦门：厦门大学出版社，2009.

[99] 黄朴民 . 道德经讲解 [M]，长沙：岳麓书社，2005.

[100] 郭汉文、谢清果 . 和老子学养生——老子的健康传播智慧 [M]，北京：宗教文化出版社，2010.

[101] 谢清果 . 和老子学传播——老子的沟通智慧 [M]，北京：宗教文化出版社，2010.

[102] 谢清果、郭汉文 . 和老子学管理——老子的组织传播智慧 [M]，北京：宗

教文化出版社，2011.

二、期刊论文类

[1] 谢清果.道家语言传播主体的求真意向 [J].民办高等教育研究，2008 年，第 5 卷第 3 期.

[2] 余晓莉.反传播还是愚民政策？ [J].阜阳师范学院学报，2004 年第 1 期.

[3] 常启云.道教语言传播思想探析 [J].新闻爱好者，2009 年 8 月.

[4] 张卫中.老子对语言传播的批判 [J].社会科学战线，2002 年第 3 期.

[5] 陈谦.传播学视野中的中国古代政治 [J].东方论坛，2005 年第 4 期.

[6] 张颂.传媒语言与儒释道精神追求 [J].现代传播，2005 年第 6 期.

[7] 曾维加.道教传播中的语言媒介 [J].北京科技大学学报，第 19 卷第 1 期.

[8] 曾维加.道教语言传播媒介特点分析 [J].宗教学研究，2002 年第 4 期.

[9] 张颂.关于人文关怀的思考——非语言传播杂记 [J].现代传播，2002 年第 3 期.

[10] 李彤，王冬梅，杨维中.论文化传播途径与语言文化内涵 [J].克山师专学报，2004 年第 2 期.

[11] 蒲春春.语言跨文化传播的途径 [J].玉林师范学院学报，2008 年第 29 卷第 6 期.

[12] 邓红专.语言传播的同化与整合：直面人类语言的濒危趋势 [J].现代传播，2002 年第 3 期.

[13] 攀友新.语言传播媒介及其方式对语言的影响 [J].重庆邮电学院学报，2006 年第 6 期.

[14] 张彤.增强语言传播能力探讨 [J].当代传播，2009 年第 6 期.

[15] 谢清果.道家语言传播效果的求美旨趣 [J].哲学动态，2008 年第 3 期.

[16] 谢清果.道家语言传播过程的艺术神韵 [J].道学研究，2009 年第 1 期.

[17] 程爱勤.鹿邑自然环境对老子思想形成的影响 [J].老学探微，2002 年第 1 期.

[18] 陈玲.透视《老子》中的水意象 [J].人文社科，2000 年第 2 期.

三、学位论文类

[1] 李加凤.从文化传播角度分析语言领域的帝国主义 [D].黑龙江大学硕士学位论文，2002.

[2] 郑秋坤.论美国国家英语传播政策对中国语言发展的影响及启示 [D].暨南大学硕士学位论文，2006.

[3] 仝冠军 . 先秦诸子传播思想研究 [D]. 北京大学博士学位论文，2005.

[4] 陈兰飞 . 论庄子对语言局限性的结合：死与解决方式 [D]. 华东师范大学硕士学位论文，2008.

[5] 杨征征 . 约翰·塞尔意向性理论研究 [D]. 苏州大学硕士学位论文，2008.

[6] 崔凌志 . 从对语言的考察到对哲学的批判 [D]. 山西大学硕士学位论文，2007.

[7] 梁小娟 . 从立言到立象 [D]. 武汉大学硕士学位论文，2005.

[8] 孙莹 . 老庄哲学中的"言不尽意"及其审美内涵 [D]. 辽宁师范大学硕士学位论文，2003.

[9] 曹雪菲 .《庄子》"道言论"研究 [D]. 河北大学硕士学位论文，2003.

[10] 张小琴 . 试论庄子的隐喻特色 [D]. 陕西师范大学硕士学位论文，2000.

后　记

　　本书将试图从经典文献中汲取古人传播思想精华，在中国文化与现代传播理论的交叉点上进行解读，探寻中国古代邈远而精深的传播思想。一部《道德经》，虽仅五千余言，惜墨如金，却字字珠玑，蕴藏着丰富的哲理；虽然并非专为传播学而著，却于字里行间蕴涵着丰富的传播智慧。我们从传播学的角度来品读《道德经》，理解老子精深的传播思想，体会深邃的中国古老文化，欣赏美妙的中国传播艺术。

　　老子及其不朽名著《道德经》在时下国学热的背景下，成为世人汲取生活智慧的重要思想源泉。各种形式的老子著作的注释本和各个角度的研究成果层出不穷。甚至，国家、地方政府和学界也积极联合举办了"《道德经》与当代社会""以道相通"等各类主题的国际国内会议，有力地推动了积极诠释《道德经》的普世价值与和谐思想，这不仅是中国在国际上树立博大精深的文化大国形象的需要，而且也是中国建设社会主义和谐社会，为国人提供更深刻精神食粮的需要。

　　近三十年来，《道德经》伴随我成长，可以说我的生命已经跟老子紧密联系在一起。老子的思想相当程度上成为我的人生信条和行为准则。当然，老子有许多超越人世、超脱世俗、超然物外的精神是我目前所不能达到的，但虽不能至，心向往之。正如老子所言"求以得，有罪以免"，合道的追求是可以实现的，潜在的危险是可以消除的，因为"知常曰明"，方能"没身不殆"。因此，我深信《道德经》是一部成功学著作，其精髓在于"夫唯不争，故天下莫能与之争""柔弱胜刚强"。

　　感谢老子和他的不朽经典《道德经》引领着我走上一条光明的大道。在这条大道上，我在许多师友的帮助下将生活与学问美妙地结合起来，朝着"文化养生"的学术境界高歌迈进。

　　本书继《和老子学传播》之后能够得以正式出版，感谢业师詹石窗教授对后学跨学科研究的鼓励与指导；感谢厦门大学新闻传播学院黄星民原常务副院长对后学从事华夏传播研究的引导和帮助；感谢我的妻子陈巧玲女士对我研究工作的支持；

感谢活泼可爱的儿子谢天逸给我的生活增添了无穷快乐；感谢多年来听我讲授"老子传播思想研究"课程的研究生们，因为本书正是我们师生谈学论道的思想结晶。我也从他们学《道德经》的心得中看到了中华振兴的希望。因为中华振兴不仅需要孔子为代表的儒家礼乐规范的人道精神，而且需要老子为代表的道家尊道贵德的天道情怀。

道祖老子曾教导世人"既以为人，己愈有；既以与人，己愈多"（第八十一章），"天道无亲，常与善人"（第七十九章）。祝愿一切闻道勤行的人们安平泰。

谢清果

谨记于厦门淡然斋

2022 年 10 月 9 日修订